数学奥林匹克
命题人讲座

向量与立体几何

单墫　熊斌　主编
唐立华　著

升级版

上海科技教育出版社

图书在版编目(CIP)数据

向量与立体几何/唐立华著. —上海:上海科技
教育出版社,2023.5
(数学奥林匹克命题人讲座:升级版)
ISBN 978－7－5428－7870－0

Ⅰ.①向… Ⅱ.①唐… Ⅲ.①向量-高中-教学参考
资料 ②立体几何课-高中-教学参考资料
Ⅳ.①G634.603

中国版本图书馆 CIP 数据核字(2022)第 242876 号

责任编辑 卢 源
封面设计 符 劼

数学奥林匹克命题人讲座(升级版)
向量与立体几何
单 墫 熊 斌 主编
唐立华 著

出版发行 上海科技教育出版社有限公司
(上海市闵行区号景路 159 弄 A 座 8 楼 邮政编码 201101)

网 址	www.sste.com www.ewen.co
经 销	各地新华书店
印 刷	启东市人民印刷有限公司
开 本	720×1000 1/16
印 张	20.5
版 次	2023 年 5 月第 1 版
印 次	2023 年 5 月第 1 次印刷
书 号	ISBN 978－7－5428－7870－0/O・1175
定 价	78.00 元

第一版序

读书,是天下第一件好事。

书,是老师。他循循善诱,传授许多新鲜知识,使你的眼界与思路大开。

书,是朋友。他与你切磋琢磨,研讨问题,交流心得,使你的见识与能力大增。

书的作用太大了!

这里举一个例子:常庚哲先生的《抽屉原则及其他》(上海教育出版社,1980年)问世后,很快地,连小学生都知道了什么是抽屉原则。而在此以前,几乎无人知道这一名词。

读书,当然要读好书。

常常有人问我:哪些奥数书好? 希望我能推荐几本。

我看过的书不多。最熟悉的是上海的出版社出过的几十本小册子。可惜现在已经成为珍本,很难见到。幸而上海科技教育出版社即将推出一套"数学奥林匹克命题人讲座"丛书,帮我回答了这个问题。

这套丛书的作者与书名初定如下:

黄利兵　陆洪文　《解析几何》

王伟叶　熊　斌　《函数迭代与函数方程》

陈　计　季潮丞　《代数不等式》

田廷彦　　　　　《圆》

冯志刚　　　　　《初等数论》

单　墫　　　　　《集合与对应》《数列与数学归纳法》

刘培杰　张永芹　《组合问题》

任　韩　　　　　《图论》

田廷彦　　　　　《组合几何》

唐立华　　　　　《向量与立体几何》

杨德胜　　　　　《三角函数·复数》

显然，作者队伍非常之强。老辈如陆洪文先生是博士生导师，不仅在代数数论等领域的研究上取得了卓越的成绩，而且十分关心数学竞赛。中年如陈计先生于不等式，是国内公认的首屈一指的专家。其他各位也都是当下国内数学奥林匹克的领军人物。如熊斌、冯志刚是2008年IMO中国国家队的正副领队、中国数学奥林匹克委员会委员。他们为我国数学奥林匹克做出了重大的贡献，培养了很多的人才。2008年9月14日，"国际数学奥林匹克研究中心"在华东师范大学挂牌成立，担任这个研究中心主任的正是多届IMO中国国家队领队、华东师范大学数学系教授熊斌。

这些作者有一个共同的特点：他们都为数学竞赛命过题。

命题人写书，富于原创性。有许多新的构想、新的问题、新的解法、新的探讨。新，是这套丛书的一大亮点。读者一定会从这套丛书中学到很多新的知识，产生很多新的想法。

新，会不会造成深、难呢？

这套书当然会有一定的深度，一定的难度。但作者是命题人，充分了解问题的背景（如刘培杰先生就曾专门研究过一些问题的背景），写来能够深入浅出，"百炼钢化为绕指柔"。另一方面，倘若一本书十分浮浅，一点难度没有，那也就失去了阅读的价值。

读书，难免遇到困难。遇到困难，不能放弃。要顶得住，坚持下去，锲而不舍。这样，你不但读懂了一本好书，而且也学会了读书，享受到读书的乐趣。

书的作者，当然要努力将书写好。但任何事情都难以做到完美无缺。经典著作尚且偶有疏漏，富于原创的书更难免有考虑不足的地方。从某种意义上说，这种不足毋宁说是一种优点：它给读者留下了思考、想象、驰骋的空间。

如果你在阅读中，能够想到一些新的问题或新的解法，能够发现书中的不足或改进书中的结果，那就是古人所说的"读书得间"，值得祝贺！

我们欢迎各位读者对这套丛书提出建议与批评。

感谢上海科技教育出版社，特别是编辑卢源先生，策划组织编写了这套书。卢编辑认真把关，使书中的错误减至最少，又在书中设置了一些栏目，使这套书增色很多。

单壿

2008年10月

升级版序

数学竞赛活动的开展,其目的是激发青少年学习数学的兴趣,发现和培养具有数学天赋的学生,因材施教。数学竞赛是中小学生的课外活动,也是一种特殊的素质教育——思维训练。

数学竞赛,可以让学生养成独立思考问题的习惯、建立对数学知识的看法及求知能力、初步具有创新意识。一个人对某个专业领域的兴趣与创新意识应该从青少年时代就开始培养。

在近 20 年的菲尔兹奖(Fields Medal)获得者中,有一半以上是 IMO 的优胜者。

我国的数学竞赛选手中已经涌现出许多优秀的青年数学人才,如获得著名的拉马努金奖(Ramanujan Prize)的张伟、恽之玮、许晨阳、刘一峰等,并且有不少学者在国内外知名高校或科研机构从事数学研究工作,如:朱歆文、刘若川、何宏宇、何斯迈、袁新意、肖梁、张瑞祥等。2008 年、2009 年 IMO 的满分金牌获得者韦东奕,在研究生一二年级时就做出了很好的成果。无论从整体还是从个别、从国外还是从国内来看,数学竞赛对数学与科学英才的教育都有非常重要的价值。

"数学奥林匹克命题人讲座"丛书自 2009 年起陆续出版,受到了广大数学竞赛爱好者以及数学竞赛教练员的欢迎和好评。

近十年来,在各级各类数学竞赛中又有不少好题与精妙的解法,为了与广大数学爱好者分享这些妙题与巧解,在第一版的基础上,我们组织了第一版的原作者和一些新作者编写了"数学奥林匹克命题人讲座(升级版)"。

"数学奥林匹克命题人讲座(升级版)"包括《集合与对应》(单墫)、《数列与数学归纳法》(单墫)、《函数迭代与函数方程》(王伟叶、熊斌)、《初等数论》(冯志刚)、《组合问题》(刘培杰、张永芹、杜莹雪)、《平面几何(圆)》(田廷彦)、《组合几何》(田廷彦)、《三角函数与复数》(杨德胜)、《向量与立体几何》(唐立华)、《图论》(任韩)、《不等式的证明》(熊斌、罗振华)、《平面几何(直线型)》(金磊)。其中《不等式的证明》和《平面几何(直线型)》为新增加的两本。

　　本丛书中既有传统的具有典型性的数学问题,也有选自近年高校自主招生、全国高中数学联赛、中国数学奥林匹克、中国西部数学邀请赛、中国女子数学奥林匹克、国际数学奥林匹克以及国外数学竞赛中的好题,还有一些是作者自编的问题。

　　感谢上海科技教育出版社和本丛书责任编辑卢源先生的精心策划与组织。

　　感谢各位读者自第一版出版以来提出了不少好的建议,希望大家继续对升级版提出建议和批评,使本丛书不断完善。

熊　斌

2021 年 1 月

目录

contents

▶▶ 第一讲　空间距离与空间角 ◀◀

　　立体几何研究的是空间图形的性质与计算问题.解答立体几何问题,首先要依据题设条件正确作出图形,其次借助图形的直观和空间想象能力寻找解题的思路,最后给出原题的解答或证明.

　　立体几何学习中,第一必须熟练掌握空间图形的作图技巧.一个有较强立体感的图形往往能启发我们迅速抓住问题的本质,正确解题;而一个画走了样的图形常常令人百思不得其解,甚至导出错误结论.画图时要选择恰当的角度,使不同的线段尽可能不相互靠得太近;对于较复杂的图形,若难以画出整个图形,可画局部图或截面图.第二要注意空间想象能力和图形直观能力的培养.这需要先将立体几何中的基本图形、公理、定理和公式掌握好,并能熟练运用,在打好了扎实的基础之后再在实际解题中提高实战能力.第三要注重逻辑推理能力和书面表达能力的训练.因为立体几何题在计算或证明时,不能仅依据直观,而应先严格论证后再计算,做到解答过程中每一步都严密有据.

　　立体几何问题通常在高中数学联赛一试中出现,而在国内外数学大赛中也时常能见到它的身影.本讲主要研究直线和平面间的位置关系(平行、垂直关系)和度量关系(空间角与距离的计算).

1.1　空间角的问题

▷ 知 识 桥

1. 平面的基本性质

(1) 公理 1:设 $A \in a$, $B \in a$, 若 $A \in \alpha$, $B \in \alpha$, 则 $a \subset \alpha$.

(2) 公理 2:设 $A \in \alpha$ 且 $A \in \beta$, 则平面 α 与 β 必相交于过点 A 的一条公共

直线.

（3）公理 3：设 A,B,C 为不共线的三点，则 A,B,C 三点确定一个平面.

公理 3 是确定平面的依据，它的推论是"过直线和直线外一点确定一个平面"，"过两条相交（或平行）直线确定一个平面".

2. 直线与平面的位置关系

（1）直线与直线：分为共面（相交或平行）直线与异面直线两大类.

（2）直线与平面：分为线面平行、线面相交（含线面垂直）和直线在平面内三种情形.

（3）平面与平面：分为面面平行与面面相交两类.

3. 空间角

三种空间角是指异面直线所成的角、直线与平面所成的角、平面与平面所成的二面角.它们都是用一个"平面角"来度量的，故寻求这样的"平面角"是计算空间角的关键，常用的方法有平移、射影、三垂线定理及逆定理和公式法等.

训练营

▶例 1 （2000 年高考试题）如图 1.1.1，已知平行六面体 $ABCD$-$A_1B_1C_1D_1$ 的底面 $ABCD$ 是菱形，且 $\angle C_1CB = \angle C_1CD = \angle BCD = 60°$.

（1）证明：$C_1C \perp BD$；

（2）假定 $CD = 2$，$CC_1 = \dfrac{3}{2}$，记面 C_1BD 为 α，面 CBD 为 β，求二面角 α-BD-β 的余弦值；

（3）当 $\dfrac{CD}{CC_1}$ 的值为多少时，能使 $A_1C \perp$ 平面 C_1BD？请给出证明.

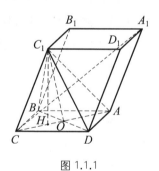

图 1.1.1

解

（1）联结 AC、BD 交于 O，联结 C_1O.

∵ 四边形 $ABCD$ 是菱形，

∴ $AC \perp BD$，$BC = CD$.

又∵ $\angle BCC_1 = \angle DCC_1$，$C_1C = C_1C$，

∴ $\triangle C_1BC \cong \triangle C_1DC$，从而 $C_1B = C_1D$.

∵ $DO=OB$, ∴ $C_1O \perp BD$.

又 $AC \perp BD, AC \cap C_1O = O$, ∴ $BD \perp$ 平面 ACC_1.

又 $C_1C \subset$ 平面 ACC_1, ∴ $C_1C \perp BD$.

（2）由（1）知 $AC \perp BD, C_1O \perp BD$,

∴ $\angle C_1OC$ 是二面角 $\alpha - BD - \beta$ 的平面角.

在 $\triangle C_1BC$ 中, $BC=2, C_1C=\dfrac{3}{2}, \angle BCC_1=60°$,

∴ $C_1B^2 = 2^2 + \left(\dfrac{3}{2}\right)^2 - 2 \times 2 \times \dfrac{3}{2} \times \cos 60° = \dfrac{13}{4}$.

∵ $\angle OCB = 30°$, ∴ $OB = \dfrac{1}{2}BC = 1$.

∴ $C_1O^2 = C_1B^2 - OB^2 = \dfrac{13}{4} - 1 = \dfrac{9}{4}$,

∴ $C_1O = \dfrac{3}{2}$, 即 $C_1O = C_1C$.

作 $C_1H \perp OC$ 于 H, 则点 H 为 OC 的中点, 且 $OH = \dfrac{\sqrt{3}}{2}$, 所以

$$\cos \angle C_1OC = \frac{OH}{C_1O} = \frac{\sqrt{3}}{3}.$$

（3）由（1）知, $BD \perp$ 平面 ACC_1, 从而 $BD \perp A_1C$. 注意到 $ABCD$ 为菱形, 由对称性可猜到, 当 CDD_1C_1 为菱形, 即 $\dfrac{CD}{CC_1}=1$ 时, 也有 $C_1D \perp A_1C$. 又 $BD \cap C_1D = D$,

∴ $A_1C \perp$ 平面 C_1BD.

▶例2 如图 1.1.2, 在正方体 $ABCD - A_1B_1C_1D_1$ 中, O 是 $ABCD$ 的中心, O_1 是 ADD_1A_1 的中心. 求异面直线 D_1O 与 BO_1 所成角的余弦值.

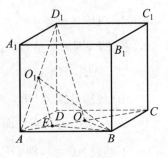

图 1.1.2

解

连 AD_1, AC, 设 E 为 OA 的中点, 则 $O_1E \parallel D_1O$, 于是 $\angle EO_1B$ 即为 D_1O 与 BO_1 所成的角, 且 $O_1E = \dfrac{1}{2}D_1O$.

不妨设正方体棱长为 1,则

$$BO_1 = D_1O = \sqrt{AB^2 + AO_1^2} = \sqrt{1^2 + \left(\frac{\sqrt{2}}{2}\right)^2} = \frac{\sqrt{6}}{2}, O_1E = \frac{\sqrt{6}}{4}.$$

又　$BE = \sqrt{OE^2 + BO^2} = \sqrt{\left(\frac{\sqrt{2}}{4}\right)^2 + \left(\frac{\sqrt{2}}{2}\right)^2} = \frac{\sqrt{10}}{4}.$

在 $\triangle BO_1E$ 中,由余弦定理得:

$$\cos\angle BO_1E = \frac{O_1E^2 + BO_1^2 - BE^2}{2O_1E \cdot BO_1} = \frac{\dfrac{6}{16} + \dfrac{6}{4} - \dfrac{10}{16}}{2 \cdot \dfrac{\sqrt{6}}{4} \cdot \dfrac{\sqrt{6}}{2}} = \frac{5}{6}.$$

▶ 例3　如图 1.1.3,矩形 BB_1C_1C
与正 $\triangle ABC$ 所在的平面垂直,D 是 AC
的中点.

(1) 证明:$AB_1 /\!/$ 平面 DBC_1;

(2) 若 $AB_1 \perp BC_1$,求二面角 $C -$
$BC_1 - D$ 的度数.

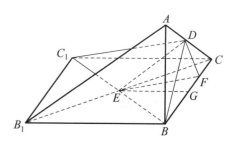

图 1.1.3

解 ❓

(1) 连 B_1C 交 BC_1 于 E,则 E 为 B_1C 的中点.

又 D 为 AC 的中点,　∴　$AB_1 /\!/ DE$.

又∵　$DE \subset$ 平面 BC_1D,$AB_1 \not\subset$ 平面 BC_1D.

∴　$AB_1 /\!/$ 平面 DBC_1.

(2) 作 $DF \perp BC$ 于 F.　∵　平面 $ABC \perp$ 平面 BC_1,

∴　$DF \perp$ 平面 BC_1.

连 EF,则 EF 是 DE 在平面 BC_1 上的射影.

∵　$AB_1 \perp BC_1$,

由(1)知 $AB_1 /\!/ DE$,　∴　$DE \perp BC_1$,从而 $BC_1 \perp EF$,

故 $\angle DEF$ 为所求二面角的平面角.

不妨设 $AC = 1$,则 $DF = \sqrt{3}/4$,$CF = 1/4$,取 BC 的中点 G,连 EG,则 $EG \perp$
BC,在 Rt$\triangle BEF$ 中,$BF = 3/4$,$GF = 1/4$,　∴　$EF = \sqrt{BF \times GF} = \sqrt{3}/4$,
故 $\angle DEF = 45°$,即所求二面角为 $45°$.

▶**例 4** 如图 1.1.4,已知夹在距离为 4 cm 的两平行平面 α,β 间的两异面直线 AB,CD 所成的角为 $45°,AC$ 在 α 内,BD 在 β 内,$AC=6$ cm,$BD=8$ cm. AB,CD 分别与 β 所成的角为 θ 和 φ,且 $\cot\theta=3$, $\cot\varphi=\dfrac{1}{2}$.

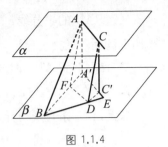

图 1.1.4

(1) 求证:AB,CD 在 β 内的射影平行;

(2) 求 AC,BD 所成的角.

解 ❓

(1) 过 A,C 分别作 $AA'\perp\beta$ 于 A',$CC'\perp\beta$ 于 C'.由 $\alpha//\beta$,知 $AA'//CC'$ 且 $AA'=CC'=4$ cm.连 $A'C',BA',DC'$,则 $A'C'//AC,\angle ABA'=\theta,\angle CDC'=\varphi$.

在 Rt$\triangle ABA'$,Rt$\triangle CDC'$ 中,有 $A'B=4\cot\theta=12,C'D=4\cot\varphi=2,AB=4\sqrt{10},CD=2\sqrt{5}$.现设 $AF//CD$ 交 β 于 F.由题设 $\angle BAF=45°$,且 $AF=CD=2\sqrt{5}$.

$\therefore$ $FA'=2$.又 $FB^2=AB^2+AF^2-2AB\cdot AF\cos45°=100$,

$\therefore$ $FB=10$.从而

$A'F+FB=10+2=12=A'B$,故 $F\in A'B$.

由 $A'C'\underline{\underline{/\!/}}AC,AF\underline{\underline{/\!/}}CD$,从而 $AC\underline{\underline{/\!/}}DF$,

故 $A'C'\underline{\underline{/\!/}}DF$,从而 $C'D//A'B$,即 AB,CD 在 β 上的射影互相平行.

(2) 由(1)知,$FD//AC$,故 $\angle BDF$ 为 AC 与 BD 所成的角.在 $\triangle BDF$ 中,因 $BD^2+DF^2=8^2+6^2=10^2=BF^2$,故 $\angle BDF=90°$,即 AC 与 BD 所成的角为 $90°$.

▶**例 5** 已知两条异面直线成 $60°$ 角,问:过空间任一点 A 可以作出几条直线与这两条异面直线都成 $60°$ 角?

分析 由于平行直线与同一直线所成的角相等,故可将两条异面直线平移到点 A 处来考虑.

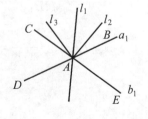

图 1.1.5

解 ❓

设异面直线 a 与 b 成 $60°$ 角,过点 A 引 $a_1//a$, $b_1//b$(如图 1.1.5),则 a_1 与 b_1 相交成 $60°$ 角,$\angle BAC=120°$.于是 $\angle BAC$ 的平分线 l_1 满足要求.

又 $\angle BAE$ 的平分线 l 与 a_1,b_1 均成 $30°$ 角,现将 l(在垂直 l_1 的平面内)绕点 A 向上翘起.

∵ $l \perp$ 平面 ABC 时与 a_1,b_1 均成 $90°$ 角,

∴ 存在 l_2,l_3 与 a_1,b_1 均成 $60°$ 角.

综上,有 3 条直线与异面直线 a,b 均成 $60°$ 角.

▶例 6 (1985 年全国高中联赛试题)如图 1.1.6,在正方体 $ABCD - A_1B_1C_1D_1$ 中,E 是 BC 的中点,F 在 AA_1 上且 $A_1F : FA = 1 : 2$,求平面 B_1EF 与底面 $A_1B_1C_1D_1$ 所成的二面角.

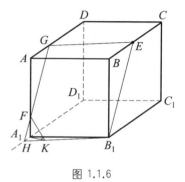

图 1.1.6

解

设两平面 B_1EF 与 AA_1D_1D 的交线为 GFH,其中 G 在 AD 上,H 在 D_1A_1 的延长线上.因平面 A_1D // 平面 BC_1,所以 FG // B_1E.又 FA // BB_1,所以 $\angle AFG = \angle BB_1E$.因此,

$$\tan \angle AFG = \frac{BE}{BB_1} = \frac{1}{2}.$$

不妨设正方体的棱长为 6,由 $A_1F : FA = 1 : 2$,易知 $A_1F = 2,FA = 4$.从而

$$A_1H = A_1F \cdot \tan \angle HFA_1 = 1,HB_1 = \sqrt{A_1H^2 + A_1B_1^2} = \sqrt{37}.$$

现过 A_1 作 $A_1K \perp B_1H$ 于 K,联结 FK,则 $FK \perp HB_1$,故 $\angle FKA_1$ 为所求二面角的平面角.因为

$$A_1K = \frac{A_1H \cdot A_1B_1}{HB_1} = \frac{6}{\sqrt{37}},即$$

$$\tan \angle FKA_1 = \frac{A_1F}{A_1K} = \frac{\sqrt{37}}{3},故$$

$$\angle FKA_1 = \arctan \frac{\sqrt{37}}{3}.$$

**点评**

本题通过找出两平面公共交线 B_1H,利用三垂线定理作出所求二面角的平面角.这是求二面角的最基本的方法.常用的求法还有定义法、垂面法、射影法与公式法.

本题也可转化为求平面 $A_1B_1C_1D_1$ 的垂线 BB_1 与平面 B_1EF 的垂线 BO（过 B 作 $BO\perp$ 平面 B_1EF 于 O）所夹的角 $\angle OBB_1$ 的大小,因 $\angle OBB_1$ 与所求的二面角相等或互补.

▶ **例7** 如图 1.1.7,在三棱台 ABC-$A_1B_1C_1$ 中,A_1B_1 是 A_1C 与 B_1C_1 的公垂线段.设 $AB=3$,$AA_1=AC=5$,二面角 A_1-AB-C 为 $60°$.求二面角 A_1-CA-B 的正切值.

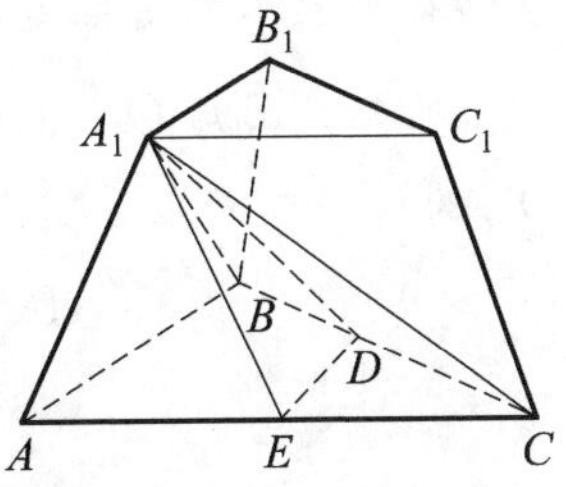

图 1.1.7

解

方法一 联结 A_1B,因 A_1B_1 是 A_1C,B_1C_1 的公垂线段,$A_1B_1 \parallel AB$,$B_1C_1 \parallel BC$,所以 $AB\perp A_1C$,$AB\perp BC$,从而 $AB\perp$ 平面 A_1BC,故 $AB\perp A_1B$.所以 $\angle A_1BC$ 为二面角 A_1-AB-C 的平面角,即 $\angle A_1BC=60°$.又在 Rt$\triangle ABC$ 与 Rt$\triangle ABA_1$ 中,由题设可求得 $A_1B=BC=4$,因此 $\triangle A_1BC$ 为等边三角形,从而 $A_1C=4$,$\angle A_1CB=60°$.

考察三棱锥 C-ABA_1,由 $\cos\angle BCA=\dfrac{4}{5}$,$\sin\angle BCA=\dfrac{3}{5}$,$\cos\angle ACA_1=\dfrac{2}{5}$,$\sin\angle ACA_1=\dfrac{\sqrt{21}}{5}$,利用三面角公式(参见点评),记二面角 A_1-AC-B 的大小为 θ,则有

$$\cos\angle A_1CB=\cos\angle BCA\cdot\cos\angle ACA_1+\sin\angle BCA\cdot\sin\angle ACA_1\cdot\cos\theta,$$

即

$$\cos 60°=\frac{4}{5}\cdot\frac{2}{5}+\frac{3}{5}\cdot\frac{\sqrt{21}}{5}\cos\theta,$$

$$\cos\theta=\frac{\dfrac{1}{2}-\dfrac{8}{25}}{\dfrac{3\sqrt{21}}{25}}=\frac{3}{2\sqrt{21}},\text{从而}\ \tan\theta=\frac{\sqrt{(2\sqrt{21})^2-3^2}}{3}=\frac{5\sqrt{3}}{3}.$$

方法二 由方法一知,$\triangle A_1BC$ 为等边三角形,且 $AB\perp$ 平面 A_1BC.设 D 为 BC 的中点,连 A_1D,则 $A_1D\perp BC$.又 $A_1D\perp AB$,故 $A_1D\perp$ 平面 ABC.过 D 作 $DE\perp AC$ 于 E,连 A_1E,由三垂线定理得 $A_1E\perp AC$,所以 $\angle A_1ED$ 为二面角 A_1-AC-B 的平面角.

由于 $A_1D=\dfrac{\sqrt{3}}{2}BC=2\sqrt{3}$,$DE=CD\cdot\sin\angle BCA=2\times\dfrac{3}{5}=\dfrac{6}{5}$,

故
$$\tan \angle A_1ED = \frac{A_1D}{DE} = \frac{5\sqrt{3}}{3}.$$

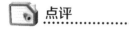 **点评**

方法一利用三面角公式计算,不必构作二面角的平面角,方法二则由三垂线定理作出其平面角再来求解.

已知三面角 O-ABC,记 $\angle BOC = \alpha$,$\angle COA = \beta$,$\angle AOB = \gamma$,以 OA,OB,OC 为棱的二面角分别记为 A,B,C,则有三面角公式:
$$\cos \alpha = \cos \beta \cos \gamma + \sin \beta \sin \gamma \cdot \cos A;$$
$$\cos \beta = \cos \gamma \cos \alpha + \sin \gamma \sin \alpha \cdot \cos B;$$
$$\cos \gamma = \cos \alpha \cos \beta + \sin \alpha \sin \beta \cdot \cos C.$$

在本讲第三节中我们将证明上述公式.

▶ **例8** 已知 S,A,B,C 四点均在半径为 2 的球面上,且 $SC = 4$,$AB = \sqrt{3}$,$\angle SCA = \angle SCB = 30°$.求二面角 B-SA-C 的平面角大小.

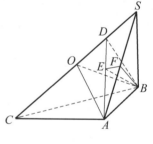

图 1.1.8

解

如图 1.1.8,由 $SC = 4$ 及球半径为 2,知 SC 为直径,设 SC 的中点为 O.

则 $\angle SAC = \angle SBC = 90°$.

∵ $\angle SCA = \angle SCB = 30°$,

∴ $OA = OB = OS = SA = SB = 2$,

∴ $\triangle SAO$,$\triangle SBO$ 均为等边三角形.

设 D 为 SO 的中点,则
$AD \perp SO, BD \perp SO$,

∴ $SC \perp$ 平面 ABD.

又 SC 在平面 SAC 内,故平面 $ABD \perp$ 平面 SAC,且平面 ABD 与平面 SAC 的交线为 AD.

在平面 ABD 内作 $BE \perp AD$ 于点 E,则 $BE \perp$ 平面 SAC;在平面 SAC 内作 $EF \perp SA$ 于点 F,联结 BF.

由三垂线定理得 $BF \perp SA$.

故二面角 $B\text{-}SA\text{-}C$ 的平面角为 $\angle BFE$,设 $\angle BFE=\theta$.

在 $\mathrm{Rt}\triangle BEF$ 中,

$$BE=\frac{\sqrt{3}}{2}AD=\frac{3}{2},EF=\frac{1}{2}AE=\frac{\sqrt{3}}{4}.$$

则 $BF=\sqrt{BE^2+EF^2}=\frac{\sqrt{39}}{4}$,则所求二面角 θ 满足:$\cos\theta=\dfrac{EF}{BF}=\dfrac{\sqrt{13}}{13}$,故

二面角 $B\text{-}SA\text{-}C$ 的大小为 $\arccos\dfrac{\sqrt{13}}{13}$.

▶例 9 (1982 年苏联竞赛试题)如图 1.1.9,
在四面体内部取点 M.证明:点 M 对四面体各棱

张角的余弦必有一个不大于 $-\dfrac{1}{3}$.

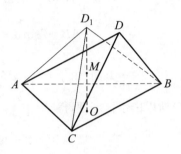

图 1.1.9

证明

假设点 M 关于四面体 $ABCD$ 的各棱的张角

的余弦均大于 $-\dfrac{1}{3}$.注意到让顶点 A,B,C,D 分

别沿射线 MA,MB,MC,MD 移动,射线间的夹角均不改变.因此不妨设 M 到各
顶点的距离都相等且等于 1,并设面 ABC 是距点 M 最近的面,且 AD 是棱 AD,
BD,CD 中最长的.过 M 引 $MO\perp$ 面 ABC 于 O,并在该直线上取点 D_1,使得
$MD_1=1$ 且射线 MD_1 与面 ABC 不相交.下面证明 $AD_1\leqslant AD$.

事实上,若 $AD_1>AD$,则 $AD_1>BD$,$AD_1>CD$.因为 $MA=MB=MC$,所
以这三条线段在平面 ABC 上的投影相等,进而有 $D_1A=D_1B=D_1C$.因此
$BD_1>BD$,$CD_1>CD$.

过线段 DD_1 的中点作垂直于 DD_1 的平面 π.因为 $MD=MD_1$,所以 $M\in$
π.但另一方面,因为 $AD_1>AD$,所以 A 与 D 在平面 π 的同侧.又因 $BD_1>BD$,
$CD_1>CD$,所以点 A,B,C,D 都在平面 π 的同侧,从而 $M\notin\pi$,矛盾.这表明
$AD_1\leqslant AD$.于是

$$\cos\angle AMD_1\geqslant\cos\angle AMD>-\frac{1}{3}.$$

因为 $AD_1=BD_1=CD_1$,所以点 M 关于四面体 $ABCD_1$ 各棱的张角的余弦

都大于 $-\dfrac{1}{3}$.因为面 ABC 是四面体 $ABCD$ 中距点 M 最近的界面,所以过点 M

引向平面 ABC 的垂直射线,除了面 ABC 外,不穿过其他的界面.例如,若这条射线穿过面 BCD 后到达面 ABC,则点 M 到面 BCD 的距离比点 M 到面 ABC 的距离更近,与前面所设矛盾.因此,点 M 在面 ABC 上的射影 O 是 $\triangle ABC$ 的外心,且在三角形内.这表明 $\triangle ABC$ 是锐角三角形.记 $\angle AMD_1 = \alpha$,则有

$$-\frac{1}{3} < \cos\alpha < 0,$$

因此 $\quad \sin\alpha > \sqrt{\dfrac{8}{9}}, AO = MA \cdot \sin\angle AMO = 1 \cdot \sin\angle AMD_1 = \sin\alpha.$

设 AB 是 $\triangle ABC$ 中的最长边,则 $60° < \angle ACB < 90°$,再由正弦定理得

$$AB = 2\sin\alpha \cdot \sin\angle ACB > 2 \cdot \sqrt{\frac{8}{9}} \cdot \frac{\sqrt{3}}{2} = \sqrt{\frac{8}{3}}.$$

另一方面,由于 $\cos\angle AMB > -\dfrac{1}{3}$,

所以由余弦定理,得

$$AB^2 = 2 - 2\cos\angle AMB < 2 - 2 \cdot \left(-\frac{1}{3}\right) = \frac{8}{3}.$$

这与前面 $AB > \sqrt{\dfrac{8}{3}}$ 矛盾,故原题得证.

▶ **例 10** 已知正方体 $ABCD\text{-}A'B'C'D'$.

(1) 过 AA' 作一个平面,使它与直线 BC' 及直线 DB' 所成的角大小相等;

(2) 求这个角的大小.

解 ❓

为解此题,我们需要以下两个引理.

引理 1 若 $a \,/\!/\, a',\alpha \,/\!/\, \alpha'$,则直线 a 与平面 α 所成的角和直线 a' 与平面 α' 所成的角大小相等.

引理 2 如图 1.1.10,过 $\angle AOB$ 的顶点 O 作一平面 α,α 与直线 OA,OB 成等角的充要条件是 α 经过 $\angle AOB$ 的平分线或其外角平分线.

引理 1 是显然的,下面我们来证明引理 2.

充分性 设 P 为 $\angle AOB$ 平分线上一点,过 P 作平面 β 与 OP 垂直.不妨设 AO,BO 与 β 交于点 A,

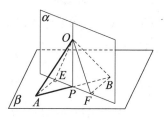

图 1.1.10

B,则 $AO=BO$,$AP=BP$.分别过点 A,B 作 α 的垂线,由于 $\alpha\perp\beta$,A,$B\in\beta$,所以垂足 E,F 在 α 与 β 的交线 EF 上,从而 $\angle AOE$ 与 $\angle BOF$ 是直线 AO,BO 与 α 所成的角.因 $AP=BP$,$\angle APE=\angle BPF$,故 $\mathrm{Rt}\triangle APE\cong\mathrm{Rt}\triangle BPF$,从而 $AE=BF$,所以 $\sin\angle AOE=\dfrac{AE}{AO}=\dfrac{BF}{BO}=\sin\angle BOF$,即 $\angle AOE=\angle BOF$.

必要性 不妨设直线 AO,BO 中 $AO=BO$,分别过 A,B 作 α 的垂线,E,F 为垂足,则 $\angle AOE=\angle BOF$,从而 $AE=BF$.因 $AE/\!/BF$,A,B,E,F 四点共面.设 P 为 AB 与 EF 的交点.由 $AE=BF$ 知 $\triangle APE\cong\triangle BPF$,故 $AP=BP$,OP 为等腰 $\triangle AOB$ 底边上的中线,从而 OP 为 $\angle AOB$ 的平分线,即 α 过 $\angle AOB$ 的平分线.

对外角平分线可同理证得.

下面我们来解原题.

(1) 如图 1.1.11,由引理 1,可先考虑过 BB' 的平面.将 BC' 平移为 $B'L$,这样,问题转化为:过 BB' 作一平面与直线 $B'D$,$B'L$ 成等角.由引理 2,只要作平面过 $\angle DB'L$ 的平分线或其外角平分线即可.

设正方体的棱长为 a.在线段 CC' 的延长线上取一点 L,使 $C'L=CC'$,则 $B'L\underline{\underline{/\!/}}BC'$.由引理 2,过 BB' 与直线 $B'L$,$B'D$ 成等角的平面过 $\angle DB'L$ 的平分线或其外角平分线.

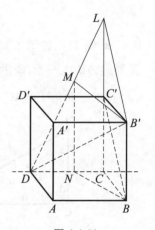

图 1.1.11

设 $\angle DB'L$ 的平分线交 DL 于 M,N 为 M 在 CD 上的射影,则

$$\frac{CN}{ND}=\frac{LM}{MD}=\frac{B'L}{B'D}=\frac{\sqrt{2}}{\sqrt{3}},$$

即

$$CN=\frac{\sqrt{2}a}{\sqrt{3}+\sqrt{2}}=(\sqrt{6}-2)a.$$

对于外角平分线,同理可在 DC 延长线上求得点 N',使

$$\frac{CN'}{N'D}=\frac{\sqrt{2}}{\sqrt{3}},\ \text{即}\ CN'=(\sqrt{6}+2)a.$$

分别将 N,N' 沿 CD 方向平移长度 a,得点 P,P'.由引理 1,平面 $AA'P$,平面 $AA'P'$ 即为所求.

(2) 设点 L 到平面 $BB'N$ 的距离为 d.由于 $CL/\!/BB'$,$CL/\!/$ 平面 $BB'N$,所

以 d 等于 C 到平面 $BB'N$ 的距离.又平面 $BB'N \perp$ 平面 BCN,所以 d 等于 C 到 BN 的距离.在 Rt$\triangle BCN$ 中,有

$$d = \frac{2S_{\triangle BCN}}{BN} = \frac{a \cdot (\sqrt{6}-2)a}{\sqrt{a^2 + (\sqrt{6}-2)^2 a^2}} = \frac{(\sqrt{6}-1)\sqrt{2}\,a}{5}.$$

设直线 $B'L$ 与平面 $BB'N$ 所成的角为 θ,则

$$\sin \theta = \frac{d}{B'L} = \frac{\sqrt{6}-1}{5},$$

所以两直线与平面 $AA'P$ 所成角的大小为 $\arcsin \dfrac{\sqrt{6}-1}{5}$.同理可求得两直线与平面 $AA'P'$ 所成角的大小为 $\arcsin \dfrac{\sqrt{6}+1}{5}$.

▶ **例 11** 如图 1.1.12(A),已知 Rt$\triangle ABC$ 的两直角边 $AC=2$,$BC=3$,P 是斜边 AB 上一点.现沿 PC 将此直角三角形折成直二面角 A-CP-B.当 $AB=\sqrt{7}$ 时,求二面角 P-AC-B 的正弦值.

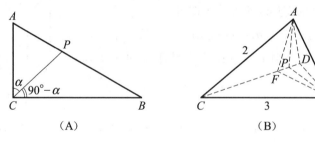

图 1.1.12

解 🌀

方法一 如图 1.1.12(B),由已知,A-CP-B 是直二面角.作 $BD \perp CP$ 于 D,则 $BD \perp$ 面 ACP,于是 $\triangle ABC$ 在平面 ACP 上的射影为 $\triangle ADC$.记二面角 P-AC-B 为 θ,则由面积射影定理,有

$$\cos \theta = \frac{S_{\triangle ACD}}{S_{\triangle ACB}}. \tag{1}$$

作 $AF \perp CD$ 于 F,连 BF,则 $\angle AFB = 90°$.

设 $\angle ACP = \alpha$,则 $\angle BCP = 90° - \alpha$.

在 Rt$\triangle AFB$ 中,

$$AB^2 = AF^2 + BF^2 = AF^2 + BD^2 + DF^2 = (\sqrt{7})^2.$$

∵　$AF=2\sin\alpha,CF=2\cos\alpha,BD=3\sin(90°-\alpha)=3\cos\alpha,CD=3\sin\alpha,$

而　$DF=CD-CF=3\sin\alpha-2\cos\alpha,$

∴　$(2\sin\alpha)^2+(3\cos\alpha)^2+(3\sin\alpha-2\cos\alpha)^2=7,$

解得 $\sin2\alpha=1,$ 从而 $\alpha=45°.$

又由余弦定理可得

$$\cos\angle ACB=\frac{2^2+3^2-(\sqrt7)^2}{2\times2\times3}=\frac12,\ \angle ACB=60°.$$

∴　$S_{\triangle ACB}=\frac12AC\cdot BC\cdot\sin\angle ACB=\frac12\times2\times3\times\sin60°=\frac{3\sqrt3}{2}.$

又　$CD=3\cdot\sin45°=\frac{3\sqrt2}{2},$

从而　$S_{\triangle ACD}=\frac12AC\cdot CD\cdot\sin\alpha=\frac12\times2\times\frac{3\sqrt2}{2}\times\sin45°=\frac32,$

代入式(1),得　$\cos\theta=\frac{S_{\triangle ACD}}{S_{\triangle ACB}}=\frac{\dfrac32}{\dfrac{3\sqrt3}{2}}=\frac{\sqrt3}{3}.$

故　$\sin\theta=\frac{\sqrt6}{3}.$

方法二　由三面角公式(见例 7 的点评),

$$\cos\angle ACB=\cos\angle ACP\cdot\cos\angle BCP=\cos45°\cdot\cos45°=\frac12,$$

$\angle ACB=60°.$

在三面角 C-ABP 中,设以 AC 为棱的二面角为 θ,则

$$\cos45°=\cos45°\cdot\cos60°+\sin45°\cdot\sin60°\cdot\cos\theta,$$

故 $\cos\theta=\frac{\sqrt3}{3},$ 从而 $\sin\theta=\frac{\sqrt6}{3}.$

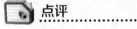 **点评**

本题还可作出二面角的平面角,利用余弦定理直接求出二面角.

习题 1.a

1. (1994 年全国高中联赛试题)已知一平面与一个正方体的 12 条棱所成的角都等于 α,则 $\sin\alpha$ 的值为_____.

2. 已知 3 个平面 α,β,γ,每两个平面之间的夹角是 θ,且 $\alpha\bigcap\beta=a$,$\beta\bigcap\gamma=b$,$\gamma\bigcap\alpha=c$.若有命题甲:$\theta>\dfrac{\pi}{3}$;命题乙:a,b,c 相交于一点,则甲是乙的_____条件.

3. (1997 年全国联赛试题)如图 1.1.13,正四面体 $ABCD$ 中,E 在棱 AB 上,F 在棱 CD 上,使得

$$\frac{AE}{EB}=\frac{CF}{FD}=\lambda(1<\lambda<+\infty).$$

记 $f(\lambda)=\alpha_\lambda+\beta_\lambda$,其 α_λ 表示 EF 与 AC 所成的角,β_λ 表示 EF 与 BD 所成的角,则 $f(\lambda)=$_____.

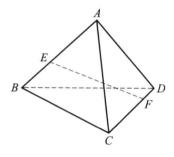

图 1.1.13

4. (上海市高中数学竞赛题)已知正四棱锥的侧面与底面成 α 角,其相邻两个侧面(具有公共侧棱)所成的角的余弦值为_____.

5. 在正四面体 $ABCD$ 中,M,P 分别为棱 AD,CD 的中点,N,Q 分别是面 BCD,ABC 的中心,则直线 MN 与 PQ 所成的角为_____.

6. 已知直径 AB 为 2 的半圆,过点 A 作该半圆所在平面的垂线,在垂线上取一点 S,使 $AS=AB$,C 为半圆上一动点,N,M 分别为点 A 在 SC,SB 上的射影.当三棱锥 S-AMN 的体积最大时,$\angle BAC=$_____.

7. 在 120° 的二面角 α-l-β 的面 α 和 β 内,分别有点 A 和点 B.已知 A 和 B 到棱 l 的距离分别为 2 和 4,且 $AB=10$.求直线 AB 和 l 所成的角及直线 AB 和平面 β 所成的角.

8. 在长方体 AC_1 中,异面直线 AB_1 与 A_1D,AC 与 C_1D,A_1C_1 与 CB_1 所成的角分别为 α,β,γ.求 $\alpha+\beta+\gamma$ 的值.

9. 已知直角梯形 $ABCD$ 中,$AB/\!/CD$,$AB\perp BC$,$2AB=CD$,$BC=3$.$PB\perp$ 平面 $ABCD$,$PC=5$.若 $\triangle PAB$ 的面积为 6,求面 PAD 与面 PBC 所成的二面角的大小.

10. 三棱柱 ABC-$A_1B_1C_1$ 的 9 条棱长全为 1，且 $\angle A_1AB = \angle A_1AC = \angle BAC$. 点 P 是侧面 A_1ABB_1 的对角线 A_1B 上一点，$A_1P = \dfrac{\sqrt{3}}{3}$，求直线 PC_1 与 AC 所成角的大小.

11. 设 $AA'B'B$ 是圆柱的轴截面，A，B，C 在圆柱上底面圆 O 上，记圆柱的体积为 V_1，四面体 $A'ABC$ 的体积为 V_2. 已知 $V_1 : V_2 = 2\sqrt{3}\,\pi$，求二面角 B-AA'-C 的大小.

12. (1999 年全国高中联赛试题)已知三棱锥 S-ABC 的底面是正三角形，点 A 在侧面 SBC 上的射影 H 是 $\triangle SBC$ 的垂心. 已知 $SA = 2\sqrt{3}$，$V_{S\text{-}ABC} = \dfrac{9}{4}\sqrt{3}$. 求二面角 H-AB-C 的大小.

13. 已知正 n 棱锥的侧面与底面所成的二面角的大小为 α，侧棱与底面所成的角的大小为 β. 证明：

$$\sin^2\alpha - \sin^2\beta \leqslant \tan^2\dfrac{\pi}{2n}.$$

1.2 空间距离问题

知识桥

1. 几种空间距离

（1）异面直线间的距离

夹在两条异面直线间的公垂线段的长度叫做异面直线间的距离.

（2）点到平面的距离

平面外一点到平面的垂线段的长度叫做这点到平面的距离.

（3）平行于平面的直线到平面的距离

若 $l/\!/\alpha$，则 l 上任意一点到 α 的距离叫做 l 到平面 α 的距离.

（4）平行平面间的距离

若 $\alpha/\!/\beta$，则 α 上任意一点到 β 的距离叫做 α 到 β 的距离.

2. 空间距离的求法

几种空间距离问题通常都化为求线段（如公垂线段）的长度，而其中异面直线间的距离问题最为活跃，常用的方法有定义法、垂直平面法、平行平面法、公式法和极值法等.

训练营

▶ **例1** 如图 1.2.1，在直三棱柱 $ABC - A_1B_1C_1$ 中，底面是等腰直角三角形，$\angle ACB = 90°$，侧棱 $AA_1 = 2$，D，E 分别是 CC_1 与 A_1B 的中点，点 E 在平面 ABD 上的射影是 $\triangle ABD$ 的重心 G.

（1）求 A_1B 与平面 ABD 所成角的大小；

（2）求点 A_1 到平面 AED 的距离.

解

（1）联结 BG，则 BG 是 BE 在面 ABD 上的射

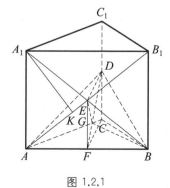

图 1.2.1

影,即 $\angle EBG$ 是 A_1B 与平面 ABD 所成的角.设 F 为 AB 的中点,联结 EF, FC.因 D,E 分别是 CC_1,A_1B 的中点,又 $DC\perp$ 平面 ABC,所以 $CDEF$ 为矩形.

联结 DF,由 G 为 $\triangle ADB$ 的重心,知 $G\in DF$.在 $\mathrm{Rt}\triangle EFD$ 中, $EF^2=FG\cdot FD=\dfrac{1}{3}FD^2$,将 $EF=1$ 代入得 $FD=\sqrt{3}$,从而

$$ED=\sqrt{2},\quad EG=\frac{1\times\sqrt{2}}{\sqrt{3}}=\frac{\sqrt{6}}{3}.$$

又 $FC=ED=\sqrt{2}$,所以 $AB=2\sqrt{2}$, $A_1B=2\sqrt{3}$, $EB=\sqrt{3}$.

故 $$\sin\angle EBG=\frac{EG}{EB}=\frac{\sqrt{6}}{3}\cdot\frac{1}{\sqrt{3}}=\frac{\sqrt{2}}{3}.$$

即 A_1B 与平面 ABD 所成的角是 $\arcsin\dfrac{\sqrt{2}}{3}$.

(2) $\because$　$ED\perp AB,ED\perp EF,EF\cap AB=F$,

$\therefore$　$ED\perp$ 平面 AA_1B,且面 $AED\cap$ 面 $A_1AB=AE$.

过 A_1 作 $A_1K\perp AE$ 于 K,则 $A_1K\perp$ 平面 AED,即 A_1K 为 A_1 到平面 AED 的距离.在 $\triangle A_1AB_1$ 中,有

$$A_1K=\frac{A_1A\cdot A_1B_1}{AB_1}=\frac{2\times2\sqrt{2}}{2\sqrt{3}}=\frac{2\sqrt{6}}{3},$$

故 A_1 到平面 AED 的距离为 $\dfrac{2\sqrt{6}}{3}$.

📋 点评

(2)也可以由等积法求得.连 A_1D,有 $V_{A_1-ADE}=V_{D-AA_1E}$,易算得 $S_{\triangle AA_1E}=\sqrt{2}$, $S_{\triangle AED}=\dfrac{\sqrt{6}}{2}$.设 A_1 到面 AED 的距离为 d,则 $d\cdot S_{\triangle AED}=S_{\triangle A_1AE}\cdot DE\Rightarrow$ $d=\dfrac{2\sqrt{6}}{3}.$

▶ **例 2**　如图 1.2.2,四棱锥 $P\text{-}ABCD$ 的四个侧面均是腰长为 1 的等腰直角三角形,且 $\angle APB=\angle APD=\angle PBC=\angle PDC=90°$.求这个四棱锥的高 h.

解 ❓

设 AC 与 BD 交于点 O,联结 PO.

由 $\angle APB = \angle APD = 90°$,

$\angle CPB = \angle CPD = 45°$,

知点 A, P, C 均在线段 BD 的垂直平分面上,且 $AP \perp$ 平面 PBD.

过点 P 作 $PH \perp$ 平面 $ABCD$,则垂足 H 在 AC 上.

故 $PO^2 + OB^2 = PB^2 = BC^2 = OC^2 + OB^2$,

$\therefore \quad PO = OC$.

设 $PO = OC = x$,$PH = h$.

在 $\triangle POC$ 中,由余弦定理得

$$\cos \angle POC = \frac{2x^2 - 2}{2x^2} = 1 - \frac{1}{x^2}.$$

由 $AP \perp PO$ 得

$$\cos \angle POA = \frac{PO}{OA} = \frac{x}{\sqrt{x^2 + 1}}.$$

由 $\cos \angle POC = -\cos \angle POA$ 得

$$1 - \frac{1}{x^2} = -\frac{x}{\sqrt{x^2 + 1}}, \text{即 } x^2 + 1 = \frac{1}{x^2},$$

$$\therefore \quad x^2 = \frac{\sqrt{5} - 1}{2}.$$

在 $\mathrm{Rt}\triangle APO$ 中,

$$h = \frac{PA \cdot PO}{OA} = \frac{x}{\sqrt{x^2 + 1}} = x^2 = \frac{\sqrt{5} - 1}{2}.$$

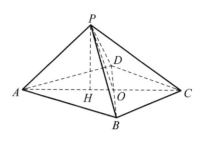

图 1.2.2

▶ **例 3** (1996 年全国高中联赛试题)已知将给定的两个全等正三棱锥的底面粘在一起,恰得到一个所有二面角都相等的六面体,并且该六面体的最短棱的长为 2,则最远的两个顶点间的距离是多少?

解

如图 1.2.3,作 $CE \perp AD$,连 EF,易证 $EF \perp AD$.则 $\angle CEF$ 为面 ADF 和面 ACD 所成二面角的平面角.

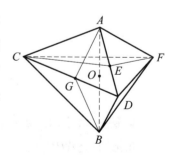

图 1.2.3

设 G 为 CD 的中点,同理可知 $\angle AGB$ 为面 ACD 和面 BCD 所成二面角的平面角.

由已知 $\angle CEF = \angle AGB$.设底面 $\triangle CDF$ 的边长为 $2a$,侧棱长 $AD = b$.在 $\triangle ACD$ 中,$CE \cdot b = AG \cdot 2a$,

$$\therefore \quad CE = \frac{AG \cdot 2a}{b} = \frac{\sqrt{b^2 - a^2} \cdot 2a}{b}.$$

在 $\triangle ABC$ 中,易求得

$$AB = 2\sqrt{b^2 - \left(\frac{2}{3}\sqrt{3}\,a\right)^2} = 2\sqrt{b^2 - \frac{4}{3}a^2}.$$

由 $\triangle CEF \backsim \triangle AGB$ 得,$\dfrac{AB}{CF} = \dfrac{AG}{CE}$,即

$$\frac{2\sqrt{b^2 - \frac{4}{3}a^2}}{2a} = \frac{\sqrt{b^2 - a^2}}{\dfrac{\sqrt{b^2 - a^2} \cdot 2a}{b}},$$

从而求得 $b = \dfrac{4}{3}a$,此时有 $AB = \dfrac{4}{3}a = b$.

所以 $b = AB = \dfrac{2}{3} \cdot (2a) < 2a$,故 $b = 2, 2a = 3$.从而最远的两顶点间距离为 3.

点评

本题主要是比较侧棱长 b、底面边长 $2a$ 及对顶点 AB 三个长度的大小,切忌主观认为 AB 为最远两顶点间距离.

▶ **例 4** 在直二面角 $\alpha - AC - \beta$ 中,$AB \subset \alpha$,$CD \subset \beta$,且 $\angle BAC = \theta_1$,$\angle ACD = \theta_2$,$AC = a$.求 AB,CD 间的距离.

解

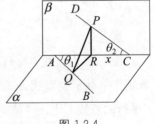

图 1.2.4

注意到异面直线的距离是分别在两条异面直线上的两点之间距离中最小的,于是可用求函数最小值的方法来求 AB 与 CD 间的距离.

如图 1.2.4,在 β 中过 CD 上任一点 P 作 $PR \perp AC$ 于 R,则 $PR \perp \alpha$.在 α 上过点 R 作 $QR \perp AB$ 于 Q,连 PQ,则 $PQ \perp AB$.

令 $CR=x$,则
$$AR=a-x,PR=x\tan\theta_2,QR=(a-x)\sin\theta_1,$$
$$\therefore \quad PQ^2=x^2\tan^2\theta_2+(a-x)^2\sin^2\theta_1$$
$$=(\tan^2\theta_2+\sin^2\theta_1)x^2-2a\sin^2\theta_1 x+a^2\sin^2\theta_1.$$

当 $x=\dfrac{a\sin^2\theta_1}{\tan^2\theta_2+\sin^2\theta_1}$ 时,$PQ^2_{\min}=\dfrac{a^2\tan^2\theta_2\cdot\sin^2\theta_1}{\tan^2\theta_2+\sin^2\theta_1}=\dfrac{a^2}{\csc^2\theta_1+\cot^2\theta_2}=$

$\dfrac{a^2}{1+\cot^2\theta_1+\cot^2\theta_2}.$

$$\therefore \quad PQ_{\min}=d=\frac{a}{\sqrt{1+\cot^2\theta_1+\cot^2\theta_2}} \text{ 为 } AB \text{ 与 } CD \text{ 间的距离}.$$

点评

上面的公式在求异面直线间的距离时是很有效的.如在正方体 $ABCD-A_1B_1C_1D_1$ 中,求 AB_1 与 BD 间的距离 d.这是正方体中较难求的异面直线间的距离.而由上面的公式,记棱长为 a,则有

$$d=\frac{a}{\sqrt{1+\cot^2 45°+\cot^2 45°}}=\frac{\sqrt{3}}{3}a.$$

▶例 5 (1992 年全国高中联赛试题)如图 1.2.5,设 l,m 是两条异面直线,在 l 上有 A,B,C 三个点,且 $AB=BC$.过 A,B,C 分别作 m 的垂线 AD,BE,CF,垂足依次为 D,E,F.已知 $AD=\sqrt{15}$,$BE=\dfrac{7}{2}$,$CF=\sqrt{10}$.求 l 与 m 的距离.

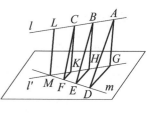

图 1.2.5

解

设 LM 为直线 l 与 m 的公垂线,$L\in l,M\in m$.过 m 作平面 $\alpha\parallel l$,过 A,B,C 分别作平面 α 的垂线 AG,BH,CK,垂足分别为 G,H,K,则点 G,H,K 落在与 l 平行的直线 l' 上.连 GD,HE,KF.

$\because$ $AD\perp m,BE\perp m,CF\perp m$,由三垂线定理得 $GD\perp m,HE\perp m,KF\perp m$.

又 $\because$ $AB=BC,AG\parallel BH\parallel CK$,$\therefore$ $GH=HK$,故 $GD\parallel HE\parallel KF$,且 E,H 分别为 FD,KG 的中点.

设 l 与 m 的距离为 x,则 $AG=BH=CK=LM=x$.

$\because$ $GD = \sqrt{AD^2 - AG^2} = \sqrt{15 - x^2}$, $HE = \sqrt{BE^2 - BH^2} = \sqrt{\dfrac{49}{4} - x^2}$,

$KF = \sqrt{CF^2 - CK^2} = \sqrt{10 - x^2}$,

当点 A,B,C 在点 L 的同一侧时,有

$$2HE = KF + GD；\tag{1}$$

当点 A,B,C 不全在点 L 的同侧时,有

$$2HE = GD - KF.\tag{2}$$

由式(1)得 $2\sqrt{\dfrac{49}{4} - x^2} = \sqrt{15 - x^2} + \sqrt{10 - x^2}$,

解得 $x = \pm\sqrt{6}$,舍去负根,求得 l 与 m 的距离为 $\sqrt{6}$.

由式(2)得 $2\sqrt{\dfrac{49}{4} - x^2} = \sqrt{15 - x^2} - \sqrt{10 - x^2}$,无解.

故 l 与 m 的距离为 $\sqrt{6}$.

▶ **例6**   在三棱锥 P-ABC 中,$PB \perp PC$,且 $PB = 1$,$PC = 2$.P 在 $\triangle ABC$ 所在平面上的射影 H 为 $\triangle ABC$ 的垂心.若三棱锥 P-ABC 的外接球半径为 $\dfrac{\sqrt{14}}{2}$,试求三棱锥 P-ABC 的顶点 P 到面 ABC 的距离.

分析   由题设条件易证 PA,PB,PC 两两垂直.因此,要求点 P 到面 ABC 的距离,可利用等积法,先求出 $V_{P\text{-}ABC}$,关键是求出 PA 的长.由于题设中给出了三棱锥 P-ABC 的外接球半径 R,猜测过球上一点 P 的三条两两垂直的弦亦满足 $PA^2 + PB^2 + PC^2 = 4R^2$(与平面圆类比,过圆上一点互相垂直的两条弦 PA,PB 的平方和 $PA^2 + PB^2 = 4R^2$),则问题得以解决.

解 ❓

如图 1.2.6,连 BH 交 AC 于 D,因 H 为 $\triangle ABC$ 的垂心,故 $BD \perp AC$.

$\because$ $PH \perp$ 平面 ABC,由三垂线定理知 $AC \perp$ PB,又 $PC \perp PB$, $\therefore$ $PB \perp$ 平面 PAC,从而 $PB \perp$ PA.同理 $PC \perp PA$,即 PA,PB,PC 两两互相垂直.

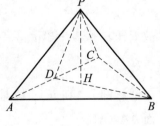

图 1.2.6

为解此题,我们先证明一个引理.

引理   从半径为 R 的球 O 上一点 P 引三条两两互相垂直的弦 PA,PB,

PC,则

$$PA^2+PB^2+PC^2=4R^2.$$

证明 如图 1.2.7 所示,设点 P,B,C 所在的圆面为圆 O_1(半径为 R_1).因 $PB\perp PC$,所以 BC 过圆心 O_1.连 PO_1 交圆 O_1 于点 Q,连 AQ,设 O' 为 AQ 的中点.则由题设知 $PA\perp$ 面 PBC,从而 $PA\perp PQ$,且

$$PA^2+PB^2+PC^2=PA^2+BC^2=PA^2+PQ^2$$
$$=AQ^2.$$

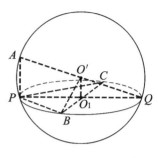

图 1.2.7

下面我们来证明 AQ 的中点 O' 即为球心 O.为此只要证明 $O'P=O'A=O'B=O'C$ 即可.

事实上,连 $O'O_1$,则 $O'O_1\parallel PA$,从而 $O'O_1\perp$ 平面 PBC.所以 $O'A=O'Q=\sqrt{O_1O'^2+R_1^2}$,而

$$O'P=O'B=O'C=\sqrt{O_1O'^2+R_1^2}.$$

故 $O'A=O'P=O'B=O'C$,即 AQ 的中点 O' 为球心 O,从而 $PA^2+PB^2+PC^2=AQ^2=(2R)^2=4R^2$.证毕.

由引理,有 $PA^2+1^2+2^2=4\cdot\left(\dfrac{\sqrt{14}}{2}\right)^2$,解得 $PA=3$.所以 $V_{P\text{-}ABC}=\dfrac{1}{6}PA\cdot$

$PB\cdot PC=\dfrac{1}{6}\times 3\times 1\times 2=1$.

又因 PA,PB,PC 两两垂直,可证得

$$S_{\triangle ABC}=\sqrt{S_{\triangle PAB}^2+S_{\triangle PBC}^2+S_{\triangle PCA}^2}$$
$$=\frac{1}{2}\sqrt{(1\times 2)^2+(1\times 3)^2+(2\times 3)^2}=\frac{7}{2},$$

故 $PH\cdot S_{\triangle ABC}=3V_{P\text{-}ABC}=3$,解得 $PH=\dfrac{6}{7}$.

▶ 例7 在正三棱柱 $ABC\text{-}A_1B_1C_1$ 中,$E\in BB_1$,平面 $A_1EC\perp$ 侧面 AA_1C_1C.

(1) 求证:$BE=EB_1$;

(2) 若 $AA_1=A_1B_1=a$,求平面 A_1EC 与平面 $A_1B_1C_1$ 所成二面角的大小及点 A 到平面 A_1EC 的距离.

解

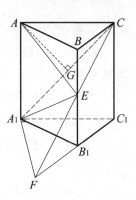

图 1.2.8

(1) 如图 1.2.8，延长 CE 与 C_1B_1 交于点 F，连 A_1F，则面 $A_1EC \cap$ 面 $A_1B_1C_1 = A_1F$.

$\because$ 面 $A_1EC \perp$ 面 AC_1，面 $A_1B_1C_1 \perp$ 面 AC_1，

$\therefore$ $A_1F \perp$ 面 AC_1，从而 $A_1F \perp A_1C_1$.

由 $\angle A_1C_1B_1 = 60°$，得 $C_1F = 2A_1C_1 = 2B_1C_1$，

$\therefore$ B_1 为 C_1F 的中点.又 $EB_1 // CC_1$，

$\therefore$ E 为 CF 的中点，从而 $B_1E = \dfrac{1}{2}CC_1 = \dfrac{1}{2}BB_1 = BE$.

(2) **方法一** 由(1)知，$A_1F \perp$ 面 AC_1，所以 $A_1C \perp A_1F$，$A_1C_1 \perp A_1F$，即 $\angle CA_1C_1$ 为所求二面角的平面角.由 $AA_1 = A_1B_1$，即 $CC_1 = A_1C_1$，得 $\angle CA_1C_1 = 45°$，故所求二面角为 $45°$.

连 AE，设 A 到面 A_1EC 的距离为 d，考察四面体 AA_1EC 的体积，有 $V_{A\text{-}A_1EC} = V_{C\text{-}AA_1E}$.

因 $BE = EB_1$，所以 $S_{\triangle AA_1E} = \dfrac{1}{2}S_{ABB_1A_1} = \dfrac{1}{2}a^2$，$S_{\triangle A_1EC} = \dfrac{1}{2}S_{\triangle A_1CF} = \dfrac{1}{2} \times \dfrac{1}{2} \cdot A_1C \cdot A_1F = \dfrac{1}{4} \times \sqrt{2}a \cdot \sqrt{3}a = \dfrac{\sqrt{6}}{4}a^2$.

又 C 到面 AB_1 的距离为 $h = \dfrac{\sqrt{3}}{2}a$，故 $\dfrac{1}{2}a^2 \cdot \dfrac{\sqrt{3}}{2}a = \dfrac{\sqrt{6}}{4}a^2 \cdot d$，解得 $d = \dfrac{\sqrt{2}}{2}a$，即点 A 到面 A_1EC 的距离为 $\dfrac{\sqrt{2}}{2}a$.

方法二 因面 $A_1EC \perp$ 面 AA_1C_1C，故过点 A 作 $AG \perp A_1C$ 于点 G，则 $AG \perp$ 面 A_1EC，故 AG 为 A 到面 A_1EC 的距离.由 $AA_1 = A_1B_1 = A_1C_1 = a$，知 $AG = \dfrac{\sqrt{2}}{2}a$.

▶**例8** 平面 α 过 $\triangle ABC$ 的重心 G.求证:在平面 α 同侧的两个顶点到 α 的距离之和等于另一个顶点到这个平面的距离.

分析 (1) 首先找出三个顶点到 α 的距离 AA'，BB'，CC'；

(2) 由 AA'，BB'，CC' 均为 α 的垂线，从而得 $AA' // BB' // CC'$；

(3) 利用重心的性质、梯形的中位线，以及线面平行的性质，即可证得 $AA' = BB' + CC'$.

证明 🔍

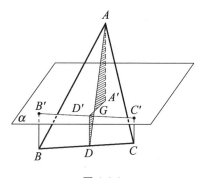

图 1.2.9

如图 1.2.9,设 $AA' \perp \alpha, BB' \perp \alpha, CC' \perp \alpha$,垂足分别为 A', B', C'. 则 $AA' /\!/ BB' /\!/ CC'$, AA', BB', CC' 分别是 A, B, C 到 α 的距离.

连 $AG, B'C', A'G$. 因 $G \in \alpha$, 则 $B'C' \subset \alpha$, $A'G \subset \alpha$. 设 $AG \cap BC = D, A'G \cap B'C' = D'$, 连 DD'.

∵ $AA' /\!/ BB', BB' \subset$ 平面 $BB'C'C$,

∴ $AA' /\!/$ 平面 $BB'C'C$. 又 $AA' \subset$ 平面 $AA'G$, 且平面 $AA'G \cap$ 平面 $BB'C'C = DD'$,

∴ $AA' /\!/ DD'$, 从而 $DD' /\!/ BB' /\!/ CC'$.

∵ G 为 $\triangle ABC$ 的重心,

∴ D 为 BC 的中点, 且 $AG : GD = 2 : 1$.

∴ DD' 为梯形 $BB'C'C$ 的中位线,

故 $2DD' = BB' + CC'$.

又 $AA' /\!/ DD', \triangle AA'G \backsim \triangle DD'G$, 于是

$AA' : DD' = AG : GD = 2 : 1$, 即 $AA' = 2DD'$,

故 $AA' = BB' + CC'$, 原题得证.

▶ **例 9** (1986 年第 4 届美国数学邀请赛试题) 一个长方体盒子 P 的一条对角线和与它不相交的棱之间的最短距离分别是 $2\sqrt{5}, 30/\sqrt{13}$ 和 $15/\sqrt{10}$. 求 P 的体积.

解 ❓

如图 1.2.10(A), 设 P 的对角线 BD' 与 $A'B', AD, AA'$ 的距离分别为 $2\sqrt{5}$, $30/\sqrt{13}, 15/\sqrt{10}$.

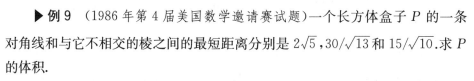

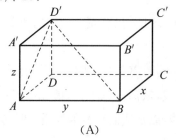

(A)

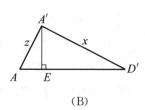

(B)

图 1.2.10

连 AD',则 $A'B'$∥平面 ABD'.如图 1.2.10(B),在 $\triangle A'AD'$ 中,A' 到 AD' 的距离 $A'E$,即 $A'B'$ 到平面 ABD' 的距离,亦即 $A'B'$ 到 BD' 的距离 $2\sqrt{5}$.

由
$$A'E \cdot AD' = A'A \cdot A'D',$$
得
$$xz = 2\sqrt{5}\sqrt{x^2 + z^2}.$$
同理可得
$$yz = \frac{30}{\sqrt{13}}\sqrt{y^2 + z^2}, \quad xy = \frac{15}{\sqrt{10}}\sqrt{x^2 + y^2},$$
化简得
$$\frac{1}{x^2} + \frac{1}{y^2} = \frac{2}{45}, \quad \frac{1}{y^2} + \frac{1}{z^2} = \frac{13}{900}, \quad \frac{1}{z^2} + \frac{1}{x^2} = \frac{1}{20},$$
解得
$$x = 5, y = 15, z = 10.$$
因此,P 的体积 $V = xyz = 750$.

▶ **例 10**　在斜三棱柱 $ABC\text{-}A_1B_1C_1$ 中,平面 $AA_1C_1C\perp$ 平面 ABC,$\angle ABC = 90°$,$BC = 2$,$AC = 2\sqrt{3}$,且 $AA_1\perp A_1C$,$AA_1 = A_1C$.

(1) 求 AA_1 与平面 ABC 所成角的大小;

(2) 求二面角 $A_1\text{-}AB\text{-}C$ 的大小;

(3) 求点 C 到平面 A_1ABB_1 的距离.

解 ❓

(1) 如图 1.2.11,作 $A_1D\perp AC$ 于 D.由平面 $A_1ACC_1\perp$ 平面 ABC,得 $A_1D\perp$ 平面 ABC,故 $\angle A_1AD$ 为 A_1A 与平面 ABC 所成的角.

∵　$AA_1\perp A_1C$,$AA_1 = A_1C$,

∴　$\angle A_1AD = 45°$ 即为所求.

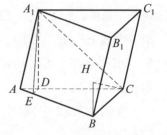

图 1.2.11

(2) 作 $DE\perp AB$ 于 E,连 A_1E.由三垂线定理得 $A_1E\perp AB$,即 $\angle A_1ED$ 是二面角 $A_1\text{-}AB\text{-}C$ 的平面角.由已知 $AB\perp BC$,得 DE∥BC,又 D 是 AC 的中点,$BC = 2$,$AC = 2\sqrt{3}$,故

$$DE = 1, AD = A_1D = \sqrt{3}, \tan\angle A_1ED = \frac{A_1D}{DE} = \sqrt{3},$$

故 $\angle A_1ED = 60°$ 即为所求.

(3) 过点 C 作平面 A_1ABB_1 的垂线,垂足为 H,则 CH 的长是 C 到面 A_1ABB_1 的距离.

连 HB,由于 $AB\perp BC$,得 $AB\perp HB$.

又 $A_1E \perp AB$，知 $HB /\!/ A_1E$ 且 $BC /\!/ ED$．

$\therefore$ $\angle HBC = \angle A_1ED = 60°$，从而

$CH = BC \cdot \sin \angle HBC = 2\sin 60° = \sqrt{3}$ 即为所求．

▶ **例 11** 如图 1.2.12，H 为 $\triangle ABC$ 的垂心，D,E,F 分别是 BC,CA,AB 边的中点，一个以 H 为中心的圆交 DE 于 P,Q，交 EF 于 R,S，交 FD 于 T,V．求证：

$$CP = CQ = AR = AS = BT = BV.$$

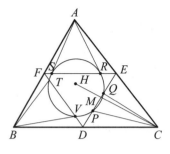

图 1.2.12

分析 本题若直接应用平面几何方法去证明，难度较大．注意到 D,E,F 分别为 BC,CA,AB 的中点，若将 $\triangle ABC$ 以 EF,DE,DF 为折痕折起来，会发现它们构成一个三棱锥和一个圆锥，这样 AS,AR,CQ,CP,BV,BT 是这个圆锥的母线，因此它们彼此相等．

证明 🔎

由于垂心 H 在 $\triangle ABC$ 内，所以 $\triangle ABC$ 为锐角三角形，这时将 $\triangle AEF$，$\triangle BFD$，$\triangle CED$ 分别沿中线 EF,FD,DE 折叠起来，得到四面体 $S'-DEF$，如图 1.2.13 所示，S' 为 $\triangle ABC$ 的三个顶点的汇集点．

在图 1.2.12 中，联结 CH 交 DE 于 M，则 $CH \perp DE$．

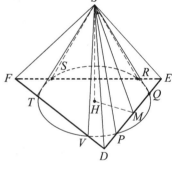

图 1.2.13

在折起后的图 1.2.13 中，$S'M \perp DE$，$HM \perp DE$．

因此，$DE \perp$ 面 $S'MH$，从而 $S'H \perp DE$．同理可证，$S'H \perp DF$．

$\therefore$ $S'H \perp$ 底面 DEF．

所以，S' 和圆 H 是一个直圆锥的顶点和底面．

由于圆锥的母线长相等，得

$$S'P = S'Q = S'R = S'S = S'T = S'V.$$

在折叠过程中，有 $S'P = CP$，$S'Q = CQ$，$S'R = AR$，

$$S'S = AS,\ S'T = BT,\ S'V = BV,$$

$\therefore$ $AR = AS = CP = CQ = BT = BV$．

▶例 12　设四面体两条异面棱长为 a,另两条异面棱长为 b,还有两条异面棱长为 c,有一个球与四面体的一个界面及其他界面的延伸面相切.求该球的球心与四面体内切球球心间的距离.

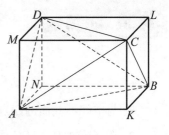

图 1.2.14

解

如图 1.2.14,在给定的四面体 $ABCD$ 中,过每条棱作平行于对棱的平面,六个平面限定了一个平行六面体 $AKBN\text{-}MCLD$.

由于四面体 $ABCD$ 对棱相等,于是所得平行六面体同一面内的两条对角线相等.因此,这个平行六面体为长方体.

显然,四面体 $ABCD$ 的内切球球心即为长方体的中心 O.

下面证明:点 L 即为与四面体的一个界面和其他界面的延伸面相切的球的球心.

只需证明点 L 到四面体 $ABCD$ 四个面的距离相等.

由长方体的对称性,知点 L 到平面 BCD 的距离与点 K 到平面 ABC 的距离相等.又在平面 $KBLC$ 内,线段 BC 与 LK 相互平分,从而点 L,K 到平面 ABC 的距离相等.因此,点 L 到平面 BCD 的距离与到平面 ABC 的距离相等.

类似地,点 L 到平面 ABC、平面 BCD、平面 ACD、平面 ABD 的距离均相等.

从而,所求两个球心之间的距离即为线段 OL 的长度.

设长方体的长、宽、高分别为 x、y、z,则

$$\begin{cases} x^2 + y^2 = a^2, \\ x^2 + z^2 = b^2, \\ y^2 + z^2 = c^2. \end{cases}$$

故 $OL = \dfrac{AL}{2} = \dfrac{1}{2}\sqrt{x^2 + y^2 + z^2}$

$$= \frac{1}{2}\sqrt{\frac{a^2 + b^2 + c^2}{2}}.$$

![演习场]

习题 1.b

1. 与空间不共面的四点等距离的平面有_____个.

2. 在三棱锥 $P-ABC$ 中,三条棱 PA,PB,PC 两两垂直,且 $PA=1,PB=2$, $PC=2$.若点 Q 为三棱锥 $P-ABC$ 的外接球球面上任意一点,则 Q 到平面 ABC 距离的最大值为_____.

3. 已知 $\triangle ABC$ 中,$AB=9$ cm,$AC=15$ cm,$\angle BAC=120°$,$\triangle ABC$ 所在平面外一点 P 到 A,B,C 三点的距离均为 14 cm,则点 P 到平面 ABC 的距离为_____.

4. 三棱台 $ABC-A_1B_1C_1$ 中,$BB_1\perp$ 平面 ABC,$\angle ABC=\angle AA_1C=90°$. $AB=5,BB_1=2,BC=4$,则 AA_1 与 BC 间的距离为_____.

5. (2014 年全国高中联赛试题)正四棱锥 $P-ABCD$ 中,侧面是边长为 1 的正三角形,M,N 分别是边 AB,BC 的中点,则异面直线 MN 与 PC 之间的距离是_____.

6. 已知三棱锥 $S-ABC$ 的底面是以 AB 为斜边的等腰直角三角形,$SA=SB=SC=2$,$AB=2$.设 S,A,B,C 四点均在以 O 为球心的某个球面上,则点 O 到平面 ABC 的距离为_____.

7. 在四棱锥 $M-ABCD$ 中,底面为菱形,且底面边长为 a. $MD\perp$ 面 AC, $MD=\dfrac{a}{2}$,$\angle BAD=60°$.求 MA 与 BD 间的距离.

8. 已知两异面直线 a,b 所成的角为 θ,它们的公垂线段 AA' 的长度为 d,且 $A'\in a,A\in b$.在直线 a,b 上分别取点 E,F,且 $A'E=m,AF=n$.求 EF.

9. 已知三棱锥 $S-ABC$ 的底面是边长为 $4\sqrt{2}$ 的正三角形,棱 SC 的长为 2 且垂直于底面,D,E 分别为 AB,BC 的中点.求 CD 与 SE 间的距离.

10. 一根长为 a 的木梁,它的两端悬挂在两条互相平行的、长度都为 b 的绳索下,木梁处于水平位置.如果把木梁绕通过它中点的铅垂轴转动一个角度 θ,那么木梁升高多少?

11. 一个正四面体的棱长为 1,以它的每条棱为直径作球.设 S 是所有六个球面的交集.证明:S 中含有两个点,它们的距离为 $\dfrac{1}{\sqrt{6}}$.

12. 已知二面角 $\alpha\text{-}AC\text{-}\beta$ 的大小为锐角 φ,$AB\subset\alpha$,$CD\subset\beta$,且 $\angle BAC=\theta_1$,$\angle ACD=\theta_2$,$AC=a$.求 AB,CD 间的距离.

1.3 多面角及应用

1. 多面角

（1）**定义**　由一个公共端点引出的几条不在同一平面内的射线，以及相邻两条射线间的平面部分所组成的图形，叫做多面角.

如图 1.3.1(A)，(B)，都是多面角.组成多面角的射线 SA，SB，$\cdots$叫做多面角的棱，公共端点 S 叫做多面角的顶点，相邻两棱间的平面部分叫做多面角的面，相邻两棱组成的角$\angle ASB$，$\angle BSC$，$\cdots$叫做多面角的面角，相邻两个面组成的二面角 E-SA-B，A-SB-C，$\cdots$叫做多面角的二面角.

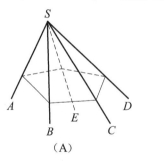
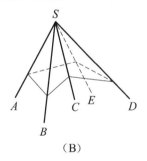

图 1.3.1

一个多面角的面数等于它的棱数、面角数、二面角数，它最少有三个面，依据面数多少分别叫做三面角、四面角、五面角$\cdots\cdots$分别记为多面角 S-ABC，S-$ABCD$，S-$ABCDE$ 等.

（2）**凸多面角**　将多面角的任何一个面伸展为平面，如果其余各面都在这个平面的同侧，这样的多面角叫做凸多面角，如图 1.3.1(A)，否则称为凹多面角，如图 1.3.1(B).

本节中如不特别说明，所研究的多面角均指凸多面角.

（3）**性质**

定理 1　三面角的任意两个面角的和大于第三个面角.

定理 2　凸多面角所有面角的和小于 $360°$.

证明　如图 1.3.2,设凸 n 面角 $S-A_1A_2\cdots A_n$,用平面截已知多面角的所有面和棱,得到凸 n 边形 $B_1B_2\cdots B_n$.由定理 1 得,以 $B_1,B_2,\cdots,B_n$ 为顶点的各三面角有下列关系:

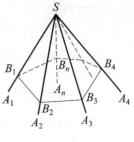

图 1.3.2

$$\angle SB_1B_n+\angle SB_1B_2>\angle B_2B_1B_n,$$
$$\angle SB_2B_1+\angle SB_2B_3>\angle B_1B_2B_3,$$
$$\cdots$$
$$\angle SB_nB_{n-1}+\angle SB_nB_1>\angle B_{n-1}B_nB_1.$$

用 σ 表示 n 个面角的和,将以上各式相加,得

$n\cdot 180°-\sigma>(n-2)\cdot 180°$,即 $\sigma<360°$,得证.

2. 多面体

(1) 定义　由若干平面多边形所围成的几何体叫做多面体,围成多面体的各个多边形叫做多面体的面,两个面的公共边叫做多面体的棱,若干个面的公共顶点叫做多面体的顶点.

(2) 凸多面体和正多面体

将多面体的任何一个面伸展为平面,如果所有其他各面都在这个平面的同侧,这样的多面体叫做凸多面体.

每个面都是具有相同条边的正多边形,在每个顶点都有相同条棱的凸多面体,叫做正多面体.

(3) 性质

定理 3　正多面体只有五种:以正三角形为面的正四面体、正八面体、正二十面体,它们的每个顶点处的棱数分别是 $3,4,5$;以正方形为面的正六面体(正方体),它的每个顶点处的棱数是 3;以正五边形为面的正十二面体,它的每个顶点处的棱数是 3.

证明　设正多面体的每个面都是正 n 边形,每个顶点处的棱数是 m,即每个顶点都是一个凸 m 面角的顶点.

由于凸 m 面角的面角都是正 n 边形的内角,等于 $\dfrac{(n-2)}{n}\cdot\pi$,所以凸 m 面角的所有面角的和等于 $\dfrac{(n-2)}{n}\pi\cdot m$.由凸多面角的性质,得

$$\frac{(n-2)}{n}\pi\cdot m<2\pi\Rightarrow m(n-2)<2n\Rightarrow m<\frac{2n}{n-2}(m,n\geq3,\text{为整数}).$$

解之得：

当 $n=3$ 时，$m<6$，得 $m=3,4,5$；

当 $n=4$ 时，$m<4$，得 $m=3$；

当 $n=5$ 时，$m<\dfrac{10}{3}$，得 $m=3$；

当 $n>5$ 时，$m<3$，不合题意.

故 $(m,n)=(3,3),(3,4),(3,5),(4,3),(5,3)$，即只有以上 5 种正多面体.

定理 4 （欧拉(Euler)定理）简单多面体（表面经过连续变形可变为球面的多面体）的顶点数 v、棱数 e 和面数 f，有下面的关系：

$$v+f-e=2.$$

训练营

▶**例 1** 如图 1.3.3，已知三面角 $S-ABC$ 中，三个面角分别为 α,β,γ，以 SA,SB,SC 为棱的二面角分别记为 A,B,C.求证：

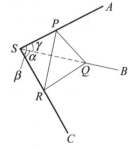

图 1.3.3

（1）$\cos\alpha=\cos\beta\cos\gamma+\sin\beta\sin\gamma\cos A$；

（2）$\cos A=-\cos B\cos C+\sin B\sin C\cos\alpha$.

证明

（1）在 SA 上任取一点 P，过 P 分别在面 SBP 和面 SCP 上作 SA 的垂线，交 SB 于 Q，交 SC 于 R.连 QR，则 $\angle QPR=A$.不妨设 $SP=1$，则 $PQ=\tan\gamma$，$PR=\tan\beta$，$SR=\sec\beta$，$SQ=\sec\gamma$.由余弦定理，有

$$\begin{aligned}
QR^2 &=PQ^2+PR^2-2PQ\cdot PR\cos A\\
&=\tan^2\beta+\tan^2\gamma-2\tan\beta\tan\gamma\cos A,
\end{aligned}$$

又 $QR^2=SQ^2+SR^2-2SQ\cdot SR\cos\alpha$

$$=\sec^2\beta+\sec^2\gamma-2\sec\beta\sec\gamma\cos\alpha.$$

所以 $2\sec\beta\sec\gamma\cos\alpha=\sec^2\beta+\sec^2\gamma-(\tan^2\beta+\tan^2\gamma)+2\tan\beta\tan\gamma\cos A$，

即 $\cos\alpha=\cos\beta\cos\gamma+\sin\beta\sin\gamma\cos A$.

（2）利用（1），类似地有

$$\cos\beta=\cos\alpha\cos\gamma+\sin\alpha\sin\gamma\cos B,$$

$$\cos\gamma=\cos\alpha\cos\beta+\sin\alpha\sin\beta\cos C,$$

故 $\qquad \cos B = \dfrac{\cos \beta - \cos \alpha \cos \gamma}{\sin \alpha \sin \gamma}, \cos C = \dfrac{\cos \gamma - \cos \alpha \cos \beta}{\sin \alpha \sin \beta},$

于是 $\sin B = \sqrt{1 - \cos^2 B} = \dfrac{\sqrt{1 - \cos^2 \alpha - \cos^2 \beta - \cos^2 \gamma + 2\cos \alpha \cos \beta \cos \gamma}}{\sin \alpha \sin \gamma},$

$$\sin C = \sqrt{1 - \cos^2 C} = \dfrac{\sqrt{1 - \cos^2 \alpha - \cos^2 \beta - \cos^2 \gamma + 2\cos \alpha \cos \beta \cos \gamma}}{\sin \alpha \sin \beta}.$$

所以 $\qquad -\cos B \cos C + \sin B \sin C \cos \alpha$

$$= -\dfrac{(\cos \beta - \cos \alpha \cos \gamma)(\cos \gamma - \cos \alpha \cos \beta)}{\sin^2 \alpha \sin \beta \sin \gamma}$$

$$+ \dfrac{(1 - \cos^2 \alpha - \cos^2 \beta - \cos^2 \gamma + 2\cos \alpha \cos \beta \cos \gamma)\cos \alpha}{\sin^2 \alpha \sin \beta \sin \gamma}$$

$$= \dfrac{(\cos \alpha - \cos \beta \cos \gamma)(1 - \cos^2 \alpha)}{\sin^2 \alpha \sin \beta \sin \gamma} = \dfrac{\cos \alpha - \cos \beta \cos \gamma}{\sin \beta \sin \gamma}$$

$$= \cos A,$$

从而(2)得证.

 点评

结论(1)(2)分别称为三面角的第一余弦定理和第二余弦定理.

▶**例2** 已知三面角 $S\text{-}ABC$ 的三个二面角为 A, B,C.求证:$\pi < A + B + C < 3\pi$.

证明

如图 1.3.4,在三面角 $S\text{-}ABC$ 内取一点 O,过 O 点作三面的垂线 OD,OE,OF.

过 OD,OE 作平面,交 SC 于 C_1;过 OE,OF 作平面,交 SA 于 A_1;过 OF,OD 作平面,交 SB 于 B_1.易知

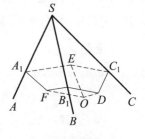

图 1.3.4

$\angle DC_1E = C$,$\angle EA_1F = A$,$\angle DB_1F = B$.由于 $\angle ODC_1 = \angle OEC_1 = \dfrac{\pi}{2}$,所以

$\angle DOE + C = \pi$,

同理 $\qquad \angle EOF + A = \pi$,$\angle DOF + B = \pi$,

所以 $\qquad A + B + C + (\angle EOF + \angle DOF + \angle DOE) = 3\pi$.

又对三面角 $O\text{-}DEF$ 应用定理2,有

$$0 < \angle EOF + \angle DOF + \angle DOE < 2\pi,$$

故 $$\pi < A + B + C < 3\pi.$$

 点评 ············

上述结论可推广到 n 面角: n 面角的 n 个二面角之和的取值范围为 $((n-2)\pi,\ n\pi)$.

············

▶**例3** 下面各组面角能否构成四面角？为什么？

(1) $30°, 40°, 65°, 140°$;

(2) $75°, 105°, 120°, 60°$;

(3) $45°, 60°, 95°, 120°$.

解

(1) 由于 $30° + 40° + 65° < 140°$, 故不能构成四面角.

(2) 由于 $75° + 105° + 120° + 60° = 360°$, 与定理 2 矛盾, 故不能构成四面角.

(3) 由于任 3 个角之和大于第 4 个角, 且 4 个角总和小于 $360°$, 故可构成四面角.

▶**例4** 在三面角 $S-ABC$ 中, $\angle BSC = 90°$, $\angle ASB = \angle ASC = 60°$, 平面 ABC 截这三面角的三条棱, 使 $SA = SB = SC$. 求证: 平面 $ABC \perp$ 平面 BSC.

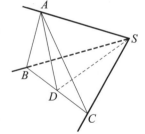

图 1.3.5

证明

如图 1.3.5, 设 $SA = SB = SC = a$.

$\because \quad \angle ASB = \angle ASC = 60°$,

$\therefore \quad AB = AC = SA = a$. 又 $\angle BSC = 90°$,

$\therefore \quad BC = \sqrt{2}a$.

由 A 作 $AD \perp BC$ 于 D, 则 AD 平分 BC, $DC = \dfrac{\sqrt{2}}{2}a$, $AD = \dfrac{\sqrt{6}}{2}a$.

连 DS, 则 DS 为等腰 $\text{Rt}\triangle BCS$ 斜边 BC 上的中线, 于是它垂直于 BC.

$\therefore \quad DS = \dfrac{\sqrt{2}}{2}a = AD$,

$\therefore \quad$ 在 $\triangle ADS$ 中, 有 $DS^2 + AD^2 = SA^2$, 故 $AD \perp DS$.

又 $\because \quad AD \perp BC$, $\therefore \quad AD \perp$ 平面 BSC, 而 $AD \subset$ 平面 ABC,

∴ 平面 $ABC\perp$ 平面 BSC.

▶例5 求棱长为 a 的正八面体的对角线长及相邻两面所成的二面角的大小.

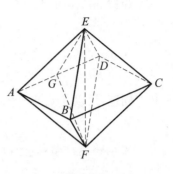

图 1.3.6

解

如图 1.3.6,设 $EABCDF$ 是正八面体.作 $EG\perp AD$ 于 G,连 GF,EF,则 EF 为对角线长.

在 $\triangle EFG$ 中,可求得

$$EF=2\sqrt{a^2-\left(\frac{a}{\sqrt{2}}\right)^2}=\sqrt{2}a,EG=GF=\frac{\sqrt{3}}{2}a.$$

由余弦定理得

$$\cos\angle EGF=\frac{\left(\frac{\sqrt{3}}{2}a\right)^2+\left(\frac{\sqrt{3}}{2}a\right)^2-(\sqrt{2}a)^2}{2\cdot\left(\frac{\sqrt{3}}{2}a\right)\cdot\left(\frac{\sqrt{3}}{2}a\right)}=-\frac{1}{3},$$

所以 $\angle EGF=\arccos\left(-\frac{1}{3}\right)=\pi-\arccos\frac{1}{3}.$

即正八面体的对角线长为 $\sqrt{2}a$,相邻两面所成的二面角为 $\pi-\arccos\frac{1}{3}.$

▶例6 一个简单多面体的棱数为 30,面数为 12,每个面上的棱数均相等.求它的各面角之和.

解

因多面体共有 30 条棱,而每条棱同属于相邻两面,所以各面的总边数为 $30\times2=60$ 条.

又该多面体有 12 个面,故每个面有 $\frac{60}{12}=5$ 条边,各面内角和为 $(5-2)\times180°=540°$,从而所有各面角之和为 $540°\times12=6480°$.

▶例7 设多面体的面数为 f,顶点数为 v,棱数为 e.试证:

(1) $e+6\leqslant3v\leqslant2e$;

(2) $e+6\leqslant3f\leqslant2e$.

证明

设以 $m_i(i=1,2,\cdots,v)$ 表示每个顶点处的棱数,则
$$m_1+m_2+\cdots+m_v=2e.$$
又 $m_i\geqslant3(i=1,2,\cdots,v)$,所以
$$3v\leqslant m_1+m_2+\cdots+m_v=2e. \tag{1}$$
同理,设以 $n_j(j=1,2,\cdots,f)$ 表示多面体各个多边形面的边(棱)数,则
$$n_1+n_2+\cdots+n_f=2e.$$
又 $n_j\geqslant3(j=1,2,\cdots,f)$,所以
$$3f\leqslant n_1+n_2+\cdots+n_f=2e. \tag{2}$$
根据欧拉定理,有
$$3e+6=3f+3v,$$
由式(1)(2)得
$$3e+6\leqslant2e+3v,3e+6\leqslant3f+2e,$$
故 $e+6\leqslant3v\leqslant2e,e+6\leqslant3f\leqslant2e$.得证.

▶ **例8** (1999年复旦大学基地班招生试题)一个凸 n 边形中,任意三条对角线不相交于一点.问:全体对角线将它分成多少个区域?

分析 初看这是一道与多面体没有任何联系的问题,但如果将平面凸 n 边形及其对角线相交所形成的平面图形看成一个简单多面体连续变形而得到的,则可利用欧拉定理巧解此题.

解

设凸 n 边形的对角线将它分成 k 个区域,将此平面图形视为由简单多面体连续变形而得到,则它的面数 $f=k+1$(这是因为凸 n 边形的外面部分仍为多面体的一个面),顶点数 $v=n+C_n^4$(n 为凸 n 边形的顶点数,而内部每4个顶点恰对应两条对角线的一个交点),棱数 $e=\frac{1}{2}(4C_n^4+n(n-1))$(这是因为 n 个顶点每点连出 $n-1$ 条边,内部 C_n^4 个交点每点发出4条边,且每条边均被计算了2次),故由欧拉定理得 $f=e-v+2$,即
$$k+1=\frac{1}{2}(4C_n^4+n(n-1))-(n+C_n^4)+2,$$
∴ $k=C_n^4+C_n^2-n+1$,
即全体对角线将凸 n 边形分成了 $(C_n^4+C_n^2-n+1)$ 个区域.

▶ **例9** (1991 年国家集训队选拔试题)将凸多面体的每一条棱都染成红、黄两色之一,将两边异色的面角称为奇异面角,某顶点 A 处的奇异面角数称为该顶点的奇异度,记为 S_A.求证:总存在两个顶点 B 和 C,使得
$$S_B + S_C \leqslant 4.$$

证明 🔍

将凸多面体的红色棱标上数 1,黄色棱标上数 0.定义任意一个面角的度数为该面角两边标数之和再取模 2 所得余数,为 0 或 1.于是一个面角为奇异面角的充分必要条件是其度数为 1.

任取一顶点 A,由于在计算 A 处所有面角度数之和时,从 A 出发的每一条棱的标数都用了两次,从而 A 处所有面角度数之和为偶数.于是顶点 A 的奇异度 S_A 为偶数.同理可证任一面所包含的奇异面角数也是偶数.

假设凸多面体有 k 个顶点 $A_1, A_2, \cdots, A_k$;j 个面 $M_1, M_2, \cdots, M_j$;以及 t 条棱.设面 M_i 包含的棱数为 $t_i (i=1,2,\cdots,j)$,显然
$$\sum_{i=1}^{j} t_i = 2t.$$

令 M_i 所含的奇异面角数为 $\widetilde{S}_{M_i}$,由于它为偶数,从而
$$\widetilde{S}_{M_i} \leqslant 2\left[\frac{t_i}{2}\right],$$

又 $t_i \geqslant 3$,于是
$$\widetilde{S}_{M_i} \leqslant 2\left[\frac{t_i}{2}\right] \leqslant 2t_i - 4.$$

由此可得凸多面体所有奇异面角数应满足
$$\sum_{i=1}^{j} \widetilde{S}_{M_i} \leqslant 2\sum_{i=1}^{j} t_i - 4j = 4(t-j).$$

由欧拉公式可得 $t-j = k-2$,于是有
$$\sum_{i=1}^{j} S_{A_i} = \sum_{i=1}^{j} \widetilde{S}_{M_i} \leqslant 4k - 8.$$

又 $S_{A_1}, S_{A_2}, \cdots, S_{A_k}$ 都是偶数,从而必存在 m, n,使得 $S_{A_n} \leqslant 2, S_{A_m} \leqslant 2$,即 $S_{A_m} + S_{A_n} \leqslant 4$.原题得证.

演习场

习题 1.c

1. 在三面角 $S\text{-}ABC$ 中,$\angle ASB=\angle ASC=45°,\angle BSC=60°$,则 $\angle BSC$ 所对的二面角 $B\text{-}SA\text{-}C$ 的大小为_____.

2. (1994 年全国高中联赛试题)在正 n 棱锥中,相邻两侧面所成的二面角的取值范围是_____.

3. 下面各组面角中,不能构成三面角的序号是_____.
① $45°,80°,90°$　② $28°,56°,85°$　③ $125°,85°,150°$

4. 直三面角 $S\text{-}XYZ$ 内有一点 P,SP 在三面角三个面上的射影长分别为 a,b,c,则 $SP=$_____.

5. (1983 年高中数学联赛试题)一个六面体的各个面和一个正八面体的各个面的边长均为 a,这两个多面体的内切球的半径之比是一个既约分数 $\dfrac{m}{n}$,则 $mn=$_____.

6. (1998 年全国高中联赛试题)在正方体的 8 个顶点、12 条棱的中点、6 个面的中心及正方体的中心共 27 个点中,共线的三点组的个数是_____.

7. 设 α,β,γ 是三面角的三个面角,而 A,B,C 是它们所对的二面角.求证:
$$\frac{\sin\alpha}{\sin A}=\frac{\sin\beta}{\sin B}=\frac{\sin\gamma}{\sin C}.$$

8. 是否存在有 7 条棱的简单多面体?

9. 正多面体每个顶点处有 m 条棱,每个面均为正 n 边形,试求该正多面体的顶点数 v 及面数 f.

10. 我们将棱锥体的顶点处称为多面角.试问:是否存在一个四面体和一个 n 棱锥$(n\geqslant 4)$,使得该 n 棱锥中有 4 个三面角分别对应相等于四面体的 4 个三面角?

11. (1994 年罗马尼亚数学竞赛试题)如果一个八面体的面都是三角形,并且这些面两两对应平行.证明:它们的面两两全等.

12. (1981 年美国数学竞赛试题)设一个凸多面角的各平面角之和等于它的各二面角之和.证明:这个多面角是三面角.

13. P,A,B,C 和 D 是空间中不同的 5 个点,使得

$$\angle APB = \angle BPC = \angle CPD = \angle DPA = \theta,\ \theta\ \text{为给定的锐角}.$$
试求 $\angle APC + \angle BPD$ 的最大值和最小值.

14. 一个凸多面体有 $10n$ 个面.求证:其中必有 n 个面边数相同.

15. (2017 年国家集训队试题)在实心正八面体外一点,最多能看到该正八面体的几条棱? 说明:我们称在观察点 P 能看到棱 AB,是指非退化 $\triangle PAB$ 和该实心正八面体的交集恰为棱 AB.

第二讲 几何体的面积与体积

2.1 面积与体积问题

知识桥

1. 计算方法与策略

计算几何体的表面积和体积,是立体几何中一类较常见的综合问题,往往需要运用立体几何中的多种知识、概念和方法.

在计算较复杂的几何体的表面积时,先要将几何体是由哪些面围成的、每个面又分别是什么形状弄清楚,以保证计算的准确无误.

在计算复杂几何体的体积时,有时将图形补成规则几何体,有时将其剖分成几个规则几何体;计算四面体(三棱锥)体积时,还要注意利用等积法.补形法、剖分法和等积法是计算体积的非常有效的方法.

2. 常用计算公式

(1) 球的表面积:$S_{球} = 4\pi R^2$,R 为球的半径.

(2) 锥体的体积:$V = \dfrac{1}{3}Sh$,S 为其底面积,h 是它的高.

(3) 外切于半径为 r 的球的多面体的体积:

$$V = \frac{1}{3}rS, \quad S \text{ 为多面体的表面积}.$$

(4) 球的体积:$V_{球} = \dfrac{4}{3}\pi R^3$,$R$ 为球的半径.

(5) 球冠(带)面积:$S = 2\pi Rh$,R 为球的半径,h 为球冠(带)的高.

训练营

▶ **例 1** （2008 年全国高中联赛试题）一个半径为 1 的小球在一个内壁棱长为 $4\sqrt{6}$ 的正四面体容器内可向各个方向自由运动,试求该小球永远不可能接触到的容器内壁的面积.

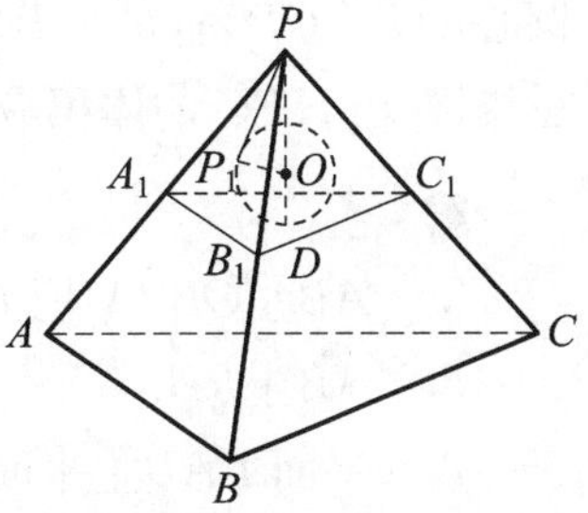

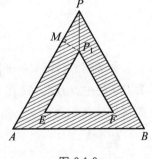

图 2.1.1

解

如图 2.1.1,考虑小球挤在一个角处的情形.记小球半径为 r,作平面 $A_1B_1C_1 \parallel$ 平面 ABC,与小球相切于点 D,则小球球心 O 为正四面体 P-$A_1B_1C_1$ 的中心,$PO \perp$ 平面 $A_1B_1C_1$,垂足 D 为 $\triangle A_1B_1C_1$ 的中心.

$\because$ $V_{P\text{-}A_1B_1C_1} = \dfrac{1}{3} \cdot S_{\triangle A_1B_1C_1} \cdot PD = 4V_{O\text{-}A_1B_1C_1}$

$= 4 \cdot \dfrac{1}{3} S_{\triangle A_1B_1C_1} \cdot OD,$

$\therefore$ $PD = 4OD = 4r$,从而 $PO = PD - OD = 3r$.

记此时小球与面 PAB 的切点为 P_1,连 OP_1,则

$$PP_1 = \sqrt{PO^2 - OP_1^2} = \sqrt{(3r)^2 - r^2} = 2\sqrt{2}r.$$

如图 2.1.2,考虑小球与正四面体的一个面(不妨取为 PAB)相切时的情况.易知小球在面 PAB 上最靠近边的切点的轨迹仍为正三角形,记为 $\triangle P_1EF$.记正四面体的棱长为 a,过 P_1 作 $P_1M \perp PA$ 于 M.

$\because$ $\angle MPP_1 = \dfrac{\pi}{6}$,有 $PM = PP_1 \cdot \cos \dfrac{\pi}{6} = \sqrt{6}r$,

$\therefore$ 小三角形的边长为 $P_1E = PA - 2PM = a - 2\sqrt{6}r$.小球与平面 PAB 不能接触到的是图中阴影部分:

$$S_{\triangle PAB} - S_{\triangle P_1EF} = \dfrac{\sqrt{3}}{4}(a^2 - (a - 2\sqrt{6}r)^2) = 3\sqrt{2}ar - 6\sqrt{3}r^2.$$

图 2.1.2

又 $r = 1, a = 4\sqrt{6}$,并利用对称性,可得小球不能接触到的容器内壁的面积共为

$$4(S_{\triangle PAB} - S_{\triangle P_1EF}) = 4 \times (24\sqrt{3} - 6\sqrt{3}) = 72\sqrt{3}.$$

▶例2 （2004 年全国高中联赛试题）如图 2.1.3，顶点为 P 的圆锥的轴截面是等腰直角三角形，A 是底面圆周上的点，B 是底面圆内的点，O 为底面圆的圆心，$AB\perp OB$，垂足为 B，$OH\perp PB$，垂足为 H，且 $PA=4$，C 为 PA 的中点，求三棱锥 O-HPC 的体积最大值.

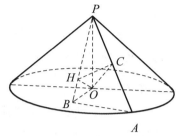

图 2.1.3

解

∵　$AB\perp OB$，$AB\perp OP$，

∴　$AB\perp PB$.

∴　平面 $PAB\perp$ 平面 POB，

又∵　$OH\perp PB$，

∴　$OH\perp HC$，$OH\perp PA$.

∵　C 是 PA 中点，

∴　$OC\perp PA$，

∴　$PA\perp$ 平面 HCO，PC 是三棱锥 P-HCO 的高.

∴　当 $HO=HC$ 时，$S_{\triangle HOC}$ 最大.

即 $V_{O\text{-}HPC}=V_{P\text{-}HCO}$ 最大时，有 $OH=HC=\sqrt{2}$，故最大值

$$V_{\max}=\frac{1}{3}PC\cdot S_{\triangle OHC}$$

$$=\frac{1}{3}\cdot 2\cdot 1$$

$$=\frac{2}{3}.$$

▶例3 （1991 年全国高中联赛试题）设正三棱锥 P-ABC 的高为 PO，M 为 PO 的中点，过 AM 作与棱 BC 平行的平面，将三棱锥截为上、下两部分，试求此两部分体积之比.

解

如图 2.1.4，设过 AM 平行于 BC 的平面与棱 PB，PC 分别交于 E，F，则 $EF /\!/ BC$. 又设 D 为 BC 的中点，连 PD 交 EF 于 G，则 $\dfrac{EF}{BC}=\dfrac{PG}{PD}$.

因为 A 到平面 PBC 的距离即为 A 到平面 PEF 的距离，所以

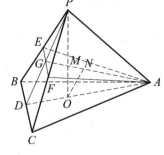

图 2.1.4

$$\frac{V_{P\text{-}AEF}}{V_{P\text{-}ABC}}=\frac{S_{\triangle PEF}}{S_{\triangle PBC}}=\left(\frac{PG}{PD}\right)^2.$$

在△PDA 中,过点 O 作 PD 的平行线交 AG 于 N,

∵ M 为 PO 中点,

∴ △PGM≌△ONM,

∴ PG＝ON,

$$\frac{PG}{GD}=\frac{ON}{GD}=\frac{AO}{AD}=\frac{2}{3},$$

$$\frac{PG}{PD}=\frac{2}{5},故\frac{V_{P\text{-}AEF}}{V_{P\text{-}ABC}}=\frac{4}{25}.$$

因此所求的上、下两部分体积之比为$\frac{4}{21}$.

▶例4 (2000 年协作体数学竞赛试题)若棱台 $ABC\text{-}A_1B_1C_1$ 的任意两个侧面所成二面角都是直二面角,高为$\frac{4\sqrt{34}}{17}$,且底面 ABC 中 AB＝AC＝5,$BC=4\sqrt{2}$.求棱台的体积 $V_{ABC\text{-}A_1B_1C_1}$.

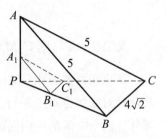

图 2.1.5

解

将棱台扩展成棱锥,如图 2.1.5 所示.依题设知侧棱 PA,PB,PC 相互垂直.因 AB＝AC,PA⊥平面 PBC,故 PB＝PC.又 $BC=4\sqrt{2}$,所以 PB＝PC＝4,进而有 PA＝3.

设棱锥 P-ABC 的高为 h,则

$$V_{P\text{-}ABC}=\frac{1}{3}h\cdot S_{\triangle ABC}=\frac{1}{3}PA\cdot S_{\triangle PBC},$$

即

$$V_{P\text{-}ABC}=\frac{1}{3}h\cdot\frac{1}{2}\cdot4\sqrt{2}\cdot\sqrt{5^2-(2\sqrt{2})^2}=\frac{1}{3}\cdot3\cdot\frac{1}{2}\cdot4^2,$$

可得

$$h=\frac{6\sqrt{34}}{17},V_{P\text{-}ABC}=8.$$

注意到棱台 $ABC\text{-}A_1B_1C_1$ 与棱锥 P-ABC 的高的比为 2∶3,故

$$V_{ABC\text{-}A_1B_1C_1}=\left(1-\left(\frac{1}{3}\right)^3\right)V_{P\text{-}ABC}=\frac{26}{27}V_{P\text{-}ABC}=\frac{208}{27}.$$

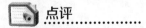**点评**

本题在求体积时采用了补形的办法,转化为求锥体的体积.

▶ **例 5** 将棱长为 1 的正方体的八个顶点按红、蓝间隔染色,使得每条棱上的两个顶点各不同色.求由红色顶点连成的四面体与由蓝色顶点连成的四面体的公共部分的体积.

解 🌓

设正方体为 $ABCD - A_1B_1C_1D_1$,则

$$S_{\triangle A_1BD} = \frac{\sqrt{3}}{4} \cdot (\sqrt{2})^2 = \frac{\sqrt{3}}{2}.$$

设 AC_1 与 $\triangle A_1BD$ 所在平面交于点 M,并设 $AM = h$.

由四面体 A_1ABD 的体积关系得

$$\frac{1}{3} \times \frac{1}{2} = \frac{h}{3} \times \frac{\sqrt{3}}{2} \Rightarrow h = \frac{\sqrt{3}}{3}.$$

又 $AC_1 = \sqrt{3}$,则 $C_1M = \frac{2\sqrt{3}}{3}$.

在正四面体 AB_1CD_1 与正四面体 A_1BC_1D 中,平面 $A_1BD /\!/$ 平面 CB_1D_1,其余三对底面也对应平行,则正四面体 AB_1CD_1 位于正四面体 A_1BC_1D 外侧部分是四个全等的正四面体,设其中一个体积为 V_A.

则 $V_{正四面体A_1BC_1D} = \frac{1}{3}C_1M \cdot S_{\triangle A_1BD}$

$$= \frac{1}{3} \times \frac{2\sqrt{3}}{3} \times \frac{\sqrt{3}}{2} = \frac{1}{3},$$

$$\frac{V_A}{V_{正四面体A_1BC_1D}} = \left(\frac{1}{2}\right)^3 = \frac{1}{8}.$$

故 $V_{公共}$

$$= V_{正四面体A_1BC_1D} - 4 \times \frac{1}{8}V_{正四面体A_1BC_1D}$$

$$= \frac{1}{2}V_{正四面体A_1BC_1D} = \frac{1}{6}.$$

▶ **例 6** 正三棱锥有一个半径为 R 的内切球,求所有这样的正三棱锥体积的最小值.

解 🌓

如图 2.1.6,过正三棱锥的侧棱和高作截面 PAD,则 AD 为底面上的高线,PA 为侧棱,PD 为斜高.设 O 为球心,E,F 为切点,且 E 为底面正 $\triangle ABC$ 的

中心.

设 $DE=r,PE=h,PD=l$.

$\because \triangle POF \backsim \triangle PDE$,

$\therefore \dfrac{h-R}{l}=\dfrac{R}{r}=\dfrac{l-r}{h}$,

则 $\left.\begin{array}{r}rh-Rr=lR \\ Rh=lr-r^2\end{array}\right\} \Rightarrow R^2h=r^2h-2r^2R$.

$\therefore h=\dfrac{2r^2R}{r^2-R^2}$.

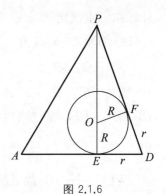

图 2.1.6

设 x 为底面正三角形的边长,则 $r=\dfrac{\sqrt{3}}{6}x$,从而 $x=2\sqrt{3}r$.

$$V=\frac{1}{3} \cdot \frac{\sqrt{3}}{4}x^2 \cdot h=\frac{1}{3} \cdot \frac{\sqrt{3}}{4} \cdot (2\sqrt{3}r)^2 \cdot \frac{2r^2R}{r^2-R^2}$$

$$=2\sqrt{3}R \cdot \frac{r^4}{r^2-R^2}. \tag{1}$$

$$\because \frac{r^4}{r^2-R^2}=\frac{r^4-R^4+R^4}{r^2-R^2}=r^2+R^2+\frac{R^4}{r^2-R^2}$$

$$=(r^2-R^2)+\frac{R^4}{r^2-R^2}+2R^2 \geqslant 2R^2+2R^2$$

$$=4R^2,$$

代入式(1),得 $V_{P-ABC} \geqslant 2\sqrt{3}R \cdot 4R^2=8\sqrt{3}R^3$,

当且仅当 $r^2-R^2=R^2$,即 $r=\sqrt{2}R$ 时,V_{P-ABC} 有最小值 $8\sqrt{3}R^3$.

▶ 例 7 (1999 年全国高中联赛试题)已知三棱锥 $S-ABC$ 的底面是正三角形,A 点在侧面 SBC 上的射影 H 是 $\triangle SBC$ 的垂心,二面角 $H-AB-C$ 的平面角等于 $30°$,$SA=2\sqrt{3}$.求三棱锥 $S-ABC$ 的体积.

解 🔍

如图 2.1.7 所示,由题设知,$AH \perp$ 平面 SBC.作 $BH \perp SC$ 于 E.由三垂线定理知,$SC \perp AE$,$SC \perp AB$,故 $SC \perp$ 平面 ABE.

设 S 在平面 ABC 内的射影为 O,则 $SO \perp$ 平面

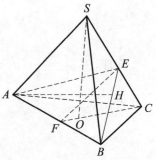

图 2.1.7

ABC. 由三垂线定理之逆定理, 可作 $CO \perp AB$ 于 F. 同理 $BO \perp AC$, 故 O 为 $\triangle ABC$ 的垂心. 又因为 $\triangle ABC$ 是等边三角形, 故 O 为 $\triangle ABC$ 的中心, 从而 $SA = SB = SC = 2\sqrt{3}$.

因为 $CF \perp AB$, CF 是 EF 在平面 ABC 上的射影, 由三垂线定理知 $EF \perp AB$, 所以 $\angle EFC$ 是二面角 $H - AB - C$ 的平面角, 故 $\angle EFC = 30°$, $OC = SC \cdot \cos 60° = \sqrt{3}$, $SO = \sqrt{3} \cdot \tan 60° = 3$.

又 $OC = \dfrac{\sqrt{3}}{3} AB$, 故 $AB = \sqrt{3} OC = 3$.

所以 $V_{S\text{-}ABC} = \dfrac{1}{3} \cdot \dfrac{\sqrt{3}}{4} \cdot 3^2 \cdot 3 = \dfrac{9}{4}\sqrt{3}$.

▶ **例 8** 已知四棱锥 $S - ABCD$ 的底面为平行四边形, 平面 $SAC \perp$ 平面 SBD. 若 $\triangle SBC$, $\triangle SCD$, $\triangle SDA$ 的面积分别为 $5, 6, 7$, 试求 $\triangle SAB$ 的面积.

分析 类比直角四面体 $P - ABC$ 的侧面面积的平方和等于底面 $\triangle ABC$ 的面积的平方, 我们猜想 (由平面 $SAC \perp$ 平面 SBD):

$$S^2_{\triangle SAB} + S^2_{\triangle SCD} = S^2_{\triangle SBC} + S^2_{\triangle SAD}. \tag{2}$$

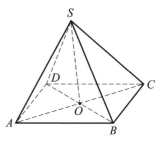

图 2.1.8

解 ❓

如图 2.1.8, 设 $SA = a$, $SB = b$, $SC = c$, $SD = d$, AC 与 BD 交于点 O, 连 SO. 记 $\alpha = \angle ASO$, $\beta = \angle BSO$, $\gamma = \angle CSO$, $\delta = \angle DSO$.

由于平面 $SAC \perp$ 平面 SBD, 故由三面角第一余弦定理, 得

$$\cos \angle ASB = \cos \alpha \cos \beta + \sin \alpha \sin \beta \cos \dfrac{\pi}{2} = \cos \alpha \cos \beta,$$

$$\therefore \quad S^2_{\triangle SAB} = \dfrac{1}{4} a^2 b^2 \sin^2 \angle ASB = \dfrac{1}{4} a^2 b^2 (1 - \cos^2 \alpha \cos^2 \beta);$$

同理, $S^2_{\triangle SCD} = \dfrac{1}{4} c^2 d^2 \sin^2 \angle CSD = \dfrac{1}{4} c^2 d^2 (1 - \cos^2 \gamma \cos^2 \delta)$.

$$\therefore \quad S^2_{\triangle SAB} + S^2_{\triangle SCD} = \dfrac{1}{4} (a^2 b^2 + c^2 d^2) - \dfrac{1}{4} (a^2 b^2 \cos^2 \alpha \cos^2 \beta + c^2 d^2 \cos^2 \gamma \cos^2 \delta).$$

同理, $S^2_{\triangle SBC} + S^2_{\triangle SAD} = \dfrac{1}{4} (b^2 c^2 + a^2 d^2) - \dfrac{1}{4} (b^2 c^2 \cos^2 \beta \cos^2 \gamma + $

$a^2 d^2 \cos^2\alpha\cos^2\delta)$.

$\therefore \quad S^2_{\triangle SAB} + S^2_{\triangle SCD} = S^2_{\triangle SBC} + S^2_{\triangle SAD}$

$\Leftrightarrow a^2 b^2 + c^2 d^2 - (b^2 c^2 + a^2 d^2) = a^2 b^2 \cos^2\alpha\cos^2\beta + c^2 d^2 \cos^2\gamma\cos^2\delta - (b^2 c^2 \cos^2\beta\cos^2\gamma + a^2 d^2 \cos^2\alpha\cos^2\delta)$

$\Leftrightarrow (a^2 - c^2)(b^2 - d^2) = (a^2 \cos^2\alpha - c^2 \cos^2\gamma)(b^2 \cos^2\beta - d^2 \cos^2\delta).$　　(3)

$\because$ $ABCD$ 为平行四边形,从而 O 为 AC, BD 的中点,

$\therefore$ 点 A, C 到直线 SO 的距离相等,即

$a\sin\alpha = c\sin\gamma \Leftrightarrow a^2 \sin^2\alpha = c^2 \sin^2\gamma$

$\Leftrightarrow a^2 - c^2 = a^2 \cos^2\alpha - c^2 \cos^2\gamma.$　　(4)

同理,$b^2 - d^2 = b^2 \cos^2\beta - d^2 \cos^2\delta.$　　(5)

由式(4)(5)知,式(3)成立,从而式(2)得证.

利用式(2),有

$$S_{\triangle SAB} = \sqrt{S^2_{\triangle SBC} + S^2_{\triangle SAD} - S^2_{\triangle SCD}}$$
$$= \sqrt{5^2 + 7^2 - 6^2} = \sqrt{38}.$$

 **点评**

在本题条件下,不一定有 $SO \perp$ 平面 $ABCD$.故在证明中切忌以偏概全.

▶**例9** 设 $S\text{-}ABCD$ 是一个高为 3,底面边长为 2 的正四棱锥,过顶点 A 和棱 SC 的中点 K 作一平面,分别交棱 SB, SD 于点 M 和 N.试求四棱锥 $S\text{-}AMKN$ 的体积 V 的最大值与最小值.

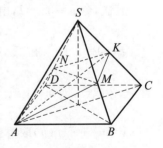

图 2.1.9

解

先来建立 V 与原四棱锥 $S\text{-}ABCD$ 的体积之间的关系.为此需要以下引理.

引理 在顶点为 S 的三面角的三条棱上用两个平面截出两个三棱锥 $S\text{-}ABC$ 及 $S\text{-}A_1B_1C_1$,则这两个三棱锥的体积 V 与 V_1 之比如下:

$$\frac{V}{V_1} = \frac{SA \cdot SB \cdot SC}{SA_1 \cdot SB_1 \cdot SC_1}.$$

这个结论不难证明,我们请读者自行完成.

下面来解原题.

如图 2.1.9,设 $\dfrac{SM}{SB}=x,\dfrac{SN}{SD}=y$.因四棱锥 $S\text{-}ABCD$ 的体积为

$$V_0=\frac{1}{3}\times 3\times 2^2=4,\text{于是由引理可得}$$

$$\frac{V}{\frac{1}{2}V_0}=\frac{V_{S\text{-}AMN}}{V_{S\text{-}ABD}}+\frac{V_{S\text{-}KMN}}{V_{S\text{-}BCD}}=\frac{V_{S\text{-}AMK}}{V_{S\text{-}ABC}}+\frac{V_{S\text{-}ANK}}{V_{S\text{-}ACD}},$$

即

$$\frac{V}{2}=\frac{SM\cdot SN\cdot SA}{SB\cdot SD\cdot SA}+\frac{SM\cdot SN\cdot SK}{SB\cdot SD\cdot SC}$$

$$=\frac{SM\cdot SK\cdot SA}{SB\cdot SC\cdot SA}+\frac{SN\cdot SK\cdot SA}{SD\cdot SC\cdot SA}$$

$$=xy+\frac{1}{2}xy=\frac{1}{2}x+\frac{1}{2}y.$$

于是 $\qquad y=\dfrac{x}{3x-1}$.由 $0<y\leqslant 1,x\leqslant 1$,得 $\dfrac{1}{2}\leqslant x\leqslant 1$.

$$V=x+y=x+\frac{x}{3x-1}=\frac{2}{3}+\frac{1}{3}\left(3x-1+\frac{1}{3x-1}\right)$$

$$\geqslant \frac{2}{3}+\frac{2}{3}\cdot\sqrt{(3x-1)\cdot\left(\frac{1}{3x-1}\right)}=\frac{4}{3},$$

当且仅当 $3x-1=\dfrac{1}{3x-1}$ 时等号成立,此时 $x=\dfrac{2}{3}$,故 $V_{\min}=\dfrac{4}{3}$.

其次,令 $u=3x-1$,由 $x\in\left[\dfrac{1}{2},1\right]$ 知 $u\in\left[\dfrac{1}{2},2\right]$,此时

$f(u)=u+\dfrac{1}{u}$ 在 $\left[\dfrac{1}{2},1\right]$ 上递减,在 $[1,2]$ 上递增,且 $f\left(\dfrac{1}{2}\right)=f(2)=\dfrac{5}{2}$,故

当 $u=2$ 或 $\dfrac{1}{2}$,即 $x=1$ 或 $\dfrac{1}{2}$ 时,

$V=\dfrac{2}{3}+\dfrac{1}{3}f(u)$ 取得最大值为 $\dfrac{2}{3}+\dfrac{1}{3}\times\dfrac{5}{2}=\dfrac{3}{2}$,即 $V_{\max}=\dfrac{3}{2}$.

综上,V 的最大值为 $\dfrac{3}{2}$,最小值为 $\dfrac{4}{3}$.

📝 点评

本题也可由关于 x 的方程 $x^2-Vx+\dfrac{V}{3}=0$ 在区间 $\left[\dfrac{1}{2},2\right]$ 上有实根,从实根

分布导出 $\dfrac{4}{3}\leqslant V\leqslant\dfrac{3}{2}$,且两端等号均可达到,从而得出上述相同的结论.

▶ **例 10** 证明:如果四面体相对棱间的距离分别为 d_1,d_2,d_3,那么四面体的体积

$$V \geqslant \frac{1}{3} d_1 d_2 d_3.$$

证明 🔍

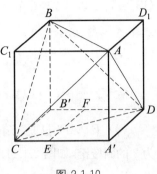

图 2.1.10

如图 2.1.10,设四面体的三组对棱为 AB 与 CD,AD 与 BC,AC 与 BD.过三组对棱分别引三对相互平行的平面,得平行六面体 $AD_1BC_1 - A'DB'C$,它的各面的对角线恰好是四面体的棱,各相对面的距离分别等于四面体三组对棱的距离.易知这个平行六面体的体积正好是四面体 $ABCD$ 体积的 3 倍.

在平面 $A'DB'C$ 中,作 $EF \perp CA'$,$E \in A'C$,$F \in DB'$,则 EF 不小于平面 $A'AC_1C$ 与平面 DD_1BB' 的距离,即 $EF \geqslant d_3$.又 $CA' \geqslant d_2$,所以

$$S_{\square A'DB'C} \geqslant d_2 d_3.$$

而平面 $A'DB'C$ 与平面 AD_1BC_1 的距离为 d_1,因此

$$V = \frac{1}{3} V_{A'DB'C\text{-}AD_1BC_1} = \frac{1}{3} S_{\square A'DB'C} \cdot d_1$$

$$\geqslant \frac{1}{3} d_1 d_2 d_3.$$

 **点评**

本题运用了补形的手法,将四面体补形成平行六面体,由此导出四面体对棱间的距离 d_i 与其体积的明显关系.

▶ **例 11** 已知四棱锥 $P-ABCD$ 的四个侧面都是底边长为 2、腰长为 $\sqrt{7}$ 的等腰三角形.试求此四棱锥的体积 V.

解 ❓

满足要求的四棱锥有以下 3 种情形.

(1) $P-ABCD$ 为正四棱锥,则底面 $ABCD$ 是边长为 2 的正方形,侧棱长为 $\sqrt{7}$,故四棱锥的高 $h = \sqrt{5}$,$V = \frac{4}{3}\sqrt{5}$.

（2）$P\text{-}ABCD$ 的底面是边长为 $\sqrt{7}$ 的菱形，此时不妨设 $PA=PC=\sqrt{7}$，则 $PB=PD=2$，点 P 在 $ABCD$ 上的射影为底面中心 O，

故 $h=PO=\sqrt{7-OA^2}=\sqrt{4-OB^2}$. 又 $OA^2+OB^2=7$. $\therefore$ $7-OA^2=4-(7-OA^2)=OA^2-3 \Rightarrow OA=\sqrt{5}$，$OB=\sqrt{2}$，

$\therefore$ $h=\sqrt{7-5}=\sqrt{2}$，

故 $V=\dfrac{1}{3}\cdot(2\cdot OA\cdot OB)\cdot h=\dfrac{4}{3}\sqrt{5}$.

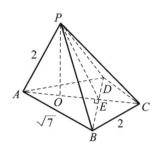

图 2.1.11

（3）$P\text{-}ABCD$ 是三条侧棱长为 $\sqrt{7}$，一条侧棱长为 2 的斜棱锥，如图 2.1.11. 设 $PA=2$，$AC\cap BD=E$，设 $BE=x$，则 $CE^2=4-x^2$，$AE^2=7-x^2$，$PE^2=7-x^2$.

由 $\cos\angle PEC=-\cos\angle PEA \Rightarrow \dfrac{PE^2+EC^2-PC^2}{2PE\cdot EC}=-\dfrac{PE^2+EA^2-PA^2}{2\cdot PE\cdot EA}$

$\Rightarrow \dfrac{4-2x^2}{\sqrt{4-x^2}}=\dfrac{2x^2-10}{\sqrt{7-x^2}} \Rightarrow (x^2-2)\cdot\sqrt{7-x^2}=(5-x^2)\cdot\sqrt{4-x^2} \Rightarrow x=\sqrt{3}$

（$x=2\sqrt{2}$ 舍去），故 $V=\dfrac{1}{3}\cdot PO\cdot S_{ABCD}=\dfrac{1}{3}\cdot\sqrt{3}\cdot 3\sqrt{3}=3$.

综上，$V=\dfrac{4}{3}\sqrt{5}$ 或 3.

点评

要注意第（3）种构图，不能遗漏，否则会少了一种不同的答案.

演习场

习题 2.a

1. (2002 年全国高中联赛试题)由曲线 $x^2=4y,x^2=-4y,x=4,x=-4$ 围成的图形绕 y 轴旋转一周所得旋转体的体积为 V_1;满足 $x^2+y^2\leqslant16,x^2+(y-2)^2\geqslant4,x^2+(y+2)^2\geqslant4$ 的点 (x,y) 组成的图形绕 y 轴旋转一周所得旋转体的体积为 V_2.则 $V_1:V_2=$ _____.

2. (2000 年湖南省数学预赛试题)直三棱柱 $ABC-A_1B_1C_1$ 的体积为 V,又 P,Q 分别是侧棱 AA_1,CC_1 上的点,且 $AP=C_1Q$,则四棱锥 $B-APQC$ 的体积为 _____.

3. 已知正方体 AC_1 的棱长为 $1,E,F$ 分别是 CD,BB_1 的中点,则三棱锥 $A-D_1EF$ 的体积为 _____.

4. 已知四面体四个面的面积分别为 8、9、12、17,此四面体的体积为 _____.

5. (2000 年湖南省数学预赛试题)在二面角 $\alpha-EF-\beta$ 中,$AE\subset\alpha,BF\subset\beta$,且 $AE\perp EF,BF\perp EF,EF=1,AE=2,AB=\sqrt{2}$.则四面体 $ABEF$ 的体积的最大值为 _____.

6. 已知球的半径为 R,则球的内接圆柱侧面积的最大值为 _____.

7. (1988 年全国高中联赛试题)长为 $\sqrt{2}$、宽为 1 的矩形,以它的一条对角线所在的直线为轴旋转一周,得到的旋转体体积是 _____.

8. (1992 年美国数学竞赛试题)四面体 $ABCD$ 中,面 ABC 与面 BCD 的夹角为 $30°,\triangle ABC$ 的面积为 $120,\triangle BCD$ 的面积为 $80,BC=10$.求此四面体的体积.

9. (1997 年波兰数学竞赛试题)在四面体 $ABCD$ 的三个侧面 ABD,ACD,BCD 上,由顶点 D 引出的中线与底面三角形 ABC 对应边所成的角相等.证明:每个侧面面积小于另外两个侧面面积之和.

10. (2013 年全国高中联赛试题)已知正三棱锥 $P-ABC$ 底面边长为 1,高为 $\sqrt{2}$,求其内切球的体积 V.

11. 正四棱柱 $ABCD-A_1B_1C_1D_1$ 的对角线与底面成 $30°$ 角.过底面中心 O 作 $OE\perp A_1C$ 于 E,求过 B,D,E 的截面将棱柱分成两部分的体积比.

12. (1979 年捷克数学竞赛试题)有一个正方体,其中心与边长为 $a < b < c$ 的长方体的中心重合,诸界面与长方体各界面平行.求正方体的棱长,使得它与长方体之并的体积减去它与长方体之交的体积的差最小.

2.2 截面与射影问题

知识桥

1. 截面的概念

（1）**定义** 用一个平面去截几何体时,平面与几何体的表面相交所得交线围成的平面图形,叫做几何体的截面.截面问题包括作图（定位、定形）和计算（定量）两个方面.截面多边形的边数不大于所截几何体的面数.

（2）**锥体截面的性质** 平行于锥体底面的平面截原锥体为一个小锥体与一个台体,则

$$\frac{S_{\text{截}}}{S_{\text{原}}}=\frac{h_{\text{截}}^2}{h^2},\frac{V_{\text{截}}}{V_{\text{原}}}=\frac{h_{\text{截}}^3}{h^3},\frac{S_{\text{原}}^3}{S_{\text{原}}^3}=\frac{V_{\text{截}}^2}{V_{\text{原}}^2},$$

其中 $S_{\text{原}}$、$V_{\text{原}}$ 为原锥体的底面积、体积,h 是锥体高,$h_{\text{截}}$ 是锥顶到截面的距离.

截面（如柱、锥、台体的对角面,平行于底面的截面,旋转体的轴截面）常能将所给几何体的多种量的关系和各种位置关系集中起来,便于问题的讨论和解决.

2. 射影的概念

（1）**定义** 由空间一点向平面（直线）引垂线段,我们把垂足叫做这点在平面（直线）上的正射影,简称射影.空间图形中一切点在平面上射影的集合,叫做这个空间图形在这个平面上的射影.

解决有关射影问题的关键是确定射影的位置和形状.空间图形的正投影的位置和形状由投影平面唯一确定.

（2）**射影长定理** 过空间同一点 P 向平面 α 引出两条斜线段 PA,PB 和一条垂线段 PH,则 $PH<PA,PH<PB$；PA 的射影等于 PB 的射影当且仅当 $PA=PB$；PA 的射影大于 PB 的射影当且仅当 $PA>PB$.

（3）**面积射影定理** 设平面 α 与 β 相交所成的二面角为 $\theta\left(0<\theta\leqslant\dfrac{\pi}{2}\right)$.在平面 α 上面积为 S 的图形在 β 上的射影图形的面积为 S',那么 $S'=S\cos\theta$.

训练营

▶**例 1** 如图 2.2.1,在三棱台 $ABC - A_1B_1C_1$ 中,已知上、下底面面积分别为 $a^2, b^2(b>a>0)$.作截面 AB_1C_1,若直线 BC 与截面 AB_1C_1 间的距离等于这个棱台的高,求截面 AB_1C_1 的面积 S.

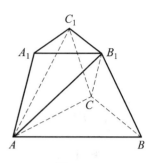

图 2.2.1

解

设三个三棱锥 $A - A_1B_1C_1$,$B_1 - ABC$,$C - AB_1C_1$ 及三棱台的体积分别为 V_1, V_2, V_3 和 V,三棱台的高为 h,则

$$V = \frac{1}{3}(a^2+b^2+ab)h, V_1 = \frac{1}{3}a^2h, V_2 = \frac{1}{3}b^2h, V_3 = \frac{1}{3}Sh.$$

而 $V_3 = V - V_1 - V_2 = \frac{1}{3}abh$,所以

$$\frac{1}{3}Sh = \frac{1}{3}abh, 即 S = ab.$$

▶**例 2** 如图 2.2.2,设 P 是 $\triangle ABC$ 所在平面外一点,PA, PB, PC 两两相互垂直,H 是 $\triangle ABC$ 的垂心.

(1) 证明:H 是 P 在 $\triangle ABC$ 所在平面上的射影;

(2) 证明:$S^2_{\triangle PBC} = S_{\triangle HBC} \cdot S_{\triangle ABC}$;

(3) 证明:$S^2_{\triangle ABC} = S^2_{\triangle PAB} + S^2_{\triangle PBC} + S^2_{\triangle PCA}$;

(4) 若设三个二面角:$P - BC - A$,$P - CA - B$,$P - AB - C$ 的大小分别是 α, β, γ,试求 $\sin^2\alpha + \sin^2\beta + \sin^2\gamma$ 的值.

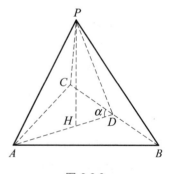

图 2.2.2

解

(1) $\because$ H 是 $\triangle ABC$ 的垂心,

$\therefore$ $CH \perp AB$.又 $AB \perp PC$,

$\therefore$ $AB \perp$ 平面 PHC,从而 $PH \perp AB$.

同理 $PH \perp BC$, $\therefore$ $PH \perp$ 平面 ABC,

即 H 为 P 在 $\triangle ABC$ 所在平面上的射影.

（2）连 AH 延长交 BC 于 D.由 $\mathrm{Rt}\triangle PAD$,有

$$PD^2 = AD \cdot HD, \text{两边同乘以} \frac{1}{4}BC^2, \text{即得}$$

$$S^2_{\triangle PBC} = S_{\triangle HBC} \cdot S_{\triangle ABC}.$$

（3）同（2），还可得 $S^2_{\triangle PAB} = S_{\triangle HAB} \cdot S_{\triangle ABC}, S^2_{\triangle PCA} = S_{\triangle HCA} \cdot S_{\triangle ABC}$.

三式相加即得：$S^2_{\triangle ABC} = S^2_{\triangle PAB} + S^2_{\triangle PBC} + S^2_{\triangle PCA}$.

（4）由面积射影公式有：$\cos^2\alpha = \dfrac{S^2_{\triangle PBC}}{S^2_{\triangle ABC}}, \cos^2\beta = \dfrac{S^2_{\triangle PCA}}{S^2_{\triangle ABC}}, \cos^2\gamma = \dfrac{S^2_{\triangle PAB}}{S^2_{\triangle ABC}}$.

∴ $\cos^2\alpha + \cos^2\beta + \cos^2\gamma = 1$,从而 $\sin^2\alpha + \sin^2\beta + \sin^2\gamma = 2$.

▶ **例 3** 求证：4 个侧面积相等的四面体为等腰四面体（3 双对棱分别相等）.

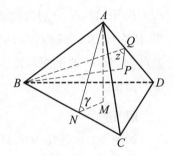

图 2.2.3

证明 🖋

如图 2.2.3,设四面体 $ABCD$ 中顶点 $A,B,C,$ D 所对面的面积分别为 S_A,S_B,S_C,S_D,则由已知,有

$$S_A = S_B = S_C = S_D.$$

记以 BC,CD,DB 为棱的二面角为 γ,α,β,以 AB,AC,AD 为棱的二面角为 x,y,z,则由面积射影定理得

$$S_B \cdot \cos\alpha + S_C \cdot \cos\beta + S_D \cdot \cos\gamma = S_A,$$

即 $$\cos\alpha + \cos\beta + \cos\gamma = 1.$$

同理可得 $$\cos x + \cos y + \cos\gamma = 1,$$

$$\cos\alpha + \cos y + \cos z = 1,$$

$$\cos x + \cos\beta + \cos z = 1,$$

由上面 4 个式子易得

$$\cos x = \cos\alpha, \cos y = \cos\beta, \cos z = \cos\gamma. \tag{1}$$

因为 $0 < x,y,z,\alpha,\beta,\gamma < \pi$,所以由式（1）得：

$$x = \alpha, y = \beta, z = \gamma.$$

作 $AM \perp$ 面 BCD 于 $M, AN \perp BC$ 于 N;作 $BP \perp$ 面 ACD 于 $P, BQ \perp AD$ 于 Q.连 MN, PQ,则 $MN \perp BC, PQ \perp AD$.于是 $\angle ANM = \gamma = z = \angle BQP$.

∵ $$V_{A\text{-}BCD} = \frac{1}{3} \cdot AM \cdot S_A = \frac{1}{3} \cdot BP \cdot S_B = V_{B\text{-}ACD},$$

$$\therefore \quad AM = BP.$$

从而
$$AN = \frac{AM}{\sin \gamma} = \frac{BP}{\sin z} = BQ.$$

又
$$S_D = \frac{1}{2} BC \cdot AN = \frac{1}{2} AD \cdot BQ = S_C,$$

所以
$$BC = AD.$$

同理可证
$$AB = CD, AC = BD.$$

故四面体 $ABCD$ 为等腰四面体.

▶**例 4** 在棱长为 1 的正四面体 $ABCD$ 中, M,N 分别为棱 AB,CD 的中点, P 为棱 BC 靠近点 B 的三等分点. 求过点 M,N,P 的平面与该四面体所截图形的面积.

解

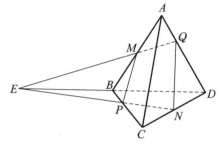

图 2.2.4

如图 2.2.4, 延长 NP,DB 交于点 E, 延长 EM 交 AD 于点 Q, 则四边形 $MPNQ$ 即为所求截面.

由门奈劳斯定理得

$$1 = \frac{CP}{PB} \cdot \frac{BE}{ED} \cdot \frac{DN}{NC} \Rightarrow B \text{ 为 } ED \text{ 的中点},$$

$$1 = \frac{AM}{MB} \cdot \frac{BE}{ED} \cdot \frac{DQ}{QA} \Rightarrow Q \text{ 为棱 } AD \text{ 靠近点 } A \text{ 的三等分点},$$

$$1 = \frac{EP}{PN} \cdot \frac{NC}{CD} \cdot \frac{DB}{BE} \Rightarrow EP = 2PN,$$

$$1 = \frac{EM}{MQ} \cdot \frac{QA}{AD} \cdot \frac{DB}{BE} \Rightarrow EM = 3MQ.$$

由余弦定理得

$$PN = QN = \sqrt{\left(\frac{2}{3}\right)^2 + \left(\frac{1}{2}\right)^2 - \frac{2}{3} \times \frac{1}{2}} = \frac{\sqrt{13}}{6}$$

$$\Rightarrow EN = 3PN = \frac{\sqrt{13}}{2},$$

$$MQ = MP = \sqrt{\left(\frac{1}{3}\right)^2 + \left(\frac{1}{2}\right)^2 - \frac{1}{3} \times \frac{1}{2}} = \frac{\sqrt{7}}{6}$$

$$\Rightarrow EQ = 4MQ = \frac{2\sqrt{7}}{3}.$$

计算知 $S_{\triangle ENQ} = \frac{\sqrt{10}}{6}$, $S_{\triangle EMP} = \frac{\sqrt{10}}{12}$.

因此,截面 $MPNQ$ 的面积为 $\frac{\sqrt{10}}{12}$.

▶**例 5** 正三棱柱 $ABC - A_1B_1C_1$ 的侧面积为 S,AD 是 BC 上的高,过 BC_1 且与 AD 平行的平面与底面成 $60°$ 角.求这个平面截棱柱所得截面面积,以及棱柱被截面分成的两部分的体积.

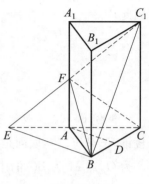

图 2.2.5

解

如图 2.2.5,因截面与 AD 平行,故截面与底面的交线为过 B 点且与 AD 平行的直线,设这条直线与 CA 的延长线交于 E.连 C_1E 交 A_1A 于 F,连 BF,则 $\triangle BC_1F$ 即为平行于 AD 的平面截三棱柱所得的截面.

因为 $CC_1 \perp$ 平面 ABC,又 $AD \perp BC$,$AD /\!/ BE$,故 $BC \perp BE$.由三垂线定理得 $BE \perp BC_1$,从而 $\angle C_1BC$ 是二面角 $C_1 - BE - C$ 的平面角,$\angle C_1BC = 60°$.

设正 $\triangle ABC$ 的边长为 a,则 $S = 3a \cdot CC_1$,于是 $CC_1 = \frac{S}{3a}$.又 $CC_1 \perp$ 平面 ABC,故 $CC_1 \perp BC$.在 $\mathrm{Rt}\triangle C_1BC$ 中,$CC_1 = BC \cdot \tan 60° = \sqrt{3}\,a$,从而 $a^2 = \frac{S}{3\sqrt{3}}$.又 $S_{\triangle ABC} = \frac{\sqrt{3}}{4}a^2 = \frac{S}{12}$,故截面面积

$$S_{\triangle BC_1F} = \frac{S_{\triangle ABC}}{\cos 60°} = \frac{S}{6}.$$

设棱柱 $ABC - A_1B_1C_1$ 的体积为 V,它被截面分成上、下两部分的体积分别为 V_1,V_2,于是

$$V = CC_1 \cdot S_{\triangle ABC} = \sqrt{3}\,a \cdot \frac{\sqrt{3}}{4}a^2 = \frac{3a^3}{4} = \frac{3}{4}\left(\frac{S}{3\sqrt{3}}\right)^{\frac{3}{2}} = \frac{S\sqrt{S}}{12\sqrt[4]{3}}.$$

又 $\frac{FA}{CC_1} = \frac{EA}{EC} = \frac{BD}{BC} = \frac{1}{2}$,于是

$$V_{F\text{-}ABC} = \frac{1}{3}FA \cdot S_{\triangle ABC} = \frac{1}{6}V,$$

而 F 到平面 BCC_1B_1 的距离 $h = AD$, 故

$$V_{F\text{-}BCC_1} = \frac{1}{3} \cdot AD \cdot S_{\triangle BCC_1} = \frac{1}{3}AD \cdot \frac{1}{2} \cdot BC \cdot CC_1$$

$$= \frac{1}{3}CC_1 \cdot S_{\triangle ABC} = \frac{1}{3}V.$$

因此, $V_2 = \frac{1}{6}V + \frac{1}{3}V = \frac{1}{2}V$, 从而 $V_1 = V - V_2 = \frac{1}{2}V$, 故

$$V_1 = V_2 = \frac{1}{2}V = \frac{S\sqrt{S}}{24\sqrt[4]{3}}.$$

▶ **例 6** (波兰数学竞赛试题)如图 2.2.6, 在正三棱锥 $S-ABC$ 中, 底面是边长为 a 的正三角形, 其中心为 O, 点 M 为 BC 的中点, $AM = 2SO$. 点 N 在棱 SA 上, 且 $SA = 25SN$.

(1) 求平面 SBC 与底面 ABC 所成二面角的大小;

(2) 证明: $SA \perp$ 平面 NBC;

(3) 设 SO 与 MN 交于点 P, 求过 ABP 的截面分三棱锥为两部分的体积比.

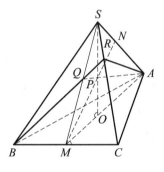

图 2.2.6

解 ❓

(1) 在正三棱锥中, $SO \perp$ 平面 ABC, O 在 AM 上, 且 $SM \perp BC$, $AM \perp BC$,

∴ $\angle SMA$ 为二面角 $S-BC-A$ 的平面角.

∵ O 为正 $\triangle ABC$ 的中心,

∴ $OM = \frac{1}{3}AM = \frac{2}{3}SO$,

从而在 $\text{Rt}\triangle SMO$ 中,

$$\tan \angle SMA = \frac{SO}{OM} = \frac{3}{2}, \angle SMA = \arctan\frac{3}{2}.$$

(2) 注意到 $BC \perp SA$, 故要证 $SA \perp$ 平面 NBC, 只要证明 $MN \perp SA$ 即可.

易求得 $$AM = \frac{\sqrt{3}}{2}a, AO = \frac{\sqrt{3}}{3}a,$$

$$SA = \sqrt{AO^2 + SO^2} = \sqrt{\frac{1}{3}a^2 + \left(\frac{\sqrt{3}}{4}a\right)^2} = \frac{5a}{4\sqrt{3}},$$

从而 $AN = \dfrac{6a}{5\sqrt{3}}$.

∴ $AM \cdot AO = \dfrac{1}{2}a^2 = AS \cdot AN$,

这表明 M, O, N, S 四点共圆,从而 $\angle SNM = \angle SOM = 90°$,即 $SA \perp MN$,故 $SA \perp$ 平面 NBC.

(3) 由(2)的证明知,P 为 $\triangle ASM$ 的垂心.连 AP 交 SM 于 Q,

则 $AP \perp SM$,又 $BC \perp$ 平面 SAM,

从而 $AP \perp BC$,故 $AP \perp$ 平面 SBC.

连 BQ 交 SC 于 R,连 AR,则截面 ABR 为经过 A, B, P 三点的截面.

于是

$$\frac{V_{SABR}}{V_{CABR}} = \frac{S_{\triangle SBR} \cdot AQ}{S_{\triangle CBR} \cdot AQ} = \frac{SR}{CR}.$$

在 Rt$\triangle AQM$ 中,

$$AQ = AM \cdot \sin \angle AMS = \frac{\sqrt{3}}{2}a \cdot \frac{3}{\sqrt{13}} = \frac{3\sqrt{3}}{2\sqrt{13}}a,$$

$$BQ = \sqrt{AB^2 - AQ^2} = \frac{5}{2\sqrt{13}}a, SQ = \sqrt{SA^2 - AQ^2} = \frac{a}{4\sqrt{39}}.$$

记 $SR = x$,由角平分线定理得 $SB : BQ = x : QR$,

从而

$$QR = \frac{BQ}{SB}x = \sqrt{\frac{12}{13}}x.$$

又在 Rt$\triangle SMC$ 中,

$$\sin \angle MSC = \frac{MC}{SC} = \frac{\dfrac{a}{2}}{\dfrac{5a}{4\sqrt{3}}} = \frac{2\sqrt{3}}{5}, \cos \angle MSC = \frac{\sqrt{13}}{5}.$$

对 $\triangle SQR$ 应用余弦定理得:

$$QR^2 = SQ^2 + SR^2 - 2SQ \cdot SR \cdot \cos \angle MSC,$$

即

$$\frac{12}{13}x^2 = \frac{a^2}{4^2 \times 39} + x^2 - 2\frac{a}{4\sqrt{39}} \cdot x \cdot \frac{\sqrt{13}}{5}$$

$$\Rightarrow x^2 - \frac{13a}{10\sqrt{3}}x + \frac{a^2}{48} = 0.$$

$$\therefore \quad x = \frac{\frac{13a}{10\sqrt{3}} \pm \sqrt{\frac{13^2 a^2}{100 \times 3} - 4 \times \frac{a^2}{48}}}{2}$$

$$= \frac{\frac{13a}{10\sqrt{3}} \pm \frac{12a}{10\sqrt{3}}}{2}.$$

$$\because \quad SC = SA = \frac{5a}{4\sqrt{3}}, \text{而} \ x < SC,$$

$$\therefore \quad x = \frac{\frac{13a}{10\sqrt{3}} - \frac{12a}{10\sqrt{3}}}{2} = \frac{a}{20\sqrt{3}},$$

从而 $RC = SC - x = \frac{2\sqrt{3}}{5}a$,

$$\therefore \quad \frac{V_{SABR}}{V_{CABR}} = \frac{SR}{RC} = \frac{1}{24}.$$

点评

1°. 第(3)小题的计算需要耐心、细致,并应用平面几何中的相关定理.

2°. 第(3)小题还可利用门奈劳斯定理及Cava定理,简解如下:

$$\frac{SR}{RC} \cdot \frac{CB}{BM} \cdot \frac{MQ}{QS} = 1, \frac{SQ}{QM} \cdot \frac{MO}{OA} \cdot \frac{AN}{NS} = 1, \text{相乘得}$$

$$\frac{V_{SABR}}{V_{CABR}} = \frac{SR}{RC} = \frac{BM}{CB} \cdot \frac{OA}{MO} \cdot \frac{NS}{AN} = \frac{1}{2} \cdot \frac{2}{1} \cdot \frac{1}{24} = \frac{1}{24}.$$

▶**例7** (1989年全国高中联赛试题)已知正三棱锥 $S\text{-}ABC$ 的高 $SO = 3$,底面边长为 6.过 A 点向它所对的侧面 SBC 作垂线,垂足为 O',在 AO' 上取一点 P,使 $AP:PO' = 8$.求经过 P 点且平行于底面的截面的面积.

分析 如图 2.2.7,由于 $S\text{-}ABC$ 为正三棱锥,所以 O 为正三角形 ABC 的中心.连 AO 交 BC 于 D,则 D 为 BC 的中点.易知 $BC \perp$ 平面 SAD,则平面 $SAD \perp$ 平面 SBC,所以 O' 必在 SD 上.设过点 P 平行于底面的截面与 SD 交

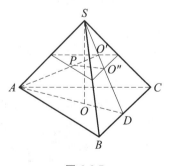

图 2.2.7

于点 O'',则由平行于底面的截面性质知:截面面积与底面面积之比为对应线段 SO'' 与 SD 之比的平方.

解

连 AO 交 BC 于 D,连 SD,则由分析知 O' 必在 DS 上.于是

$$AD=6\times\frac{\sqrt{3}}{2}=3\sqrt{3},OD=\frac{1}{3}AD=\sqrt{3},SD=\sqrt{3^2+(\sqrt{3})^2}=2\sqrt{3}.$$

又因
$$O'D:AD=OD:SD,$$

故
$$O'D=\frac{OD}{SD}\cdot AD=\frac{\sqrt{3}}{2\sqrt{3}}\cdot 3\sqrt{3}=\frac{3}{2}\sqrt{3}.$$

设过 P 点平行于底面的截面与 SD 的交点为 O'',则 $PO''/\!/AD$.于是

$$\frac{O''D}{O'D}=\frac{AP}{O'A}=\frac{8}{9},O''D=\frac{8}{9}O'D=\frac{4}{3}\sqrt{3},$$

$$SO''=SD-O''D=2\sqrt{3}-\frac{4\sqrt{3}}{3}=\frac{2}{3}\sqrt{3},$$

$$SO''^2:SD^2=\left(\frac{2}{3}\sqrt{3}\right)^2:(2\sqrt{3})^2=1:9.$$

$\therefore$ 所求截面面积为 $\frac{1}{9}S_{\triangle ABC}=\frac{1}{9}\times\frac{\sqrt{3}}{4}\times 6^2=\sqrt{3}$.

▶ **例 8** 正四棱锥 $S-ABCD$ 有一截面为正五边形.已知正五边形的边长为 a,求棱锥的体积 V.

分析 由于正四棱锥与正五边形均为轴对称图形,因此正五边形位于底面 $ABCD$ 上的边 EF 与 BD 平行,且正五边形的另外三个顶点 G,H,K 关于轴截面 SAC 对称.利用对称性,设法寻找正四棱锥 $S-ABCD$ 的底面边长、高与正五边形边长 a 的关系,进而解答原题.

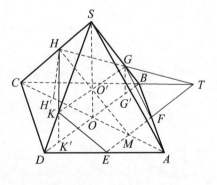

图 2.2.8

解

方法一 如图 2.2.8,由对称性知,$EF/\!/BD$,G,H,K 在底面的射影 G',H',K' 分别落在 BD 和 AC 上.设 O 为 AC 与 BD 的交点,M,O' 分别为 EF,

GK 的中点,则 $O' \in MH$,即 O' 为平面 SAC 与平面 SBD 的公共点,而 SO 为这两个对角面的公共直线,故 $O' \in SO$.

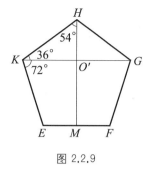

图 2.2.9

记 $\angle HMO = \theta$,侧棱与底面所成的角为 φ,易知

$$EM = MF = AM = \frac{a}{2}, \quad KG = K'G' = 2\sin 54° \cdot a.$$

由图 2.2.9 知,$MH = a(\sin 36° + \sin 72°)$,$MO' = a\sin 72°$,

$$\therefore \quad MH' = MH \cdot \cos\theta = a(\sin 36° + \sin 72°)\cos\theta,$$
$$OO' = KK' = MO' \cdot \sin\theta = a\sin 72°\sin\theta,$$
$$HH' = MH \cdot \sin\theta = a(\sin 36° + \sin 72°)\sin\theta.$$

设棱锥的底面边长为 b,高为 h,则

$$OA = \frac{\sqrt{2}}{2}b = OM + MA = a\sin 72°\cos\theta + \frac{a}{2},$$

$$\sqrt{2}b = 2a\sin 72°\cos\theta + a,$$

从而 $\quad DK' = \frac{1}{2}(\sqrt{2}b - K'G') = \frac{1}{2}(2a\sin 72°\cos\theta + a - 2\sin 54° \cdot a)$,

$$CH' = \sqrt{2}b - AH' = 2a\sin 72°\cos\theta + a - \frac{a}{2} - MH'$$

$$= a\sin 72°\cos\theta + \frac{a}{2} - a\sin 36°\cos\theta.$$

由 $\tan\varphi = \dfrac{KK'}{DK'} = \dfrac{HH'}{CH'}$,得

$$4\sin 72°\cos\theta = 2\sin 54°(2\cos 36° + 1) - 1$$
$$= 4\sin 54°\cos 36° + 2\sin 54° - 1$$
$$= 1 + 2(\sin 18° + \sin 54°)$$
$$= 1 + 8\sin 18°\cos^2 18°.$$

$$\because \quad \sin 18° = \frac{\sqrt{5} - 1}{4},$$

$$\therefore \quad \sin 72°\cos\theta = \frac{\sqrt{5} + 1}{4},$$

$$\sin 72°\sin\theta = \sqrt{\sin^2 72° - \sin^2 72°\cos^2\theta}$$

$$=\sqrt{1-\left(\dfrac{\sqrt{5}-1}{4}\right)^2-\left(\dfrac{\sqrt{5}+1}{4}\right)^2}=\dfrac{1}{2}.$$

$\because\quad \dfrac{3}{2}+\sin 18°-\sin 54°=1$,

$\therefore\quad \sqrt{2}\,b=a\cdot(2\sin 72°\cos\theta+1)=a\cdot\left(\dfrac{\sqrt{5}+1}{2}+1\right)$

$$=\dfrac{3+\sqrt{5}}{2}a.$$

$$h=SO=\dfrac{\sqrt{2}}{2}b\cdot\tan\varphi=\dfrac{\sqrt{2}}{2}b\cdot\dfrac{2\sin 72°\sin\theta}{2\sin 72°\cos\theta+1-2\sin 54°}$$

$$=\dfrac{\sqrt{2}\,b\sin 72°\sin\theta}{\dfrac{1}{2}(1+2\sin 18°+2\sin 54°)+1-2\sin 54°}$$

$$=\dfrac{\sqrt{2}\,b\sin 72°\sin\theta}{\dfrac{3}{2}+\sin 18°-\sin 54°}=\dfrac{3+\sqrt{5}}{2}a\cdot\dfrac{1}{2}$$

$$=\dfrac{3+\sqrt{5}}{4}a.$$

$\therefore\quad V=\dfrac{1}{3}\cdot b^2\cdot h=\dfrac{1}{3}\left(\dfrac{3+\sqrt{5}}{2\sqrt{2}}a\right)^2\cdot\dfrac{3+\sqrt{5}}{4}a=\dfrac{9+4\sqrt{5}}{12}a^3.$

方法二　延长 HG,CB,EF,易知它们共点于点 T.在 $\triangle TGF$ 中,

由正弦定理,有 $\dfrac{TF}{\sin 72°}=\dfrac{a}{\sin 36°}\Rightarrow TF=2a\cos 36°.$

$AB=\dfrac{\sqrt{2}}{2}(TF+FE)=\dfrac{\sqrt{2}}{2}(2\cos 36°+1)\cdot a.$

设 $AC\cap BD=O$,连 SO,GK,记 $O'=SO\cap GK$,则 SO 为

正四棱锥 $S-ABCD$ 的高,且 $BD=\sqrt{2}\,AB=(2\cos 36°+1)a$,

$AO=\dfrac{a}{2}(2\cos 36°+1).$ $\because\quad GK\,/\!/\,EF\,/\!/\,BD$,

$\therefore\quad \dfrac{SO'}{SO}=\dfrac{GK}{BD}=\dfrac{2a\cos 36°}{(2\cos 36°+1)\cdot a}=\dfrac{2\cos 36°}{2\cos 36°+1}.$ 　　(2)

设 $EF\cap AO=M$,连 $O'M$,则

$MO=AO-AM=\dfrac{a}{2}(2\cos 36°+1)-\dfrac{a}{2}=a\cos 36°.$ 又 $MO'=a\cos 18°$,

$$\therefore \quad OO'=\sqrt{O'M^2-OM^2}=a/2, \text{故由式(2)设:} \frac{OO'}{SO}=\frac{1}{2\cos36°+1}$$

$$\Rightarrow SO=\frac{a}{2}(2\cos36°+1), \text{故} V=\frac{1}{3}\cdot SO\cdot AB^2=\frac{a^3}{12}(2\cos36°+1)^3$$

$$=\frac{9+4\sqrt5}{12}a^3.$$

点评

本题方法一解题关键在于对称性的运用和三角计算.竞赛中对繁难问题要不怕算,敢于算,但也要会巧算.如本题利用 $\sin18°$ 的值求出 $\sin72°\cdot\cos\theta$ 与 $\sin72°\cdot\sin\theta$ 的值,而不是一味地做三角变形,使计算陷于繁杂中.方法二则借助纯平面几何手法大大简化了计算,进而较快捷地得到了结果.

▶例9 设 $A_1A_2A_3A_4$ 是一个四面体,θ_{ij} 是棱 $A_iA_j(1\leqslant i<j\leqslant4)$ 上的二面角.如果这 6 个二面角均为锐角,证明:

$$\prod_{1\leqslant i<j\leqslant4}\cos\theta_{ij}\leqslant\frac{1}{3^6}.$$

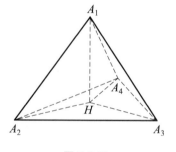

图 2.2.10

分析 为寻求证明,先类比到平面上的锐角 $\triangle ABC$,证明

$$\cos A\cos B\cos C\leqslant\frac{1}{8}.$$

这个三角不等式有多种证法,最简证法是

$$\cos A\cos B\cos C=\frac{1}{2}(\cos(A-B)-\cos C)\cos C$$

$$\leqslant\frac{1}{2}(1-\cos C)\cos C$$

$$\leqslant\frac{1}{2}\left(\frac{(1-\cos C)+\cos C}{2}\right)^2$$

$$=\frac{1}{8}.$$

审视一下这个证明即知,由于其中用到了内角和,不宜推广到空间.但下面利用射影定理的证明则使我们看到了希望.

$$a = b\cos C + c\cos B \geqslant 2\sqrt{bc\cos C\cos B},$$

$$b = c\cos A + a\cos C \geqslant 2\sqrt{ac\cos A\cos C},$$

$$c = a\cos B + b\cos A \geqslant 2\sqrt{ab\cos A\cos B},$$

三式相乘即得所要证的不等式.

证明 🔍

先来建立四面体的面积射影定理.如图 2.2.10,由 A_1 作 $A_1H \perp$ 面 $A_2A_3A_4$ 于 H,连 HA_2, HA_3, HA_4,则由面积射影定理得

$$S_1 = S_{\triangle HA_2A_3} + S_{\triangle HA_2A_4} + S_{\triangle HA_3A_4}$$

$$= S_2\cos\theta_{34} + S_3\cos\theta_{24} + S_4\cos\theta_{23},$$

其中 S_i 为顶点 A_i 所对面的面积($i = 1, 2, 3, 4$).由均值不等式得

$$S_1 \geqslant 3\sqrt[3]{S_2S_3S_4\cos\theta_{34}\cos\theta_{24}\cos\theta_{23}},$$

同理有

$$S_2 \geqslant 3\sqrt[3]{S_1S_3S_4\cos\theta_{34}\cos\theta_{13}\cos\theta_{14}},$$

$$S_3 \geqslant 3\sqrt[3]{S_1S_2S_4\cos\theta_{24}\cos\theta_{12}\cos\theta_{14}},$$

$$S_4 \geqslant 3\sqrt[3]{S_1S_2S_3\cos\theta_{23}\cos\theta_{12}\cos\theta_{13}}.$$

将上面 4 个不等式相乘并约去 $S_1S_2S_3S_4$,便得所证不等式.

📝 点评

这个例子表明,作降维类比时,由平面证法推广到空间证法往往是有选择的,要从多种证法中筛选出一个有效的证法.这个过程要求有数学的机智和创造性,决不是单纯的模仿.

▶ **例 10** (美国数学奥林匹克竞赛试题)如图 2.2.11,已知点 A, B, C 为球 S 内三点,且 AB, AC 垂直于 S 的过 A 点的直径.过 A, B, C 可作两个球均与 S 相切.证明:它们的半径之和等于 S 的半径.

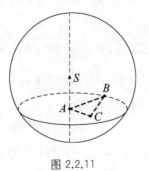

图 2.2.11

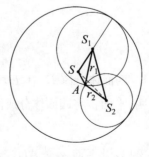

图 2.2.12

证明 🔍

设所作的两个球的球心为 S_1, S_2（如图 2.2.12）. 因为球 S_1 过 A, B, C 三点，所以球心 S_1 在过 $\triangle ABC$ 的外心 O 并垂直于平面 ABC 的直线 OD 上. 同样，S_2 也在 OD 上. 又因 $SA \perp$ 平面 ABC，所以 $SA // OD$.

现考察过 SA 与 OD 的平面 M. 平面 M 与球 S, S_1, S_2 相切得三个大圆：$\odot S, \odot S_1, \odot S_2$，并且 $\odot S_1, \odot S_2$ 都与 $\odot S$ 相切，A 为 $\odot S_1$ 与 $\odot S_2$ 的一个交点. 设球 S, S_1, S_2 的半径为 r, r_1, r_2，下面我们来证明：$r = r_1 + r_2$.

注意到 $SA // S_1 S_2$，在梯形 $SAS_2 S_1$ 中，$S_1 A = r_1$，$S_2 A = r_2$，$SS_1 = r - r_1$，$SS_2 = r - r_2$. 记 $SA = a$，则由此知 $\triangle S_1 SA$ 与 $\triangle S_2 SA$ 的周长都等于 $a + r$.

又因 $SA // S_1 S_2$，所以 $\triangle S_1 SA$ 与 $\triangle S_2 SA$ 的面积相等. 由海伦公式得

$$
\begin{aligned}
&p(p-a)(p-r_1)(p-(r-r_1)) \\
&= p(p-a)(p-r_2)(p-(r-r_2)),
\end{aligned}
\tag{3}
$$

其中
$$
p = \frac{a+r}{2}.
$$

解得
$$
r_1(r-r_1) = r_2(r-r_2),
$$
$$
\Leftrightarrow (r_1 - r_2)(r - r_1 - r_2) = 0.
$$

所以
$$
r_1 = r_2 \ \text{或} \ r = r_1 + r_2.
$$

当 $r_1 = r_2$ 时，$\triangle AS_1 S_2$ 与 $\triangle SS_1 S_2$ 都是以 $S_1 S_2$ 为底的等腰三角形，且底 $S_1 S_2$ 上的高是相等的，所以 S 与 A 重合，此时 $r_1 = r - r_1$，$r_2 = r - r_2$，即 $r_1 = r_2 = \frac{r}{2}$，也有 $r = r_1 + r_2$.

综上可知式(3)成立，故原命题成立.

📋 点评

上面通过考察过 SA 与 S_1, S_2 的大圆截面，将空间问题化为平面问题来解决.

▶ **例 11** 四面体 $ABCD$ 中，E, F 分别为棱 AB, CD 的中点，过 E, F 任作一平面 α. 证明：平面 α 将四面体分成两个体积相等的部分.

证明 🔍

如图 2.2.13，设平面 α 交 AD 于 H，交 BC 于 G，则 EH 是平面 α 与平面 ABD 的交线，GF 是平面 α 与平面 BCD 的交线.

由于 $V_{A\text{-}DEC}=V_{B\text{-}DEC}=\dfrac{1}{2}V_{ABCD}$，所以只需

证明

$$V_{EGFC}=V_{DHEF}. \qquad (4)$$

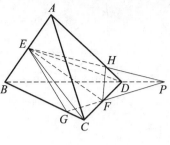

图 2.2.13

由于棱锥 $E-GFC$ 的高是棱锥 $A-BCD$ 的

高的 $\dfrac{1}{2}$，底 GFC 的面积是底 BCD 的面积的

$\dfrac{1}{2}\cdot\dfrac{CG}{CB}$.

因此，$V_{EGFC}=\dfrac{1}{4}\cdot\dfrac{CG}{CB}\cdot V_{ABCD}$.

同理，$V_{DHEF}=\dfrac{1}{4}\cdot\dfrac{DH}{DA}\cdot V_{ABCD}$.

如果 $EH /\!/ GF$，那么它们均与 BD 平行，从而 H 为 AD 的中点，G 为 BC 的

中点，有 $\dfrac{CG}{CB}=\dfrac{DH}{DA}$，式(4)成立.

如果 EH 与 GF 不平行，那么 EH 与 GF 相交于一点 P，而 P 必为平面

BCD 与平面 ABD 的公共点，从而点 P 在 BD 上.由门奈劳斯定理，有

$$1=\dfrac{DH}{HA}\cdot\dfrac{AE}{EB}\cdot\dfrac{BP}{PD}=\dfrac{DH}{HA}\cdot\dfrac{BP}{PD},$$

$$1=\dfrac{CG}{GB}\cdot\dfrac{BP}{PD}\cdot\dfrac{DF}{FC}=\dfrac{CG}{GB}\cdot\dfrac{BP}{PD},$$

所以 $\dfrac{DH}{HA}=\dfrac{CG}{GB}\Leftrightarrow\dfrac{DH}{DA}=\dfrac{CG}{CB}$，式(4)仍成立.

原命题得证.

▶ 例 12　若圆锥内接于半径为 R 的球内，试求

这类圆锥中全面积的最大值.

解 🛈

如图 2.2.14，考察过球心 O 的圆锥的轴截面 PAB.设

圆锥底面半径 AO' 为 r，母线长为 l，$\angle APO'=\alpha$，

则 $l=2R\cos\alpha,r=l\sin\alpha=2R\cos\alpha\sin\alpha$.于是

$$S_{全}=\pi r^2+\pi rl=4\pi R^2\cos^2\alpha\sin\alpha(1+\sin\alpha)=$$

$4\pi R^2\sin\alpha(1-\sin\alpha)(1+\sin\alpha)^2$

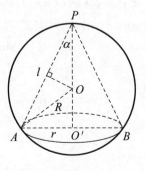

图 2.2.14

$$= \frac{4\pi R^2}{ab}(a\sin\alpha)(b - b\sin\alpha)(1 + \sin\alpha)^2 \leqslant \frac{4\pi R^2}{ab} \cdot \left[\frac{2a + (2 + a - b)\sin\alpha}{4}\right]^4.$$

令 $\begin{cases} 2 + a - b = 0 \\ a\sin\alpha = 1 + \sin\alpha \\ b(1 - \sin\alpha) = 1 + \sin\alpha \end{cases} \Rightarrow a^2 - a - 4 = 0 \Rightarrow a = \frac{1 + \sqrt{17}}{2}, b = \frac{5 + \sqrt{17}}{2}, \sin\alpha = \frac{1 + \sqrt{17}}{8}.$

$$\therefore \quad S_{\text{全}} \leqslant \frac{4\pi R^2}{ab} \cdot \left(\frac{2 + a}{4}\right)^4 = \frac{16\pi R^2}{(1 + \sqrt{17})(5 + \sqrt{17})} \cdot \left(\frac{9 + \sqrt{17}}{8}\right)^4$$

$$= \frac{107 + 51\sqrt{17}}{128}\pi R^2.$$

故 $S_{\text{全}}$ 的最大值为 $\dfrac{107 + 51\sqrt{17}}{128}\pi R^2$.

▶ 例 13 （2021 年全国高中联赛试题）如图 2.2.15，正方体 $ABCD\text{-}EFGH$ 的棱长为 2，在正方形 $ABFE, BCGF, EFGH$ 的内切圆上分别任取点 P_1, P_2, P_3，求 $|P_1P_2| + |P_2P_3| + |P_3P_1|$ 的最小值与最大值.

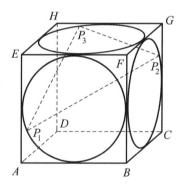

图 2.2.15

解 🖘

方法一 以正方体的中心为原点，$\overrightarrow{DA}$，$\overrightarrow{DC}, \overrightarrow{DH}$ 的方向分别为 x 轴、y 轴、z 轴的正方向，建立空间直角坐标系. 由题设条件，可设 $P_1(1, \cos\alpha_1, \sin\alpha_1), P_2(\sin\alpha_2, 1, \cos\alpha_2), P_3(\cos\alpha_3, \sin\alpha_3, 1)$. 约定 $P_4 = P_1$，$\alpha_4 = \alpha_1$. 记 $d_i = |P_iP_{i+1}| (i = 1, 2, 3)$，则

$$d_i^2 = (1 - \sin\alpha_{i+1})^2 + (1 - \cos\alpha_i)^2 + (\sin\alpha_i - \cos\alpha_{i+1})^2. \tag{5}$$

令 $f = d_1 + d_2 + d_3$. 先求 $f_{\min}$. 由式(5)及均值不等式，有

$$d_i^2 \geqslant (1 - \sin\alpha_{i+1})^2 + (1 - \cos\alpha_i)^2 \geqslant \frac{1}{2}(2 - \sin\alpha_{i+1} - \cos\alpha_i)^2 \Rightarrow$$

$$d_i \geqslant \frac{1}{\sqrt{2}}(2 - \sin\alpha_{i+1} - \cos\alpha_i) \Rightarrow f \geqslant \frac{1}{\sqrt{2}}\sum_{i=1}^{3}(2 - \sin\alpha_{i+1} - \cos\alpha_i)$$

$$= 3\sqrt{2} - \frac{1}{\sqrt{2}}\sum_{i=1}^{3}(\sin\alpha_i + \cos\alpha_i) = 3\sqrt{2} - \sum_{i=1}^{3}\sin\left(\alpha_i + \frac{\pi}{4}\right) \geqslant 3(\sqrt{2} - 1).$$

当 $\alpha_i = \dfrac{\pi}{4}(i=1,2,3)$ 时取等号,即 $f_{\min}=3(\sqrt{2}-1)$.

再求 $f_{\max}$.由式(5)知 $d_i^2=4-2(\cos\alpha_i+\sin\alpha_{i+1}+\sin\alpha_i\cos\alpha_{i+1})$,又 $\sin\alpha_i\geqslant$ $-1,\cos\alpha_i\geqslant-1(i=1,2,3)$,

$$\begin{aligned}
\text{故 } \sum_{i=1}^{3}d_i^2 &= 12-2\Big(\sum_{i=1}^{3}\cos\alpha_i+\sum_{i=1}^{3}\sin\alpha_{i+1}+\sum_{i=1}^{3}\sin\alpha_i\cos\alpha_{i+1}\Big)\\
&=12-2\Big(\sum_{i=1}^{3}\cos\alpha_{i+1}+\sum_{i=1}^{3}\sin\alpha_i+\sum_{i=1}^{3}\sin\alpha_i\cos\alpha_{i+1}\Big)\\
&=18-2\sum_{i=1}^{3}(1+\sin\alpha_i)(1+\cos\alpha_{i+1})\leqslant18.
\end{aligned}$$

由柯西不等式得:$f^2\leqslant3(d_1^2+d_2^2+d_3^2)=54\Rightarrow f\leqslant3\sqrt{6}$,当 $\alpha_i=\pi(i=1,2,3)$ 时取等号,即 $f_{\max}=3\sqrt{6}$.

方法二 纯立几解法

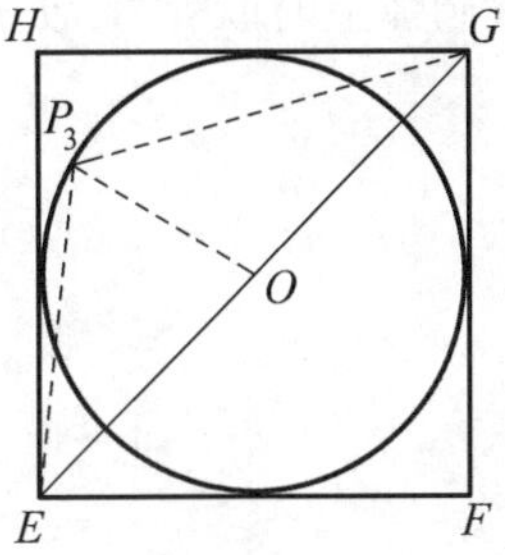

如图 2.2.16,在正方形 $EFGH$ 中,设 O 为其内切圆圆心,P_3 为其内切圆上任一点,则由三角形中线长公式,可得:$P_3E^2+P_3G^2=2\cdot(P_3O^2+OE^2)=6$,

同理可得:$P_1E^2+P_1B^2=6,P_2B^2+P_2G^2=6$.

记 $\angle P_1EF=\alpha,\angle P_3EF=\beta$,则 $\alpha,\beta\in\left[0,\dfrac{\pi}{2}\right]$,

注意到平面 $ABFE\perp$ 平面 $EFGH$,故由三面角公式

图 2.2.16

得:$\cos\angle P_1EP_3=\cos\alpha\cos\beta+\sin\alpha\sin\beta\cos\dfrac{\pi}{2}=$

$\cos\alpha\sin\beta\geqslant0\Rightarrow\angle P_1EP_3\in\left[0,\dfrac{\pi}{2}\right]$,

$\therefore$ $P_1P_3^2\leqslant P_1E^2+P_3E^2$.同理,$P_2P_3^2\leqslant P_2G^2+P_3G^2,P_1P_2^2\leqslant P_1B^2+P_2B^2$.

由柯西不等式及以上三式得:$f^2\leqslant3(d_1^2+d_2^2+d_3^2)\leqslant3[(P_1E^2+P_1B^2)+(P_2B^2+P_2G^2)+(P_3G^2+P_3E^2)]=54$,

故 $f\leqslant3\sqrt{6}$,当 P_1 为 AB 上的切点、P_2 为 CG 上的切点、P_3 为 EH 上的切点时取等号.

$\therefore$ $f_{\max}=3\sqrt{6}$.

为求 $f_{\min}$,设 P_1 到 BF,EF 的距离分别为 x_1,y_1;P_2 到 FG,BF 的距离分别为 x_2,y_2;P_3 到 EF,FG 的距离分别为 x_3,y_3.记 P_1,P_2 在棱 BF 上的射影为 P_1',P_2',则由勾股定理可知:$|P_1P_2|=\sqrt{x_1^2+|P_1'P_2'|^2+y_2^2}\geqslant\sqrt{x_1^2+y_2^2}$,同理

$$|P_2P_3| \geqslant \sqrt{x_2^2+y_3^2}, |P_3P_1| \geqslant \sqrt{x_3^2+y_1^2}.$$

∴ $f=d_1+d_2+d_3 \geqslant \sqrt{x_1^2+y_2^2}+\sqrt{x_2^2+y_3^2}+\sqrt{x_3^2+y_1^2} \geqslant \dfrac{1}{\sqrt{2}} \sum_{i=1}^{3} (x_i+y_i).$

$$(6)$$

∵ P_i 为各面内切圆上的点,

∴ $(x_i-1)^2+(y_i-1)^2=1 \Rightarrow 2(x_i+y_i)-1=x_i^2+y_i^2 \geqslant \dfrac{1}{2}(x_i+y_i)^2 \Rightarrow$

$x_i+y_i \geqslant 2-\sqrt{2}\,(i=1,2,3).$

故由式(6)得:$f \geqslant \dfrac{1}{\sqrt{2}} \times 3(2-\sqrt{2})=3(\sqrt{2}-1).$

当 $\angle P_1FB=\angle P_2FG=\angle P_3FE=45°$ 且点 P_1, P_2, P_3 位于与 F 相邻的三段圆弧上时取等号.故 $f_{\min}=3(\sqrt{2}-1).$

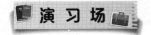

习题 2.b

1. 某几何体的一条棱长为 2,在该几何体的正视图中,这条棱的投影是长为 $\sqrt{3}$ 的线段,在侧视图与俯视图中,这条棱的投影分别是长为 a 与 b 的线段.则 $2a+b$ 的最大值为_____.

2. 已知 $P(1,2,5)$ 为空间直角坐标系 $O\text{-}xyz$ 内一定点,过 P 作一平面与三坐标轴的正半轴分别交于点 A,B,C,则所有这样的四面体 $OABC$ 体积的最小值为_____.

3. 设四面体 $ABCD$ 的体积为 V,E 为棱 AD 的中点,F 在 AB 的延长线上,且 $BF=AB$.过 C,E,F 三点的平面截 BD 于 G 点,则四面体 $CDGE$ 的体积为_____.

4. 棱长为 a 的正方体 $ABCD\text{-}A_1B_1C_1D_1$ 中,AC_1 是对角线,则所有与 AC_1 垂直的平面被正方体截在体内的最大截面面积是_____.

5. 一个正四棱锥 $S\text{-}ABCD$,延长其底面边 CD,截取线段 $DE=2CD$.过 B,E 和棱 SC 的中点 F 作一个平面,则此平面截四棱锥所成的两部分的体积之比为_____.

6. (2001 年湖南省数学预赛试题)正方体 $ABCD\text{-}A_1B_1C_1D_1$ 中,E 为 A_1A 的三等分点,F 为 C_1C 的三等分点,$AE=2A_1E$,$CF=2C_1F$.过 B,E,F 作正方体的截面,下列所示的截面在相应面上的投影图(图 2.2.17)中,错误的是_____(填序号).

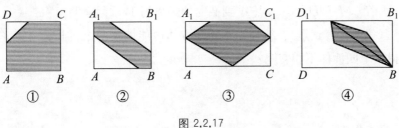

图 2.2.17

7. 设 O 是正三棱锥 $P\text{-}ABC$ 底面 $\triangle ABC$ 的中心,过 O 的动平面与 $P\text{-}ABC$ 的三条侧棱 PA,PB,PC 或其延长线的交点分别记为 Q,R,S,则关于和式 $\dfrac{1}{PQ}+\dfrac{1}{PR}+\dfrac{1}{PS}$ 的判断中,正确的序号是_____.

① 有最大值无最小值;

② 有最小值无最大值;

③ 既有最大值又有最小值,且两者不等;

④ 是一个与平面 QRS 位置无关的常量.

8. 设正三棱锥 $P\text{-}ABC$ 的底面边长为 a,过 A 且平行于 BC 的截面与侧面 PBC 垂直,与底面的交角为 $30°$,求截面面积.

9. 一个圆锥和一个圆柱,下底面在同一平面上,它们有公共的内切球.记圆锥的体积为 V_1,圆柱的体积为 V_2.

(1) 求证:V_1 和 V_2 不可能相等;

(2) 设 $V_1 = kV_2$,求 k 的最小值.

10. 过正四面体的高作一平面,与四面体的三个侧面交于三条直线,这三条直线与四面体底面的夹角为 α,β,γ.证明:$\tan^2\alpha + \tan^2\beta + \tan^2\gamma = 12$.

11. 设正三棱锥 $V\text{-}ABC$ 的底面边长为 4,侧棱长为 8.过 A 作与侧棱 VB,VC 相交的截面 AED,求截面 $\triangle AED$ 周长的最小值.

12. 四棱锥 $S\text{-}ABCD$ 的底面是中心为 O 的矩形 $ABCD$,$AB=4$,$AD=12$,$SA=3$,$SB=5$,$SO=7$,$N \in BC$,过 S,O,N 的截面交 AD 于 M.问 BN 为何值时,截面 $\triangle SMN$ 的面积取最小值? 最小值为多少?

13. (1985 年上海市数学竞赛试题)设正四棱锥 $S\text{-}ABCD$ 的底面边长为 2,高是 h.平面 π 平行于正方形的一条对角线,与正四棱锥的底面交角为 α.把正四棱锥 $S\text{-}ABCD$ 正投影到平面 π 上.问:α 为何值时,所得图形面积最大? 最大值是多少?

14. 设四面体 $ABCD$ 的体积 $V=5$,过 AD,BC 的中点 K,N 作一截面交 CD 于 M.若 $CM:MD=3:2$,点 A 到截面的距离为 1,求截面的面积.

15. (德国竞赛试题)在棱长为 1 的立方体内能放置两个棱长为 1 的正四面体,使得两个四面体不相交吗?

2.3 翻折与展开问题

知识桥

1. 翻折

将一个平面图形沿着该平面内某条直线翻折成一个空间图形,称为平面图形的翻折.它是考查空间想象能力的重要题型.解决这类问题的关键是要把握翻折前后线与线、线与面的平行、垂直等位置关系的变与不变性,以及长度、角度等数量关系的变与不变性.

2. 展开

一个几何体的表面如果能按某种规则展开到一个平面,则称其为可展几何体.将空间图形展开在一个平面上,是将立体几何问题转化为平面几何问题的重要手段.如求多面体、简单旋转体表面上的一类最短路径问题,就可利用图形的展开来实现.

训练营

▶**例 1** (1998 年全国高中联赛试题)△ABC 中,∠C＝90°,∠B＝30°,AC＝2,M 是 AB 的中点.将△ACM 沿 CM 折起,使 A,B 两点间的距离为 $2\sqrt{2}$,求三棱锥 A-BCM 的体积.

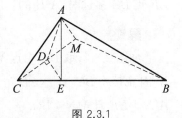

图 2.3.1

解

折起后的三棱锥 A-BCM 如图 2.3.1 所示.取 CM 的中点 D,连 AD.在△BCM 中作 DE⊥CM 交 BC 于 E,连 AE,则

$$AD＝AC \cdot \sin 60°＝2 \cdot \frac{\sqrt{3}}{2}＝\sqrt{3},$$

$$DE＝CD \cdot \tan 30°＝\frac{\sqrt{3}}{3},$$

$$CE = 2DE = \frac{2\sqrt{3}}{3}.$$

在$\triangle ABC$中，$AC = 2$，$AB = 2\sqrt{2}$，$BC = 2\sqrt{3}$，所以$AC^2 + AB^2 = BC^2$，因此$\angle BAC = 90°$。

在$\triangle ACE$中，

$$AE^2 = AC^2 + CE^2 - 2AC \cdot CE \cdot \cos\angle ACE$$

$$= 4 + \frac{4}{3} - 2 \times 2 \times \frac{2}{3}\sqrt{3} \times \frac{2}{2\sqrt{3}} = \frac{8}{3},$$

所以
$$AE^2 + CE^2 = \frac{8}{3} + \frac{4}{3} = 4 = AC^2.$$

又
$$AE^2 + DE^2 = \frac{8}{3} + \frac{1}{3} = 3 = AD^2,$$

因此$AE \perp BC$，$AE \perp DE$，从而$AE \perp$平面BCM，即AE是三棱锥$A-BCM$的高。

所以
$$V_{A-BCM} = \frac{1}{3} \cdot AE \cdot S_{\triangle BCM}$$

$$= \frac{1}{3} \cdot \frac{2\sqrt{6}}{3} \cdot \frac{1}{2} \cdot 2 \cdot 2 \cdot \frac{\sqrt{3}}{2} = \frac{2\sqrt{2}}{3}.$$

▶**例2** 在正$\triangle ABC$中，$AB = a$，$EF /\!/ BC$。把$\triangle AEF$沿EF折起，使面$A'EF \perp$面$BCFE$。求当EF离BC多远时，$A'B$的长度最小？

解

如图 2.3.2，取BC中点M，连AM交EF于N。因$EF /\!/ BC$且$\triangle ABC$为正三角形，所以$A'N \perp EF$且$MN \perp BC$。

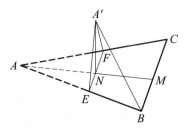

图 2.3.2

又因面$A'EF \perp$面$BCFE$，所以$A'N \perp$面$BCFE$，从而$A'N \perp MN$，即线段MN是异面直线$A'N$与BC的公垂线段。

设$MN = x$，则$A'N = AN = \frac{\sqrt{3}}{2}a - x$。由异面直线上两点间距离公式得

$$A'B^2 = MN^2 + A'N^2 + BM^2 - 2A'N \cdot BM \cdot \cos 90°$$

$$= x^2 + \left(\frac{\sqrt{3}}{2}a - x\right)^2 + \left(\frac{a}{2}\right)^2 = 2\left(x - \frac{\sqrt{3}}{4}a\right)^2 + \frac{5}{8}a^2.$$

故当 $x=\dfrac{\sqrt{3}}{4}a$ 时,$A'B_{\min}=\dfrac{\sqrt{10}}{4}a$. 即 EF 为 $\triangle ABC$ 的中位线时,$A'B$ 的长度最小.

▶例 3　四边形 $ABCD$ 中,$BC\perp CD$,$AB=5$,$AD=3$.沿 BD 折成直二面角 A-BD-C,且有 $AD\perp$ 面 BCD.

(1) 求证:面 $ABC\perp$ 面 ACD;

(2) 若 $AC=\dfrac{15\sqrt{13}}{13}$,求二面角 C-AB-D 的大小及 AC 与 BD 所成角的余弦值.

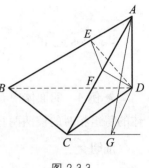

图 2.3.3

解

(1) 如图 2.3.3,因 $BC\perp CD$,又 $AD\perp$ 面 BCD,所以 $BC\perp AD$,从而 $BC\perp$ 面 ACD.又 $BC\subset$ 面 ABC,所以面 $ABC\perp$ 面 ACD.

(2) 过 D 作 $DF\perp AC$ 于 F,$DE\perp AB$ 于 E.因面 $ABC\perp$ 面 ACD,得 $DF\perp$ 面 ABC,从而 $EF\perp AB$,故 $\angle DEF$ 为二面角 C-AB-D 的平面角.

$\because$　$AD\perp$ 面 BCD,

$\therefore$　$AD\perp BD$,从而 $BD=\sqrt{AB^2-AD^2}=4$.

$\because$　$DE\cdot AB=AD\cdot BD$,得 $DE=\dfrac{12}{5}$.

$\because$　$AC=\dfrac{15\sqrt{13}}{13}$,$AD=3$,$AD\perp CD$,

$\therefore$　$AD^2=AF\cdot AC$,得 $AF=\dfrac{3\sqrt{13}}{5}$,从而

$$DF=\sqrt{AD^2-AF^2}=\dfrac{6\sqrt{3}}{5}.$$

$\therefore$　在 $\mathrm{Rt}\triangle DEF$ 中,$\sin\angle DEF=\dfrac{DF}{DE}=\dfrac{\sqrt{3}}{2}$,

$\therefore$　$\angle DEF=60°$ 即为所求.

过 C 作 BD 的平行线,再过 D 作该平行线的垂线交于 G,则 $\angle ACG$ 为 AC 与 BD 所成的角.连 AG,因 $AD\perp$ 面 BCD,故 $AG\perp CG$.

$\because$　$CD=\sqrt{AC^2-AD^2}=\dfrac{6\sqrt{39}}{13}$,

$$\therefore \quad \cos \angle CDB = \frac{3\sqrt{39}}{26}. \, 又 \, CG \parallel BD,$$

$$\therefore \quad \angle DCG = \angle CDB, 从而$$

$$CG = CD \cdot \cos \angle DCG = CD \cdot \cos \angle CDB = \frac{27}{13}.$$

$$\therefore \quad \cos \angle ACG = \frac{CG}{AC} = \frac{27}{13} \times \frac{\sqrt{13}}{15} = \frac{9\sqrt{13}}{65} \, 即为所求.$$

▶ **例 4** 四面体中有 3 个顶点处的 3 个面角之和均为 180°. 证明：这个四面体的每组相对的棱两两相等.

证明

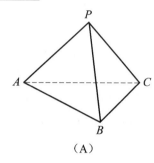 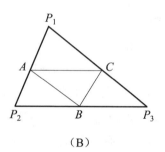

（A）　　　　　　　　（B）

图 2.3.4

如图 2.3.4(A),设四面体 $P\text{-}ABC$ 中,顶点 A, B, C 处的 3 个面角之和均为 180°.现分别沿 PA, PB, PC 剪开,将四面体的四个面展开在一个平面上,如图 2.3.4(B).

因为每个顶点处的三个面角之和为 180°,所以 P_1, A, P_2 三点共线,P_2, B, P_3 三点共线,P_3, C, P_1 三点共线,因此 A, B, C 为 $\triangle P_1 P_2 P_3$ 各边的中点,所以

$$AP_1 = BC, \, BP_2 = AC, \, CP_3 = AB,$$

即 $AP = BC, BP = AC, CP = AB.$

▶ **例 5** 如图 2.3.5,已知一圆台上底半径 $r_1 = 5 \text{ cm}$,下底半径 $r_2 = 10 \text{ cm}$,母线 $A_1 A_2 = 20 \text{ cm}$.从 $A_1 A_2$ 的中点 M 拉一根绳子,围绕圆台侧面转到下底圆周上的点 A_2.

（1）求绳子的最短长度；

（2）当绳子最短时,求绳子上的点与上底圆周上点的连线的最小长度.

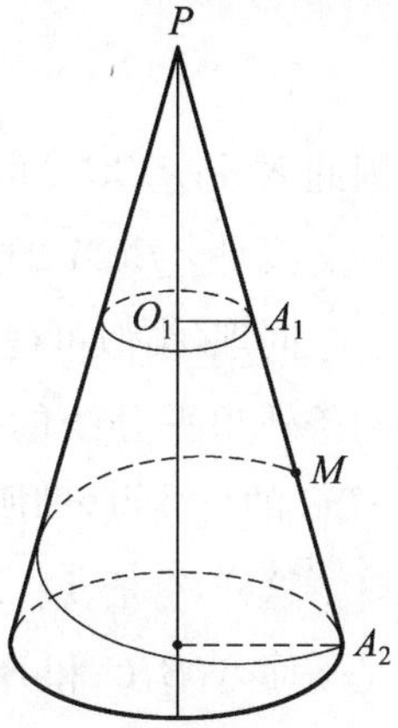

解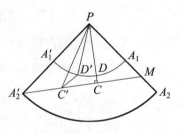

如图 2.3.6,将圆台的侧面沿母线 A_1A_2 展开为扇形,延长 $A_2A_1, A_2'A_1'$ 交于 P,易知扇形的圆心角

$$\theta = \frac{r_2 - r_1}{A_1 A_2} \cdot 360° = \frac{10-5}{20} \cdot 360° = 90°.$$

(1) 连 $A_2'M$,如果 $A_2'M$ 与扇形 $A_1'PA_1$ 不相交,则 $A_2'M$ 为绳子的最短长度.

在 $\text{Rt}\triangle A_2'PM$ 中,$PM = PA_1 + A_1M = 20 + 10 = 30$,$PA_2' = 40$,所以 $A_2'M = 50$.作 $PC \perp A_2'M$ 于 C,由 $PC \cdot A_2'M = PM \cdot PA_2'$,知

$$PC = \frac{PM \cdot PA_2'}{A_2'M} = \frac{30 \times 40}{50} = 24 > 20 = PA_1,$$

故 $A_2'M$ 与扇形 $A_1'PA_1$ 不相交,所以绳子的最短长度为 50 cm.

(2) 设 PC 交圆弧 $A_1'A_1$ 于 D,我们来证明 CD 为绳子上点与上底面圆周上点的连线中的最短者.

假设 CD 不是最短的,那么另有一条更短的线段 $C'D'$.连 PC',于是

$$PD' + D'C' \geqslant PC' \geqslant PD + CD,$$

其中两个等号不能同时成立,否则 $C'D'$ 与 CD 重合.而 $PD = PD'$,所以 $C'D' > CD$,这与 $C'D'$ 的最小性矛盾.故最短连线长 $CD = PC - PD = 24 - 20 = 4$(cm).

图 2.3.5

图 2.3.6

▶ **例 6** 已知 $\triangle ABC$ 的面积为 Δ,外接圆半径为 R.分别过 A,B,C 作平面 ABC 的垂线,并在平面 ABC 同一侧的垂线上分别取 A_1, B_1, C_1,使 $AA_1 = h_a$,$BB_1 = h_b$,$CC_1 = h_c$,这里 h_a, h_b, h_c 分别为边 BC, CA, AB 上的高.求四个平面 $A_1B_1C, B_1C_1A, C_1A_1B, ABC$ 所围成的四面体的体积.

解

关键是确定这个四面体的四个顶点的位置.

设平面 A_1B_1C 与直线 AB 相交于 K 点,则点 K 在 A_1B_1 上.由 $AA_1 // BB_1$,知

$$\frac{KA}{KB} = \frac{AA_1}{BB_1} = \frac{h_a}{h_b} = \frac{b}{a} = \frac{AC}{BC},$$

因此 K 是 $\angle BCA$ 的外角平分线与 BA 延长线的交点,从而平面 A_1B_1C 与 ABC 的交线是 $\angle BCA$ 的外角平分线.

同理,类似可得:平面 B_1C_1A 与 ABC 的交线是 $\angle CAB$ 的外角平分线.上述两条外角平分线的交点就是 $\triangle ABC$ 的旁心 I_B,也是平面 A_1B_1C,B_1C_1A 与 ABC 的公共点,即所求四面体的一个顶点.

这样,旁心 I_A,I_B,I_C 就是所求四面体的三个顶点.设第四个顶点为 P,则 P 是平面 A_1B_1C 和 B_1C_1A 的公共点,因而在直线 B_1I_B 上.P 在平面 ABC 上的射影在 BI_B 上,也在 AI_A 上,因而 P 的射影就是 $\triangle ABC$ 的内心 I.

由相似三角形,$PI \parallel AA_1$,且 A_1P 与 AI 相交于 I_A,可得

$$\frac{PI}{AA_1} = \frac{PI}{h_a} = \frac{II_A}{AI_A} = \frac{r_a - r}{r_a},$$

其中 r 为 $\triangle ABC$ 的内切圆半径,r_a 为其旁切圆半径.

设 $\triangle ABC$ 的周长为 $2s$,则

$$PI = h_a \cdot \frac{r_a - r}{r_a} = \frac{2\Delta}{a} \cdot \frac{\dfrac{1}{s-a} - \dfrac{1}{s}}{\dfrac{1}{s-a}} = \frac{2\Delta}{s}.$$

由平几知识易知:$\triangle I_A I_B I_C$ 的面积

$$S' = \Delta + \frac{1}{2}(ar_a + br_b + cr_c)$$

$$= \frac{\Delta}{2}\left(2 + \frac{a}{s-a} + \frac{b}{s-b} + \frac{c}{s-c}\right)$$

$$= \frac{abc\Delta}{2(s-a)(s-b)(s-c)},$$

故所求体积

$$V_{PI_A I_B I_C} = \frac{1}{3}S' \cdot PI = \frac{1}{3} \cdot \frac{2\Delta}{s} \cdot \frac{abc\Delta}{2(s-a)(s-b)(s-c)}$$

$$= \frac{1}{3}abc = \frac{4}{3}\Delta R.$$

▶ **例 7** 在棱长为 1 的正四面体的表面上选取一个由若干线段组成的有限集,使得四面体的任三个顶点都可以用由这个集合中一些线段组成的折线来联

结.问:能否选取满足上述要求的线段集,使其中所有线段的总长度小于 $1+\sqrt{3}$?

解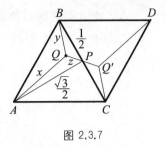

图 2.3.7

可以做到.我们研究将已知四面体的两个面铺平后产生的菱形 $ABDC$,如图 2.3.7 所示.此时 $AB=1$,$\angle BAC=60°$.设 P 是线段 BC 的中点,Q 是 $\triangle ABP$ 中的费马点,并记 $x=AQ$,$y=BQ$,$z=PQ$,则 $\angle AQP=\angle PQB=\angle BQA=120°$,$\angle APB=90°$,

∴ $S_{\triangle ABP}=S_{\triangle AQB}+S_{\triangle BQP}+S_{\triangle PQA}$,

即 $\dfrac{1}{2} \cdot \dfrac{1}{2} \cdot \dfrac{\sqrt{3}}{2}=\dfrac{1}{2}(xy+yz+zx) \cdot \sin 120°$,

$$xy+yz+zx=\frac{1}{2}. \tag{1}$$

对 $\triangle AQB$,$\triangle BQP$,$\triangle PQA$ 应用余弦定理,得

$$x^2+y^2+xy=1, \tag{2}$$

$$y^2+z^2+yz=\frac{1}{4}, \tag{3}$$

$$z^2+x^2+zx=\frac{3}{4}. \tag{4}$$

$(1)\times 3+(2)+(3)+(4)$ 得:$2(x+y+z)^2=\dfrac{7}{2}$,即

$$x+y+z=\frac{\sqrt{7}}{2}.$$

设点 Q' 与 Q 关于点 P 对称,那么线段 AQ,BQ,QP,PQ',CQ',DQ' 组成的集合就具有题中要求的性质,而且它们的长度之和为 $\sqrt{7}$,小于 $1+\sqrt{3}$.

▶**例 8** (2017 年上海市数学竞赛试题)用一张正方形纸片(不能裁剪)完全包住一个侧棱长和底边长均为 1 的正四棱锥,则这个正方形的边长至少是多少?

解

设这个正四棱锥为 $S-ABCD$.沿 SA,SB,SC,SD 剪开,将 $S-ABCD$ 展开到一个平面上,如图 2.3.8 所示.

若正方形纸片要包住正四棱锥,则它必须能覆盖正四棱锥的展开图.

∴ 正方形能同时覆盖 S_1 与 S_3 两点.

∴ 正方形对角线 $\geqslant S_1 S_3 = 1 + 2\sin 60° = 1 + \sqrt{3}$.

∴ 正方形边长 $\geqslant \dfrac{\sqrt{6} + \sqrt{2}}{2}$.

当正方形边长为 $\dfrac{\sqrt{6} + \sqrt{2}}{2}$ 时,将它的四个顶点对准 S_1, S_2, S_3, S_4,将四个角沿 AB, BC, CD, DA 翻折至四个点重合,就包住了正四棱锥 $S\text{-}ABCD$.

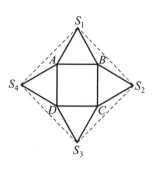

图 2.3.8

▶ 例 9 若 $\triangle A_1 A_2 A_3$ 的三边长分别为 8、10、12,三条边的中点分别是 B, C, D,将三个中点两两联结得到三条中位线,此时所得图形是三棱锥 $A\text{-}BCD$ 的平面展开图,求该三棱锥的外接球的表面积.

解

由已知,四面体 $A\text{-}BCD$ 的三组对棱的长分别是 4、5、6.构造长方体使其面对角线长分别为 4、5、6.设长方体的长、宽、高分别为 x、y、z,外接球半径为 R,

则
$$
\begin{cases}
x^2 + y^2 = 4^2, \\
x^2 + z^2 = 5^2, \\
y^2 + z^2 = 6^2.
\end{cases}
$$

∴ $4R^2 = x^2 + y^2 + z^2 = \dfrac{77}{2}$,

∴ $S = 4\pi R^2 = \dfrac{77\pi}{2}$.

▶ 例 10 求证:经过正方体中心的任一截面面积不小于正方体的一个侧面的面积.

证明

首先,过正方体中心的任一截面显然是凸多边形.

其次,若截面是四边形,那么它将与正方体两相对侧面不相交,并且截面在这两个侧面上的射影是整个侧面,因此截面四边形的面积

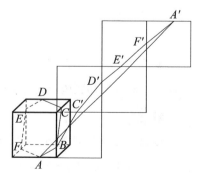

图 2.3.9

不小于正方体的一个侧面面积.

再次,截面不可能是五边形.因为正方体相对侧面两两平行,若截面与平行的两侧面之一相交,则必与另一面也相交.

最后,若截面为六边形,那么它与正方体的 6 个面都相交.考察正方体的展开图,如图 2.3.9 所示,可知截面周长 p 满足不等式:

$p \geqslant |AA'| = \sqrt{(3a)^2 + (3a)^2} = 3\sqrt{2}\,a$,其中 a 为正方体的棱长.

又截面过正方体的内切球心,内切球半径为 $\dfrac{a}{2}$,故截面面积 S 满足

$$S \geqslant \frac{1}{2} p \cdot \frac{a}{2} \geqslant \frac{3\sqrt{2}}{4} a^2 > a^2.$$

因此截面面积不小于正方体的一个侧面面积.

演习场

习题 2.c

1. 如图 2.3.10,在正方形 $SG_1G_2G_3$ 中,E,F 分别是 G_1G_2 及 G_2G_3 的中点,D 是 EF 的中点.现沿 SE,SF 及 EF 把这个正方形折成一个四面体,使 G_1,G_2,G_3 重合为 G 点.那么下面关于四面体 $S\text{-}EFG$ 的判断中,正确的是_____.

① $SG\perp$ 面 EFG;

② $SD\perp$ 面 EFG;

③ $GF\perp$ 面 SEF;

④ $GD\perp$ 面 SEF.

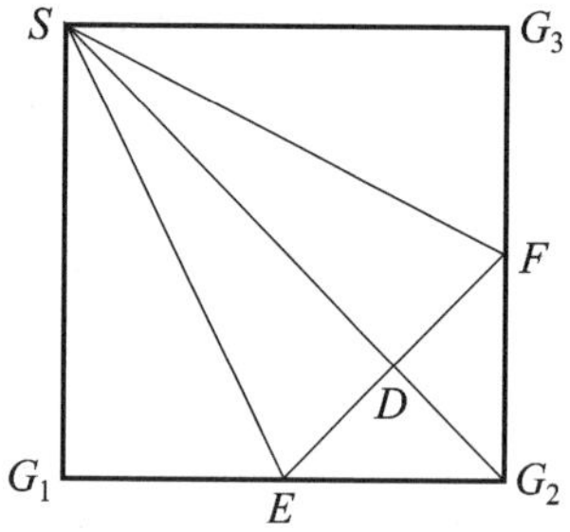

图 2.3.10

2. 矩形 $ABCD$ 满足 $AB=3\sqrt{2}$,$BC=3$,以此矩形作为侧面折成正三棱柱,使 AD 与 BC 重合,原对角线 AC 在三棱柱侧面上成一折线,则相邻两段折线所成角的大小为_____.

3. 在长方体 $ABCD\text{-}A_1B_1C_1D_1$ 中,若 $AB=a$,$AA_1=b$,$AD=c$ 且 $a>b>c$,则沿长方体的表面从 A 到 C_1 的最短距离为_____.

4. 如图 2.3.11,已知矩形 $ABCD$ 中,$AB=2AD$,E 为边 AB 的中点,将 $\triangle ADE$ 沿直线 DE 翻折成 $\triangle A_1DE$.若 M 为线段 A,C 的中点,则在 $\triangle ADE$ 翻折过程中,下列命题正确的是_____.

(写出所有正确的命题编号)

①线段 BM 的长是定值;②存在某个位置,使 $DE\perp A_1C$;③点 M 的运动轨迹是一个圆;④存在某个位置,使 $MB\perp$ 平面 A_1DE.

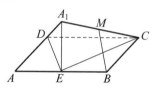

图 2.3.11

5. 如图 2.3.12,在直三棱柱 $ABC\text{-}A_1B_1C_1$ 中,$AB=BC=BB_1=2$,$\angle ABC=90°$,E,F 分别为 AA_1,C_1B_1 的中点,沿棱柱的表面从 E 到 F 的最短路径的长度为_____.

6. 一个边长为 2 的正三角形用中位线分成四个小

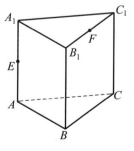

图 2.3.12

三角形.除中间的小三角形外,分别以其余三个小三角形为底面,在同一侧各作一个高为 2 的正三棱锥.有一个球与原三角形所在的平面相切,并且与每个正三棱锥的一个侧面都相切,则这个小球的半径 $R=$ _____.

7. 矩形 $ABCD$ 的一边 $AB=\sqrt{2}$,由顶点 B,D 引对角线 AC 的垂线,其垂足 E,F 恰好将 AC 三等分.沿 AC 对折,使 $\triangle ACD$ 所在平面垂直于 $\triangle ABC$ 所在平面.求折起后 B,D 之间的距离.

8. 有 3 个 12×12 的正方形,如图 2.3.13(A)所示.联结一对相邻边的中点,把每一个正方形分割成 A 与 B 两块,然后如图 2.3.13(B)所示,将这 6 块接在一个正六边形上,再折叠成一个多面体.求这个多面体的体积.

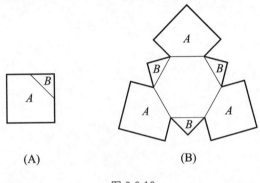

(A)　　　　(B)

图 2.3.13

9. 已知圆台上底面半径 $r_1=10$,下底面半径 $r_2=20$,高 $h=20\sqrt{2}$,点 A,B 分别在上、下底面圆周上,$AB=10\sqrt{13}$(直线距离).求沿圆台侧面 A,B 两点连线的最短距离.

10. $ABCDEF$ 是边长为 a 的正六边形,将此六边形沿对角线 AD 折成二面角 $M-AD-N$.问:二面角 $M-AD-N$ 为多大时,FC 与 AD 所成的角为 $45°$?并求此时三棱锥 $F-ECD$ 的体积.

11. 把长、宽分别为 4、3 的矩形 $ABCD$ 沿对角线 AC 折成直二面角 B_1-AC-D.试求:

(1) 二面角 B_1-CD-A 的正切值;

(2) 异面直线 AB_1,CD 之间的距离.

12. 如图 2.3.14,已知直角梯形 $A_1A_2A_3D$,$A_1D\ /\!/\ A_2A_3$,$A_1A_2\perp A_2A_3$,$B\in A_1A_2$,$C\in A_2A_3$.沿 BD,BC,CD 分别将 $\triangle BDA_1$,$\triangle BCA_2$,

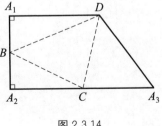

图 2.3.14

$\triangle CDA_3$ 翻折上去,刚好使 A_1,A_2,A_3 重合成点 A,构成四面体 $ABCD$.

(1) 求证:$AB \perp CD$;

(2) 若 $A_1D=10$,$A_1A_2=8$,求四面体 $ABCD$ 的体积.

13. 正四面体 $ABCD$ 的棱长为 a.在面 BCD,CDA,DAB,ABC 内分别取点 A_1,B_1,C_1,D_1,使 $A_1B_1,B_1C_1,C_1D_1,D_1A_1$ 分别垂直于面 BCD,CDA,DAB,ABC.求四面体 $A_1B_1C_1D_1$ 的体积.

第三讲　空间向量及其应用 ◀◀

　　向量是解决几何问题的简洁而有力的工具,而空间向量则是解决立体几何问题的锐利武器.在本讲中,我们将通过建立三维空间 E^3 中的直角坐标系,将平面向量推广到空间情形,用空间向量的有关知识讨论空间直线与平面的位置关系及度量,应用空间向量这一工具来解决一批有趣且较有意义的立体几何问题.

3.1　空间向量及数量积

知识桥

1. 空间向量的概念

　　在空间中取定一点 O 作为三维直角坐标系的原点,那么空间中任意一点 $P(x_1,x_2,x_3)$ 与有向线段 $\overrightarrow{OP}$ 构成一一对应,我们称 $\overrightarrow{OP}$ 为点 P 的向量表示.将三元有序实数组 (x_1,x_2,x_3) 叫做一个三维向量,记为 $\vec{a}=(x_1,x_2,x_3)$,其中 $x_i\,(i=1,2,3)$ 为向量 $\vec{a}$ 的分量.平面向量中的许多概念,例如向量的模、两个向量相等、负向量、零向量、单位向量、两个向量的平行等,在空间向量中仍适用.平面向量的线性运算法则(如加法、减法、数乘及它们的混合运算)和运算律对空间向量亦全部有效.

　　例如:空间向量可以在空间任意平行移动;向量的加减法仍然满足平行四边形法则(或三角形法则);向量的数乘满足交换律与结合律等.

　　定义 1　设 $\vec{a_1},\vec{a_2},\cdots,\vec{a_n}$ 为 $n\,(n>1)$ 个空间向量,$k_1,k_2,\cdots,k_n\in\mathbf{R}$.若向量 $\vec{\beta}=k_1\vec{a_1}+k_2\vec{a_2}+\cdots+k_n\vec{a_n}$,则称 $\vec{\beta}$ 为向量组 $\vec{a_1},\vec{a_2},\cdots,\vec{a_n}$ 的一个线性组合,或称 $\vec{\beta}$ 可由向量组 $\vec{a_1},\vec{a_2},\cdots,\vec{a_n}$ 线性表示.

如果存在 $k_1,k_2,\cdots,k_n$ 不全为 0，使得

$$k_1\vec{\alpha_1}+k_2\vec{\alpha_2}+\cdots+k_n\vec{\alpha_n}=\vec{0}, \tag{1}$$

则称向量 $\vec{\alpha_1},\vec{\alpha_2},\cdots,\vec{\alpha_n}$ 线性相关．如果 $\vec{\alpha_1},\vec{\alpha_2},\cdots,\vec{\alpha_n}$ 不线性相关，就称其为线性无关，此时由式(1)可推得 $k_1=k_2=\cdots=k_n=0$．

2. 向量的坐标表示

由定义，取空间直角坐标系 $O-xyz$ 中三条坐标轴上的单位向量 $\vec{i},\vec{j},\vec{k}$，则它们是线性无关的．并且任意的三维向量 $\vec{\alpha}$，可由 $\vec{i},\vec{j},\vec{k}$ 线性表示，即存在 $x_1,x_2,x_3\in\mathbf{R}$，使得 $\vec{\alpha}=x_1\vec{i}+x_2\vec{j}+x_3\vec{k}$．数组 (x_1,x_2,x_3) 称为向量 $\vec{\alpha}$ 的坐标表示，即 $\vec{\alpha}=(x_1,x_2,x_3)$．

设 $\vec{\alpha}=(x_1,x_2,x_3),\vec{\beta}=(y_1,y_2,y_3)$，则

$$\vec{\alpha}\pm\vec{\beta}=(x_1,x_2,x_3)\pm(y_1,y_2,y_3)=(x_1\pm y_1,x_2\pm y_2,x_3\pm y_3),$$

$$k\cdot\vec{\alpha}=k(x_1,x_2,x_3)=(kx_1,kx_2,kx_3).$$

3. 向量的数量积

定义 2　设 $\vec{\alpha}=(x_1,x_2,x_3),\vec{\beta}=(y_1,y_2,y_3)$，称 $x_1y_1+x_2y_2+x_3y_3$ 为 $\vec{\alpha}$ 与 $\vec{\beta}$ 的数量积，记为 $\vec{\alpha}\cdot\vec{\beta}$；当 $\vec{\alpha}=\vec{\beta}$ 时，也可简记为 $\vec{\alpha}^2$．

由定义 2，我们得出数量积有如下性质：

(1) 交换律　$\vec{\alpha}\cdot\vec{\beta}=\vec{\beta}\cdot\vec{\alpha}$；

(2) 结合律　$(k\vec{\alpha})\cdot\vec{\beta}=\vec{\alpha}\cdot(k\vec{\beta})=k(\vec{\alpha}\cdot\vec{\beta}),k\in\mathbf{R}$；

(3) 分配律　$(\vec{\alpha}+\vec{\beta})\cdot\vec{\gamma}=\vec{\alpha}\cdot\vec{\gamma}+\vec{\beta}\cdot\vec{\gamma}$；

(4) 非负性　$\vec{\alpha}\cdot\vec{\alpha}\geqslant 0$，当且仅当 $\vec{\alpha}=\vec{0}$ 时等号成立．由于对任意的向量 $\vec{\alpha}$，$\vec{\alpha}\cdot\vec{\alpha}\geqslant 0$，于是 $\sqrt{\vec{\alpha}\cdot\vec{\alpha}}$ 有意义，因此有

定义 3　非负实数 $\sqrt{\vec{\alpha}\cdot\vec{\alpha}}$ 称为向量 $\vec{\alpha}$ 的模长，记为 $|\vec{\alpha}|$．

对于向量的模，我们有 $|\vec{\alpha}|=\sqrt{x_1^2+x_2^2+x_3^2}$．

定理 1（柯西(Cauchy)不等式）　对于任意的向量 $\vec{\alpha}$ 与 $\vec{\beta}$，有

$$|\vec{\alpha}\cdot\vec{\beta}|\leqslant|\vec{\alpha}|\cdot|\vec{\beta}|,$$

当且仅当 $\vec{\alpha}$ 与 $\vec{\beta}$ 线性相关时等号成立．

证明　当 $\vec{\beta}=\vec{0}$ 时，不等式显然成立．下设 $\vec{\beta}\neq\vec{0}$．令 t 是一个任意实数，考察向量 $\vec{\gamma}=\vec{\alpha}+t\vec{\beta}$，则

$$\vec{\gamma}\cdot\vec{\gamma}=(\vec{\alpha}+t\vec{\beta})\cdot(\vec{\alpha}+t\vec{\beta})=\vec{\alpha}\cdot\vec{\alpha}+2\vec{\alpha}\cdot\vec{\beta}t+\vec{\beta}\cdot\vec{\beta}t^2\geqslant 0.$$

因 $t\in\mathbf{R}$，故上式的判别式非正，即 $(\vec{\alpha}\cdot\vec{\beta})^2-(\vec{\alpha}\cdot\vec{\alpha})(\vec{\beta}\cdot\vec{\beta})\leqslant 0,$

亦即
$$|\vec{\alpha}\cdot\vec{\beta}|\leqslant|\vec{\alpha}|\cdot|\vec{\beta}|.$$

定理 2(三角形不等式) 对任意的向量$\vec{\alpha}$与$\vec{\beta}$,有
$$|\vec{\alpha}\pm\vec{\beta}|\leqslant|\vec{\alpha}|+|\vec{\beta}|.$$

证明 由$|\vec{\alpha}\pm\vec{\beta}|^2=(\vec{\alpha}\pm\vec{\beta})\cdot(\vec{\alpha}\pm\vec{\beta})=\vec{\alpha}\cdot\vec{\alpha}\pm2\vec{\alpha}\cdot\vec{\beta}+\vec{\beta}\cdot\vec{\beta}$
$$\leqslant|\vec{\alpha}|^2+2|\vec{\alpha}|\cdot|\vec{\beta}|+|\vec{\beta}|^2$$
$$=(|\vec{\alpha}|+|\vec{\beta}|)^2,$$

即得所要证的不等式.

由定义 3 得,若$\vec{\alpha}=(x_1,x_2,x_3),\vec{\beta}=(y_1,y_2,y_3)$,则向量$\vec{\alpha}-\vec{\beta}$的模长为
$$|\vec{\alpha}-\vec{\beta}|=\sqrt{(x_1-y_1)^2+(x_2-y_2)^2+(x_3-y_3)^2}.$$

设$\vec{\alpha},\vec{\beta}$对应的点分别为A,B,O为原点,其中$A=(x_1,x_2,x_3),B=(y_1,y_2,y_3)$,则$A$与$B$的距离
$$d(A,B)=|\vec{\alpha}-\vec{\beta}|=\sqrt{\sum_{i=1}^{3}x_i^2+\sum_{i=1}^{3}y_i^2-2\sum_{i=1}^{3}x_iy_i},$$ 简记为$|AB|$,即
$$d^2(A,B)=d^2(O,A)+d^2(O,B)-2\vec{\alpha}\cdot\vec{\beta},$$

或
$$\vec{\alpha}\cdot\vec{\beta}=\frac{1}{2}(d^2(O,A)+d^2(O,B)-d^2(A,B))$$
$$=|OA|\cdot|OB|\cos\angle AOB.$$

由定理 2,对空间任意三点A,B,C,有$|AB|\leqslant|AC|+|CB|$.

事实上,若它们对应的向量依次为$\vec{\alpha},\vec{\beta},\vec{\gamma}$,则
$$|AB|=|\vec{\alpha}-\vec{\beta}|=|(\vec{\alpha}-\vec{\gamma})+(\vec{\gamma}-\vec{\beta})|$$
$$\leqslant|\vec{\alpha}-\vec{\gamma}|+|\vec{\gamma}-\vec{\beta}|=|AC|+|CB|.$$

由定理 1,我们给出两个向量$\vec{\alpha}$与$\vec{\beta}$的夹角的定义.

定义 4 非零向量$\vec{\alpha}$与$\vec{\beta}$的夹角$\langle\vec{\alpha},\vec{\beta}\rangle$规定为
$$\langle\vec{\alpha},\vec{\beta}\rangle=\arccos\frac{\vec{\alpha}\cdot\vec{\beta}}{|\vec{\alpha}|\cdot|\vec{\beta}|},0\leqslant\langle\vec{\alpha},\vec{\beta}\rangle\leqslant\pi.$$

定义 5 如果非零向量$\vec{\alpha}$与$\vec{\beta}$的夹角为$\frac{\pi}{2}$,则称$\vec{\alpha}$与$\vec{\beta}$垂直(正交),记为$\vec{\alpha}\perp\vec{\beta}$,并规定零向量与任意向量均垂直.

定理 3 $\vec{\alpha}\perp\vec{\beta}$的充要条件是$\vec{\alpha}\cdot\vec{\beta}=0$.

下面我们给出正交向量组的概念.

定义 6 设$\vec{e_1},\vec{e_2},\vec{e_3}$是三个三维欧氏空间$E^3$中的线性无关向量,当$E^3$中任一向量$\vec{\alpha}=(x_1,x_2,x_3)$可表示为向量组$\vec{e_1},\vec{e_2},\vec{e_3}$的线性组合时,即

$$\vec{a} = x_1\vec{e_1} + x_2\vec{e_2} + x_3\vec{e_3},$$

则称 $\vec{e_1}, \vec{e_2}, \vec{e_3}$ 为 E^3 中的一组基.当 $\vec{e_1}, \vec{e_2}, \vec{e_3}$ 两两垂直且模长均为 1,即为 $\vec{i}, \vec{j}, \vec{k}$ 时,则称它们为 E^3 中的一组标准正交基.

4. 平面及其法向量

定义 7 设 $\vec{n} = (a_1, a_2, a_3)$ 和 p 为已知向量和实数,则集合 $\{\vec{x} \mid \vec{n} \cdot \vec{x} = p\}$ 为 E^3 中的平面,记作 π,其中 $\vec{n} \neq \vec{0}$ 称为 π 的法向量.当 $|\vec{n}| = 1$,$p \geqslant 0$ 时,方程 $\vec{n} \cdot \vec{x} = p$ 称为平面 π 的法式方程.

对两个平面 $\pi_1: \vec{n_1} \cdot \vec{x} = p_1, \pi_2: \vec{n_2} \cdot \vec{x} = p_2$,称 $\vec{n_1}$ 与 $\vec{n_2}$ 的夹角 θ 为两平面的夹角,$\theta \in [0, \pi)$,且

$$\cos\theta = \frac{\vec{n_1} \cdot \vec{n_2}}{|\vec{n_1}| \cdot |\vec{n_2}|}.$$

当 $\theta = 0$ 时,$\pi_1 /\!/ \pi_2$.

▶例 1 求证:空间一点 $M(x_0, y_0, z_0)$(对应向量记为 $\vec{m}$)到平面 $\pi: \vec{n} \cdot \vec{x} = p$ 上任意一点 $X = (x_1, x_2, x_3)$ 的距离的量小值

$$d = \frac{|\vec{n} \cdot \vec{m} - p|}{|\vec{n}|} = \frac{|n_1 x_0 + n_2 y_0 + n_3 z_0 - p|}{\sqrt{n_1^2 + n_2^2 + n_3^2}}.$$

证明 🔍

由定理 1,有

$$|MX| = |\vec{m} - \vec{x}| = \frac{|\vec{m} - \vec{x}| \cdot |\vec{n}|}{|\vec{n}|}$$

$$\geqslant \frac{|(\vec{m} - \vec{x}) \cdot \vec{n}|}{|\vec{n}|} = \frac{|\vec{n} \cdot \vec{m} - p|}{|\vec{n}|},$$

其中等号成立当且仅当 $\begin{cases} \vec{m} - \vec{x} = \lambda\vec{n} \\ \vec{n} \cdot \vec{x} = p, \end{cases}$ 即 $\vec{x} = \vec{m} - \dfrac{\vec{n} \cdot \vec{m} - p}{|\vec{n}|^2} \cdot \vec{n}.$

📇 点评

⋯⋯⋯⋯⋯⋯⋯⋯

由此例可得两平行平面

$$\pi_1: a_1 x_1 + a_2 x_2 + a_3 x_3 = p_1 \text{ 与 } \pi_2: a_1 x_1 + a_2 x_2 + a_3 x_3 = p_2$$

间的距离为
$$d = \frac{|p_1 - p_2|}{\sqrt{a_1^2 + a_2^2 + a_3^2}}.$$

▶ **例2** (2008年中国国家队训练题)设实数 $a_i, b_i, c_i (i = 1, 2, 3)$ 满足:
$$a_1^2 + a_2^2 + a_3^2 = b_1^2 + b_2^2 + b_3^2 = c_1^2 + c_2^2 + c_3^2 = 1,$$
$$b_1 c_1 + b_2 c_2 + b_3 c_3 = 0.$$

求证: $(a_1 b_1 + a_2 b_2 + a_3 b_3)^2 + (a_1 c_1 + a_2 c_2 + a_3 c_3)^2 \leqslant 1$.

分析 由条件联想到构造向量 $\vec{a} = (a_1, a_2, a_3), \vec{b} = (b_1, b_2, b_3), \vec{c} = (c_1, c_2, c_3)$,
再利用 $|\vec{a}| = |\vec{b}| = |\vec{c}| = 1$ 且 $\vec{b} \cdot \vec{c} = 0$ 来导出结论.

证明 🔍

方法一 设 $\vec{a} = (a_1, a_2, a_3), \vec{b} = (b_1, b_2, b_3), \vec{c} = (c_1, c_2, c_3)$,则由条件知 $\vec{a}, \vec{b}, \vec{c}$ 均为单位向量,且由 $\vec{b} \cdot \vec{c} = 0$ 知 $\vec{b} \perp \vec{c}$.

注意到结论为 $(\vec{a} \cdot \vec{b})^2 + (\vec{a} \cdot \vec{c})^2 \leqslant 1$,我们构造一个新的向量
$$\vec{\alpha} = \vec{a} - (\vec{a} \cdot \vec{b})\vec{b} - (\vec{a} \cdot \vec{c})\vec{c}.$$

先证 $\vec{\alpha} \perp \vec{b}, \vec{\alpha} \perp \vec{c}$.事实上,
$$\vec{\alpha} \cdot \vec{b} = \vec{a} \cdot \vec{b} - (\vec{a} \cdot \vec{b})\vec{b}^2 - (\vec{a} \cdot \vec{c}) \cdot (\vec{b} \cdot \vec{c})$$
$$= \vec{a} \cdot \vec{b} - (\vec{a} \cdot \vec{b}) \cdot 1^2 - (\vec{a} \cdot \vec{c}) \cdot 0 = 0,$$

故 $\vec{\alpha} \perp \vec{b}$.同理,$\vec{\alpha} \perp \vec{c}$.

于是利用向量数量积的性质(4)得
$$0 \leqslant \vec{\alpha} \cdot \vec{\alpha} = \vec{\alpha} \cdot (\vec{a} - (\vec{a} \cdot \vec{b})\vec{b} - (\vec{a} \cdot \vec{c})\vec{c})$$
$$= \vec{\alpha} \cdot \vec{a} - (\vec{a} \cdot \vec{b}) \cdot (\vec{\alpha} \cdot \vec{b}) - (\vec{a} \cdot \vec{c}) \cdot (\vec{\alpha} \cdot \vec{c})$$
$$= (\vec{a} - (\vec{a} \cdot \vec{b}) \cdot \vec{b} - (\vec{a} \cdot \vec{c}) \cdot \vec{c}) \cdot \vec{a}$$
$$= \vec{a}^2 - (\vec{a} \cdot \vec{b})^2 - (\vec{a} \cdot \vec{c})^2$$

$\Rightarrow (\vec{a} \cdot \vec{b})^2 + (\vec{a} \cdot \vec{c})^2 \leqslant \vec{a}^2 = 1$,原题得证.

方法二 设 $\vec{a} = (a_1, a_2, a_3), \vec{b} = (b_1, b_2, b_3), \vec{c} = (c_1, c_2, c_3)$,则 $|\vec{a}| = |\vec{b}| = |\vec{c}| = 1$,且 $\vec{b} \cdot \vec{c} = 0$.设 $\langle \vec{b}, \vec{c} \rangle = \alpha, \langle \vec{c}, \vec{a} \rangle = \beta, \langle \vec{a}, \vec{b} \rangle = \gamma$,

则 $\alpha = 90°$. 要证 $(\vec{a} \cdot \vec{b})^2 + (\vec{a} \cdot \vec{c})^2 \leqslant 1 \Leftrightarrow \cos^2 \beta + \cos^2 \gamma \leqslant 1$

$\left(\text{不妨设 } 0 \leqslant \beta, \gamma \leqslant \dfrac{\pi}{2}\right) \Leftrightarrow \cos 2\beta + \cos 2\gamma \leqslant 0 \Leftrightarrow 2\cos(\beta + \gamma)\cos(\beta - \gamma) \leqslant 0$.

∵ $0 \leqslant \beta, \gamma \leqslant \dfrac{\pi}{2}$, ∴ $\cos(\beta - \gamma) \geqslant 0$.下证: $\cos(\beta + \gamma) \leqslant 0$.事实上,$0 =$

$\cos \alpha = \cos 90° = \cos \beta \cos \gamma + \sin \beta \sin \gamma \cdot \cos A \geqslant \cos \beta \cos \gamma - \sin \beta \sin \gamma = \cos(\beta+\gamma).$

$\therefore \quad \cos(\beta+\gamma) \leqslant 0,$ 即 $2\cos(\beta+\gamma)\cos(\beta-\gamma) \leqslant 0,$ 故原题得证.

点评

方法一对 n 维向量也成立,方法二则用到三面角公式.

▶例 3 设 E^3 中的非零向量 $\vec{a}$ 与 $\vec{b}$ 的夹角为 $80°$,向量 $\vec{c} = \dfrac{|\vec{b}|\vec{a}+|\vec{a}|\vec{b}}{|\vec{a}|+|\vec{b}|}$,试求 $\langle \vec{a},\vec{c} \rangle$ 与 $\langle \vec{b},\vec{c} \rangle$ 的大小.

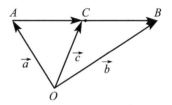

图 3.1.1

解

方法一 如图 3.1.1,设 $\vec{a} = \overrightarrow{OA}$,$\vec{b} = \overrightarrow{OB}$,$\vec{c} = \overrightarrow{OC}$.

先证 A,C,B 三点共线.

事实上,$\overrightarrow{AC} = \vec{c} - \vec{a} = \dfrac{|\vec{a}|(\vec{b}-\vec{a})}{|\vec{a}|+|\vec{b}|},$

$\overrightarrow{CB} = \vec{b} - \vec{c} = \dfrac{|\vec{b}|(\vec{b}-\vec{a})}{|\vec{a}|+|\vec{b}|},$

所以 $\quad \overrightarrow{AC} = \dfrac{|\vec{a}|}{|\vec{b}|}\overrightarrow{CB}$,即 $\dfrac{\overrightarrow{AC}}{\overrightarrow{CB}} = \dfrac{|\vec{a}|}{|\vec{b}|},$ 　　　　(2)

从而 $\overrightarrow{AC} /\!/ \overrightarrow{CB}$,即 A,C,B 三点共线,且 C 分 $\overrightarrow{AB}$ 的定比 $\lambda = \dfrac{|\vec{a}|}{|\vec{b}|}.$

再证 OC 为 $\angle AOB$ 的平分线.

由式(2)得 $\quad\quad\quad \dfrac{|\overrightarrow{AC}|}{|\overrightarrow{CB}|} = \dfrac{|\vec{a}|}{|\vec{b}|} = \dfrac{|\overrightarrow{OA}|}{|\overrightarrow{OB}|},$

此即为角平分线定理,故 OC 平分 $\angle AOB$.由已知 $\angle AOB = 80°$,可得 $\angle AOC = \angle BOC = 40°$,即 $\langle \vec{a},\vec{c} \rangle = \langle \vec{b},\vec{c} \rangle = 40°.$

方法二 易知 $\vec{c}$ 落在 $\vec{a}$ 与 $\vec{b}$ 所夹角内.记 $\langle \vec{b},\vec{c} \rangle = \theta$,则 $\langle \vec{a},\vec{c} \rangle = 80° - \theta$.于是

$$\vec{b} \cdot \vec{c} = \dfrac{|\vec{b}|\vec{a} \cdot \vec{b} + |\vec{a}||\vec{b}|^2}{|\vec{a}|+|\vec{b}|} = \dfrac{|\vec{a}| \cdot |\vec{b}|^2(\cos 80° + 1)}{|\vec{a}|+|\vec{b}|}. \quad\quad (3)$$

又 $\quad\quad\quad\quad\quad \vec{b} \cdot \vec{c} = |\vec{b}| \cdot |\vec{c}|\cos \theta,$ 　　　　(4)

$$|\vec{c}| = \sqrt{\vec{c} \cdot \vec{c}} = \sqrt{\left(\frac{|\vec{b}|\vec{a} + |\vec{a}|\vec{b}}{|\vec{a}| + |\vec{b}|}\right)^2}$$

$$= \frac{|\vec{a}| \cdot |\vec{b}| \cdot \sqrt{2(1 + \cos 80°)}}{|\vec{a}| + |\vec{b}|}. \tag{5}$$

由式(3)(4)(5)得

$$\sqrt{1 + \cos 80°} = \sqrt{2}\cos\theta \Rightarrow 1 + \cos 80° = 2\cos^2\theta = 1 + \cos 2\theta \Rightarrow \cos 2\theta$$
$$= \cos 80° \Rightarrow \theta = 40°.$$

故 $\langle\vec{a},\vec{c}\rangle = 80° - \theta = 40°, \langle\vec{b},\vec{c}\rangle = \theta = 40°.$

▶ **例 4** 设四面体 $ABCD$ 中, $AB \perp CD$, $AC \perp BD$. 求证: $AD \perp BC$.

证明

设 $\overrightarrow{AB} = \vec{b}$, $\overrightarrow{AC} = \vec{c}$, $\overrightarrow{AD} = \vec{d}$(如图 3.1.2), 则 $\overrightarrow{CD} = \vec{d} - \vec{c}$, $\overrightarrow{BD} = \vec{d} - \vec{b}$, $\overrightarrow{BC} = \vec{c} - \vec{b}$. 由已知, 有

$$\vec{b} \cdot (\vec{d} - \vec{c}) = 0,$$
$$\vec{c} \cdot (\vec{d} - \vec{b}) = 0,$$

两式相减, 得

$$\vec{d} \cdot (\vec{c} - \vec{b}) = 0,$$

即 $\overrightarrow{AD} \perp \overrightarrow{BC}$, 原题得证.

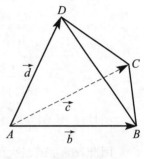

图 3.1.2

点评
....

本题也可用三垂线定理及其逆定理来证明, 但远不及上面的向量法简捷.

▶ **例 5** 如图 3.1.3, 在三棱锥 $P\text{-}ABC$ 中, $AB = AC = PB = PC = 10$, $PA = 8$, $BC = 12$, 点 M 在平面 PBC 内, 且 $AM = 7$. 设异面直线 AM 与 BC 所成角为 α. 求 $\cos\alpha$ 的最大值.

解

如图 3.1.4, 设 BC 的中点为 D.

易知,

$$AD = PD = 8.$$

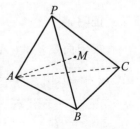

图 3.1.3

设 PD 的中点为 O,则

$BC \perp$ 平面 $PAD \Rightarrow BC \perp AO$.

又 $AO \perp PD$,故 $AO \perp$ 平面 PBC,即 O 为点 A 在平面 PBC 上的射影.

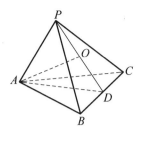

图 3.1.4

计算得 $AO = 4\sqrt{3}$,

$OM = \sqrt{AM^2 - AO^2} = 1$.

则点 M 的轨迹是平面 PBC 上以 O 为圆心、1 为半径的圆.

故 $\cos\alpha = \dfrac{\overrightarrow{AM} \cdot \overrightarrow{BC}}{|\overrightarrow{AM}||\overrightarrow{BC}|}$

$= \dfrac{|(\overrightarrow{AO} + \overrightarrow{OM}) \cdot \overrightarrow{BC}|}{|\overrightarrow{AM}||\overrightarrow{BC}|}$

$= \dfrac{|\overrightarrow{OM} \cdot \overrightarrow{BC}|}{|\overrightarrow{AM}||\overrightarrow{BC}|} \leqslant \dfrac{|\overrightarrow{OM}||\overrightarrow{BC}|}{|\overrightarrow{AM}||\overrightarrow{BC}|} = \dfrac{1}{7}$.

当且仅当 $\overrightarrow{OM}$ 与 $\overrightarrow{BC}$ 同向或反向时,上式等号成立.

因此,$\cos\alpha$ 的最大值为 $\dfrac{1}{7}$.

▶ **例 6** 如图 3.1.5,在四面体 $ABCD$ 中,AB,AC,AD 的长分别为 a_1, a_2, a_3,其对棱长分别为 b_1, b_2, b_3,且三组对棱所成的角依次为 $\theta_1, \theta_2, \theta_3$.若 $a_1^2 + b_1^2 \geqslant a_2^2 + b_2^2 \geqslant a_3^2 + b_3^2$,证明:

$$a_1 b_1 \cos\theta_1 + a_3 b_3 \cos\theta_3 = a_2 b_2 \cos\theta_2.$$

证明

采用向量法.以 A 为坐标原点,记 $\vec{x} = \overrightarrow{AB}$,$\vec{y} = \overrightarrow{AC}$,$\vec{z} = \overrightarrow{AD}$,由 $a_1^2 + b_1^2 \geqslant a_2^2 + b_2^2 \geqslant a_3^2 + b_3^2$ 得

$$\vec{x}^2 + (\vec{y} - \vec{z})^2 \geqslant \vec{y}^2 + (\vec{x} - \vec{z})^2 \geqslant \vec{z}^2 + (\vec{x} - \vec{y})^2,$$

从而 $\qquad \vec{y} \cdot \vec{z} \leqslant \vec{x} \cdot \vec{z} \leqslant \vec{x} \cdot \vec{y}$.

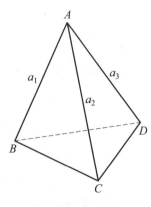

图 3.1.5

因 θ_1 是 AB 与 CD 所成的角,所以 $\theta_1 \in \left(0, \dfrac{\pi}{2}\right]$,从而 $a_1 b_1 \cos\theta_1 \geqslant 0$,

同理,$a_2 b_2 \cos\theta_2 \geqslant 0$,$a_3 b_3 \cos\theta_3 \geqslant 0$,且由数量积的定义知

$$a_1 b_1 \cos\theta_1 = \vec{x} \cdot (\vec{y} - \vec{z}) = \vec{x} \cdot \vec{y} - \vec{x} \cdot \vec{z}.$$

同理，
$$a_3 b_3 \cos\theta_3 = \vec{z} \cdot (\vec{x} - \vec{y}) = \vec{x} \cdot \vec{z} - \vec{y} \cdot \vec{z},$$
$$a_2 b_2 \cos\theta_2 = \vec{y} \cdot (\vec{x} - \vec{z}) = \vec{x} \cdot \vec{y} - \vec{y} \cdot \vec{z}.$$

由以上三式得

$$a_1 b_1 \cos\theta_1 + a_3 b_3 \cos\theta_3 = a_2 b_2 \cos\theta_2.$$

▶例 7　已知空间四点 A, B, C, D 满足：$\angle ABC = \angle BCD = \angle CDA = \angle DAB = 90°$. 求证：$ABCD$ 为平面四边形（矩形）.

分析　若这四点共面，则四边形必为矩形，即有

$$\vec{AB} + \vec{CD} = \vec{0}.$$

反之，若上式成立，结合条件可得四边形必为矩形.

证明

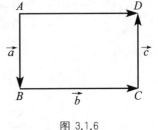

图 3.1.6

如图 3.1.6，设 $\vec{AB} = \vec{a}, \vec{BC} = \vec{b}, \vec{CD} = \vec{c}$，则 $\vec{AD} = \vec{a} + \vec{b} + \vec{c}$. 由题设条件，有

$$\vec{a} \cdot \vec{b} = 0, \vec{b} \cdot \vec{c} = 0,$$
$$\vec{c} \cdot (\vec{a} + \vec{b} + \vec{c}) = 0, \vec{a} \cdot (\vec{a} + \vec{b} + \vec{c}) = 0.$$

将前两式代入后两式，得

$$\vec{c} \cdot (\vec{a} + \vec{c}) = 0, \vec{a} \cdot (\vec{a} + \vec{c}) = 0,$$

相加得　$(\vec{a} + \vec{c})^2 = 0$，即 $\vec{a} + \vec{c} = \vec{0}$，

故 $ABCD$ 为矩形，即四点共面.

 点评

若将条件中的 4 个直角改为 3 个直角，则结论不一定成立.

▶例 8　（1980 年罗马尼亚数学竞赛试题）证明：对任意的向量 $\vec{a_1}, \vec{a_2}, \vec{a_3}$，有

$$\sum (\varepsilon_1 \vec{a_1} + \varepsilon_2 \vec{a_2} + \varepsilon_3 \vec{a_3})^2 = 8 \sum_{k=1}^{3} \vec{a_k}^2,$$

其中左边的和式是对所有 8 个不同的 3 数组 $\varepsilon_1, \varepsilon_2, \varepsilon_3$ 求和，$\varepsilon_1, \varepsilon_2, \varepsilon_3 \in \{-1, 1\}$.

证明

将结论推广到任意 n 个向量 $\vec{a_1}, \vec{a_2}, \cdots, \vec{a_n}$ 的情形. 用 A_n 表示 2^n 个所有可能

的 n 数组 $\varepsilon=(\varepsilon_1,\varepsilon_2,\cdots,\varepsilon_n)$ 组成的集合,其中 $\varepsilon_i\in\{-1,1\}$,$i=1,2,\cdots,n$,并记

$$\vec{a_\varepsilon}=\sum_{k=1}^n \varepsilon_k\vec{a_k},\varepsilon\in A_n.$$

现对 $n\in \mathbf{N}^*$,用归纳法证明:

$$\sum_{\varepsilon\in A_n}\vec{a_\varepsilon}^2=2^n\sum_{k=1}^n\vec{a_k}^2. \tag{6}$$

当 $n=1$ 时,$\displaystyle\sum_{\varepsilon\in A_1}\vec{a_\varepsilon}^2=\vec{a_1}^2+(-\vec{a_1})^2=2\vec{a_1}^2=2^1\sum_{k=1}^1\vec{a_k}^2$,

式(6)成立.设等式对某个 $n-1\in\mathbf{N}^*$ 成立.如果数组 $\varepsilon=(\varepsilon_1,\varepsilon_2,\cdots,\varepsilon_n)$ 中,记 $n-1$ 数组 $\varepsilon'=(\varepsilon_1,\varepsilon_2,\cdots,\varepsilon_{n-1})$,并且记

$$\vec{a_{\varepsilon'}}=\sum_{k=1}^{n-1}\varepsilon_k\vec{a_k}.$$

由平行四边形法则,对任意两个向量 $\vec{b}$ 和 $\vec{c}$,有

$$(\vec{b}+\vec{c})^2+(\vec{b}-\vec{c})^2=2(\vec{b}^2+\vec{c}^2),$$

所以有

$$\begin{aligned}
\sum_{\varepsilon\in A_n}\vec{a_\varepsilon}^2 &=\sum_{\varepsilon'\in A_{n-1}}((\vec{a_{\varepsilon'}}+\vec{a_n})^2+(\vec{a_{\varepsilon'}}-\vec{a_n})^2)\\
&=\sum_{\varepsilon'\in A_{n-1}}2(\vec{a_{\varepsilon'}}^2+\vec{a_n}^2)=2\cdot2^{n-1}\sum_{k=1}^{n-1}\vec{a_k}^2+2\cdot2^{n-1}\vec{a_n}^2\\
&=2^n\sum_{k=1}^n\vec{a_k}^2.
\end{aligned}$$

命题得证.

▶ **例9** 设一四面体的内切球切四个面于其重心.证明:该四面体必为正四面体.

证明 🔍

设四面体 $ABCD$ 的内切球心 O 为坐标原点,记 $\overrightarrow{OA}=\vec{a}$,$\overrightarrow{OB}=\vec{b}$,$\overrightarrow{OC}=\vec{c}$,$\overrightarrow{OD}=\vec{d}$,$r$ 为内切圆半径.如果 G_1 为面 BCD 的重心,则 $\overrightarrow{OG_1}=\dfrac{1}{3}(\vec{b}+\vec{c}+\vec{d})$,且 $|\overrightarrow{OG_1}|=r$,故

$9r^2=(\vec{b}+\vec{c}+\vec{d})^2$.同理有

$9r^2=(\vec{c}+\vec{d}+\vec{a})^2=(\vec{d}+\vec{a}+\vec{b})^2=(\vec{a}+\vec{b}+\vec{c})^2$.

再由 $\overrightarrow{OG_1}\perp\overrightarrow{BC}$,$\overrightarrow{OG_1}\perp\overrightarrow{BD}$,得

$$(\vec{d}+\vec{b}+\vec{c})(\vec{c}-\vec{b})=(\vec{d}+\vec{b}+\vec{c})(\vec{d}-\vec{b})=0$$

$$\Rightarrow(\vec{b}+\vec{c}+\vec{d})\vec{b}=(\vec{b}+\vec{c}+\vec{d})\vec{c}=(\vec{b}+\vec{c}+\vec{d})\vec{d}$$

$$\Rightarrow(\vec{b}+\vec{c}+\vec{d})^2=3(\vec{b}+\vec{c}+\vec{d})\vec{b}, \tag{7}$$

同理, $$(\vec{a}+\vec{b}+\vec{c})^2=3(\vec{a}+\vec{b}+\vec{c})\vec{b}. \tag{8}$$

由式(7)(8)得 $$\vec{a}\cdot\vec{b}=\vec{b}\cdot\vec{d},$$

同理, $$\vec{a}\cdot\vec{b}=\vec{a}\cdot\vec{c}=\vec{a}\cdot\vec{d}=\vec{b}\cdot\vec{c}=\vec{b}\cdot\vec{d}=\vec{c}\cdot\vec{d}. \tag{9}$$

将式(9)代入 $(\vec{b}+\vec{c}+\vec{d})(\vec{c}-\vec{b})=0$,得

$$\vec{b}^2=\vec{c}^2,从而\vec{a}^2=\vec{b}^2=\vec{c}^2=\vec{d}^2,$$

所以 $OA=OB=OC=OD$.由式(9)还可知:$\vec{a},\vec{b},\vec{c},\vec{d}$两两夹角相等,故$\triangle OBC$,$\triangle OCD$,$\triangle ODA$,$\triangle OAB$,$\triangle OAC$,$\triangle OBD$ 均为全等的等腰三角形,所以 $BC=CD=DA=AB=AC=BD$,故 $ABCD$ 为正四面体.

▶例10 (1984 年保加利亚数学竞赛试题)设棱锥 S-$ABCD$ 的底面 $ABCD$ 是平行四边形.平面 α 与直线 AD,SA 和 SC 分别交于点 P,Q,R,使得

$$\frac{AP}{AD}=\frac{SQ}{SA}=\frac{RC}{SC},$$

点 N 是 CD 的中点,点 M 在直线 SB 上,使得直线 MN 平行于平面 α.证明:对于所有满足条件的平面 α,点 M 都落在某一条长为 $\dfrac{\sqrt{5}}{2}SB$ 的线段上.

证明 🔎

如图 3.1.7,记$\overrightarrow{SA}=\vec{a}$,$\overrightarrow{SB}=\vec{b}$,$\overrightarrow{SC}=\vec{c}$.则$\overrightarrow{AD}=\overrightarrow{BC}=\vec{c}-\vec{b}$,$\overrightarrow{SD}=\overrightarrow{SA}+\overrightarrow{AD}=\vec{a}+\vec{c}-\vec{b}$.

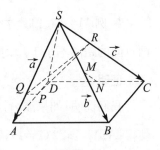

图 3.1.7

设$\overrightarrow{SQ}=x\,\vec{a}$,则$\overrightarrow{SR}=(1-x)\vec{c}$,

$$\overrightarrow{SP}=\overrightarrow{SA}+x\,\overrightarrow{AD}=\vec{a}+x(\vec{c}-\vec{b}),$$

$$\overrightarrow{QR}=\overrightarrow{SR}-\overrightarrow{SQ}=(1-x)\vec{c}-x\,\vec{a},$$

$$\overrightarrow{QP}=\overrightarrow{SP}-\overrightarrow{SQ}=(1-x)\vec{a}+x(\vec{c}-\vec{b}),$$

并且对任意 x,$\overrightarrow{QP}$ 与 $\overrightarrow{QR}$ 不平行.因为

$$\overrightarrow{SM}=\overrightarrow{SN}+\lambda\overrightarrow{QR}+\mu\overrightarrow{QP}$$

$$=\frac{1}{2}(\overrightarrow{SC}+\overrightarrow{SD})+\lambda((1-x)\vec{c}-x\,\vec{a})+\mu((1-x)\vec{a}+x(\vec{c}-\vec{b}))$$

$$= \left(\frac{1}{2} - \lambda x + \mu(1-x) \right) \vec{a} + \left(-\frac{1}{2} - \mu x \right) \vec{b} + (1 + \lambda(1-x) + \mu x) \vec{c},$$

所以点 M 在直线 SB 上的充要条件是 $\overrightarrow{SM} = y\vec{b}$, 即

$$\begin{cases} \dfrac{1}{2} - \lambda x + \mu(1-x) = 0, \\ 1 + \lambda(1-x) + \mu x = 0. \end{cases}$$

上述方程组对任意 x 有解, 其解为

$$\lambda = \frac{3x-2}{2(2x^2 - 2x + 1)}, \mu = -\frac{x+1}{2(2x^2 - 2x + 1)},$$

其中 $2(2x^2 - 2x + 1) = (2x-1)^2 + 1 > 0$. 故对任意 $x \in \mathbf{R}$, 有

$$y = -\frac{1}{2} + \frac{x(x+1)}{2(2x^2 - 2x + 1)},$$

即对所求的 y 值, 方程

$$(4y+1)x^2 - (4y+3)x + (2y+1) = 0$$

有实根, 故判别式

$$\Delta = (4y+3)^2 - 4(4y+1)(2y+1) \geqslant 0,$$

即 $-16y^2 + 5 \geqslant 0$, 得 $y \in \left[-\dfrac{\sqrt{5}}{4}, \dfrac{\sqrt{5}}{4} \right]$, 原题得证.

▶ **例 11** (英国数学竞赛试题) 在半径为 1 的球面上有若干个点, 其中任意两点间的距离不小于 $\sqrt{2}$. 求这些点的最大个数.

证明 🔍

我们证明: 如果点 $A_1, A_2, \cdots, A_n$ 在一个以 O 为球心, 半径为 1 的球面上, 使得 $|A_i A_j| \geqslant \sqrt{2}$ $(i \neq j)$, 则 $n \leqslant 6$. 事实上, 如果 $n > 6$, 则由余弦定理, 有

$$|A_i A_j|^2 = 2 - 2\cos \angle A_i O A_j \geqslant 2,$$

因此 $\angle A_i O A_j \geqslant 90°$, 即 $\overrightarrow{OA_i} \cdot \overrightarrow{OA_j} = |OA_i| \cdot |OA_j| \cos \angle A_i O A_j \leqslant 0$ (这里 $\overrightarrow{OA_i} \cdot \overrightarrow{OA_j}$ 代表向量的内积).

首先注意到, 向量 $\overrightarrow{OA_i}$ 中一定有三个向量不共面, 否则 $n > 4$ 个向量都在同一个平面上, 于是一定有一对向量张成一个锐角, 不可能. 不妨设 $\overrightarrow{OA_1}, \overrightarrow{OA_2}, \overrightarrow{OA_3}$ 不共面. 在空间中以 O 为原点并按如下方法选取直角坐标系: 取直线 OA_1 为 x

轴,使点 A_1 的横坐标为1,其次取 y 轴,使点 A_2 在 xOy 平面上,并且它的纵坐标是正的.最后取 z 轴,使点 A_3 的竖坐标是正的.

用 (x_i, y_i, z_i) 表示点 A_i 的坐标,则

$$\overrightarrow{OA_1}=(1,0,0), \overrightarrow{OA_2}=(x_2,y_2,0), \overrightarrow{OA_3}=(x_3,y_3,z_3),$$

其中 $y_2>0, z_3>0$.因此对所有 $i>1$,有

$$\overrightarrow{OA_1} \cdot \overrightarrow{OA_i}=x_i \leqslant 0,$$

对所有 $i>2$,有

$$\overrightarrow{OA_2} \cdot \overrightarrow{OA_i}=x_i x_2+y_i y_2 \leqslant 0,$$

于是由 $x_2 \leqslant 0, x_i \leqslant 0, y_2>0$,得 $y_i \leqslant 0$.最后,对 $i>3$ 有

$$\overrightarrow{OA_3} \cdot \overrightarrow{OA_i}=x_i x_3+y_i y_3+z_i z_3 \leqslant 0,$$

于是由 $x_3 \leqslant 0, x_i \leqslant 0, y_3 \leqslant 0, y_i \leqslant 0, z_3>0$,得 $z_i \leqslant 0$.

在四个向量 $\overrightarrow{OA_4}, \overrightarrow{OA_5}, \overrightarrow{OA_6}, \overrightarrow{OA_7}$ 中,所有坐标为 $\leqslant 0$ 的数,又 $|\overrightarrow{OA_k}|=1$,故 $\overrightarrow{OA_k}=(x_k, y_k, z_k)$ 中至少有一个分量 $<0 (k=4,5,6,7)$.于是由抽屉原理知:$\overrightarrow{OA_4}, \overrightarrow{OA_5}, \overrightarrow{OA_6}, \overrightarrow{OA_7}$ 中必有两个向量,它们的某一分量同为负数,从而其数量积 >0,矛盾.故 $n \leqslant 6$.而六个点 $(\pm 1, 0, 0), (0, \pm 1, 0), (0, 0, \pm 1)$ 满足要求,所以 n 的最大值为 6.

▶ **例 12** 设 $\overrightarrow{OA}, \overrightarrow{OB}, \overrightarrow{OC}$ 是三维空间中彼此垂直的三个单位向量,π 是过点 O 的一个平面,A', B', C' 分别是 A, B, C 在平面 π 上的投影.证明:$\overrightarrow{OA'}^2 + \overrightarrow{OB'}^2 + \overrightarrow{OC'}^2 = 2$.

证明

方法一 设向量 $\overrightarrow{OA}, \overrightarrow{OB}, \overrightarrow{OC}$ 与平面 π 所成的角分别为 α, β, γ,则 $\overrightarrow{OA'}^2 = \cos^2 \alpha, \overrightarrow{OB'}^2 = \cos^2 \beta, \overrightarrow{OC'}^2 = \cos^2 \gamma$.

当 α, β, γ 中有一个角等于 0 时,结论显然成立.

下面对 α, β, γ 都为锐角时予以证明.

这时,我们将平面 π 平移,分别与向量 $\overrightarrow{OA}, \overrightarrow{OB}, \overrightarrow{OC}$ 所在的射线交于点 A_1, B_1, C_1,并将它补形为如图 3.1.8 的长方体.转为证明:直线 OA_1, OB_1, OC_1 与平面 $A_1 B_1 C_1$ 所成的角 α, β, γ 的余弦的平方和等

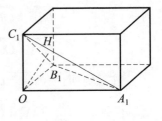

图 3.1.8

于 2.

为此,设 $OA_1=a$,$OB_1=b$,$OC_1=c$,并设点 O 到面 $A_1B_1C_1$ 的射影为 H,则 $\angle OA_1H=\alpha$,$\angle OB_1H=\beta$,$\angle OC_1H=\gamma$.于是

$$\cos^2\alpha+\cos^2\beta+\cos^2\gamma=3-(a^{-2}+b^{-2}+c^{-2})\cdot OH^2. \tag{10}$$

下面来计算 OH^2(用 a,b,c 表示).易知(下一节将给出证明):

$$S^2_{\triangle A_1B_1C_1}=S^2_{\triangle OA_1B_1}+S^2_{\triangle OB_1C_1}+S^2_{\triangle OC_1A_1},$$

即

$$S_{\triangle A_1B_1C_1}=\frac{1}{2}\sqrt{b^2c^2+c^2a^2+a^2b^2}.$$

再由等积法,可得

$$\frac{1}{3}\cdot OH\cdot S_{\triangle A_1B_1C_1}=\frac{1}{6}abc,$$

所以

$$OH=\frac{abc}{\sqrt{b^2c^2+c^2a^2+a^2b^2}}. \tag{11}$$

将式(11)代入式(10),得

$$\cos^2\alpha+\cos^2\beta+\cos^2\gamma=3-1=2,$$

这就是所要证明的结论.

方法二 由于向量可以平移,故不妨设平面 π 过点 O.以 O 为坐标原点,$\overrightarrow{OA}$,$\overrightarrow{OB}$,$\overrightarrow{OC}$ 所在直线为 x,y,z 轴建立空间直角坐标系,如图 3.1.9 所示,则 $\overrightarrow{OA}=(1,0,0)$,$\overrightarrow{OB}=(0,1,0)$,$\overrightarrow{OC}=(0,0,1)$.于是 $\vec{n}=(x_1,x_2,x_3)$ 为平面 π 的单位法向量.设 A,B,C 在平面 π 上的射影为 A_1,B_1,C_1,则

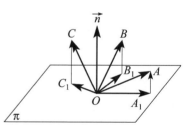

图 3.1.9

$$\overrightarrow{OA_1^2}=\overrightarrow{OA^2}-\overrightarrow{A_1A^2}=1^2-(\overrightarrow{OA}\cdot\vec{n})^2=1-x_1^2,$$

$$\overrightarrow{OB_1^2}=\overrightarrow{OB^2}-\overrightarrow{B_1B^2}=1^2-(\overrightarrow{OB}\cdot\vec{n})^2=1-x_2^2,$$

$$\overrightarrow{OC_1^2}=\overrightarrow{OC^2}-\overrightarrow{C_1C^2}=1^2-(\overrightarrow{OC}\cdot\vec{n})^2=1-x_3^2.$$

注意到 $|\vec{n}|=\sqrt{x_1^2+x_2^2+x_3^2}=1$,故由以上三式得

$$\overrightarrow{OA_1^2}+\overrightarrow{OB_1^2}+\overrightarrow{OC_1^2}=3-(x_1^2+x_2^2+x_3^2)=2,$$

原题得证.

点评

在方法一中,若 α,β,γ 中有一个角为 $\dfrac{\pi}{2}$,则另两个角必为零,所以只需对 α,β,γ 都为锐角来证明即可.另外,证明中必须注意到构作的图形为长方体,并不一定为正方体.

在方法二中,主要用到向量 $\overrightarrow{OA}$ 在单位向量 $\vec{n}$ 上的投影计算公式: $|\overrightarrow{A_1A}| = \overrightarrow{OA} \cdot \vec{n}$ 及勾股定理,进而简化了证明.

▶ **例 13** 已知空间向量 $\vec{a},\vec{b},\vec{c}$ 两两夹角为 $60°$,且 $|\vec{a}| = |\vec{b}| = 2$,$|\vec{c}| = 6$.若向量 $\vec{x},\vec{y}$ 可分别满足: $\vec{x} \cdot (\vec{x} + \vec{a} - \vec{b}) = 0$,$\vec{y} \cdot \vec{c} = 8$,求 $|\vec{x} - \vec{y}|$ 的最小值.

解

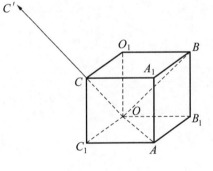

图 3.1.10

如图 3.1.10,在立方体 OB_1AC_1-O_1BA_1C 中,令 $\vec{a} = \overrightarrow{OA}$,$\vec{b} = \overrightarrow{OB}$,$\vec{c} = \overrightarrow{OC'}$ (C' 为 $\overrightarrow{OC}$ 上满足 $\overrightarrow{OC'} = 3\overrightarrow{OC}$ 的点),并设立方体的棱长为 $\sqrt{2}$,则 $\vec{a},\vec{b},\vec{c}$ 为题设中的三个向量.现以 O 为原点建立空间直角坐标系 O-$C_1B_1O_1$,则 $A(\sqrt{2},\sqrt{2},0)$,$B(0,\sqrt{2}$,$\sqrt{2})$,$C'(3\sqrt{2},0,3\sqrt{2})$.因 $\overrightarrow{BA} = \vec{a} - \vec{b} = (\sqrt{2},0,-\sqrt{2})$,故由 $\vec{x} \cdot (\vec{x} + \vec{a} - \vec{b}) = 0 \Rightarrow \left(\vec{x} - \dfrac{\vec{b} - \vec{a}}{2}\right)^2 = \left(\dfrac{\vec{b} - \vec{a}}{2}\right)^2 = 1$,即 $\left|\vec{x} - \dfrac{\vec{b} - \vec{a}}{2}\right| = 1$.

设 $\vec{x} = \overrightarrow{OX}$,$\dfrac{\vec{b} - \vec{a}}{2} = \dfrac{1}{2}\overrightarrow{AB} = \left(-\dfrac{\sqrt{2}}{2},0,\dfrac{\sqrt{2}}{2}\right)$.这表明点 X 在以 $M\left(-\dfrac{\sqrt{2}}{2},0,\dfrac{\sqrt{2}}{2}\right)$ 为球心的单位球面上.又 $\vec{y} \cdot \vec{c} = 8$,令 $\overrightarrow{OY} = \vec{y}$,则动点 Y 在射线 $\overrightarrow{OC}$ 上的射影是一个定点.由 $\dfrac{\overrightarrow{OY} \cdot \overrightarrow{OC}}{|\overrightarrow{OC}|} = \dfrac{4}{3}$ 知,点 Y 位于以 $\overrightarrow{OC}$ 为法向量的平面 α 上,且原点 O 到平面 α 的距离为 $\dfrac{4}{3}$,故 α 的方程为: $x + z = \dfrac{4\sqrt{2}}{3}$.于是 $|\vec{x} - \vec{y}| = $

$|\overrightarrow{XY}|$ 为球面 M 上任一点 X 到平面 α 上任一点 Y 的距离. 因球心 M 到 α 的

距离 $d = \dfrac{\left| -\dfrac{\sqrt{2}}{2} + \dfrac{\sqrt{2}}{2} - \dfrac{4\sqrt{2}}{3} \right|}{\sqrt{1+1}} = \dfrac{4}{3}$, 故 $|\vec{x} - \vec{y}| = |\overrightarrow{XY}| \geqslant d - R = \dfrac{4}{3} - 1 = \dfrac{1}{3}$,

即 $|\vec{x} - \vec{y}|_{\min} = \dfrac{1}{3}$.

演 习 场

习题 3.a

1. 已知长方体 $ABCD - A_1B_1C_1D_1$ 中，$AB = 9$，$BC = AA_1 = 6$，则 BC_1 上的点 P 到 $\triangle AD_1C$ 的重心 G 的距离 PG 的最小值为_____.

2. 给定平行六面体 $ABCD - A_1B_1C_1D_1$，$M \in AD_1$，$N \in DC_1$，且 $MN \parallel A_1C$. 则 $AM : AD_1 =$_____，$DN : DC_1 =$_____.

3. 已知正四棱锥的底面边长为 4，高为 6，则高的中点到侧面重心之间的距离等于_____.

4. 设任一经过三棱锥 $P - ABC$ 的重心 G 的平面分别与三条侧棱交于点 A_1, B_1, C_1，且 $\overrightarrow{PA_1} = x\overrightarrow{PA}$，$\overrightarrow{PB_1} = y\overrightarrow{PB}$，$\overrightarrow{PC_1} = z\overrightarrow{PC}$，则 $\dfrac{1}{x} + \dfrac{1}{y} + \dfrac{1}{z} =$

_____.

5. 一个四面体三组对棱的长分别为 a, b, c，它的外接球心为 O，半径为 R. 另一球 O_1 分别经过各面的重心，则 OO_1 的长为_____.

6. 在长方体 $OABC - O_1A_1B_1C_1$ 中，$|OA| = 4$，$|OC| = 6$，$|OO_1| = 4$，P 是棱 AB 上的第一个三等分点，Q, R 分别是 CC_1, O_1B_1 的中点，则 AR 与 PQ 所成角的大小为_____.

7. 在单位正方体 AC_1 中，M 是 AB_1 上的点，$AM = \dfrac{1}{3}AB_1$，N 是 BD 上的点，$BN = \dfrac{1}{3}BD$. 求证：MN 是异面直线 AB_1 和 BD 的公垂线段，并求线段 MN 的长.

8. 有一半径为 R、球心为 O 的球，P 是球内的一个定点. 过 P 作三条射线，它们两两相互垂直. 设三条射线和球面分别交于 A, B, C 三点，以 PA, PB, PC 为棱作长方体，设 Q 是此长方体中和 P 相对的顶点. 当三条射线绕 P 任意转动时，求 Q 点的轨迹.

9. 在四面体 $ABCD$ 中，若 $\overrightarrow{AB} \cdot \overrightarrow{BC} = \overrightarrow{BC} \cdot \overrightarrow{CD} = \overrightarrow{CD} \cdot \overrightarrow{DA} = \overrightarrow{DA} \cdot \overrightarrow{AB}$，求证：四面体 $ABCD$ 的四个面是全等的三角形.

10. 在四面体 $ABCD$ 中，异面直线 AB 与 CD 所成的角为 θ. 证明：$\cos\theta = \dfrac{|(AC^2 + BD^2) - (AD^2 + BC^2)|}{2AB \cdot CD}\left(0 < \theta \leqslant \dfrac{\pi}{2}\right)$.

11. (1981 年保加利亚数学竞赛试题)设平面 $\alpha,\beta,\gamma,\delta$ 与四面体 $ABCD$ 的外接球面分别切于点 A,B,C,D.证明:如果平面 α 与 β 的交线与直线 CD 共面,则 γ 与 δ 的交线与直线 AB 共面.

12. 在四面体 $ABCD$ 中,AB,AC,AD 两两垂直,空间一点 P 满足 $PB^2+PC^2+PD^2=3PA^2$.试求 P 点的轨迹.

13. 已知空间四边形 $OABC$,M 为 BC 中点,N 为 AC 中点,P 为 OA 中点,Q 为 OB 中点.若 $AB=OC$,试证:$PM\perp QN$.

14. 四面体 $ABCD$ 的四个顶点在以 O 为球心的单位球面上,且满足 $AB\perp CD,AD\perp BC$,记 $\overrightarrow{OA}=\vec{a},\overrightarrow{OB}=\vec{b},\overrightarrow{OC}=\vec{c},\overrightarrow{OD}=\vec{d}$.

(1) 求证:$\vec{a}\cdot\vec{b}+\vec{c}\cdot\vec{d}=\vec{a}\cdot\vec{c}+\vec{b}\cdot\vec{d}=\vec{a}\cdot\vec{d}+\vec{b}\cdot\vec{c}$;

(2) 求 $S=\overrightarrow{AB}^2+\overrightarrow{BC}^2+\overrightarrow{CD}^2+\overrightarrow{DA}^2+\overrightarrow{AC}^2+\overrightarrow{BD}^2$ 的最大值;

(3) 当 S 取到最大值时,求四面体 $ABCD$ 的体积.

15. (1982 年匈牙利数学竞赛试题)在具有直角坐标系的空间中有一个立方体,它有四个不共面顶点的坐标都是整数.证明:这个立方体的每个顶点的坐标都是整数.

3.2 向量的向量积及混合积

1. 向量积的概念

定义 1 如图 3.2.1,空间三个不共面的向量 $\vec{a},\vec{b},\vec{c}$,当我们把右手的拇指和食指分别指着 $\vec{a},\vec{b}$ 的方向,中指则指向 $\vec{c}$ 的方向时,称这种顺序的三个向量 $\vec{a},\vec{b},\vec{c}$ 为构成右手系的向量组,即 $[\vec{a},\vec{b},\vec{c}]$ 为右手组.

下面我们来定义两个向量的向量积(叉积).

定义 2 已知向量 $\vec{a},\vec{b}$,如果向量 $\vec{c}$ 同时满足下列三个条件:

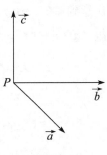

图 3.2.1

(1) $|\vec{c}| = |\vec{a}| \cdot |\vec{b}| \sin\langle\vec{a},\vec{b}\rangle$;

(2) $\vec{c} \perp \vec{a}, \vec{c} \perp \vec{b}$;

(3) $[\vec{a},\vec{b},\vec{c}]$ 为右手组,

那么,向量 $\vec{c}$ 叫做 $\vec{a}$ 与 $\vec{b}$ 的向量积,记作 $\vec{a}\times\vec{b}$,即 $\vec{c}=\vec{a}\times\vec{b}$.

由定义 2,我们关于向量积有如下性质:

(1) $\vec{a}\times\vec{b}=-\vec{b}\times\vec{a}, \vec{a}\times\vec{a}=\vec{0}$;

(2) $(k\vec{a})\times\vec{b}=k(\vec{a}\times\vec{b})(k\in\mathbf{R})$;

(3) $\vec{a}\times(\vec{b}+\vec{c})=\vec{a}\times\vec{b}+\vec{a}\times\vec{c}$;

(4) $|\vec{a}\times\vec{b}| = |\vec{a}| \cdot |\vec{b}| \sin\langle\vec{a},\vec{b}\rangle$;

(5) $\vec{a}\times(\vec{b}\times\vec{c})=(\vec{a}\cdot\vec{c})\vec{b}-(\vec{a}\cdot\vec{b})\vec{c}$,

$\qquad (\vec{a}\times\vec{b})\times\vec{c}=(\vec{a}\cdot\vec{c})\vec{b}-(\vec{b}\cdot\vec{c})\vec{a}$.

由(4)知,$|\vec{a}\times\vec{b}|$ 在几何上表示由 $\vec{a}$ 与 $\vec{b}$ 为邻边的平行四边形的面积,所以利用向量积来解决有关面积的问题是一种很有效的方法.由(5)知,向量的向量积不满足结合律.

2. 向量积的坐标运算

定理 1 设 $\vec{a}=(x_1,x_2,x_3),\vec{b}=(y_1,y_2,y_3)$,则

$$\vec{a} \times \vec{b} = (x_2 y_3 - x_3 y_2, x_3 y_1 - x_1 y_3, x_1 y_2 - x_2 y_1)$$

$$= \left(\begin{vmatrix} x_2 & x_3 \\ y_2 & y_3 \end{vmatrix}, \begin{vmatrix} x_3 & x_1 \\ y_3 & y_1 \end{vmatrix}, \begin{vmatrix} x_1 & x_2 \\ y_1 & y_2 \end{vmatrix} \right)$$

$$= \begin{vmatrix} \vec{i} & \vec{j} & \vec{k} \\ x_1 & x_2 & x_3 \\ y_1 & y_2 & y_3 \end{vmatrix}.$$

证明　因 $\vec{a} = x_1 \vec{i} + x_2 \vec{j} + x_3 \vec{k}, \vec{b} = y_1 \vec{i} + y_2 \vec{j} + y_3 \vec{k}$,

注意到 $\vec{i} \times \vec{i} = \vec{0}, \vec{j} \times \vec{j} = \vec{0}, \vec{k} \times \vec{k} = \vec{0}, \vec{i} \times \vec{j} = \vec{k}, \vec{j} \times \vec{k} = \vec{i}, \vec{k} \times \vec{i} = \vec{j}$,

故　$\vec{a} \times \vec{b} = (x_1 \vec{i} + x_2 \vec{j} + x_3 \vec{k}) \times (y_1 \vec{i} + y_2 \vec{j} + y_3 \vec{k})$

$$= x_1 y_1 \cdot \vec{0} + x_1 y_2 \vec{k} + x_1 y_3 (-\vec{j}) + x_2 y_1 (-\vec{k}) + x_2 y_2 \vec{0} +$$

$$x_2 y_3 \vec{i} + x_3 y_1 \vec{j} + x_3 y_2 (-\vec{i}) + x_3 y_3 \vec{0}$$

$$= (x_2 y_3 - x_3 y_2) \vec{i} + (x_3 y_1 - x_1 y_3) \vec{j} + (x_1 y_2 - x_2 y_1) \vec{k}$$

$$= \begin{vmatrix} x_2 & x_3 \\ y_2 & y_3 \end{vmatrix} \vec{i} + \begin{vmatrix} x_3 & x_1 \\ y_3 & y_1 \end{vmatrix} \vec{j} + \begin{vmatrix} x_1 & x_2 \\ y_1 & y_2 \end{vmatrix} \vec{k}$$

$$= \begin{vmatrix} \vec{i} & \vec{j} & \vec{k} \\ x_1 & x_2 & x_3 \\ y_1 & y_2 & y_3 \end{vmatrix}.$$

定理 1 得证.

3. 向量的混合积

定义 3　对于 E^3 中的向量 $\vec{a}, \vec{b}, \vec{c}$, 将 $\vec{a}$ 与 $\vec{b}$ 作向量积, 再与 $\vec{c}$ 作数量积, 得数值 $(\vec{a} \times \vec{b}) \cdot \vec{c}$, 称为 $\vec{a}, \vec{b}, \vec{c}$ 的混合积.

混合积 $(\vec{a} \times \vec{b}) \cdot \vec{c}$ 有如下几何意义: 对不共面的向量 $\vec{a}, \vec{b}, \vec{c}, (\vec{a} \times \vec{b}) \cdot \vec{c}$ 表示以 $\vec{a}, \vec{b}, \vec{c}$ 为棱的平行六面体的体积 V. 通常用 $(\vec{a}, \vec{b}, \vec{c})$ 表示 $\vec{a}, \vec{b}, \vec{c}$ 的混合积.

由定理 1 的证明, 类似可得如下定理.

定理 2　设 $\vec{a} = (x_1, x_2, x_3), \vec{b} = (y_1, y_2, y_3), \vec{c} = (z_1, z_2, z_3)$, 则

(1) $(\vec{a} \times \vec{b}) \cdot \vec{c} = \begin{vmatrix} x_1 & x_2 & x_3 \\ y_1 & y_2 & y_3 \\ z_1 & z_2 & z_3 \end{vmatrix}$;

(2) $(\vec{a} \times \vec{b}) \cdot \vec{c} = (\vec{b} \times \vec{c}) \cdot \vec{a} = (\vec{c} \times \vec{a}) \cdot \vec{b}$;

(3) $\vec{a},\vec{b},\vec{c}$ 共面 $\Leftrightarrow(\vec{a}\times\vec{b})\cdot\vec{c}=0$.

4. 空间距离与角的公式

(1) 点到直线的距离

如图 3.2.2,已知 P 为直线 l 外一点,在 l 上取两点 A,B.设 $\overrightarrow{AB}=\vec{a},\overrightarrow{AP}=\vec{b}$,则由 $\vec{a}$ 和 $\vec{b}$ 组成的平行四边形的面积 $S=|\vec{a}\times\vec{b}|=|\vec{a}|\cdot d$,即

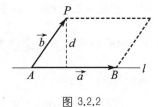

图 3.2.2

$$d=\frac{|\vec{a}\times\vec{b}|}{|\vec{a}|}.$$

(2) 点到平面的距离

如图 3.2.3,设 P 为平面 π 外一点,在 π 上取一点 A,过 A 作平面 π 的法向量 $\vec{n}$,记 $\overrightarrow{AP}=\vec{a}$,则点 P 到平面 π 的距离

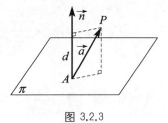

图 3.2.3

$$d=\frac{|\vec{a}\cdot\vec{n}|}{|\vec{n}|}.$$

若 $\vec{n}$ 为单位法向量,则 $d=|\vec{a}\cdot\vec{n}|$;当 $\vec{a}$ 与 $\vec{n}$ 在平面的同侧时,有 $d=\vec{a}\cdot\vec{n}$.

(3) 两条异面直线间的距离

如图 3.2.4,已知两异面直线 l_1,l_2,设 P,$Q\in l_1,M,N\in l_2,\vec{a}=\overrightarrow{MN},\vec{b}=\overrightarrow{PQ},\vec{c}=\overrightarrow{PM}$,则由 $\vec{a},\vec{b},\vec{c}$ 组成的平行六面体的体积

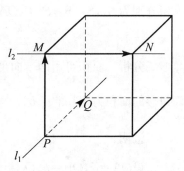

图 3.2.4

$V=|(\vec{a},\vec{b},\vec{c})|=|\vec{a}\times\vec{b}|\cdot d$,所以

$$d=\frac{|(\vec{a},\vec{b},\vec{c})|}{|\vec{a}\times\vec{b}|}.$$

(4) 直线与平面所成的角

如图 3.2.5,设直线 l 与平面 π 相交于点 A,$\vec{a}$ 为 l 的方向向量,$\vec{n}$ 为平面 π 的法向量,则

$$\cos\theta=\frac{\vec{a}\cdot\vec{n}}{|\vec{a}|\cdot|\vec{n}|}.$$

设 l 与 π 所成的角为 φ,则

当 $\cos\theta>0$ 时,$\varphi=\dfrac{\pi}{2}-\arccos\dfrac{\vec{a}\cdot\vec{n}}{|\vec{a}|\cdot|\vec{n}|}$;

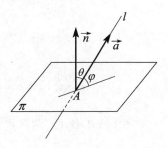

图 3.2.5

当 $\cos\theta<0$ 时,$\varphi=\arccos\dfrac{\vec{a}\cdot\vec{n}}{|\vec{a}|\cdot|\vec{n}|}-\dfrac{\pi}{2}$.

(5) 二面角

如图 3.2.6,设 $\vec{n_1}$,$\vec{n_2}$ 分别是平面 π_1 和 π_2 的法向

量,则 $\vec{n_1}$ 与 $\vec{n_2}$ 的夹角余弦为 $\dfrac{\vec{n_1}\cdot\vec{n_2}}{|\vec{n_1}|\cdot|\vec{n_2}|}$,于是两个平

面所成的二面角

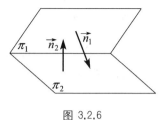

图 3.2.6

$$\varphi=\arccos\dfrac{\vec{n_1}\cdot\vec{n_2}}{|\vec{n_1}|\cdot|\vec{n_2}|}$$

或 $\varphi=\pi-\arccos\dfrac{\vec{n_1}\cdot\vec{n_2}}{|\vec{n_1}|\cdot|\vec{n_2}|}$.

训练营

▶ **例 1** 在四面体 $O\text{-}ABC$ 中,已知 $\triangle OAB$,$\triangle OBC$,$\triangle OCA$,$\triangle ABC$ 的面积分别为 S_1,S_2,S_3,S,且 OA,OB,OC 两两垂直.求证:

$$S_1^2+S_2^2+S_3^2=S^2.$$

分析 面积可用两个向量的向量积来表示.当 $\vec{a}\perp\vec{b}$ 时,以 $\vec{a}$,$\vec{b}$ 组成的直角三角形的面积为 $\dfrac{1}{2}|\vec{a}|\cdot|\vec{b}|$.

证明

设 $\overrightarrow{OA}=\vec{a}$,$\overrightarrow{OB}=\vec{b}$,$\overrightarrow{OC}=\vec{c}$,$\vec{a}$,$\vec{b}$,$\vec{c}$ 上的单位向量记为 $\vec{i}$,$\vec{j}$,$\vec{k}$,则

$$S_1=\dfrac{1}{2}|\vec{a}|\cdot|\vec{b}|,S_2=\dfrac{1}{2}|\vec{b}|\cdot|\vec{c}|,S_3=\dfrac{1}{2}|\vec{c}|\cdot|\vec{a}|.$$

又 $\quad S=\dfrac{1}{2}|(\vec{a}-\vec{b})\times(\vec{a}-\vec{c})|=\dfrac{1}{2}|\vec{0}-\vec{a}\times\vec{c}-\vec{b}\times\vec{a}+\vec{b}\times\vec{c}|$

$$=\dfrac{1}{2}|\vec{a}\times\vec{b}+\vec{b}\times\vec{c}+\vec{c}\times\vec{a}|.$$

由 $\overrightarrow{OA}$,$\overrightarrow{OB}$,$\overrightarrow{OC}$ 两两垂直知:

$$\vec{a}\cdot\vec{b}=\vec{b}\cdot\vec{c}=\vec{c}\cdot\vec{a}=\vec{i}\cdot\vec{j}=\vec{j}\cdot\vec{k}=\vec{k}\cdot\vec{i}=0.$$

又 $|\vec{a}\times\vec{b}|=|\vec{a}|\cdot|\vec{b}|$,$\vec{a}\times\vec{b}$ 的方向是 $\vec{k}$,故 $\vec{a}\times\vec{b}=|\vec{a}|\cdot|\vec{b}|\cdot\vec{k}$.

同理 $\vec{b}\times\vec{c}=|\vec{b}|\cdot|\vec{c}|\cdot\vec{i}$,$\vec{c}\times\vec{a}=|\vec{c}|\cdot|\vec{a}|\cdot\vec{j}$,从而

$$S^2 = \frac{1}{4}(|\vec{b}| \cdot |\vec{c}| \cdot \vec{i} + |\vec{c}| \cdot |\vec{a}| \cdot \vec{j} + |\vec{a}| \cdot |\vec{b}| \cdot \vec{k})^2$$

$$= \frac{1}{4}|\vec{b}|^2 \cdot |\vec{c}|^2 + \frac{1}{4}|\vec{c}|^2 \cdot |\vec{a}|^2 + \frac{1}{4}|\vec{a}|^2 \cdot |\vec{b}|^2$$

$$= S_2^2 + S_3^2 + S_1^2,$$

即 $$S^2 = S_1^2 + S_2^2 + S_3^2.$$

▶例2 设四面体的 4 个面都是边长为 a, b, c 的三角形,利用向量方法求出此四面体的体积 V.

解 🔍

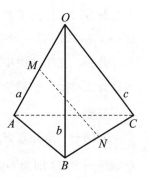

图 3.2.7

如图 3.2.7,设 $OA = a, OB = b, OC = c, M, N$ 分别为 OA, BC 的中点,则 $BC = a$,且由中线公式,

$$ON^2 = AN^2 = \frac{1}{4}(2b^2 + 2c^2 - a^2),$$

从而 $MN \perp OA$.同理 $MN \perp BC$,且

$$MN^2 = \frac{1}{4}(2b^2 + 2c^2 - a^2) - \left(\frac{a}{2}\right)^2 = \frac{1}{2}(b^2 + c^2 - a^2).$$

以 MA, MN, NB 为三条棱作平行六面体,其体积是锥体 $MABN$ 体积的 6 倍,而锥体 $OABC$ 的体积 V 是锥体 $MABN$ 体积的 4 倍,所以

$$V = \frac{4}{6}(\overrightarrow{MA}, \overrightarrow{MN}, \overrightarrow{BN}) = \frac{1}{6}(\overrightarrow{OA}, \overrightarrow{MN}, \overrightarrow{BC})$$

$$= \frac{1}{6}\overrightarrow{MN} \cdot (\overrightarrow{BC} \times \overrightarrow{OA}).$$

由于 MN 是 OA, BC 的公垂线,$\overrightarrow{MN}$ 与 $\overrightarrow{BC} \times \overrightarrow{OA}$ 方向相同,所以

$$V = \frac{1}{6}MN \cdot |\overrightarrow{BC} \times \overrightarrow{OA}|.$$

因为 $$c^2 = AB^2 = (\overrightarrow{OB} - \overrightarrow{OA}) \cdot (\overrightarrow{OB} - \overrightarrow{OA})$$

$$= a^2 + b^2 - 2\overrightarrow{OA} \cdot \overrightarrow{OB},$$

$$b^2 = AC^2 = a^2 + c^2 - 2\overrightarrow{OA} \cdot \overrightarrow{OC},$$

两式相减得

$$c^2 - b^2 = \overrightarrow{OA} \cdot (\overrightarrow{OC} - \overrightarrow{OB}) = \overrightarrow{OA} \cdot \overrightarrow{BC}.$$

设 BC 与 OA 的夹角为 α,则

$$|\overrightarrow{BC}\times\overrightarrow{OA}|^2+|\overrightarrow{OA}\cdot\overrightarrow{BC}|^2=BC^2\cdot OA^2(\sin^2\alpha+\cos^2\alpha)$$
$$=BC^2\cdot OA^2,$$

所以 $\quad|\overrightarrow{BC}\times\overrightarrow{OA}|^2=a^4-(c^2-b^2)^2=(a^2+b^2-c^2)(a^2+c^2-b^2)$,

故 $\quad V=\dfrac{\sqrt{2}}{12}\sqrt{(b^2+c^2-a^2)(c^2+a^2-b^2)(a^2+b^2-c^2)}$.

▶ 例 3　设四棱锥 S-$ABCD$ 的底面为平行四边形,面 $SAC\perp$ 面 SBD.求证:$S^2_{\triangle ABS}+S^2_{\triangle CDS}=S^2_{\triangle ADS}+S^2_{\triangle BCS}$.

分析　在第二讲中我们曾利用三面角公式证明了上式,本节中我们再利用向量方法给出它的两个不同的证明.

证明 🔍

方法一　取顶点 S 为原点,平面 $x=0$ 与棱锥的对角面 SAC 重合,则另一个对角面 SBD 即为平面 $y=0$.用 $\vec{a},\vec{b},\vec{c},\vec{d}$ 分别表示 $\overrightarrow{SA},\overrightarrow{SB},\overrightarrow{SC},\overrightarrow{SD}$,则可设 $\vec{a}=(0,a_1,a_2),\vec{b}=(b_1,0,b_2),\vec{c}=(0,c_1,c_2),\vec{d}=(d_1,0,d_2)$.

因 $ABCD$ 为平行四边形,所以 $\vec{a}+\vec{c}=\vec{b}+\vec{d}$,即

$$a_1+c_1=0,b_1+d_1=0,$$

故 $\quad 4(S^2_{\triangle ABS}+S^2_{\triangle CDS})=(\vec{a}\times\vec{b})^2+(\vec{c}\times\vec{d})^2$

$$=|\vec{a}|^2\cdot|\vec{b}|^2\cdot\sin^2\langle\vec{a},\vec{b}\rangle+|\vec{c}|^2\cdot|\vec{d}|^2\sin^2\langle\vec{c},\vec{d}\rangle$$
$$=|\vec{a}|^2\cdot|\vec{b}|^2-(\vec{a}\cdot\vec{b})^2+|\vec{c}|^2\cdot|\vec{d}|^2-(\vec{c}\cdot\vec{d})^2$$
$$=(a_1^2+a_2^2)(b_1^2+b_2^2)-a_2^2b_2^2+(c_1^2+c_2^2)(d_1^2+d_2^2)-c_2^2d_2^2$$
$$=(a_1^2+a_2^2)(b_1^2+b_2^2)-a_2^2b_2^2+(a_1^2+c_2^2)(b_1^2+d_2^2)-c_2^2d_2^2$$
$$=2a_1^2b_1^2+a_2^2b_1^2+a_1^2b_2^2+a_1^2d_2^2+c_2^2b_1^2, \tag{1}$$

同理有 $\quad 4(S^2_{\triangle BCS}+S^2_{\triangle ADS})=(\vec{b}\times\vec{c})^2+(\vec{a}\times\vec{d})^2$

$$=2a_1^2b_1^2+a_2^2b_1^2+a_1^2b_2^2+a_1^2d_2^2+c_2^2b_1^2. \tag{2}$$

由式(1)(2)得

$$S^2_{\triangle ABS}+S^2_{\triangle CDS}=S^2_{\triangle BCS}+S^2_{\triangle ADS}.$$

方法二　如图 3.2.8,设 $\overrightarrow{AB}=\vec{a},\overrightarrow{AD}=\vec{b},\overrightarrow{AS}=\vec{c}$,由面 $SBD\perp$ 面 SAC

$$\Rightarrow(\overrightarrow{AC}\times\overrightarrow{AS})\cdot(\overrightarrow{BD}\times\overrightarrow{SD})=0$$
$$\Rightarrow((\vec{a}+\vec{b})\times\vec{c})\cdot((\vec{b}-\vec{a})\times(\vec{b}-\vec{c}))=0$$
$$\Rightarrow(\vec{a}\times\vec{c}+\vec{b}\times\vec{c})\cdot(\vec{a}\times\vec{c}-\vec{a}\times\vec{b}-\vec{b}\times\vec{c})=0$$

$$\Rightarrow (\vec{a} \times \vec{c}) \cdot (\vec{a} \times \vec{c}) - (\vec{b} \times \vec{c}) \cdot (\vec{b} \times \vec{c}) - (\vec{a} \times \vec{b}) \cdot (\vec{a} \times \vec{c} + \vec{b} \times \vec{c}) = 0. \quad (3)$$

而 $S_{\triangle ABS}^2 + S_{\triangle CDS}^2 = S_{\triangle ADS}^2 + S_{\triangle BCS}^2$

$$\Leftrightarrow |\overrightarrow{AB} \times \overrightarrow{AS}|^2 + |\overrightarrow{CD} \times \overrightarrow{SD}|^2 = |\overrightarrow{AD} \times \overrightarrow{AS}|^2 +$$
$$|\overrightarrow{SB} \times \overrightarrow{BC}|^2$$

$$\Leftrightarrow (\vec{a} \times \vec{c})^2 + (\vec{a} \times (\vec{c} - \vec{b}))^2 = (\vec{b} \times \vec{c})^2 + (\vec{b} \times$$
$$(\vec{c} - \vec{a}))^2$$

$$\Leftrightarrow (\vec{a} \times \vec{c})^2 + (\vec{a} \times \vec{c})^2 - 2(\vec{a} \times \vec{c}) \cdot (\vec{a} \times \vec{b}) +$$
$$\quad (\vec{a} \times \vec{b})^2$$
$$= (\vec{b} \times \vec{c})^2 + (\vec{b} \times \vec{c})^2 - 2(\vec{b} \times \vec{c}) \cdot (\vec{b} \times \vec{a}) +$$
$$\quad (\vec{b} \times \vec{a})^2$$

$$\Leftrightarrow (\vec{a} \times \vec{c})^2 - (\vec{b} \times \vec{c})^2 - (\vec{a} \times \vec{b}) \cdot (\vec{a} \times \vec{c} + \vec{b} \times \vec{c}) = 0,$$

此即为式(3),成立.从而原题得证.

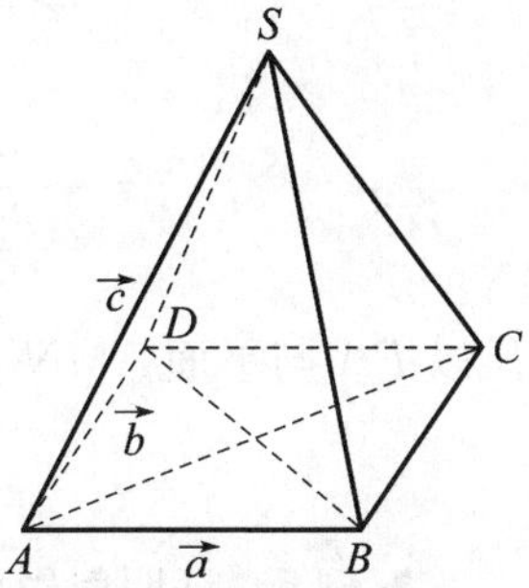

图 3.2.8

▶例 4 已知正三棱锥 P - ABC 的底面边长和高均为 6，M,N 分别为 PB,PC 的中点.求 PA 与平面 AMN 所成的角.

解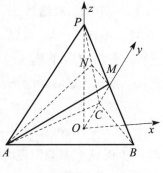

如图 3.2.9,以 P 在底面上的射影 O 为原点建立直角坐标系,则 $P(0,0,6)$,$A(-3,-\sqrt{3},0)$,$B(3,-\sqrt{3},0)$,$C(0,2\sqrt{3},0)$.由 M,N 为 PB,PC 的中点知 $M\left(\dfrac{3}{2},-\dfrac{\sqrt{3}}{2},3\right)$,$N(0,\sqrt{3},3)$.所以

图 3.2.9

$$\overrightarrow{AM} = \left(\frac{9}{2}, \frac{\sqrt{3}}{2}, 3\right), \overrightarrow{AN} = (3, 2\sqrt{3}, 3), \overrightarrow{AP} = (3, \sqrt{3}, 6).$$

设平面 AMN 的法向量为 $\vec{n}$,则

$$\vec{n} = \overrightarrow{AM} \times \overrightarrow{AN} = \begin{vmatrix} \vec{i} & \vec{j} & \vec{k} \\ \dfrac{9}{2} & \dfrac{\sqrt{3}}{2} & 3 \\ 3 & 2\sqrt{3} & 3 \end{vmatrix} = \left(-\frac{9}{2}\sqrt{3}, -\frac{9}{2}, \frac{15}{2}\sqrt{3}\right).$$

设 $\overrightarrow{AP}$ 与 $\vec{n}$ 的夹角为 θ,则

$$\cos \theta = \frac{\overrightarrow{AP} \cdot \vec{n}}{|\overrightarrow{AP}| \cdot |\vec{n}|} = \frac{(3, \sqrt{3}, 6) \cdot \left(-\dfrac{9}{2}\sqrt{3}, -\dfrac{9}{2}, \dfrac{15}{2}\sqrt{3}\right)}{\sqrt{48} \cdot \dfrac{3\sqrt{111}}{2}}$$

$$= \frac{9}{2\sqrt{111}},$$

所以 PA 与平面 AMN 的夹角为 $\dfrac{\pi}{2} - \arccos \dfrac{9}{2\sqrt{111}}$.

▶**例 5　证明射影定理**:在四面体 $A_0 A_1 A_2 A_3$ 中,A_i 所对面记为 f_i,面积为 S_i,面 f_i 与 f_j 所成的内二面角为 θ_{ij},则

$$S_i = \sum_{j \neq i} S_j \cdot \cos \theta_{ij}, i = 0, 1, 2, 3.$$

证明 🔍

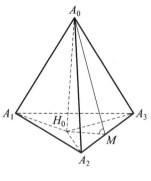

图 3.2.10

方法一　如图 3.2.10,过 A_0 作 $A_0 H_0 \perp$ 面 $A_1 A_2 A_3$ 于 H_0,联结 $A_1 H_0, A_2 H_0, A_3 H_0$.过 H_0 作 $H_0 M \perp A_2 A_3$ 于 M,联结 $A_0 M$,则 $A_0 M \perp A_2 A_3$,$\angle A_0 M H_0 = \theta_{01}$,于是 $S_{\triangle H_0 A_2 A_3} = S_1 \cos \theta_{01}$.同理可得:$S_{\triangle H_0 A_3 A_1} = S_2 \cos \theta_{02}, S_{\triangle H_0 A_1 A_2} = S_3 \cos \theta_{03}$,故

$$S_0 = S_{\triangle H_0 A_2 A_3} + S_{\triangle H_0 A_3 A_1} + S_{\triangle H_0 A_1 A_2}$$
$$= S_1 \cos \theta_{01} + S_2 \cos \theta_{02} + S_3 \cos \theta_{03},$$

即 $i = 0$ 时成立.其余同理可证.

方法二　利用向量来证.记 $\vec{p_i} = \overrightarrow{A_0 A_i}(i = 1, 2, 3)$,则 $\vec{n_1} = -\vec{p_2} \times \vec{p_3}, \vec{n_2} = \vec{p_3} \times \vec{p_1}, \vec{n_3} = -\vec{p_1} \times \vec{p_2}$ 分别是面 f_1, f_2, f_3 的法向量,

$$\vec{n_0} = (\vec{p_2} - \vec{p_1}) \times (\vec{p_3} - \vec{p_1}) = -\vec{n_1} - \vec{n_2} - \vec{n_3}$$

是面 f_0 的法向量.由于 θ_{ij} 是内二面角,与 $\vec{n_i}$ 和 $\vec{n_j}$ 的夹角互补,故由向量的夹角公式,有

$$\cos \theta_{ij} = -\frac{\vec{n_i} \cdot \vec{n_j}}{|\vec{n_i}| \cdot |\vec{n_j}|}, \tag{4}$$

又由向量积的定义,有 $\qquad S_i = \dfrac{1}{2}|\vec{n_i}|. \tag{5}$

由式(4)(5)得

$$\sum_{j\neq i} S_j \cdot \cos\theta_{ij} = \sum_{\substack{j=0 \\ j\neq i}}^{3} \frac{-\vec{n_i} \cdot \vec{n_j}}{4S_i} = -\frac{1}{4S_i}\left(\vec{n_i} \cdot \sum_{j\neq i} \vec{n_j}\right)$$

$$= \frac{|\vec{n_i}|^2}{4S_i} = S_i.$$

▶例6 已知棱长为 4 的正方体 $ABCD-$ $A_1B_1C_1D_1$ 中，P,Q 分别为 A_1B_1,A_1A 的中点，R 为 PQ 中点.求异面直线 B_1D 与 RC 之间的距离 d.

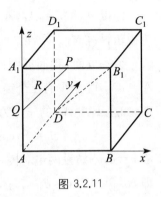

图 3.2.11

解

以 A 为原点如图 3.2.11 建立直角坐标系,则 $P(2,0,4),Q(0,0,2),C(4,4,0),B_1(4,0,4),D(0,$ $4,0)$.因 R 为 PQ 中点,所以 $R(1,0,3)$.于是 $\vec{RC}=$ $(3,4,-3),\vec{B_1D}=(-4,4,-4),\vec{DR}=(1,-4,3),$

所以
$$(\vec{RC},\vec{B_1D},\vec{DR}) = \begin{vmatrix} 3 & 4 & -3 \\ -4 & 4 & -4 \\ 1 & -4 & 3 \end{vmatrix} = -16,$$

$$\vec{RC}\times\vec{B_1D} = \begin{vmatrix} \vec{i} & \vec{j} & \vec{k} \\ 3 & 4 & -3 \\ -4 & 4 & -4 \end{vmatrix} = (-4,24,28),$$

故
$$d = \frac{|(\vec{RC},\vec{B_1D},\vec{DR})|}{|\vec{RC}\times\vec{B_1D}|} = \frac{16}{\sqrt{4^2+24^2+28^2}} = \frac{2\sqrt{86}}{43}.$$

▶例7 已知平面三角形至多有 1 个钝角,类比 到三维空间,四面体 $A_0A_1A_2A_3$ 的 6 个二面角中至 多有几个钝角? 证明你的结论.

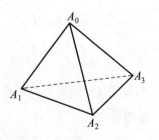

图 3.2.12

解

如图 3.2.12,结论是最多有 3 个钝二面角.

一方面,构造四面体 $A_0A_1A_2A_3$,令 $\angle A_1A_0A_2=$ $\angle A_2A_0A_3=\angle A_3A_0A_1=100°$,

$$\angle A_0A_1A_2 = \angle A_0A_2A_3 = \angle A_0A_3A_1 = \angle A_0A_1A_3 = \angle A_0A_2A_1 =$$
$$\angle A_0A_3A_2 = 40°,$$

$$\angle A_1A_2A_3=\angle A_2A_3A_1=\angle A_3A_1A_2=60°.$$

则 $\cos\theta_{ij}=\dfrac{\cos100°-\cos^2 100°}{\sin^2 100°}<0(1\leqslant i<j\leqslant 3)$,

$$\cos\theta_{0j}=\dfrac{\cos40°-\cos40°\cdot\cos60°}{\sin40°\cdot\sin60°}>0(j=1,2,3),$$

即以 A_0A_1,A_0A_2,A_0A_3 为棱的 3 个二面角均为钝角,剩余 3 个二面角均为锐角,故恰有 3 个钝二面角.

另一方面,我们证明四面体钝二面角个数 $n\leqslant 3$.用反证法,设存在四面体 $A_0A_1A_2A_3$ 至少有 4 个钝二面角.首先有 $n\leqslant 4$,否则若 $n\geqslant 5$,则必有一个三角形面,如 $\triangle A_1A_2A_3$ 的三边为棱的二面角均为钝角,由面积射影定理,

$$S_0=S_1\cos\theta_{01}+S_2\cos\theta_{02}+S_3\cos\theta_{03}<0,矛盾.$$

故 $n=4$,不妨设两组对棱 A_0A_1,A_2A_3 和 A_0A_2,A_1A_3 上的 4 个二面角为钝角,即 $\cos\theta_{23}<0,\cos\theta_{01}<0$; $\cos\theta_{13}<0,\cos\theta_{02}<0$.

故由面积射影定理

$$S_0=S_1\cos\theta_{01}+S_2\cos\theta_{02}+S_3\cos\theta_{03}, \tag{6}$$

$$S_3=S_1\cos\theta_{13}+S_2\cos\theta_{23}+S_0\cos\theta_{03}, \tag{7}$$

(6)+(7)得:$(S_0+S_3)(1-\cos\theta_{03})=S_1(\cos\theta_{01}+\cos\theta_{13})+S_2(\cos\theta_{02}+\cos\theta_{23})$.

上式左边>0,右边<0,矛盾.故 $n\leqslant 3$.

综上,n 的最大可能值为 3.

▶ 例 8 (1982 年加拿大数学竞赛试题)设四面体 $ABCD$ 对应于各顶点的高分别为 h_a,h_b,h_c,h_d,在各高线上分别取 A_1,B_1,C_1,D_1,使 $AA_1=\dfrac{k}{h_a},BB_1=\dfrac{k}{h_b}$, $CC_1=\dfrac{k}{h_c},DD_1=\dfrac{k}{h_d}$,$k$ 为任一实数.求证:四面体 $A_1B_1C_1D_1$ 的重心与四面体 $ABCD$ 的重心重合.

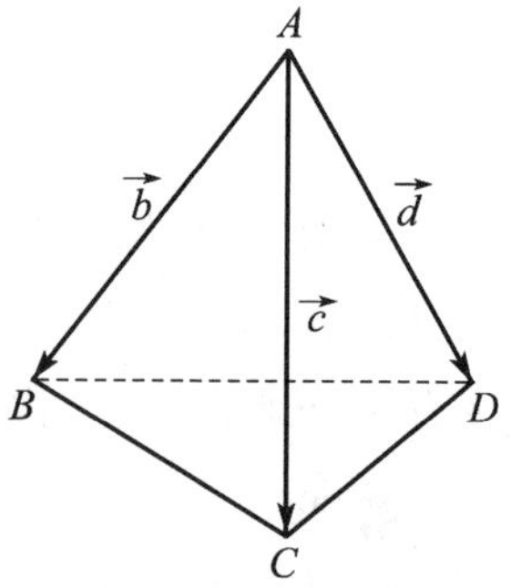

证明

图 3.2.13

如图 3.2.13,取 $\vec{AB}=\vec{b},\vec{AC}=\vec{c},\vec{AD}=\vec{d}$.本题的关键是以 $\vec{b},\vec{c},\vec{d}$ 来表示各高线所对应的向量.易知,高线的单位向量分别垂直于对应的面,且都指向四面体的外侧.由图知 $\vec{BD}\times\vec{BC}$ 的方向对应于 A 点高线的方

向,而它的模长是 $\triangle BCD$ 面积的 2 倍.设 A 点对应的高线的单位向量为 $\vec{i}$,则

$$\vec{i}=\frac{\overrightarrow{BD}\times\overrightarrow{BC}}{2S_{\triangle BCD}},$$

又 $\overrightarrow{BD}\times\overrightarrow{BC}=(\vec{d}-\vec{b})\times(\vec{c}-\vec{b})=\vec{b}\times\vec{d}+\vec{d}\times\vec{c}+\vec{c}\times\vec{b}$,

所以

$$\vec{i}=\frac{\vec{b}\times\vec{d}+\vec{d}\times\vec{c}+\vec{c}\times\vec{b}}{2S_{\triangle BCD}}.$$

同理,设 B,C,D 点对应的高线的单位向量分别为 $\vec{j},\vec{k},\vec{l}$,

则

$$\vec{j}=\frac{\vec{c}\times\vec{d}}{2S_{\triangle ACD}},\vec{k}=\frac{\vec{d}\times\vec{b}}{2S_{\triangle ABD}},\vec{l}=\frac{\vec{b}\times\vec{c}}{2S_{\triangle ABC}},$$

故

$$\overrightarrow{AA_1}=\frac{k}{h_a}\vec{i}=\frac{k}{6V}(\vec{b}\times\vec{d}+\vec{d}\times\vec{c}+\vec{c}\times\vec{b}),$$

其中 V 为四面体 $ABCD$ 的体积.同理,

$$\overrightarrow{BB_1}=\frac{k}{6V}(\vec{c}\times\vec{d}),$$

$$\overrightarrow{CC_1}=\frac{k}{6V}(\vec{d}\times\vec{b}),$$

$$\overrightarrow{DD_1}=\frac{k}{6V}(\vec{b}\times\vec{c}),$$

所以

$$\overrightarrow{AA_1}+\overrightarrow{BB_1}+\overrightarrow{CC_1}+\overrightarrow{DD_1}=\vec{0}.$$

设 G_1,G 分别为四面体 $A_1B_1C_1D_1$ 和 $ABCD$ 的重心,则由重心公式,有

$$\overrightarrow{AG}=\frac{1}{4}(\vec{b}+\vec{c}+\vec{d}),$$

$$\overrightarrow{A_1G_1}=\frac{1}{4}(\overrightarrow{A_1B_1}+\overrightarrow{A_1C_1}+\overrightarrow{A_1D_1})$$

$$=\frac{1}{4}((\overrightarrow{A_1A}+\overrightarrow{AB}+\overrightarrow{BB_1})+(\overrightarrow{A_1A}+\overrightarrow{AC}+\overrightarrow{CC_1})+(\overrightarrow{A_1A}+\overrightarrow{AD}+\overrightarrow{DD_1}))$$

$$=\frac{1}{4}(\vec{b}+\vec{c}+\vec{d}+4\overrightarrow{A_1A}+\overrightarrow{AA_1}+\overrightarrow{BB_1}+\overrightarrow{CC_1}+\overrightarrow{DD_1})$$

$$=\frac{1}{4}(\vec{b}+\vec{c}+\vec{d})+\overrightarrow{A_1A},$$

所以

$$\overrightarrow{AG_1}=\overrightarrow{AA_1}+\overrightarrow{A_1G_1}=\frac{1}{4}(\vec{b}+\vec{c}+\vec{d})=\overrightarrow{AG},$$

故 $G_1=G$,原题得证.

点评

利用定比分点公式可导出四面体重心 G 的公式.

如图 3.2.14,设 $\overrightarrow{AP} : \overrightarrow{PB} = \lambda$,则

$$\overrightarrow{OP} = \vec{x} = \frac{\overrightarrow{OA} + \lambda \overrightarrow{OB}}{1 + \lambda} = \frac{\vec{a} + \lambda \vec{b}}{1 + \lambda}.$$

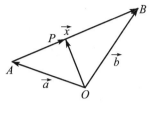

图 3.2.14

$$\overrightarrow{AG} = \frac{\frac{1}{3}(\overrightarrow{AB} + \overrightarrow{AC}) + \frac{1}{3}\overrightarrow{AD}}{1 + \frac{1}{3}} = \frac{1}{4}(\overrightarrow{AB} + \overrightarrow{AC} + \overrightarrow{AD}).$$

▶ 例 9 已知正方体 $ABCD - A_1B_1C_1D_1$ 的棱长等于 8,E 为 CD 的中点.求点 D_1 到平面 AEC_1 的距离.

解

如图 3.2.15 所示建立空间直角坐标系,则有
$E(4,8,0),C_1(8,8,8),D_1(0,8,8),\overrightarrow{AE} = (4,8,0),$
$\overrightarrow{AC_1} = (8,8,8),\overrightarrow{AD_1} = (0,8,8).$

平面 AEC_1 的法向量

$$\vec{n} = \begin{vmatrix} \vec{i} & \vec{j} & \vec{k} \\ 4 & 8 & 0 \\ 8 & 8 & 8 \end{vmatrix} = (64, -32, -32),$$

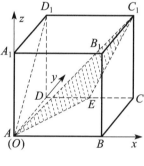

图 3.2.15

$|\vec{n}| = 32\sqrt{6}$,$|\overrightarrow{AD_1} \cdot \vec{n}| = 512,$

故点 D_1 到平面 AEC_1 的距离

$$d = \frac{512}{32\sqrt{6}} = \frac{8\sqrt{6}}{3}.$$

▶ 例 10 已知正方体 $ABCD - A_1B_1C_1D_1$ 的边长为 10,E 是 BC 的中点.求平面 DCC_1D_1 的中心 O_1 到直线 A_1E 的距离.

解

如图 3.2.16 所示建立空间直角坐标系.则有 $A_1(0,0,10),E(10,5,0)$,面
DCC_1D_1 的中心 $O_1(5,10,5).$

$$\overrightarrow{A_1E}=(10,5,-10),$$

$$\overrightarrow{A_1O_1}=(5,10,-5),$$

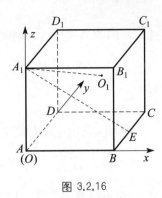

图 3.2.16

$$\overrightarrow{A_1E}\times\overrightarrow{A_1O_1}=\begin{vmatrix} \vec{i} & \vec{j} & \vec{k} \\ 10 & 5 & -10 \\ 5 & 10 & -5 \end{vmatrix}=(75,0,75),$$

$$|\overrightarrow{A_1E}|=\sqrt{10^2+5^2+(-10)^2}=15,$$

$$|\overrightarrow{A_1E}\times\overrightarrow{A_1O_1}|=75\sqrt{2},$$

故点 O_1 到直线 A_1E 的距离 $d=\dfrac{75\sqrt{2}}{15}=5\sqrt{2}$.

▶**例 11** 设一正四面体的四个顶点分别在四个平行平面 $\alpha_1,\alpha_2,\alpha_3,\alpha_4$ 上，相邻两平面间的距离都是 H.求此四面体的棱长 l（用 H 表示）.

解 🕮

如图 3.2.17,设四面体四个顶点 O,A,B,C 顺次在平面 $\alpha_1,\alpha_2,\alpha_3,\alpha_4$ 上,取 $\overrightarrow{OA}=\vec{a},\overrightarrow{OB}=\vec{b},\overrightarrow{OC}=\vec{c}$ 为基础向量,则 $|\vec{a}|=|\vec{b}|=|\vec{c}|=l$.我们通过体积关系,来寻找 H 与 l 的关系.以 l 为棱长的正四面体的体积

$$V=\frac{\sqrt{2}}{12}l^3.$$

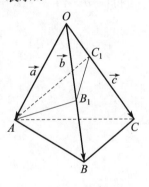

图 3.2.17

由向量的混合积知,

$$V=\frac{1}{6}|(\vec{a},\vec{b},\vec{c})|,$$

由此得

$$|(\vec{a},\vec{b},\vec{c})|=\frac{\sqrt{2}}{2}l^3.$$

设 OB,OC 分别交 α_2 于 B_1,C_1 两点,且设四面体 $O\text{-}AB_1C_1$ 的体积为 V_1,则

$$V_1=\frac{1}{6}|(\overrightarrow{OA},\overrightarrow{OB_1},\overrightarrow{OC_1})|=\frac{1}{6}\left|\left(\vec{a},\frac{1}{2}\vec{b},\frac{1}{3}\vec{c}\right)\right|$$

$$=\frac{1}{36}|(\vec{a},\vec{b},\vec{c})|=\frac{\sqrt{2}}{72}l^3.$$

（这是因为 A 到 α_1,α_3 等距离, A 到 α_1 的距离等于 A 到 α_4 距离的 $\dfrac{1}{2}$.）

另一方面，

$$V_1=\frac{1}{3}H\cdot S_{\triangle AB_1C_1}.$$

因此，求出 $\triangle AB_1C_1$ 的面积成为本题的关键所在. 由向量积的定义知

$$S_{\triangle AB_1C_1}=\frac{1}{2}|\overrightarrow{AB_1}\times\overrightarrow{AC_1}|=\frac{1}{2}\left|\left(\frac{1}{2}\vec{b}-\vec{a}\right)\times\left(\frac{1}{3}\vec{c}-\vec{a}\right)\right|.$$

而由恒等式
$$\begin{aligned}|\vec{a}\times\vec{b}|^2&=|\vec{a}|^2\cdot|\vec{b}|^2\sin^2\langle\vec{a},\vec{b}\rangle\\&=\vec{a}^2\vec{b}^2-|\vec{a}|^2\cdot|\vec{b}|^2\cos^2\langle\vec{a},\vec{b}\rangle\\&=\vec{a}^2\vec{b}^2-(\vec{a}\cdot\vec{b})^2,\end{aligned}$$

并注意到
$$\vec{a}\cdot\vec{b}=\vec{b}\cdot\vec{c}=\vec{c}\cdot\vec{a}=l^2\cos 60°=\frac{1}{2}l^2,$$

可得 $\left(\dfrac{1}{2}\vec{b}-\vec{a}\right)^2=\dfrac{1}{4}l^2+l^2-\vec{a}\cdot\vec{b}=\dfrac{3}{4}l^2$,

$$\left(\frac{1}{3}\vec{c}-\vec{a}\right)^2=\frac{1}{9}l^2+l^2-\frac{2}{3}\vec{a}\cdot\vec{c}=\frac{7}{9}l^2,$$

$$\left(\frac{1}{2}\vec{b}-\vec{a}\right)\cdot\left(\frac{1}{3}\vec{c}-\vec{a}\right)=\frac{1}{6}\vec{b}\cdot\vec{c}-\frac{1}{2}\vec{a}\cdot\vec{b}-\frac{1}{3}\vec{a}\cdot\vec{c}+\vec{a}^2=\frac{2}{3}l^2,$$

故
$$S_{\triangle AB_1C_1}=\frac{1}{2}\left(\frac{3}{4}l^2\cdot\frac{7}{9}l^2-\frac{4}{9}l^4\right)^{\frac{1}{2}}=\frac{\sqrt{5}}{12}l^2,$$

所以
$$\frac{1}{3}H\cdot\frac{\sqrt{5}}{12}l^2=\frac{\sqrt{2}}{72}l^3\Rightarrow l=\sqrt{10}\,H.$$

演习场

习题 3.b

1. 边长为 2 的正方体 $ABCD - A_1B_1C_1D_1$ 中,P 为 CC_1 的中点,则面 $A_1B_1C_1D_1$ 的中心 O_1 到 A_1P 的距离为_____.

2. 如图 3.2.18,D,E,F 分别是 $\triangle ABC$ 的各边 AB,BC,CA 的延长线上的点,且满足 $AB = BD$,$BC = CE,CA = AF$,则 $\dfrac{S_{\triangle DEF}}{S_{\triangle ABC}} = $_____.

3. 已知平行六面体 $ABCD - A_1B_1C_1D_1$ 的底面 $ABCD$ 是菱形,且 $\angle C_1CB = \angle C_1CD = \angle BCD = 60°$,则 C_1C 与 BD 所成的角为_____;且当 $\dfrac{CD}{CC_1} = $____ ____时,能使 $A_1C \perp$ 平面 C_1BD.

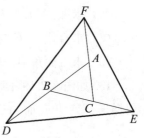

图 3.2.18

4. (上海高考试题)平行六面体 $ABCD - A_1B_1C_1D_1$ 中,顶点 A 处的三条棱长分别为 $1,2,3$,且它们两两的夹角都为 $60°$,则对角线 AC_1 的长为_____.

5. 长方体 $ABCD - A_1B_1C_1D_1$ 中,$AB = 10,BC = 6,BB_1 = 8$.则 CD 与 BD_1 的距离为_____.

6. 斜三棱柱 $ABC - A_1B_1C_1$ 中,侧面 AA_1C_1C 是菱形,$\angle ACC_1 = 60°$.侧面 $ABB_1A_1 \perp AA_1C_1C$,$A_1B = AB = AC = 1$,则 A_1 到平面 ABC 的距离为_____.

7. 证明四面体的余弦定理:设四面体 $A_0A_1A_2A_3$ 的顶点 A_i 所对面 f_i 的面积为 S_i,侧面 f_i 与 f_j 所成的内二面角为 θ_{ij},则

$$S_k^2 = \sum_{i \neq k} S_i^2 - 2 \sum_{\substack{0 \leqslant i < j \leqslant 3 \\ i,j \neq k}} S_iS_j \cos \theta_{ij} \quad (k = 0,1,2,3).$$

8. 设正四棱台 $ABCD - A_1B_1C_1D_1$ 的上下底面边长分别为 $4,8$,高为 10,E,F 为 BC,AA_1 的中点.

(1) 求证:B,E,D_1,F 四点不共面;

(2) 求四面体 B_1BD_1F 的体积.

9. 设四面体 $O - ABC$ 中,$OA = BC = a$,且 $OA \perp BC$,又 OA 与 BC 中点连线长为 d,且和 OA,BC 都垂直,求该四面体的体积(用 a,d 表示).

10. 直四棱柱底面为梯形 $ABCD$,$AA_1 = AB = 2a$,$AD = DC = CB = a$,求二

面角 C-A_1B-D.

11. 对四面体 $ABCD$ 的每个面作一个向量,与这个面垂直,方向向外,长度等于这个面的面积.证明:四个向量的和为零向量.

12. 在正 $\triangle ABC$ 中,E,F,P 分别是边 AB,AC,BC 边上的点,满足 $AE:EB=CF:FA=CP:PB=1:2$.将 $\triangle AEF$ 沿 EF 折起到 $\triangle A_1EF$ 位置,使二面角 A_1-EF-B 为直二面角,连 A_1B,A_1P.

（1）求证:$A_1E\perp$ 平面 BEP；

（2）求直线 A_1E 与平面 A_1BP 所成角的大小；

（3）求二面角 B-A_1P-F 的大小.

13. 如图 3.2.19,四棱锥 V-$ABCD$ 的底面为直角梯形,$VA\perp$ 底面 $ABCD$,$AD\parallel BC$,$AD\perp CD$,$VA=AD=CD=\dfrac{1}{2}BC=a$,$E$ 为 VA 上不同于 A,V 的点.记二面角 A-BE-D 为 α,直线 VC 与底面 $ABCD$ 所成的角为 β.若 $\tan\alpha\cdot\tan\beta=\dfrac{\sqrt{2}}{2}$,求 $\dfrac{VE}{EA}$ 的值.

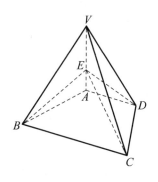

图 3.2.19

14. 三棱锥 P-ABC 中,顶点 P 在平面 ABC 上的射影为 O,满足 $\overrightarrow{OA}+\overrightarrow{OB}+\overrightarrow{OC}=\vec{0}$,点 A 在侧面 PBC 上的射影 H 是 $\triangle PBC$ 的垂心.若 $PA=6$,求三棱锥体积 $V_{P\text{-}ABC}$ 的最大值.

3.3 向量方法的应用

本节中,我们应用向量的数量积、向量积及其性质,给出向量方法在几何、代数中的更多应用.

训练营

▶ **例 1** 设 O 为 $\triangle ABC$ 的外心,H 为垂心.求证:
$$\overrightarrow{OH} = \overrightarrow{OA} + \overrightarrow{OB} + \overrightarrow{OC}.$$

证明

如图 3.3.1,作直径 BD,连 DA,DC,则有 $\overrightarrow{OB} = -\overrightarrow{OD}$,$DA \perp AB$,$DC \perp BC$,$CH \perp AB$,$AH \perp BC$,故 $CH /\!/ DA$,$AH /\!/ DC$,得 $AHCD$ 是平行四边形,于是 $\overrightarrow{AH} = \overrightarrow{DC}$.

又 $\overrightarrow{DC} = \overrightarrow{OC} - \overrightarrow{OD} = \overrightarrow{OC} + \overrightarrow{OB}$,

所以 $\overrightarrow{OH} = \overrightarrow{OA} + \overrightarrow{AH} = \overrightarrow{OA} + \overrightarrow{DC} = \overrightarrow{OA} + \overrightarrow{OB} + \overrightarrow{OC}$.

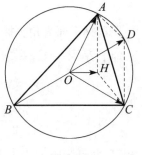

图 3.3.1

▶ **例 2** 是否存在 4 个平面向量,两两不共线,其中任何两个向量之和均与其余两个向量之和垂直?

解

如图 3.3.2,在正 $\triangle ABC$ 中,O 为其中心,P 为内切圆周上一点,满足 $\overrightarrow{PA}$,$\overrightarrow{PB}$,$\overrightarrow{PC}$,$\overrightarrow{PO}$ 两两不共线.

$$(\overrightarrow{PA} + \overrightarrow{PB}) \cdot (\overrightarrow{PC} + \overrightarrow{PO}) = (\overrightarrow{PO} + \overrightarrow{OA} + \overrightarrow{PO} + \overrightarrow{OB}) \cdot$$
$$(\overrightarrow{PO} + \overrightarrow{OC} + \overrightarrow{PO})$$
$$= (2\overrightarrow{PO} + \overrightarrow{OA} + \overrightarrow{OB}) \cdot (2\overrightarrow{PO} + \overrightarrow{OC})$$
$$= (2\overrightarrow{PO} - \overrightarrow{OC}) \cdot (2\overrightarrow{PO} + \overrightarrow{OC})$$
$$= 4\overrightarrow{PO}^2 - \overrightarrow{OC}^2$$

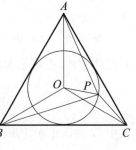

图 3.3.2

$$=4|\overrightarrow{PO}|^2-|\overrightarrow{OC}|^2=0,$$

所以 $(\overrightarrow{PA}+\overrightarrow{PB})\perp(\overrightarrow{PC}+\overrightarrow{PO})$. 同理可证

$$(\overrightarrow{PA}+\overrightarrow{PC})\cdot(\overrightarrow{PB}+\overrightarrow{PO})=0,(\overrightarrow{PB}+\overrightarrow{PC})\cdot(\overrightarrow{PA}+\overrightarrow{PO})=0,$$

所以 $\overrightarrow{PA},\overrightarrow{PB},\overrightarrow{PC},\overrightarrow{PO}$ 满足要求.

▶**例 3** 设 O 是正 n 边形 $A_1A_2\cdots A_n$ 的中心,并设实数 $a_1>a_2>\cdots>a_n>0$.试证:$a_1\overrightarrow{OA_1}+a_2\overrightarrow{OA_2}+\cdots+a_n\overrightarrow{OA_n}\neq\overrightarrow{0}$.

证明 🔎

作一条折线 $B_0B_1\cdots B_n$,使得

$$\overrightarrow{B_{i-1}B_i}=a_i\overrightarrow{OA_i}, \quad 1\leqslant i\leqslant n.$$

选择平面直角坐标系,使得 B_0 为原点,B_1 属于 x 轴的正半轴,并且 B_2 在 x 轴上方.对于 $1\leqslant i\leqslant n$,设 (x_i,y_i) 是 B_i 的坐标.我们有

$$0=y_1<y_2<\cdots<y_{\left[\frac{n+1}{2}\right]},\text{和}\ y_n<y_{n-1}<\cdots<y_{\left[\frac{n}{2}\right]+1}.$$

对于 $1\leqslant j\leqslant\left[\frac{n-1}{2}\right]$,直线 B_jB_{j+1} 的斜率与直线 $B_{n-j}B_{n-j+1}$ 的斜率绝对值相等,并且线段 B_jB_{j+1} 比线段 $B_{n-j}B_{n-j+1}$ 长,所以

$$(y_{j+1}-y_j)+(y_{n-j+1}-y_{n-j})>0,$$

于是 $y_n=y_n-y_1=(y_n-y_{n-1})+\cdots+(y_2-y_1)>0$,由此知 $B_0\neq B_n$,故

$$a_1\overrightarrow{OA_1}+a_2\overrightarrow{OA_2}+\cdots+a_n\overrightarrow{OA_n}\neq\overrightarrow{0}.$$

▶**例 4** (1) 设 M 为正 n 边形内一点,自 M 依次向该 n 边形的各边所在直线作垂线,垂足依次记为 $K_1,K_2,\cdots,K_n$.求证:

$$\overrightarrow{MK_1}+\overrightarrow{MK_2}+\cdots+\overrightarrow{MK_n}=\frac{n}{2}\cdot\overrightarrow{MO},$$

其中 O 为该正 n 边形的中心;

(2) 设 M 为正四面体内一点,自 M 依次向该四面体的各面所在平面作垂线,垂足依次记为 K_1,K_2,K_3,K_4.求证:

$$\overrightarrow{MK_1}+\overrightarrow{MK_2}+\overrightarrow{MK_3}+\overrightarrow{MK_4}=\frac{4}{3}\overrightarrow{MO},$$

其中 O 为该正四面体的中心.

证明 🔍

(1) 按 $K_1,K_2,\cdots,K_n$ 的顺序记这个正 n 边形的顶点为 $O_1,O_2,\cdots,O_n$,将 K_i 所在的边称为第 i 条边.过点 M 作平行于第 $i-1$ 条边的直线和平行于第 $i+1$ 条边的直线,分别记它们与第 i 条边的交点为 B_i 和 A_i.易知,当 $n=4$ 时,A_i,B_i,K_i 是同一个点.当 $n\neq4$ 时,$MA_i=MB_i$,且 K_i 是 A_iB_i 的中点,从而有

$$\overrightarrow{MK_i}=\frac{1}{2}(\overrightarrow{MA_i}+\overrightarrow{MB_i}).$$

由于 $MA_{i-1}O_iB_i$ 为平行四边形,所以

$$\overrightarrow{MB_i}+\overrightarrow{MA_{i-1}}=\overrightarrow{MO_i},$$

于是 $\qquad\displaystyle\sum_{i=1}^{n}\overrightarrow{MK_i}=\frac{1}{2}\sum_{i=1}^{n}(\overrightarrow{MA_i}+\overrightarrow{MB_i})=\frac{1}{2}\sum_{i=1}^{n}\overrightarrow{MO_i}.$

又 $\overrightarrow{MO_i}=\overrightarrow{MO}+\overrightarrow{OO_i}$,且 O 为正 n 边形中心,从而 $\displaystyle\sum_{i=1}^{n}\overrightarrow{OO_i}=\vec{0}$,所以

$$\sum_{i=1}^{n}\overrightarrow{MK_i}=\frac{n}{2}\overrightarrow{MO}.$$

(2) **方法一** 自 O 向正四面体的 K_i 所在面作垂线,记垂足为 B_i.令 $\vec{b_i}$ 是与 $\overrightarrow{OB_i}$ 平行且指向相同的单位向量,则显然有

$$\overrightarrow{MK_i}=\lambda_i\vec{b_i},$$

其中 $\lambda_i=\overrightarrow{MK_i}\cdot\vec{b_i}$ 为向量 $\overrightarrow{MK_i}$ 与 $\vec{b_i}$ 的数量积.由于

$$\overrightarrow{MK_i}=\overrightarrow{MO}+\overrightarrow{OB_i}+\overrightarrow{B_iK_i},$$

又 $\overrightarrow{OB_i}\perp\overrightarrow{B_iK_i}$,所以 $\overrightarrow{B_iK_i}\cdot\vec{b_i}=0$,从而

$$\overrightarrow{MK_i}\cdot\vec{b_i}=\overrightarrow{MO}\cdot\vec{b_i}+\overrightarrow{OB_i}\cdot\vec{b_i},$$

于是 $\qquad\qquad\overrightarrow{MK_i}=\overrightarrow{OB_i}+(\overrightarrow{MO}\cdot\vec{b_i})\vec{b_i}.$

由于 O 为正四面体的中心,易知

$$\sum_{i=1}^{4}\overrightarrow{OB_i}=\sum_{i=1}^{4}\vec{b_i}=\vec{0},$$

由此可知 $\qquad\qquad\displaystyle\sum_{i=1}^{4}\overrightarrow{MK_i}=\sum_{i=1}^{4}(\overrightarrow{MO}\cdot\vec{b_i})\vec{b_i}.$

设 $\qquad\qquad\overrightarrow{MO}=p_1\vec{b_1}+p_2\vec{b_2}+p_3\vec{b_3}(p_1,p_2,p_3\in\mathbf{R}),$

则 $\qquad\qquad\displaystyle\sum_{i=1}^{4}\overrightarrow{MK_i}=\sum_{i=1}^{4}\vec{b_i}\sum_{k=1}^{3}p_k(\vec{b_k}\cdot\vec{b_i}),$

而 $\vec{b_k} \cdot \vec{b_k} = 1$,且由正四面体的性质可知,当 $k \neq m$ 时,$\vec{b_k} \cdot \vec{b_m} = -\dfrac{1}{3}$.由此可得

$$\sum_{i=1}^{4} \overrightarrow{MK_i} = \sum_{k=1}^{3} p_k \vec{b_k} - \frac{p_1}{3} \sum_{k \neq 1} \vec{b_k} - \frac{p_2}{3} \sum_{k \neq 2} \vec{b_k} - \frac{p_3}{3} \sum_{k \neq 3} \vec{b_k}$$

$$= \sum_{k=1}^{3} p_k \vec{b_k} + \frac{1}{3} \sum_{k=1}^{3} p_k \vec{b_k}$$

$$= \frac{4}{3} \overrightarrow{MO}.$$

方法二 设已给的正四面体为 $A_1 A_2 A_3 A_4$.对于一个四面体 X,用 $[X]$ 表示它的有向体积.不妨设 $V = [A_1 A_2 A_3 A_4] > 0$.记该四面体的每个面的面积为 F,外接球的半径为 R,设 (m_1, m_2, m_3, m_4) 是点 M 关于 $A_1 A_2 A_3 A_4$ 的重心坐标,即

$$m_1 = \frac{[MA_2 A_3 A_4]}{V}, m_2 = \frac{[A_1 M A_3 A_4]}{V},$$

$$m_3 = \frac{[A_1 A_2 M A_4]}{V}, m_4 = \frac{[A_1 A_2 A_3 M]}{V}.$$

由重心坐标的性质可知

$$\overrightarrow{OM} = \sum_{i=1}^{4} m_i \overrightarrow{OA_i}.$$

不妨设点 K_i 所在面所对的顶点为 A_i,则

$$\overrightarrow{MK_1} = -\frac{3[MA_2 A_3 A_4]}{F} \cdot \frac{\overrightarrow{OA_1}}{|\overrightarrow{OA_1}|}.$$

由于 $|\overrightarrow{OA_1}| = R, V = \dfrac{4}{9} FR$,所以

$$\overrightarrow{MK_1} = -\frac{4}{3} \frac{[MA_2 A_3 A_4]}{V} \overrightarrow{OA_1} = -\frac{4}{3} m_1 \overrightarrow{OA_1},$$

同理,$\overrightarrow{MK_i} = -\dfrac{4}{3} m_i \overrightarrow{OA_i}$,

故

$$\sum_{i=1}^{4} \overrightarrow{MK_i} = -\frac{4}{3} \sum_{i=1}^{4} m_i \overrightarrow{OA_i} = \frac{4}{3} \overrightarrow{MO}.$$

方法三 在空间建立直角坐标系,不妨设正四面体的中心 O 为原点,该正四面体的顶点依次为 A_1, A_2, A_3, A_4.对空间任一点 P,自 P 向正四面体顶点 A_i 所对面作垂线,垂足记为 $Q_i(P)$,考察从三维空间中的点到三维向量空间的映射:

$$f(P)=\overrightarrow{PO}-\frac{3}{4}\sum_{i=1}^{4}\overrightarrow{PQ_i},$$

显然 $f(P)$ 的每个分量关于 P 的坐标为线性函数.由于

$$Q_k(A_k)=O_k,Q_i(A_k)=A_k,i\neq k,$$

其中 O_k 是正四面体顶点 A_k 所对面的中心,所以

$$f(A_k)=\overrightarrow{A_kO}-\frac{3}{4}\overrightarrow{A_kO_k}.$$

由正四面体的性质可知, $\overrightarrow{A_kO}=\frac{3}{4}\overrightarrow{A_kO_k}$ (O 分 $\overrightarrow{A_kO_k}$ 为 3:1),于是

$$f(A_k)=0.$$

由于一个定义于空间的线性函数若在四个不共面的点上取值为 0,则它必恒为 0,从而对任意点 P, $f(P)=0$.特别地, $f(M)=0$,即

$$\sum_{i=1}^{4}\overrightarrow{MK_i}=\frac{4}{3}\overrightarrow{MO}.$$

点评

由方法三知,点 M 在四面体内的限制可以去掉.

在平面上,对 $\triangle A_1A_2A_3$ 也可定义任一点 M 关于 $\triangle A_1A_2A_3$ 的重心坐标 (m_1,m_2,m_3),用 $[X]$ 表示有向面积.不妨设 $S=[A_1A_2A_3]>0$.

$$m_1=\frac{[MA_2A_3]}{S},m_2=\frac{[A_1MA_3]}{S},m_3=\frac{[A_1A_2M]}{S},$$

则有 $\overrightarrow{OM}=m_1\overrightarrow{OA_1}+m_2\overrightarrow{OA_2}+m_3\overrightarrow{OA_3}$ (O 为三角形的重心).

▶ **例 5**   点 O 在凸多边形 $A_1A_2\cdots A_n$ 内,考虑所有的 $\angle A_iOA_j$ ($1\leqslant i\neq j\leqslant n$).证明:其中至少有 $n-1$ 个不是锐角.

证明

由题设,存在一组正数 $k_1,k_2,\cdots,k_n$,使得诸向量 $\overrightarrow{OA_i}$ 满足

$$\sum_{i=1}^{n}k_i\overrightarrow{OA_i}=\vec{0}.$$

为方便起见,令 $\vec{a_i}=k_i\overrightarrow{OA_i}$,对原题用归纳法.

当 $n=3$ 时,结论显然成立.

设命题对 n 成立,考察 $n+1$ 的情形.由 $\sum_{i=1}^{n+1}\vec{a_i}=\vec{0}$ 得

$$\sum_{i=1}^{n} \vec{a_i} \cdot \overrightarrow{a_{n+1}} = -|\overrightarrow{a_{n+1}}|^2 \leqslant 0,$$

从而至少有一个数量积$\vec{a_i} \cdot \overrightarrow{a_{n+1}} \leqslant 0$,不妨设$\vec{a_n} \cdot \overrightarrow{a_{n+1}} \leqslant 0$.

令$\vec{a_n}' = \vec{a_n} + \overrightarrow{a_{n+1}}, \vec{a_i}' = \vec{a_i}(1 \leqslant i \leqslant n-1)$,则$\sum_{i=1}^{n} \vec{a_i}' = \vec{0}$.

由归纳假设,存在 $n-1$ 个$\vec{a_i}' \cdot \vec{a_j}' \leqslant 0$.若 $1 \leqslant i \neq j < n$,则结论成立.若有 $\vec{a_i}' \cdot \vec{a_n}' \leqslant 0$,则$\vec{a_i} \cdot \vec{a_n} + \vec{a_i} \cdot \overrightarrow{a_{n+1}} \leqslant 0$,从而$\vec{a_i} \cdot \vec{a_n} \leqslant 0$ 或 $\vec{a_i} \cdot \overrightarrow{a_{n+1}} \leqslant 0$,于是至少有 n 个数量积$\leqslant 0$.故对 $n+1$,命题成立.原题得证.

▶ **例6** 设 $OABC$ 为一四面体,以 ABC 为其底面.设 AD, BE 为$\triangle OAB$ 的高线,BF, CG 为$\triangle OBC$ 的高线,CH, AI 为$\triangle OCA$ 的高线.证明:直线 DE, FG 和 HI 平行于同一平面.

证明 🔍

记
$$\vec{a} = \frac{\overrightarrow{OA}}{|\overrightarrow{OA}|^2}, \vec{b} = \frac{\overrightarrow{OB}}{|\overrightarrow{OB}|^2}, \vec{c} = \frac{\overrightarrow{OC}}{|\overrightarrow{OC}|^2}.$$

令 $\alpha = |\overrightarrow{OA} - \overrightarrow{OB}|, \beta = |\overrightarrow{OB} - \overrightarrow{OC}|, \gamma = |\overrightarrow{OC} - \overrightarrow{OA}|$,则有

$$\overrightarrow{OD} = \alpha \vec{b}, \overrightarrow{OE} = \alpha \vec{a},$$

所以$\overrightarrow{DE} = \alpha(\vec{a} - \vec{b})$.同理,$\overrightarrow{FG} = \beta(\vec{b} - \vec{c}), \overrightarrow{HI} = \gamma(\vec{c} - \vec{a})$.

于是我们有

$$\overrightarrow{DE} \times \overrightarrow{FG} = \alpha\beta\vec{v}, \overrightarrow{FG} \times \overrightarrow{HI} = \beta\gamma\vec{v}, \overrightarrow{HI} \times \overrightarrow{DE} = \gamma\alpha\vec{v},$$

其中
$$\vec{v} = \vec{b} \times \vec{c} + \vec{c} \times \vec{a} + \vec{a} \times \vec{b},$$

这表明 DE, FG 和 HI 都平行于以 $\vec{v}$ 为法向量的平面.

▶ **例7** 已知向量$\overrightarrow{OA}, \overrightarrow{OB}, \overrightarrow{OC}, \overrightarrow{OD}$ 两两夹角相等,向量$\overrightarrow{OE}$ 与$\overrightarrow{OA}, \overrightarrow{OB}$, $\overrightarrow{OC}, \overrightarrow{OD}$ 的夹角分别为$\alpha, \beta, \gamma, \theta$.求 $\sin^2\alpha + \sin^2\beta + \sin^2\gamma + \sin^2\theta$ 的所有可能的值.

解 ❓

不妨设向量$\overrightarrow{OA}, \overrightarrow{OB}, \overrightarrow{OC}, \overrightarrow{OD}, \overrightarrow{OE}$的长均为1.易知,$ABCD$ 构成正四面体,且$\overrightarrow{OA}, \overrightarrow{OB}, \overrightarrow{OC}, \overrightarrow{OD}$两两夹角的余弦值为$-\frac{1}{3}$,

$$\overrightarrow{OA} + \overrightarrow{OB} + \overrightarrow{OC} + \overrightarrow{OD} = \vec{0}.$$

可建立直角坐标系使得：

$A(0,0,1), B\left(-\dfrac{\sqrt{2}}{3}, -\dfrac{\sqrt{6}}{3}, -\dfrac{1}{3}\right),$

$C\left(-\dfrac{\sqrt{2}}{3}, \dfrac{\sqrt{6}}{3}, -\dfrac{1}{3}\right), D\left(-\dfrac{2\sqrt{2}}{3}, 0, -\dfrac{1}{3}\right),$

$E(x,y,z), x^2+y^2+z^2=1.$

则 $\cos^2\alpha=(\overrightarrow{OA}\cdot\overrightarrow{OE})^2=z^2,$

$\cos^2\beta=(\overrightarrow{OB}\cdot\overrightarrow{OE})^2=\dfrac{2}{9}x^2+\dfrac{6}{9}y^2+\dfrac{1}{9}z^2+\dfrac{4\sqrt{3}}{9}xy+\dfrac{2\sqrt{2}}{9}xz+\dfrac{2\sqrt{6}}{9}zy,$

$\cos^2\gamma=(\overrightarrow{OC}\cdot\overrightarrow{OE})^2=\dfrac{2}{9}x^2+\dfrac{6}{9}y^2+\dfrac{1}{9}z^2-\dfrac{4\sqrt{3}}{9}xy+\dfrac{2\sqrt{2}}{9}xz-\dfrac{2\sqrt{6}}{9}zy,$

$\cos^2\theta=(\overrightarrow{OD}\cdot\overrightarrow{OE})^2=\dfrac{8}{9}x^2+\dfrac{1}{9}z^2-\dfrac{4\sqrt{2}}{9}xz.$

故 $\cos^2\alpha+\cos^2\beta+\cos^2\gamma+\cos^2\theta=\dfrac{4}{3},$

$\sin^2\alpha+\sin^2\beta+\sin^2\gamma+\sin^2\theta=\dfrac{8}{3}.$

▶例8 一个凸六边形 $A_1A_2A_3A_4A_5A_6$ 的对边互相平行.求证：$S_{\triangle A_1A_3A_5}=S_{\triangle A_2A_4A_6}.$

证明

如图 3.3.3,在六边形所在平面上任取一点 O,

记 $\overrightarrow{OA_i}=\vec{\alpha_i}(i=1,2,\cdots,6),$

易知 $\overrightarrow{A_1A_2}=\vec{\alpha_2}-\vec{\alpha_1}, \overrightarrow{A_2A_3}=\vec{\alpha_3}-\vec{\alpha_2},\cdots,\overrightarrow{A_6A_1}=\vec{\alpha_1}-\vec{\alpha_6}.$

由于各对边互相平行,

所以 $(\vec{\alpha_2}-\vec{\alpha_1})\times(\vec{\alpha_5}-\vec{\alpha_4})=\vec{0},(\vec{\alpha_3}-\vec{\alpha_2})\times(\vec{\alpha_6}-\vec{\alpha_5})=\vec{0},(\vec{\alpha_4}-\vec{\alpha_3})\times(\vec{\alpha_1}-\vec{\alpha_6})=\vec{0}.$

由以上三式得

$$\vec{\alpha_1}\times\vec{\alpha_3}+\vec{\alpha_3}\times\vec{\alpha_5}+\vec{\alpha_5}\times\vec{\alpha_1}=\vec{\alpha_2}\times\vec{\alpha_4}+\vec{\alpha_4}\times\vec{\alpha_6}+\vec{\alpha_6}\times\vec{\alpha_2},$$

$$S_{\triangle A_1A_3A_5}=\dfrac{1}{2}\left|\overrightarrow{A_1A_3}\times\overrightarrow{A_1A_5}\right|$$

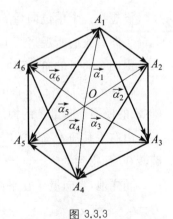

图 3.3.3

$$= \frac{1}{2} |(\vec{\alpha_3} - \vec{\alpha_1}) \times (\vec{\alpha_5} - \vec{\alpha_1})|$$

$$= \frac{1}{2} |\vec{\alpha_1} \times \vec{\alpha_3} + \vec{\alpha_3} \times \vec{\alpha_5} + \vec{\alpha_5} \times \vec{\alpha_1}|$$

$$= \frac{1}{2} |\vec{\alpha_2} \times \vec{\alpha_4} + \vec{\alpha_4} \times \vec{\alpha_6} + \vec{\alpha_6} \times \vec{\alpha_2}|$$

$$= \frac{1}{2} |(\vec{\alpha_4} - \vec{\alpha_2}) \times (\vec{\alpha_6} - \vec{\alpha_2})|$$

$$= S_{\triangle A_2 A_4 A_6}.$$

知识桥

下面向大家介绍一种关于绕点旋转的向量表示方法.

在平面几何中,我们常遇到这样一类问题:将一条线段绕着它的一个端点逆(或顺)时针旋转 $90°$ 到另一个位置.

这个问题利用向量可以这样来表示:

设向量 $\vec{\alpha}$ 在平面 π 内,将此向量在平面 π 内绕始点逆时针旋转 $90°$ 到另一个位置.

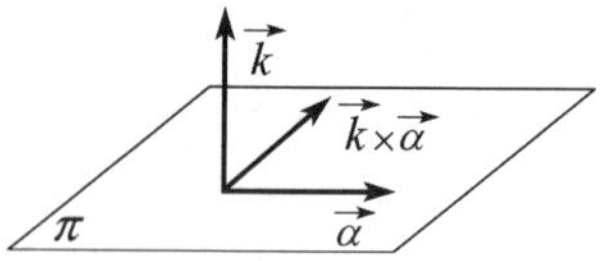

设想有一个单位向量 $\vec{k}$,它垂直于平面 π,并且其箭头向着我们所观察的平面的上方,如图 3.3.4.

图 3.3.4

由两个向量的向量积的定义:

$|\vec{k} \times \vec{\alpha}| = |\vec{k}| \cdot |\vec{\alpha}| \sin 90° = |\vec{\alpha}|$,就是说向量 $\vec{k} \times \vec{\alpha}$ 的模等于向量 $\vec{\alpha}$ 的模.

由右手系知 $\vec{k} \times \vec{\alpha}$ 位于平面 π 内,且 $\vec{k} \times \vec{\alpha} \perp \vec{\alpha}$,即从 $\vec{\alpha}$ 到 $\vec{k} \times \vec{\alpha}$ 是 $\vec{\alpha}$ 逆时针旋转 $90°$ 而得到的.

同样地,当向量 $\vec{\alpha}$ 在平面 π 内绕始点顺时针旋转 $90°$,得到的新向量可表示为 $-\vec{k} \times \vec{\alpha}$ 或 $\vec{\alpha} \times \vec{k}$.

训练营

▶**例 9** 如图 3.3.5,已知 $ABCD$ 是任意四边形,分别以 AD 及 BC 为一边向四边形外作正方形 $ADSM$ 和 $BCFE$,再分别以四边形的对角线 AC 及 BD 为一边作正方形 $ACGP$ 及 $BDRQ$.求证:四边形 $MEQP$ 是平行四边形.

证明

设 $\overrightarrow{AB}=\vec{\alpha}$，$\overrightarrow{BC}=\vec{\beta}$，$\overrightarrow{CD}=\vec{\gamma}$，则 $\overrightarrow{AD}=\vec{\alpha}+\vec{\beta}+\vec{\gamma}$，$\overrightarrow{BE}=-\vec{k}\times\vec{\beta}$，$\overrightarrow{AM}=\vec{k}\times(\vec{\alpha}+\vec{\beta}+\vec{\gamma})$，

$\overrightarrow{EM}=\vec{k}\times(\vec{\alpha}+\vec{\beta}+\vec{\gamma})-\vec{\alpha}+\vec{k}\times\vec{\beta}=\vec{k}\times(\vec{\alpha}+2\vec{\beta}+\vec{\gamma})-\vec{\alpha}$，

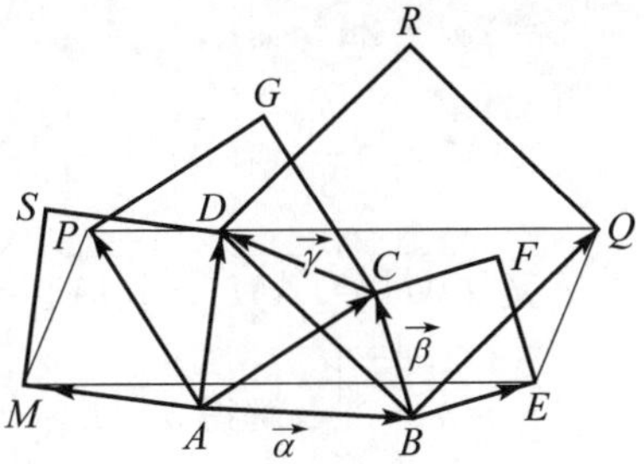

图 3.3.5

$\overrightarrow{AC}=\vec{\alpha}+\vec{\beta}$，$\overrightarrow{AP}=\vec{k}\times(\vec{\alpha}+\vec{\beta})$，

$\overrightarrow{BD}=\vec{\beta}+\vec{\gamma}$，$\overrightarrow{BQ}=-\vec{k}\times(\vec{\beta}+\vec{\gamma})$，

$$\overrightarrow{QP}=\vec{k}\times(\vec{\alpha}+\vec{\beta})-\vec{\alpha}+\vec{k}\times(\vec{\beta}+\vec{\gamma})=\vec{k}\times(\vec{\alpha}+2\vec{\beta}+\vec{\gamma})-\vec{\alpha},$$

∴ $\overrightarrow{EM}=\overrightarrow{QP}$.

∴ $MEQP$ 是平行四边形.

▶**例 10** 已知 P 为正三棱锥 $A-BCD$ 的边界上一点，$\triangle ABC$，$\triangle ABD$，$\triangle ADC$，$\triangle DBC$ 的重心分别为 E,F,G,H.若底面 BCD 的边长为 1，侧棱 $AB=AC=AD=\sqrt{11}$，求 $|\overrightarrow{PE}+\overrightarrow{PF}+\overrightarrow{PG}+\overrightarrow{PH}|$ 的取值范围.

解

设原点为 O.则

$$\begin{aligned}&|\overrightarrow{PE}+\overrightarrow{PF}+\overrightarrow{PG}+\overrightarrow{PH}|\\&=\left|4\overrightarrow{PO}+\frac{\overrightarrow{OA}+\overrightarrow{OB}+\overrightarrow{OC}}{3}+\frac{\overrightarrow{OB}+\overrightarrow{OC}+\overrightarrow{OD}}{3}+\frac{\overrightarrow{OC}+\overrightarrow{OD}+\overrightarrow{OA}}{3}+\frac{\overrightarrow{OD}+\overrightarrow{OA}+\overrightarrow{OB}}{3}\right|\\&=|4\overrightarrow{PO}+\overrightarrow{OA}+\overrightarrow{OB}+\overrightarrow{OC}+\overrightarrow{OD}|\\&=4|\overrightarrow{PO}|.\end{aligned}$$

取原点 O 使得 $\overrightarrow{OA}+\overrightarrow{OB}+\overrightarrow{OC}+\overrightarrow{OD}=\vec{0}$，即为正三棱锥 A-BCD 的重心.

为确定点 O 的位置，设 $AM\perp$ 底面 BCD 于点 M.

由对称性，知点 O 必在线段 AM 上.

设 $\overrightarrow{OB}$，$\overrightarrow{OC}$，$\overrightarrow{OD}$ 两两的夹角为 θ，模为 a.

$$\begin{aligned}&|\overrightarrow{OA}|^2=|\overrightarrow{OB}+\overrightarrow{OC}+\overrightarrow{OD}|^2\\&=3a^2+3a^2\cos\theta.\end{aligned}$$

又 $1=|\overrightarrow{BC}|^2=|\overrightarrow{BO}+\overrightarrow{OC}|^2$

$$=2a^2-2a^2\cos\theta,$$

$$|\overrightarrow{AM}|=\frac{4\sqrt{6}}{3},|\overrightarrow{OM}|=\frac{1}{4}|\overrightarrow{AM}|=\frac{\sqrt{6}}{3},$$

又 $|\overrightarrow{OM}|=|\overrightarrow{AM}|-|\overrightarrow{OA}|=\sqrt{OB^2-MB^2}$

$$=\sqrt{a^2-\frac{1}{3}},解得 a=1.$$

从而, $|\overrightarrow{OA}|=\sqrt{6},|\overrightarrow{OB}|=|\overrightarrow{OC}|=|\overrightarrow{OD}|=1.$

为使得 $|\overrightarrow{PO}|$ 最长,点 P 必在顶点处.比较线段 AO,BO,CO,DO 的长,知 $|\overrightarrow{PO}|$ 的最大值为 $\sqrt{6}$.

故 $|\overrightarrow{PE}+\overrightarrow{PF}+\overrightarrow{PG}+\overrightarrow{PH}|$ 的最大值为 $4\sqrt{6}$.

为求最小值,只须考虑点 O 到各面的距离即可.

据上面的计算,易知 $|\overrightarrow{OM}|=\frac{\sqrt{6}}{3}.$

由对称性,不妨设 $ON\perp$ 面 ACD 于点 N,联结 AN 并延长,与 CD 交于点 Q,联结 OQ.

易知, $\triangle AON\backsim\triangle AMQ.$

从而, $|\overrightarrow{ON}|=\frac{\sqrt{774}}{129}.$

由 $|\overrightarrow{OM}|=\frac{\sqrt{6}}{3}>\frac{\sqrt{774}}{129}=|\overrightarrow{ON}|$,知所求式的最小值为 $\frac{\sqrt{774}}{129}.$

综上,所求取值范围是 $\left[\frac{4\sqrt{774}}{129},4\sqrt{6}\right].$

▶ 例 11 (2007 年国家集训队选拔试题)实数 $x_1,x_2,\cdots,x_n(n\geqslant2)$ 满足

$$A=\Big|\sum_{i=1}^n x_i\Big|\neq0,B=\max_{1\leqslant i<j\leqslant n}|x_j-x_i|\neq0.$$

求证:对所有向量 $\overrightarrow{\alpha_1},\overrightarrow{\alpha_2},\cdots,\overrightarrow{\alpha_n}$,存在 $1,2,\cdots,n$ 的排列 $k_1,k_2,\cdots,k_n$,使

$$\Big|\sum_{i=1}^n x_{k_i}\overrightarrow{\alpha_i}\Big|\geqslant\frac{AB}{2A+B}\max_{1\leqslant i\leqslant n}|\overrightarrow{\alpha_i}|.$$

证明 🖊

先考虑 $\alpha_1,\alpha_2,\cdots,\alpha_n$ 为实数(一维向量)的情形.不妨设 $\alpha_n\geqslant\alpha_{n-1}\geqslant\cdots\geqslant\alpha_1$,并且 $\alpha_n=\max_{1\leqslant i\leqslant n}|\alpha_i|,$

又不妨设 $x_n \geq x_{n-1} \geq \cdots \geq x_1$，并且 $A = \sum\limits_{i=1}^{n} x_i > 0$，这时 $B = x_n - x_1 > 0$.

令
$$M = \max \left| \sum_{i=1}^{n} x_{k_i} \alpha_i \right|,$$

其中最大是对所有 $1, 2, \cdots, n$ 的排列 $k_1, k_2, \cdots, k_n$ 而取的.

又令
$$\beta_1 = x_n \alpha_n + x_1 \alpha_1 + x_2 \alpha_2 + \cdots + x_{n-1} \alpha_{n-1},$$
$$\beta_2 = x_1 \alpha_n + x_n \alpha_1 + x_2 \alpha_2 + \cdots + x_{n-1} \alpha_{n-1},$$

则
$$M \geq \frac{1}{2}(|\beta_1| + |\beta_2|) \geq \frac{1}{2} |\beta_1 - \beta_2|$$

$$= \frac{1}{2}(x_n - x_1)(\alpha_n - \alpha_1) = \frac{B}{2}(\alpha_n - \alpha_1). \tag{1}$$

如果 $\alpha_1 \leq 0$，那么就有
$$M \geq \frac{B}{2} \alpha_n \geq \frac{AB}{2A+B} \alpha_n.$$

如果 $\alpha_1 > 0$，那么所有 $\alpha_i > 0$. 设 $x_h > 0 > x_{h-1}$，则
$$M \geq \beta_1 = x_n \alpha_n + x_{n-1} \alpha_{n-1} + \cdots + x_1 \alpha_1$$

$$\geq \sum_{i=1}^{h-1} x_i \alpha_n + \sum_{i=h}^{n} x_i \alpha_n = A \alpha_n \geq A \alpha_1. \tag{2}$$

由式(1)(2)消去 α_1，得
$$\left(\frac{2}{B} + \frac{1}{A}\right) M \geq (\alpha_n - \alpha_1) + \alpha_1 = \alpha_n,$$

即有
$$M \geq \frac{AB}{2A+B} \alpha_n.$$

对于向量 $\vec{\alpha_1}, \vec{\alpha_2}, \cdots, \vec{\alpha_n}$，设
$$|\vec{\alpha_n}| \geq |\vec{\alpha_{n-1}}| \geq \cdots \geq |\vec{\alpha_1}|.$$

根据已证，对于实数 $\vec{\alpha_1} \cdot \vec{\alpha_n}, \vec{\alpha_2} \cdot \vec{\alpha_n}, \cdots, \vec{\alpha_n} \cdot \vec{\alpha_n}$，有 $1, 2, \cdots, n$ 的排列 $k_1, k_2, \cdots, k_n$，使
$$\left| \sum_{i=1}^{n} x_{k_i} \vec{\alpha_i} \cdot \vec{\alpha_n} \right| \geq \frac{AB}{2A+B} \cdot \vec{\alpha_n}^2,$$

而上式左边 $= \left| \left(\sum\limits_{i=1}^{n} x_{k_i} \vec{\alpha_i}\right) \cdot \vec{\alpha_n} \right| \leq \left| \sum\limits_{i=1}^{n} x_{k_i} \cdot \vec{\alpha_i} \right| \cdot |\vec{\alpha_n}|$，约去 $|\vec{\alpha_n}|$，得
$$\left| \sum_{i=1}^{n} x_{k_i} \vec{\alpha_i} \right| \geq \frac{AB}{2A+B} |\vec{\alpha_n}|.$$

点评

作为推广,可参看 F.W.Levi(刘维尔)证明的如下定理:

设 $a_{ij}(i=1,2,\cdots,p;j=1,2,\cdots,r)$,$b_{ij}(i=1,2,\cdots,q;j=1,2,\cdots,r)$ 为给定的实数.如果不等式

$$\sum_{i=1}^{p}\left|\sum_{j=1}^{r}a_{ij}v_j\right| \geqslant \sum_{i=1}^{q}\left|\sum_{j=1}^{r}b_{ij}v_j\right|$$

对所有实数 $v_1,v_2,\cdots,v_r$ 均成立,那么它对 n 维向量 $\vec{v_1},\vec{v_2},\cdots,\vec{v_r}$ 也成立.

▶ **例 12** (2008 年国家集训队试题)求最大的正整数 n,使得在三维空间中存在 n 个点 $P_1,P_2,\cdots,P_n$,其中任意三点不共线,且对任意 $1\leqslant i<j<k\leqslant n$,$\triangle P_iP_jP_k$ 不是钝角三角形.

解

考虑正方体的 8 个顶点,容易验证,其中任意三点构成的三角形都不是钝角三角形.

下证 $n\leqslant 8$.设 $P_1,P_2,\cdots,P_n$ 为满足要求的点集,将它们放入空间直角坐标系,不妨设 P_1 为坐标原点 O.

若 $P_1,P_2,\cdots,P_n$ 不共面,设 Λ 为这些点的凸包.对 $2\leqslant i\leqslant n$,令 $\Lambda_i=\Lambda+\overrightarrow{OP_i}$(因此 $\Lambda=\Lambda_1$),考虑以坐标原点为中心将 Λ 扩大为原来的 2 倍,记 Γ 和 Q_i 为 Λ 和 P_i 在这个变换下的象.易知,所有 $\Lambda_i(1\leqslant i\leqslant n)$ 均在 Γ 内,且 Γ 的体积是 Λ 的体积的 8 倍.我们断言:

(a) 每个 P_i 为 Λ 的顶点;

(b) $\Lambda_i,\Lambda_j(1\leqslant i<j\leqslant n)$ 没有公共内点.

对于(a),设 P_2 不是 Λ 的顶点.若 P_2 在凸包 Λ 的某个面上,则这个面上一定存在两个顶点 P_i,P_j,使得 $\angle P_iP_2P_j\geqslant 120°>90°$,矛盾!若 P_2 在凸包 Λ 的内部,设直线 P_1P_2 与凸包 Λ 的一个面 π 交于点 P_2',P_1 在面 π 上的投影为 H.由于 P_2' 在面 π 的内部,所以存在面 π 上的一个顶点 P_i,使得 $\angle P_iP_2'H\geqslant 90°$,所以

$$P_1P_2'^2+P_iP_2'^2=P_1H^2+HP_2'^2+P_iP_2'^2\leqslant P_1H^2+P_iH^2=P_1P_i^2,$$

所以 $\angle P_1P_2P_i>\angle P_1P_2'P_i\geqslant 90°$,矛盾!(a)得证.

对于(b),考虑过 $Q_iQ_j=\overrightarrow{OP_i}+\overrightarrow{OP_j}$,且与 $\overrightarrow{P_iP_j}$ 垂直的平面 P_{ij}.注意到 P_{ij} 就是

Q_iQ_j 的中垂面,所以 Λ_i 的所有点均与 Q_i 在 P_{ij} 的同侧(否则就有钝角三角形了),Λ_j 的所有点也均与 Q_j 在 P_{ij} 的同侧.所以(b)成立.

由(a)(b)成立,知 $\bigcup\limits_{i=1}^{n} \Lambda_i$ 的体积(不大于 Γ 的体积)就是所有 Λ_i ($1\leqslant i\leqslant n$)的体积和,即 Λ 的体积的 n 倍,因此 $n\leqslant 8$.

若 $P_1,P_2,\cdots,P_n$ 共面,同上做法可知 $n\leqslant 4$.

故 n 的最大值为 8.

点评

本例中将 Λ 补形成中心对称图形的方法值得借鉴.

▶ **例 13** 设 $ABCD-A_1B_1C_1D_1$ 为平行六面体.证明:

$$AB_1+AD_1+AC\leqslant AB+AD+AA_1+AC_1.$$

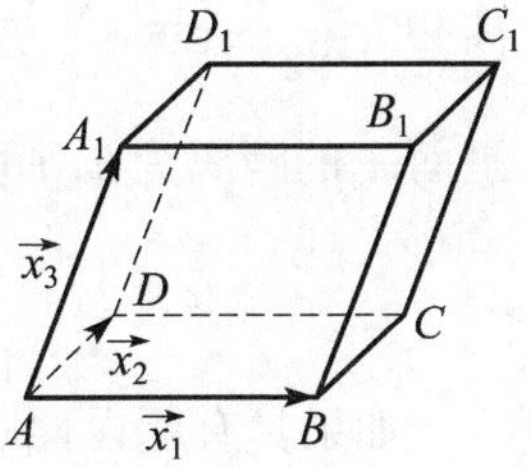

证明

利用向量法.如图 3.3.6,令

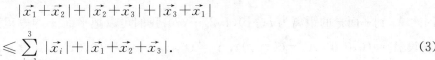

图 3.3.6

$\vec{x_1}=\overrightarrow{AB},\vec{x_2}=\overrightarrow{AD},\vec{x_3}=\overrightarrow{AA_1}$,只要证明

$$|\vec{x_1}+\vec{x_2}|+|\vec{x_2}+\vec{x_3}|+|\vec{x_3}+\vec{x_1}|$$

$$\leqslant \sum_{i=1}^{3} |\vec{x_i}|+|\vec{x_1}+\vec{x_2}+\vec{x_3}|. \tag{3}$$

因 $|\vec{x_i}+\vec{x_j}|\leqslant |\vec{x_i}|+|\vec{x_j}|$,$|\vec{x_i}+\vec{x_j}|\leqslant |\vec{x_k}|+|\vec{x_i}+\vec{x_j}+\vec{x_k}|$,

故 $\left(\sum |\vec{x_i}|\right)^2-\left(\sum \vec{x_i}\right)^2$

$$=2\sum_{i<j} (|\vec{x_i}| \cdot |\vec{x_j}|-\vec{x_i} \cdot \vec{x_j})$$

$$=\sum_{i<j} ((|\vec{x_i}|+|\vec{x_j}|)^2-|\vec{x_i}+\vec{x_j}|^2)$$

$$=\sum_{i<j} (|\vec{x_i}|+|\vec{x_j}|+|\vec{x_i}+\vec{x_j}|)(|\vec{x_i}|+|\vec{x_j}|-|\vec{x_i}+\vec{x_j}|)$$

$$\leqslant\sum_{i<j} (|\vec{x_i}|+|\vec{x_j}|+|\vec{x_k}|+|\vec{x_i}+\vec{x_j}+\vec{x_k}|)(|\vec{x_i}|+|\vec{x_j}|-|\vec{x_i}+\vec{x_j}|)$$

$$=\left(\sum |\vec{x_i}|+|\vec{x_1}+\vec{x_2}+\vec{x_3}|\right) \sum_{i<j} (|\vec{x_i}|+|\vec{x_j}|-|\vec{x_i}+\vec{x_j}|)$$

$$=\left(\sum |\vec{x_i}|+|\vec{x_1}+\vec{x_2}+\vec{x_3}|\right)(2\sum |\vec{x_i}|-\sum |\vec{x_i}+\vec{x_j}|),$$

上式两边约去 $\sum |\vec{x_i}|+|\vec{x_1}+\vec{x_2}+\vec{x_3}|$,即得

$$\sum |\vec{x_i}| - |\vec{x_1} + \vec{x_2} + \vec{x_3}| \leqslant 2 \sum |\vec{x_i}| - \sum |\vec{x_i} + \vec{x_j}|,$$

故　　　　$$\sum |\vec{x_i} + \vec{x_j}| \leqslant |\vec{x_1}| + |\vec{x_2}| + |\vec{x_3}| + |\vec{x_1} + \vec{x_2} + \vec{x_3}|,$$

式(3)得证,从而原不等式成立.

▶ **例 14**　空间中是否存在一个立方体,使得它的各顶点到一个平面的距离分别是 $0,1,2,3,4,5,6,7$?

解

方法一　答案是肯定的.注意到一个简单的事实:空间两点用向量表示为 A,B,它们到一平面的距离分别为 a,b,那么 A 与 B 连线的中点到该平面的距离必为 $\dfrac{a+b}{2}$.设一立方体的顶点为 $A_0,A_1,\cdots,A_7$.设 H 是这立方体的中心,它到平面 π 的距离为 h.则由前面所提的事实,可知

$$H = \frac{A_0 + A_7}{2} = \frac{A_1 + A_6}{2} = \frac{A_2 + A_5}{2} = \frac{A_3 + A_4}{2}.$$

如果具有题设性质的平面 π 存在,那么有

$$h = \frac{1}{8}(0+1+2+3+4+5+6+7) = 3.5,$$

因此 A_i 到平面 π 的距离为 $i \in \{0,1,2,\cdots,7\}$.我们可以把平面 π 的方程列出来.设 $A_0 = (0,0,0)$,$A_1 = (a,0,0)$,$A_2 = (0,a,0)$,$A_3 = (0,0,a)$,并设 π 的方程为

$$\alpha x + \beta y + \gamma z = 0,$$

其法式方程为

$$\frac{\alpha x + \beta y + \gamma z}{\sqrt{\alpha^2 + \beta^2 + \gamma^2}} = 0.$$

利用点到面的距离公式,得

$$\alpha a = \sqrt{\alpha^2 + \beta^2 + \gamma^2}, \beta a = 4\sqrt{\alpha^2 + \beta^2 + \gamma^2}, \gamma a = 2\sqrt{\alpha^2 + \beta^2 + \gamma^2},$$

所以 $\alpha : \beta : \gamma = 1 : 4 : 2$,故平面 π 的方程为:

$$x + 4y + 2z = 0,$$

最后得出 $a = \sqrt{21}$.

方法二　先证引理:设 AB,AC,AD 是正方体共点的三条棱,则点 B,C,D 到任一个过点 A 的平面的距离的平方和等于正方体棱长的平方.

如图 3.3.7,设过 A 点的平面为 α,AC 与 AD 确定的平面 β 与 α 相交于 l.α 与 β 夹角为 θ,C,D 到 l 的距离为 d_1,d_2,则 C,D 到面 α 的距离为 $d_1\sin\theta$,$d_2\sin\theta$.

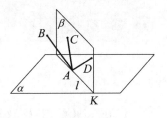

图 3.3.7

在平面 β 上,有

$$d_1^2+d_2^2=AC^2\sin^2\angle KAC+AD^2\sin^2\angle KAD$$
$$=AC^2(\sin^2\angle KAC+\cos^2\angle KAC)$$
$$=AC^2,$$

故
$$d_1^2\sin^2\theta+d_2^2\sin^2\theta=AC^2\sin\theta.$$

又因 $AB\perp AC$,$AB\perp AD$,所以 $AB\perp\beta$.故 AB 与 α 的夹角为 $\dfrac{\pi}{2}-\theta$,点 B 到 α 的距离为 $AB\sin\left(\dfrac{\pi}{2}-\theta\right)=AB\cos\theta$,于是三点到 α 的距离的平方和为 $AB^2\cos^2\theta+AC^2\sin^2\theta=AB^2$,引理得证.

如图 3.3.8,假设正方体 $ACED$-$BFGH$ 满足要求,其中参考平面 α 过点 A,则 B,C,D 中必有一点到 α 距离为 1,另有一点距离为 2.不妨设 C 到 α 的距离为 1,D 到 α 的距离为 2,则 E 点到 α 的距离为 $1+2=3$,从而 B 点到 α 的距离为 4,F 点到 α 的距离为 $4+1=5$,H 点到 α 的距离为 $4+2=6$,G 点到 α 的距离为 $5+2=7$,故 $ACED$-$BFGH$ 满足要求.由引理,其棱长为 $\sqrt{4^2+2^2+1}=\sqrt{21}$.

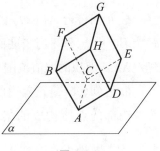

图 3.3.8

演 习 场

习题 3.c

1. 在 $\triangle ABC$ 内,D 及 E 是 BC 的三等分点,D 在 B 和 E 之间,F 是 AC 的中点,G 是 AB 的中点.又 H 是线段 EG 和 DF 的交点,则 $EH:HG=$ _____.

2. (2011 年清华大学自主招生试题)已知异面直线 a 与 b 成 $60°$ 角,则过空间任一点 P 有_____个平面与直线 a,b 均成 $30°$ 角.

3. (2004 年全国数学联赛试题)设 O 在 $\triangle ABC$ 内部,且有 $\overrightarrow{OA}+2\overrightarrow{OB}+3\overrightarrow{OC}=\overrightarrow{0}$,则 $\triangle ABC$ 的面积与 $\triangle AOC$ 的面积之比为_____.

4. $\square ABCD$ 中,E 为 CD 上的点,且 $DE=\dfrac{1}{3}DC$,F 为 BC 上的点,且 $BF=\dfrac{1}{5}BC$,AE 与 DF 交于点 P,则 $S_{\triangle PDE}:S_{\square ABCD}=$_____.

5. 正四棱台 $ABCD$-$A_1B_1C_1D_1$ 上下底面边长 $A_1B_1=2$,$AB=4$.高为 $\sqrt{6}$,E 为 BC 中点.作平行于底面的截面,与线段 AD_1,AB_1,C_1E 分别交于 X,Y,Z,则 $\triangle XYZ$ 面积的取值范围是_____.

6. 已知 $\odot O$ 是正六边形 $A_1A_2A_3A_4A_5A_6$ 的内切圆,集合 E 是由 $\odot O$ 的周界及内部的点所构成的集合.定义映射 $f:E\to\mathbf{R}$,使得当 $P\in E$ 时,$f(P)=\left|\sum_{i=1}^{6}\overrightarrow{PA_i}\right|$.当正六边形 $A_1A_2A_3A_4A_5A_6$ 的边长为 1 时,则 $f_{\max}=$_____.

7. 如图 3.3.9,已知 A,B,C,D 为同一平面上的四个点,$\triangle ABD,\triangle BCD,\triangle ABC$ 的面积比为 $3:4:1$,点 M,N 分别在 AC,CD 上,且 $AM:AC=CN:CD$,又 B,M,N 在一条直线上.求证:M,N 分别是 AC 和 CD 的中点.

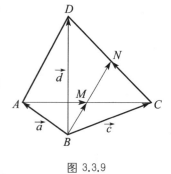

图 3.3.9

8. 任一经过三棱锥 S-ABC 的重心 G 的直线 l 与平面 ABC,SAB,SBC,SCA 分别交于 P,Q,M,N,且 $\overrightarrow{GQ}=x_0\overrightarrow{GP}$,$\overrightarrow{GM}=y_0\overrightarrow{GP}$,$\overrightarrow{GN}=z_0\overrightarrow{GP}$.证明:$\dfrac{1}{x_0}+\dfrac{1}{y_0}+\dfrac{1}{z_0}=-1$.

9. 求证:等边 $\triangle ABC$ 中任意点 P 到各边的距离和为定值.

10. 如图 3.3.10，$ABCD$ 及 $PSQR$ 都是正方形，且 $PQ \perp AB$，$PQ = \dfrac{1}{2}AB$，又 $DRME$ 及 $SCFN$ 都是正方形．求证：M, Q, N 三点共线，且 Q 是线段 MN 的中点．

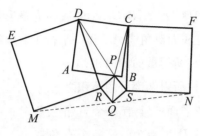

图 3.3.10

11. 已知 A, B 是直线 l 上的两定点，C 是直线 l 一侧的动点，$ACEM$ 及 $BNFC$ 都是正方形，线段 MN 的中点为 P．求证：P 是定点．

12.（2021 年 IMO 试题）设整数 $m \geq 2$．设集合 A 由有限个整数（不一定为正）构成，且 $B_1, B_2, \cdots, B_m$ 是 A 的子集．假设对任意 $k = 1, 2, \cdots, m$，B_k 中所有元素之和为 m^k．证明：A 包含至少 $m/2$ 个元素．

13. 在四面体 $S-ABC$ 中，$\angle ASB = \angle ASC = \angle BSC = 90°$，以 BC, CA, AB 为棱的三个二面角分别等于 α, β, γ．求证：$\cos\alpha\cos\beta\cos\gamma \leq \dfrac{\sqrt{3}}{9}$．

14. 在立方体 $ABCD-A_1B_1C_1D_1$ 中，E, F 分别是 DB, DC_1 上的任意点，M 是 AD_1 上的任意点．求证：平面 $AMB_1 /\!/$ 平面 DEF．

15. 在 $\triangle ABC$ 内任取一点 O．证明：$S_A \cdot \overrightarrow{OA} + S_B \cdot \overrightarrow{OB} + S_C \cdot \overrightarrow{OC} = \vec{0}$（其中 S_A, S_B, S_C 分别表示 $\triangle BOC, \triangle COA, \triangle AOB$ 的面积）．

16. 设 O 是直线 l 上的一点，$\overrightarrow{OP_1}, \overrightarrow{OP_2}, \cdots, \overrightarrow{OP_n}$ 都是单位向量，并且所有的点 $P_i(i = 1, 2, \cdots, n)$ 都位于同一半平面内，该半平面恰是直线 l 所分成的两个半平面之一．求证：若 n 为奇数，则 $|\overrightarrow{OP_1} + \overrightarrow{OP_2} + \cdots + \overrightarrow{OP_n}| \geq 1$．

17. 已知正四棱锥的底面边长为 4，高等于 6．求高的中点到侧面重心之间的距离．

18.（佩多(Pedoe)不等式）设 $\triangle ABC$ 和 $\triangle A_1B_1C_1$ 的边长分别为 a, b, c 和 a_1, b_1, c_1，它们的面积分别为 S 和 S_1．求证：

$$a_1^2(-a^2+b^2+c^2) + b_1^2(a^2-b^2+c^2) + c_1^2(a^2+b^2-c^2) \geq 16SS_1,$$ 当且仅当 $\triangle ABC \backsim \triangle A_1B_1C_1$ 时等号成立．

19. 经过高为 20 的圆锥顶点 V 且与底面成 $45°$ 角的一个平面把圆锥底面周长截去 $\frac{1}{4}$，截出的弦为 AB，C 为弦 AB 的中点. 求异面直线 VC 与 OB 之间的距离，其中 O 为底面中心.

20. 已知直四棱柱 $ABCD - A_1B_1C_1D_1$ 的底面为菱形，边长为 4，且 $\angle ABC = 120°$，棱柱的高等于 6. 过底面对角线 AC 作一平行于对角线 BD_1 的平面.

（1）求此平面截棱柱所得截面的面积；

（2）求此平面截棱柱所得两部分的体积之比.

21. 如图 3.3.11，在平面 π 上有一个直角三角形，其中 $\angle BCD = 90°$，$\angle DBC = 30°$. 另一个直角三角形 ABC 所在的平面垂直于平面 π，它的直角顶点为 A，$\angle ABC = 45°$.

（1）求二面角 $A - BD - C$ 的大小；

（2）求直线 AD 与 BC 所成的角；

（3）若 CD 等于 4，求直线 AD 与 BC 间的距离.

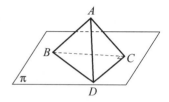

图 3.3.11

22. （2003 年国家集训队选拔试题）设 $A \subset \{(a_1, a_2, \cdots, a_n) \mid a_i \in \mathbf{R}, i = 1, 2, \cdots, n\}$，$A$ 是有限集. 对任意的 $\alpha = (a_1, a_2, \cdots, a_n) \in A$，$\beta = (b_1, b_2, \cdots, b_n) \in A$，定义：$\gamma(\alpha, \beta) = (|a_1 - b_1|, |a_2 - b_2|, \cdots, |a_n - b_n|)$，$D(A) = \{\gamma(\alpha, \beta) \mid \alpha \in A, \beta \in A\}$. 试证：$|D(A)| \geqslant |A|$.

23. （2007 年西部奥林匹克数学竞赛试题）设 O 是 $\triangle ABC$ 内部一点. 证明：存在正整数 p, q, r，使得 $|p \cdot \overrightarrow{OA} + q \cdot \overrightarrow{OB} + r \cdot \overrightarrow{OC}| < \frac{1}{2007}$.

24. （2003 年国家队训练题）设 $\vec{u}_1, \vec{u}_2, \cdots, \vec{u}_n$ 为平面上的 n 个向量，它们中每个向量的模长都不超过 1，且它们的和为 $\vec{0}$. 证明：可以将 $\vec{u}_1, \vec{u}_2, \cdots, \vec{u}_n$ 重排为 $\vec{v}_1, \vec{v}_2, \cdots, \vec{v}_n$，使得向量 $\vec{v}_1, \vec{v}_1 + \vec{v}_2, \cdots, \vec{v}_1 + \vec{v}_2 + \cdots + \vec{v}_n$ 的模长都不超过 $\sqrt{5}$.

25. （2002 年西部奥林匹克数学竞赛试题）设 n 为正整数，集合 $A_1, A_2, \cdots, A_{n+1}$ 是集合 $\{1, 2, \cdots, n\}$ 的 $n+1$ 个非空子集. 证明：存在 $\{1, 2, \cdots, n+1\}$ 的两个不交的非空子集 $\{i_1, i_2, \cdots, i_k\}$ 和 $\{j_1, j_2, \cdots, j_m\}$，使得 $A_{i_1} \cup A_{i_2} \cup \cdots \cup A_{i_k} = A_{j_1} \cup A_{j_2} \cup \cdots \cup A_{j_m}$.

第四讲　四面体与球

四面体即三维欧氏空间中的三棱锥,是平面三角形在空间的直接推广,它具有一系列可与平面三角形相媲美的有趣而优美的性质.球则是最基本的旋转体,球与多面体的结合,可产生丰富的问题,包含深刻的技巧.

四面体与球是我们解立体几何问题的两种基本空间模型.数学竞赛中立体几何问题也多以四面体和球的面貌出现,是竞赛中的重点内容.

本讲将介绍四面体与球的基本问题、特殊四面体的性质、简单的空间不等式问题及与立体几何相关的组合问题,举例说明其解题规律,重在揭示思想方法.

4.1 四面体的基本性质

知识桥

1. 四面体的概念

定义 1　E^3 中互不平行的四个平面所构成的凸图形,我们称为四面体.或者,设 A_0, A_1, A_2, A_3 是 E^3 中不共面的四点,记 $\vec{v_i} = \overrightarrow{OA_i}\,(i=0,1,2,3)$,则点集

$$\Omega = \left\{ X \,\middle|\, \overrightarrow{OX} = \sum_{i=0}^{3} \lambda_i\,\vec{v_i}, \ \sum_{i=0}^{3} \lambda_i = 1, \lambda_i = 0 \right\}$$ 称为以 $A_k\,(k=0,1,2,3)$ 为顶点的四面体,其中 $A_i A_j\,(0 \leqslant i < j \leqslant 3)$ 为四面体 $A_0 A_1 A_2 A_3$ 的棱.

若四面体的六条棱都相等,则称它为正四面体.若四面体的三组对棱分别相等,即 $A_0 A_1 = A_2 A_3$,$A_0 A_2 = A_1 A_3$,$A_0 A_3 = A_1 A_2$,则称它为等腰四面体.若四面体过某个顶点的三条棱两两垂直,则称它为直角四面体.若四面体的一个面为正三角形,且该面所对顶点在此面上的射影为正三角形的中心,则称它为正三棱锥.

四面体是三角形在三维欧氏空间中的直接推广,因此,三角形中的许多概念均可移植到四面体中来,如角、外心、内心、重心、中线、高线等等.

定义 2　在四面体 $A_0A_1A_2A_3$ 中,称 $\angle A_iA_jA_k(0\leqslant i<j<k\leqslant 3)$ 为四面体的面角;记顶点 $A_i(0\leqslant i\leqslant 3)$ 所对的面为 f_i,面 f_i 与 $f_j(0\leqslant i<j\leqslant 3)$ 所成的角为四面体的内二面角,记为 $\theta_{ij}(0\leqslant i<j\leqslant 3)$.

定义 3　四面体中,过每个面的外接圆圆心且与该面垂直的四条直线交于一点,则该点到四面体的四个顶点等距离,称它为四面体的外接球球心.

类似地,四面体的六个内二面角的平分面也相交于一点,该点到四面体的四个面等距离,称它为四面体的内切球球心.

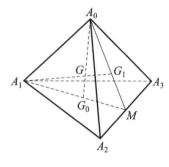

图 4.1.1

定义 4　四面体 $A_0A_1A_2A_3$ 中,G_i 为 A_i 所对面的重心,则 A_iG_i $(0\leqslant i\leqslant 3)$ 四线交于一点 G,且 $A_iG:GG_i=3:1$,我们称 G 为四面体的重心,A_iG_i 为四面体的中线.

如图 4.1.1,由于 G_0,G_1 为 $\triangle A_1A_2A_3,\triangle A_0A_2A_3$ 的重心,所以 A_1G_0 与 A_0G_1 相交于 A_2A_3 的中点 M,从而 A_0G_0 与 A_1G_1 必相交,设交点为 G.利用三角形重心的性质,对 $\triangle A_0G_0M$ 及截线 A_1G_1 应用门奈劳斯定理得:

$$\frac{A_0G}{GG_0}\cdot\frac{G_0A_1}{A_1M}\cdot\frac{MG_1}{G_1A_0}=1\Rightarrow\frac{A_0G}{GG_0}=\frac{A_1M}{G_0A_1}\cdot\frac{G_1A_0}{MG_1}=\frac{3}{2}\cdot\frac{2}{1}=\frac{3}{1}.$$

同理,G 也是 $A_iG_i(i=1,2,3)$ 的四等分点.

定义 5　在四面体 $A_0A_1A_2A_3$ 中,若 A_iH_i 垂直 A_i 所对的面于点 H_i,则称 A_iH_i 为顶点 A_i 发出的四面体的高线.

我们知道,三角形的三条高线交于一点,即三角形的垂心,但四面体的四条高线并不一定交于同一点,即四面体不一定有垂心.对于有垂心的四面体,我们称之为垂心四面体.

2. 四面体的体积

(1) $V=\dfrac{1}{3}Sh$,其中 S 为四面体的底面积,h 为这个面上的高.

(2) $V=\dfrac{1}{6}abc\cdot\sin\alpha\cdot\sin\beta\cdot\sin C$,其中 a,b,c 为自同一顶点 P 引出的三条棱长,α,β 为点 P 处的两个面角,C 为 α,β 所在的面之间的二面角.

（3）$V = \dfrac{2}{3a} \cdot S_1 S_2 \cdot \sin A$，其中 S_1, S_2 为以 a 为公共棱的两个面的面积，

A 为这两个面的夹角.

3. 四面体面角的性质

记四面体 $P - ABC$ 过顶点 P 的三个面角为 α, β, γ，以 PA, PB, PC 为棱的二面角为 A, B, C.

（1）α, β, γ 中任两个之和大于第三个，任两个之差小于第三个；

（2）$\alpha + \beta + \gamma < 2\pi, A + B + C > \pi$；

（3）余弦定理：$\cos \alpha = \cos \beta \cos \gamma + \sin \beta \sin \gamma \cos A$ 等，

$$\cos A = -\cos B \cos C + \sin B \sin C \cos \alpha \text{ 等；}$$

（4）正弦定理：$\dfrac{\sin \alpha}{\sin A} = \dfrac{\sin \beta}{\sin B} = \dfrac{\sin \gamma}{\sin C}$.

训练营

▶**例 1** 在四面体 $A_0 A_1 A_2 A_3$ 中，设 A_i 所对面的重心为 G_i，记 $a_{ij} = A_i A_j$，$m_i = A_i G_i$ 为中线长.求证：

$$9 m_0^2 = 3(a_{01}^2 + a_{02}^2 + a_{03}^2) - (a_{12}^2 + a_{23}^2 + a_{13}^2).$$

证明

取 $A_2 A_3$ 的中点 M，联结 $A_0 M, A_1 M$.设 $A_0 M = x, A_1 M = y, \angle A_0 G_0 A_1 = \alpha$，则由三角形的中线公式知

$$x^2 = \frac{1}{4}(2a_{02}^2 + 2a_{03}^2 - a_{23}^2), \quad y^2 = \frac{1}{4}(2a_{12}^2 + 2a_{13}^2 - a_{23}^2).$$

又由余弦定理，在 $\triangle A_0 A_1 G_0$ 中，有

$$a_{01}^2 = m_0^2 + \left(\frac{2}{3}y\right)^2 - 2m_0 \cdot \frac{2}{3}y \cdot \cos \alpha, \tag{1}$$

在 $\triangle A_0 M G_0$ 中，有

$$x^2 = m_0^2 + \left(\frac{1}{3}y\right)^2 - 2m_0 \cdot \frac{1}{3}y \cdot \cos(\pi - \alpha), \tag{2}$$

（2）$\times 2 +$（1），并将 x^2, y^2 代入即得

$$9 m_0^2 = 3(a_{01}^2 + a_{02}^2 + a_{03}^2) - (a_{12}^2 + a_{23}^2 + a_{13}^2).$$

 **点评** ....

对 m_1, m_2, m_3，也有类似公式.

....

▶ **例 2** 求证:在四面体 $A_0A_1A_2A_3$ 中,有以下结论:

(1) $V = \dfrac{2}{3a}S_iS_j\sin\theta_{ij}$,其中 θ_{ij} 是面 f_i 与 f_j 以棱 a 所构成的二面角,S_i 为面 f_i 的面积;

(2) $V = \dfrac{1}{6}abc\sin\alpha\sin\beta\sin C$,其中 a, b, c 为自顶点 A_0 引出的三条棱长,α, β 为点 A_0 处的两个面角,C 为面 α 与面 β 所夹的二面角;

(3) $V = \dfrac{1}{6}aa'd\sin\theta$,其中 a, a' 为四面体的一组对棱的长,d 为 a 与 a' 之间的距离,θ 为 a 与 a' 所成的角.

证明 🔍

(1) 如图 4.1.2,过 A_0 作 $A_0H_0\perp$ 面 S_0 于 H_0,作 $H_0M\perp A_2A_3$ 于 M,连 A_0M,则 $A_0M\perp A_2A_3$.于是 $\angle A_0MH_0 = \theta_{01}$,$f_0$ 与 f_1 所夹棱为 $A_2A_3 = a$,$A_0H_0 = A_0M\cdot\sin\theta_{01}$.又 $2S_1 = A_0M\cdot a$,可得

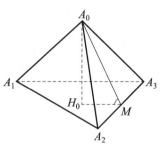

图 4.1.2

$$V = \frac{1}{3}S_0\cdot A_0H_0 = \frac{1}{3}S_0\cdot A_0M\cdot\sin\theta_{01}$$

$$= \frac{1}{3}S_0\cdot\frac{2S_1}{a}\cdot\sin\theta_{01} = \frac{2}{3a}S_0S_1\sin\theta_{01}.$$

同理可得其他情形.

(2) 设 $\angle A_2A_0A_3 = \alpha$,$\angle A_3A_0A_1 = \beta$,$\angle A_1A_0A_2 = \gamma$,以 A_0A_3 为棱的二面角为 C,$A_0A_1 = a$,$A_0A_2 = b$,$A_0A_3 = c$,则由(1)得

$$V = \frac{2}{3c}S_1S_2\sin C,$$

又 $S_1 = \dfrac{1}{2}bc\sin\alpha$,$S_2 = \dfrac{1}{2}ca\sin\beta$,代入上式即得

$$V = \frac{1}{6}abc\sin\alpha\sin\beta\sin C.$$

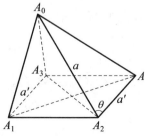

(3) 如图 4.1.3,设 $A_0A_2 = a$,$A_1A_3 = a'$,它们所

图 4.1.3

成的角为 θ,之间的距离为 d.过 A_2 作 $A_2A \underline{\underline{/\!\!/}} A_1A_3$,则 $A_1A_2AA_3$ 为平行四边形,于是 $A_1A_3 /\!\!/$ 平面 A_0A_2A,$\angle A_0A_2A = \theta$,且 A_1A_3 与 A_0A_2 的距离 d 等于 A_3 到面 A_0A_2A 的距离.因此

$$V = \frac{1}{2} \cdot V_{A_0\text{-}A_1A_2AA_3} = V_{A_0\text{-}A_2AA_3} = V_{A_3\text{-}A_0A_2A}$$

$$= \frac{1}{3} \cdot d \cdot S_{\triangle A_0A_2A} = \frac{1}{3}d \cdot \left(\frac{1}{2}aa'\sin\theta\right) = \frac{1}{6}aa'd\sin\theta.$$

📝 点评

1°. 利用三面角的余弦定理,设面角 α, β, γ 所对的以 A_0A_1, A_0A_2, A_0A_3 为棱的二面角分别为 A, B, C,则有

$$\cos\gamma = \cos\alpha\cos\beta + \sin\alpha\sin\beta\cos C \text{ 等},$$

$$\cos C = -\cos A\cos B + \sin A\sin B\cos\gamma \text{ 等},$$

由上式可求得

$$\sin\alpha\sin\beta\sin C = \sqrt{1 - \cos^2\alpha - \cos^2\beta - \cos^2\gamma + 2\cos\alpha\cos\beta\cos\gamma},$$

代入结论(2)得四面体的体积

$$V = \frac{1}{6}abc\sqrt{1 - \cos^2\alpha - \cos^2\beta - \cos^2\gamma + 2\cos\alpha\cos\beta\cos\gamma}.$$

2°. 同上面的记法,可得三面角的正弦定理

$$\frac{\sin\alpha}{\sin A} = \frac{\sin\beta}{\sin B} = \frac{\sin\gamma}{\sin C} = \frac{abc\sin\alpha\sin\beta\sin\gamma}{6V}.$$

3°. 设 $A_i(x_i, y_i, z_i)$ 为点 A_i 的直角坐标,则四面体 $A_0A_1A_2A_3$ 的体积

$$V = \frac{1}{6}\begin{vmatrix} x_0 & y_0 & z_0 & 1 \\ x_1 & y_1 & z_1 & 1 \\ x_2 & y_2 & z_2 & 1 \\ x_3 & y_3 & z_3 & 1 \end{vmatrix}$$ 的绝对值.

4°. 我们知道,三角形的面积可由三条边长表示,即海伦公式.对四面体,我们也有如下定理.

设 $a_{ij} = A_iA_j$ 为四面体 $A_0A_1A_2A_3$ 的棱长,则四面体的体积 V 满足:

$$V^2 = \frac{1}{288}D = \frac{1}{288}\begin{vmatrix} 0 & 1 & 1 & 1 & 1 \\ 1 & 0 & a_{01}^2 & a_{02}^2 & a_{03}^2 \\ 1 & a_{10}^2 & 0 & a_{12}^2 & a_{13}^2 \\ 1 & a_{20}^2 & a_{21}^2 & 0 & a_{23}^2 \\ 1 & a_{30}^2 & a_{31}^2 & a_{32}^2 & 0 \end{vmatrix},$$

其中 D 为 5 阶凯莱-门格(Cayley-Menger)行列式.

▶ **例 3** 设四面体 $ABCD$ 的体积 $V=5$,过 AD,BC 的中点 K,N 作一截面交 CD 于 M,若 CM：$MD=3:2$,点 A 到截面的距离为 1,求截面面积.

解

如图 4.1.4,延长 NM 交 BD 的延长线于 J,连 JK 并延长交 AB 于 L,则 $KLNM$ 为所求截面.对 $\triangle BCD$ 及直线 JMN 应用门奈劳斯定理,有

$$\frac{JD}{JB} \cdot \frac{BN}{NC} \cdot \frac{CM}{MD}=1 \Rightarrow \frac{JD}{JB}=\frac{2}{3} \Rightarrow \frac{JD}{BD}=2.$$

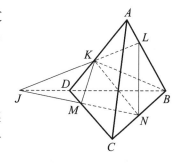

图 4.1.4

同理,对 $\triangle ABD$ 及直线 JKL 应用门奈劳斯定理,得 $\dfrac{AL}{LB}=\dfrac{2}{3}$,又 CM：$MD=3:2$,所以

$$V_{K\text{-}DMNB}=\left(1-\frac{3}{5} \cdot \frac{1}{2}\right) \cdot \frac{1}{2}V=\frac{7}{20}V,$$

$$V_{N\text{-}KLB}=\frac{1}{2} \cdot \frac{1}{2} \cdot \frac{3}{5}V=\frac{3}{20}V,$$

$$V_{A\text{-}MCN}=\frac{3}{5} \cdot \frac{1}{2}V=\frac{3}{10}V,$$

又 $$V=V_{A\text{-}MCN}+V_{N\text{-}KLB}+V_{K\text{-}DMNB}+V_{A\text{-}MNLK},$$

所以 $V_{A\text{-}MNLK}=\dfrac{1}{5}V=\dfrac{1}{3}S_{\text{截}} \cdot h=\dfrac{1}{3}S_{\text{截}}$,从而 $S_{\text{截}}=\dfrac{3}{5}V=3.$

▶ **例 4** 证明:四面体 $A_0A_1A_2A_3$ 为垂心四面体的充要条件是四面体的三组对棱分别垂直.

证明

必要性是显然的.下面来证充分性.如图 4.1.5,设 $A_0A_1A_2A_3$ 的三组对棱分别垂直,我们来证四条高线 $A_iH_i(i=0,1,2,3)$ 共点于 H.

先证 H_0 为面 $A_1A_2A_3$ 的垂心.因 $A_0H_0 \perp$ 面 $A_1A_2A_3$ 于 H_0,又 $A_0A_1 \perp A_2A_3$,A_0A_1 在面

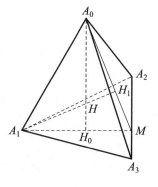

图 4.1.5

$A_1A_2A_3$ 内的射影为 A_1H_0,故由三垂线定理的逆定理得 $A_1H_0\perp A_2A_3$.同理,$A_2H_0\perp A_1A_3$,即 H_0 为 $\triangle A_1A_2A_3$ 的垂心.

延长 A_1H_0,交 A_2A_3 于 M,连 A_0M.在 $\triangle A_0A_1M$ 中作 $A_1H_1'\perp A_0M$,由于 $A_2A_3\perp$ 面 A_0A_1M,故 $A_1H_1'\perp A_2A_3$,从而 $A_1H_1'\perp$ 面 $A_0A_2A_3$,于是 A_1H_1' 就是面 $A_0A_2A_3$ 的高线 A_1H_1.

设 A_0H_0 与 A_1H_1 交于点 H.同理可证 A_iH_i 与 $A_jH_j(0\leqslant i<j\leqslant3)$ 均相交,即任意两条高线相交,但任三条高线不共面,故它们必相交于同一点 H,即四面体 $A_0A_1A_2A_3$ 为垂心四面体.

📝 点评

还可得出推论:四面体 $A_0A_1A_2A_3$ 为垂心四面体的充要条件是 $A_0A_1^2+A_2A_3^2=A_0A_2^2+A_1A_3^2=A_0A_3^2+A_1A_2^2$,即三组对棱的平方和相等.

事实上,由例4,只要证明上述条件等价于三组对棱分别垂直即可.由对棱 $A_0A_1\perp A_2A_3$,过 A_1 作 $A_1M\perp A_2A_3$ 于 M,连 A_0M,则 $A_2A_3\perp$ 面 A_0A_1M,从而 $A_0M\perp A_2A_3$.对 $\triangle A_0A_2A_3$ 与 $\triangle A_1A_2A_3$ 应用余弦定理,得

$$A_0A_3^2=A_0A_2^2+A_2A_3^2-2A_0A_2\cdot A_2A_3\cos\angle A_0A_2A_3,$$
$$A_1A_3^2=A_1A_2^2+A_2A_3^2-2A_1A_2\cdot A_2A_3\cos\angle A_1A_2A_3.$$

而 $\qquad A_0A_2\cos\angle A_0A_2A_3=A_2M=A_1A_2\cos\angle A_1A_2A_3,$ $\qquad(3)$

故得 $\qquad A_0A_2^2+A_2A_3^2-A_0A_3^2=A_1A_2^2+A_2A_3^2-A_1A_3^2,$

即 $A_0A_2^2+A_1A_3^2=A_0A_3^2+A_1A_2^2$.同理,$A_0A_1^2+A_2A_3^2=A_0A_2^2+A_1A_3^2$,必要性得证.

反之,若 $A_0A_2^2+A_1A_3^2=A_0A_3^2+A_1A_2^2$,由上面的推导知式(3)成立,从而 $A_0M\perp A_2A_3$ 与 $A_1M'\perp A_2A_3$ 的垂足 M,M' 重合,故 $A_2A_3\perp$ 面 A_0MA_1,$A_0A_1\perp A_2A_3$.同理可得另两组对棱也分别垂直,充分性得证.

▶例5 (波兰数学竞赛试题)设四面体 $A_0A_1A_2A_3$ 的三组对棱间的距离分别为 d_1,d_2,d_3,四条高线的长分别为 h_0,h_1,h_2,h_3.求证:

$$\frac{1}{d_1^2}+\frac{1}{d_2^2}+\frac{1}{d_3^2}=\frac{1}{h_0^2}+\frac{1}{h_1^2}+\frac{1}{h_2^2}+\frac{1}{h_3^2}.\qquad(4)$$

证明 🖋

方法一 设四面体 $A_0A_1A_2A_3$ 的 $\triangle A_1A_2A_3$ 的三边长为 a_1,a_2,a_3,它们的对棱长分别为 b_1,b_2,b_3(如图4.1.6),各面的面积为 S_0,S_1,S_2,S_3,三组对棱的

夹角分别为 $\theta_1,\theta_2,\theta_3$.由四面体的体积公式

$$V=\frac{1}{3}S_ih_i(i=0,1,2,3),$$

及 $V=\frac{1}{6}d_ka_kb_k\sin\theta_k(k=1,2,3),$

得 $\qquad \frac{1}{h_i^2}=\frac{S_i^2}{9V^2},\frac{1}{d_k^2}=\frac{a_k^2b_k^2\sin^2\theta_k}{36V^2}.$

于是式(4)等价于

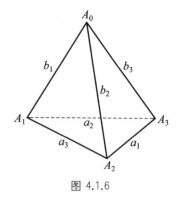

图 4.1.6

$$(a_1b_1\sin\theta_1)^2+(a_2b_2\sin\theta_2)^2+(a_3b_3\sin\theta_3)^2$$
$$=4(S_0^2+S_1^2+S_2^2+S_3^2). \tag{5}$$

下证式(5)成立.由四面体的对棱夹角公式,有

$$\cos\theta_1=\left|\frac{(a_2^2+b_2^2)-(a_3^2+b_3^2)}{2a_1b_1}\right|\text{等等,故}$$

式(5)左边$=a_1^2b_1^2(1-\cos^2\theta_1)+a_2^2b_2^2(1-\cos^2\theta_2)+a_3^2b_3^2(1-\cos^2\theta_3)$

$$=(a_1^2b_1^2+a_2^2b_2^2+a_3^2b_3^2)-\frac{1}{4}\sum((a_2^2+b_2^2)-(a_3^2+b_3^2))^2$$

$$=(a_1^2b_1^2+a_2^2b_2^2+a_3^2b_3^2)+\frac{1}{2}\sum(a_2^2+b_2^2)(a_3^2+b_3^2)$$

$$-\frac{1}{2}\sum(a_1^2+b_1^2)^2$$

$$=\frac{1}{2}\sum(a_2^2+b_2^2)(a_3^2+b_3^2)-\frac{1}{2}\sum(a_1^4+b_1^4). \tag{6}$$

另一方面,由海伦公式,

$$16S_0^2=2(a_1^2a_2^2+a_2^2a_3^2+a_3^2a_1^2)-(a_1^4+a_2^4+a_3^4),$$
$$16S_1^2=2(a_1^2b_2^2+b_2^2b_3^2+b_3^2a_1^2)-(a_1^4+b_2^4+b_3^4),$$
$$16S_2^2=2(a_2^2b_1^2+b_1^2b_3^2+b_3^2a_2^2)-(a_2^4+b_1^4+b_3^4),$$
$$16S_3^2=2(a_3^2b_1^2+b_1^2b_2^2+b_2^2a_3^2)-(a_3^4+b_1^4+b_2^4),$$

相加,得

式(5)右边$=-\frac{1}{2}\sum(a_1^4+b_1^4)+\frac{1}{2}(a_1^2(a_2^2+b_2^2)+b_1^2(a_2^2+b_2^2)$

$$+a_1^2(a_3^2+b_3^2)+b_1^2(a_3^2+b_3^2)+a_2^2(a_3^2+b_3^2)+b_2^2(a_3^2+b_3^2))$$

$$=-\frac{1}{2}\sum(a_1^4+b_1^4)+\frac{1}{2}\sum(a_3^2+b_3^2)(a_2^2+b_2^2). \tag{7}$$

由式(6)(7)知式(5)成立,从而原题得证.

方法二　用 h_i 表示顶点 A_i 引出的高线长,S_i 为 A_i 所对面的面积,$d_1,d_2,$ d_3 和 $\theta_1,\theta_2,\theta_3$ 分别是棱 A_2A_3,A_3A_1,A_1A_2 与它们的对棱之间的距离和夹角,Q_1,Q_2,Q_3 表示以 A_2A_3,A_3A_1,A_1A_2 及它们的对棱为两条对角线且交角为 $\theta_1,\theta_2,\theta_3$ 的三个平行四边形的面积,$\varphi_1,\varphi_2,\varphi_3$ 表示关于棱 A_2A_3,A_3A_1,A_1A_2 的二面角,则由体积公式有

$$V=\frac{1}{3}S_ih_i=\frac{1}{6}A_2A_3 \cdot A_0A_1\sin\theta_1=\frac{1}{3}d_kQ_k,$$

其中 $i=0,1,2,3;k=1,2,3.$

由面积射影定理有

$$S_0=S_1\cos\varphi_1+S_2\cos\varphi_2+S_3\cos\varphi_3.$$

此外还有　　　　　　　$S_0^2+S_k^2-2S_0S_k\cos\varphi_k=Q_k^2,$

上式可证明如下.作一个与棱 A_2A_3 垂直的平面,并且设 a,b,c 分别是棱 A_1A_2,A_0A_2,A_0A_1 在该平面上的射影长.根据余弦定理有

$$a^2+b^2-2ab\cos\varphi_1=c^2.$$

上式两边同乘以 $\left(\dfrac{A_2A_3}{2}\right)^2$,就得到所要证的等式在 $k=1$ 时的情形.对 $k=2,3$,同理可证.于是得

$$Q_1^2+Q_2^2+Q_3^2=\sum_{k=1}^{3}(S_0^2+S_k^2-2S_0S_k\cos\varphi_k)=S_0^2+S_1^2+S_2^2+S_3^2,$$

从而　　$$\frac{1}{d_1^2}+\frac{1}{d_2^2}+\frac{1}{d_3^2}=\sum_{k=1}^{3}\frac{Q_k^2}{9V^2}=\sum_{i=0}^{3}\frac{S_i^2}{9V^2}=\frac{1}{h_0^2}+\frac{1}{h_1^2}+\frac{1}{h_2^2}+\frac{1}{h_3^2}.$$

📔 点评

由本例的结论还可得出以下结果.设一个四面体的外接球半径为 R,体积为 V,宽度为 W,则有 1974 年由萨莱(Sallee)猜想,并随后被亚历山大(R. Alexander)所证明的宽度与外接球半径之间的不等式

$$W\leqslant\frac{2\sqrt{3}}{3}R.$$

1983 年,杨路、张景中运用矩阵方法,研究了一般 n 维单形(四面体为 3 维单形)的体积与宽度的关系.对于四面体,他们得到了比上式更强的结果

$$W\leqslant(3V)^{\frac{1}{3}}. \tag{8}$$

1992 年,我们用初等方法及本例的结果建立了四面体的宽度和内切球半径

r、对棱间距离 d_i 的两个不等式

$$W \leqslant 2\sqrt{3}\,r, \tag{9}$$

$$W \leqslant \sqrt[3]{d_1 d_2 d_3} \leqslant \frac{d_1 + d_2 + d_3}{3}, \tag{10}$$

当且仅当四面体为正四面体时等号成立.

注意到熟知的结论：$V \geqslant 8\sqrt{3}\,r^3$ 及 $d_1 d_2 d_3 \leqslant 3V$，可知式（9）（10）均为式（8）的加强.

▶ **例 6** （1983 年加拿大数学竞赛试题）如果两个四面体的四个面的面积对应相等，则它们的体积也一定相等，此命题是否正确？说明理由.

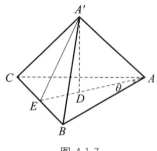

图 4.1.7

解

此命题不正确，我们给出如下的反例.

如图 4.1.7，设 $\triangle ABC$ 为等腰三角形，$AB = AC$，且 $\angle A$ 为锐角.以 BC 为轴将 $\triangle ABC$ 旋转，其顶点 A 转到 A' 的位置，使 $AA' = BC$.此时四面体 $A'ABC$ 的 4 个面为全等三角形，记其面积为 S.

下面求这个四面体的体积 V.

设 E 为 BC 边的中点，连 AE、$A'E$，则 $AE \perp BC$，$A'E \perp BC$.由 $\angle A'AB = \angle A'AC$，所以作 $A'D \perp$ 平面 ABC，则垂足 $D \in AE$.记 $\angle BAC = 2\theta$，$AE = A'E = a$，$A'D = h$，则 $BE = a\tan\theta$，$S = a^2\tan\theta$，$AA' = BC = 2a\tan\theta$，$h = 2a\tan\theta \cdot \sqrt{1 - \tan^2\theta}$，故

$$V = \frac{1}{3}Sh = \frac{2}{3}Sa\tan\theta \cdot \sqrt{1 - \tan^2\theta} = \frac{2}{3}S^{\frac{3}{2}}\sqrt{\tan\theta(1 - \tan^2\theta)}.$$

由上式知，V 与 θ 有关.因此固定 S，取 $0 < \theta_1 < \theta_2 < 45°$，则得两个侧面积均为 S 的四面体，但体积 $V_1 \neq V_2$.

也可这样构造反例：设线段 $AB = d$，过 A，B 分别作与 AB 垂直的直线，而且这两条直线也互相垂直，在这两条直线上分别截取以 A，B 为中点、长为 a 的线段，以这两条线段的端点作为四面体的顶点，该四面体的每个面的面积

$$S = \frac{1}{2}a \cdot \sqrt{\left(\frac{a}{2}\right)^2 + d^2} = \frac{1}{4}a \cdot \sqrt{a^2 + 4d^2},$$

体积
$$V=\frac{1}{6}a^2d.$$

现分别取 $a_1=3,d_1=2$ 与 $a_2=1,d_2=\sqrt{56}$，此时

$$4S_1=a_1\cdot\sqrt{a_1^2+4d_1^2}=15=a_2\cdot\sqrt{a_2^2+4d_2^2}=4S_2,$$

即两个四面体的界面面积相等，但体积方面

$$6V_1=a_1^2d_1=18\neq\sqrt{56}=a_2^2d_2=6V_2,即 V_1\neq V_2.$$

▶ **例7** 在四面体 $ABCD$ 中，$\angle BAC=\angle ACD$，$\angle ABD=\angle BDC$. 求证：
$AB=CD$.

证明

方法一 如图 4.1.8，将 $ABCD$ 补成一个平行六面体. 设 $AA'=a$，$A'B=b$，
$A'C=c$，$\angle AA'B=\alpha$，$\angle BA'C=\beta$，$\angle AA'C=\gamma$，则有

$$AB^2=a^2+b^2-2ab\cos\alpha,$$
$$AC^2=a^2+c^2-2ac\cos\gamma,$$
$$BC^2=b^2+c^2-2bc\cos\beta,$$
$$AD^2=b^2+c^2+2bc\cos\beta,$$
$$CD^2=a^2+b^2+2ab\cos\alpha,$$
$$BD^2=a^2+c^2+2ac\cos\gamma.$$

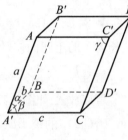

图 4.1.8

由 $\angle CAB=\angle DCA$，得

$$\frac{CA^2+BA^2-BC^2}{2CA\cdot BA}=\frac{DC^2+CA^2-AD^2}{2DC\cdot CA},$$

将上面 6 个式子代入化简得

$$\frac{a^2-ab\cos\alpha-ac\cos\gamma+bc\cos\beta}{\sqrt{a^2+b^2-2ab\cos\alpha}}=\frac{a^2+ab\cos\alpha-ac\cos\gamma-bc\cos\beta}{\sqrt{a^2+b^2+2ab\cos\alpha}}. \quad (11)$$

类似地，由 $\angle ABD=\angle BDC$ 得

$$\frac{a^2-ab\cos\alpha+ac\cos\gamma-bc\cos\beta}{\sqrt{a^2+b^2-2ab\cos\alpha}}=\frac{a^2+ab\cos\alpha+ac\cos\gamma+bc\cos\beta}{\sqrt{a^2+b^2+2ab\cos\alpha}}. \quad (12)$$

$(11)+(12)$ 得

$$\frac{a^2-ab\cos\alpha}{\sqrt{a^2+b^2-2ab\cos\alpha}}=\frac{a^2+ab\cos\alpha}{\sqrt{a^2+b^2+2ab\cos\alpha}}$$

$$\Rightarrow(a^2+b^2\cos^2\alpha-2ab\cos\alpha)(a^2+b^2+2ab\cos\alpha)$$

$$=(a^2+b^2\cos^2\alpha+2ab\cos\alpha)(a^2+b^2-2ab\cos\alpha)$$

$\Rightarrow 4ab\cos\alpha \cdot b^2(1-\cos^2\alpha)=0$

$\Rightarrow ab^3\cos\alpha \cdot \sin^2\alpha=0 \ (\alpha\in(0,\pi))$

$\Rightarrow \cos\alpha=0$,故 $\alpha=\dfrac{\pi}{2}$,

从而 $AB^2=a^2+b^2=CD^2$,即 $AB=CD$.

方法二 用反证法.如图 4.1.9,若 $AB<CD$,在 CD 上取点 C',使 $DC'=AB$,则结合 $\angle ABD=\angle BDC$,可知 $\triangle BC'D\cong\triangle DAB$,所以 $BC'=AD$,进而 $\triangle ABC'\cong$ $\triangle C'DA$,于是 $\angle AC'D=\angle BAC'$.而 $\angle AC'D=$ $\angle ACD+\angle CAC'$,又 $\angle ACD=\angle BAC$,所以

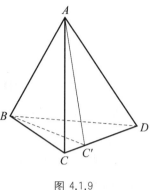

图 4.1.9

$\angle BAC'=\angle BAC+\angle CAC'$,这表明点 C 在平面 ABC' 上,矛盾.所以 $AB\geqslant$ CD.同理可得 $AB\leqslant CD$,故 $AB=CD$.

▶**例 8** (1989 年俄罗斯数学竞赛试题)在棱长为 1 的立方体内能放置 3 个棱长为 1 的正四面体,使得任两个四面体互不重叠吗?

解

可以放入.如图 4.1.10,设 M 和 N 是正方体 $ABCD$ $-A_1B_1C_1D_1$ 的棱 BB_1 和 DD_1 的中点.由于直线 AA_1 与 MN 之间的距离等于 $\dfrac{\sqrt{2}}{2}$,这恰好等于棱长为 1 的正四面体的对棱之间的距离,于是可在线段 MN 上取点 K 和 L,使 $KL=1$ 且 K 和 L 关于 MN 的中点(即正方体的中心)O 对称.这时,四面体 AA_1KL 是棱长为 1 的正四面体.

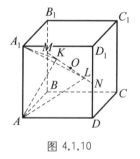

图 4.1.10

分别用棱 B_1C_1 和 CD 代替 AA_1,并作相应的处理,可以得到另两个正面体.

易见,这 3 个正四面体没有重叠而仅有一个公共点 O.

▶**例 9** 证明:对任意一个四面体,都可作一个三角形,使得它的边长恰好是四面体某个顶点引出的三条棱长.

证明

如图 4.1.11,设 AB 是四面体 $ABCD$ 中最长的

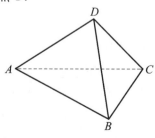

图 4.1.11

棱,则有

$$(AC+AD-AB)+(BC+BD-BA)$$
$$=(AC+CB-AB)+(AD+DB-AB)>0,$$

因此,要么 $AC+AD>AB$,要么 $BC+BD>BA$.这就保证,要么 AC,AD,AB 三条棱,要么 BC,BD,BA 三条棱能构成三角形(其他三角形不等式可由棱 AB 的最长性得到).

▶ **例 10** 证明:如果四面体 $ABCD$ 的棱长满足

$$AB^2+CD^2=AC^2+BD^2=AD^2+BC^2,$$

则它的诸界面中至少有一个是锐角三角形.

证明

在题目所给的四面体 $ABCD$ 中,由余弦定理有

$$2AB \cdot AC\cos \angle BAC=AB^2+AC^2-BC^2$$
$$=AB^2+AD^2-BD^2=2AB \cdot AD\cos \angle BAD.$$

由此得 $\cos \angle BAC$ 与 $\cos \angle BAD$ 同时非负或同时为负,即 $\angle BAC$ 与 $\angle BAD$ 要么都是锐角,要么都不是锐角.同理可证,对四面体的有公共顶点的任意平面角也有同样的结论.

如果四面体 $ABCD$ 的所有平面角都是锐角,则它的每个面都是锐角三角形.如果其中有一个平面角不是锐角,不妨设它以 A 为顶点,则以 A 为顶点的所有三个平面角都不是锐角.这表明,四面体中所有其他平面角都是锐角(因为每个面至少有两个锐角).在这种情况下,$\triangle BCD$ 一定是锐角三角形.

▶ **例 11** 设四面体 $ABCD$ 与 $A'B'C'D'$ 的位置是这样的:直线 AA',BB',CC',DD' 相互平行.平面 ABC 和平面 $A'B'C'$ 没有公共点,且顶点 D 和 D' 分别在平面 $A'B'C'$ 和平面 ABC 上.证明:这两个四面体的体积相等.

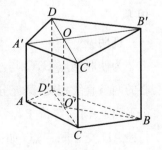

图 4.1.12

证明

对 $\triangle A'B'C'$ 所在平面上任意一点 D,$\triangle A'B'C'$ 总有一条边和联结点 D 及与之相对顶点的直线相交.为确定起见,不妨设 O 是边 $A'B'$ 与直线 $C'D$ 的交点,而过点 O 且平行于直线 DD'

的直线交平面 ABC 于点 O'（如图 4.1.12）.则由直线 AA'，BB'，CC'，DD'，OO' 的平行性可得,线段 AB 与直线 CD' 交于点 O'.直线 OO' 与平面 ABC 之间的交角记作 φ,则有

$$V_{ABCD} = \frac{1}{3} S_{\triangle ABC} \cdot DD' \sin \varphi = \frac{DD'}{OO'} \cdot \frac{1}{3} S_{\triangle ABC} \cdot OO' \sin \varphi$$

$$= \frac{DD'}{OO'} \cdot V_{ABCO}.$$

同理,
$$V_{A'B'C'D'} = \frac{DD'}{OO'} V_{A'B'C'O'}.$$

其次,设 a 是直线 AA' 与 BB' 之间的距离,则

$$S_{\triangle ABO} = \frac{1}{2} AB \cdot OO' \sin \angle OO'B = \frac{1}{2} a \cdot OO'.$$

同理,
$$S_{\triangle A'B'O'} = \frac{1}{2} a \cdot OO'.$$

用 b 表示平面 ABB' 与直线 CC' 之间的距离,则得到

$$V_{ABCO} = \frac{1}{3} S_{\triangle ABO} \cdot b = \frac{1}{3} S_{\triangle A'B'O'} \cdot b = V_{A'B'C'O'}.$$

由此,$V_{ABCD} = \dfrac{DD'}{OO'} V_{ABCO} = \dfrac{DD'}{OO'} V_{A'B'C'O'} = V_{A'B'C'D'}$,

这正是所要证明的.

▶ **例 12** （波兰数学竞赛试题）证明:联结四面体的顶点与相对面内切圆圆心的四条直线交于一点的充分必要条件是,该四面体三组对棱的乘积彼此相等.

证明 🔍

为使联结点 B，C 与 $\triangle ACD$，$\triangle ABD$ 内切圆圆心的两条直线相交,其充分必要条件是,它们在同一个平面上.而这等价于,$\angle ABD$ 和 $\angle ACD$ 的平分线

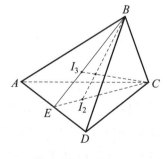

图 4.1.13

与棱 AD 交于同一点（如图4.1.13）.根据三角形平分线的性质,后一条件当且仅当

$$\frac{AB}{BD} = \frac{AC}{CD},$$

即 $AB \cdot CD = AC \cdot BD$ 时成立.于是,如果在题中所说的四条直线交于一点,则

它的对棱长度的乘积相等.反之,如果所说的三个乘积相等,则四条直线中任意两条都相交,且任意三条不共面.因此所有直线交于同一点.

▶ **例 13** (1983 年全国高中数学联赛试题)在六条棱长分别为 2,3,3,4,5,5 的所有四面体中,最大的体积是多少? 证明你的结论.

解 🔮

由于三角形任意两边之差小于第三边,所以对题中所给的数据,含有一边长为 2 的三角形的其他两边长只能有下面四种情形:

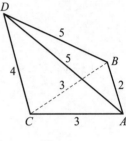

① 3,3; ② 5,5; ③ 4,5; ④ 3,4.

从而,对题中的四面体,以 2 为公共边的两个侧面三角形的其他两边只能有下列三种情形:

①与②;①与③;②与④.

下面分情形讨论.

(1) 如图 4.1.14 所示,$AC=BC=3$,$AD=BD=5$.因为 $3^2+4^2=5^2$,所以 $CD\perp AC$,$CD\perp BC$,从而 CD 垂直于平面 ABC.由对称性,这样的四面体只有一个,其体积为

图 4.1.14

$$V_1=\frac{1}{3}CD\cdot S_{\triangle ABC}=\frac{4}{3}\cdot\frac{1}{2}\cdot 2\sqrt{3^2-1}=\frac{8\sqrt{2}}{3}.$$

(2) 如图 4.1.15(A)(B)所示,这样的四面体有两个(互为镜像),其体积为

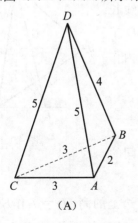
(A)

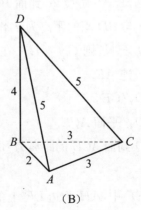
(B)

图 4.1.15

$$V_2=\frac{1}{3}h_2\cdot S_{\triangle ABC}<\frac{1}{3}DB\cdot S_{\triangle ABC}=\frac{4}{3}S_{\triangle ABC}=V_1,$$

由于△ABD 不是直角三角形,所以点 D 到平面 ABC 的距离 $h_2<DB$.

(3) 如图 4.1.16(A)(B)所示,这样的四面体也有两个(互为镜像),其体积为

$$V_3 = \frac{1}{3} h_3 \cdot S_{\triangle ACD} < \frac{1}{3} AB \cdot S_{\triangle ACD} = \frac{2}{3} \cdot \frac{1}{2} \cdot 5 \sqrt{3^2 - \left(\frac{5}{2}\right)^2} = \frac{5}{6}\sqrt{11},$$

其中 h_3 为点 B 到平面 ACD 的距离,显然 $h_3 < AB$.

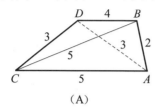

（A）

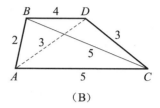

（B）

图 4.1.16

比较 V_1, V_2, V_3 可知,最大的体积为

$$V_1 = \frac{8\sqrt{2}}{3}.$$

▶ 例 14 (第 24 届苏联奥林匹克数学竞赛试题)设 d 是任意四面体的相对棱间距离的最小值,h 是四面体的最小高的长.证明:

$$2d > h.$$

证明

如图 4.1.17,不妨设 A 到面 BCD 的高线长 $AH = h$,AC 与 BD 间的距离为 d.作 $AF \perp BD$ 于 F,$CN \perp BD$ 于 N,则 $CN // HF$.在面 BCD 内作矩形 $CNFE$,连 AE.

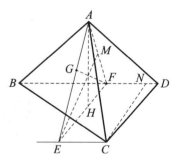

图 4.1.17

∵ $BD // CE$,

∴ $BD //$ 平面 ACE.

∴ BD 到面 ACE 的距离为 BD 与 AC 间的距离 d.

在 $\triangle AEF$ 中,AH 为边 EF 上的高,AE 边上的高 $FG = d$.作 $EM \perp AF$ 于 M,则由 $EC //$ 平面 ABD 知,EM 为点 C 到面 ABD 的距离(因 $EM \perp$ 面 ABD),

于是 $EM \geqslant AH = h$.

在 $Rt\triangle EMF$ 与 $Rt\triangle AHF$ 中,由 $EM \geqslant AH$ 得 $EF \geqslant AF$.

又∵ $\triangle AEH \backsim \triangle FEG$,

$$\therefore \quad \frac{h}{d}=\frac{AH}{FG}=\frac{AE}{EF}<\frac{AE+EF}{EF}\leqslant 2,$$

即 $2d>h$.

 点评

解决本题的关键是通过平移,将题中的数量关系都集中到平面 AEF 内,化为一个平面几何问题.本题的构图方法在求四面体对棱间的距离和角时十分有效.

▶ **例 15** (捷克数学竞赛试题)证明:存在一个四面体 $ABCD$,它所有的面都是彼此相似的直角三角形,并且以 A,B 为顶点的面角都是锐角.确定四面体中的最长棱、最短棱各是哪一条,当最长棱为 1 时,求最短棱长.

解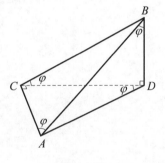

设满足题设的四面体存在.我们证明,AB 是最长的棱,而 CD 是最短的棱.如图 4.1.18,由题设可知,$\angle ACB$,$\angle ADB$ 均为直角,并且 $\angle ACD$ 或 $\angle ADC$ 中有一个是直角,不妨设为 $\angle ACD$.

图 4.1.18

令 $\angle BAC=\varphi$,则 $\angle ABD=\varphi$.否则,由 $\angle BAD=\varphi$,得 $AC=AD=AB\cos\varphi$,但 AD 是直角 $\triangle ACD$ 的斜边,故不可能.

同理,有 $\angle CDA=\varphi$(否则由 $\angle CAD=\varphi$,可得 $AB=AD$,矛盾).因此有

$$BD=AC=AB\cos\varphi,BC=AD=AB\sin\varphi,$$
$$CD=AD\cos\varphi=AB\sin\varphi\cos\varphi,$$
$$AC=AD\sin\varphi=AB\sin^2\varphi,$$

由此可得 $\quad\cos\varphi=\sin^2\varphi=1-\cos^2\varphi,\varphi=\arccos\dfrac{\sqrt5-1}{2}.$

于是,当最长棱 $AB=1$ 时,最短棱 CD 的长为

$$\sin\varphi\cdot\cos\varphi=\sqrt{\cos\varphi}\cdot\cos\varphi=\left(\frac{\sqrt5-1}{2}\right)^{\frac32}.$$

为证明这种四面体是存在的,只要注意,如果取四面体 $ABCD$,使它的棱为

$$CA=\frac{\sqrt5-1}{2},CB=\left(\frac{\sqrt5-1}{2}\right)^{\frac12},CD=\left(\frac{\sqrt5-1}{2}\right)^{\frac32},$$

且 $$\angle BCA = \angle DCA = 90°, \angle BCD = \arccos\frac{\sqrt{5}-1}{2},$$

则 $AB=1, AD=CB, BD=AC, \angle CAB=\angle DBA$，从而得到 $\triangle BAD \cong \triangle ABC$，$\triangle CBD \cong \triangle DAC$，并且四面体的四个面都是相似的.

综上，原题得证.

演习场

习题 4.a

1. (IMO 试题)若四面体恰有一条棱长大于 1,则这个四面体体积的最大值是_____.

2. (第 1 届美国邀请赛试题)如图 4.1.19,多面体的底面是边长为 S 的正方形.上面的棱平行于底面,长为 $2S$,其余的棱长都是 S.已知 $S=6\sqrt{2}$,则这个多面体的体积为_____.

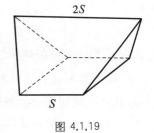

图 4.1.19

3. 四面体 $ABCD$ 的面 ABD 和 BCD 成 30°角,$\triangle ABD$ 的面积是 120,$\triangle BCD$ 的面积是 80,且 $BD=10$,则四面体的体积为_____.

4. (保加利亚数学竞赛试题)在四面体 $ABCD$ 内部有一点 O,使得直线 AO,BO,CO,DO 与四面体的面 BCD,ACD,ABD,ABC 分别交于 A_1,B_1,C_1,D_1 四点,且

$$\frac{AO}{A_1O}=\frac{BO}{B_1O}=\frac{CO}{C_1O}=\frac{DO}{D_1O}=k,$$

则 $k=$_____.

5. 已知三棱锥 S-ABC,底面是边长为 $4\sqrt{2}$ 的正三角形,棱 SC 的长为 2,且垂直于底面,D,E 分别为 AB,BC 的中点,则 CD 与 SE 间的距离为_____.

6. 已知三棱锥 P-ABC,顶点 P 在底面的投影 H 是 $\triangle ABC$ 的垂心,$PB=PC$,$BC=2$,侧面 PBC 与底面所成二面角的度数为 60°,则三棱锥 P-ABC 的体积 $V=$_____.

7. (俄罗斯数学竞赛试题)设四面体 $DABC$ 的体积等于 V.点 K,L,M,N 满足 $\overrightarrow{AK}=\overrightarrow{CA},\overrightarrow{CL}=\overrightarrow{BC},\overrightarrow{DM}=\overrightarrow{AD},\overrightarrow{DN}=\overrightarrow{CD}$,计算四面体 $LKNM$ 的体积.

8. (2010 年五校自招试题)已知正三棱锥 P-ABC 的体积为 V,试求其表面积 S 的最小值.

9. (保加利亚数学竞赛试题)在四面体 $ABCD$ 的棱 AB,AC,AD 上,对每个 $n\in \mathbf{N}^*$,分别取点 K_n,L_n,M_n,使得 $AB=nAK_n$,$AC=(n+1)AL_n$,$AD=(n+2)AM_n$.证明:所有的平面 $K_nL_nM_n$ 共线.

10. 三棱锥 S-ABC 中,侧棱 SA,SB,SC 两两互相垂直,M 为 $\triangle ABC$ 的重心,D 为 AB 中点,作与 SC 平行的直线 DP.证明:(1)DP 与 SM 相交;(2)设 DP 与 SM 的交点为 D',则 D' 为三棱锥 S-ABC 的外接球球心.

11. 求证:若四面体中有两条高线相交,则另外两条高线也必定相交.

12. 在四面体 P-ABC 中,PA,PB,PC 的长分别为 a,b,c,两两所成的夹角分别为 α,β,γ.记以 PA,PB,PC 为棱的二面角的大小为 A,B,C.证明:

$$\frac{\sin\alpha}{\sin A} = \frac{\sin\beta}{\sin B} = \frac{\sin\gamma}{\sin C} = \frac{abc \cdot \sin\alpha\sin\beta\sin\gamma}{6V},$$

其中 V 为四面体的体积.

13. (南斯拉夫及奥地利-波兰数学竞赛试题)证明:对四面体内部的任意一点,从这点观察它的各条棱时的视角之和大于 $540°$.

14. (IMO 预选题)证明:如果棱长为 a 的正四面体内接于棱长为 b 的正四面体,使得它的每个顶点恰好在后者的一个面上,则 $3a \geqslant b$.

15. (民主德国数学竞赛试题)在四面体 $ABCD$ 中,棱 AD,BD 和 CD 互相垂直,它们的长分别为 a,b,c.证明:对 $\triangle ABC$ 的一条边上的任意一点 M,从顶点 A,B,C 到直线 DM 的距离之和 S 满足

$$S \leqslant \sqrt{2(a^2+b^2+c^2)},$$

并确定等式何时成立.

16. (保加利亚数学竞赛试题)证明:空间中一点到棱长为 2 的正四面体四个顶点的距离都是整数的充分必要条件是,该点是这个四面体的一个顶点.

17. (美国数学竞赛试题)设 $ABCD$ 是一个四面体.$AB=41$,$AC=7$,$AD=18$,$BC=36$,$BD=27$,$CD=13$.设 d 为 AB 与 CD 两棱中点间的距离,求 d^2 的值.

4.2 特殊四面体及其性质

知识桥

1. 正四面体的性质

设 $A_0A_1A_2A_3$ 为正四面体,棱长为 a,各面面积为 S,体积为 V,内切球、外接球半径分别为 r,R,则该四面体有如下性质.

(1) 任意两个面所成的内二面角均相等,且

$$\theta_{ij} = \arccos \frac{1}{3} \ (0 \leqslant i < j \leqslant 3);$$

(2) $\displaystyle\sum_{0 \leqslant i < j \leqslant 3} \cos \theta_{ij} = 2$;

(3) 四面体的 4 个顶点所对应空间角也相等,且

$$\sin \alpha_i = \frac{4\sqrt{3}}{9} \ (i = 0, 1, 2, 3);$$

(4) $V = \dfrac{\sqrt{2}}{12} a^3 = \dfrac{2 \sqrt[4]{12}}{9} S^{\frac{3}{2}} = \dfrac{4}{3} Sr = \dfrac{8\sqrt{3}}{27} R^3$;

(5) $R^2 = \dfrac{3}{8} a^2 = 9r^2$;

(6) 设 M 为正四面体内任意一点,M 到各面距离为 d_i,则 $d_0 + d_1 + d_2 + d_3 = 4r = \dfrac{\sqrt{6}}{3} a \left(\text{利用 } 3V = S \cdot \displaystyle\sum_{i=0}^{3} d_i \text{ 即得} \right).$

2. 等腰四面体

若四面体的三组对棱分别相等,则称该四面体为等腰四面体.

定理 1 四面体为等腰四面体的充要条件是:

(1) 三组对棱分别相等;

(2) 四个面为全等的锐角三角形;

(3) 四个面的面积相等;

(4) 以每组对棱为棱的二面角相等.

证明 (1)(2)是显然的,且每个面均为锐角三角形(否则不能构成四面

体).下证(3)(4).

先证(3).必要性:由(2)知各面全等,从而面积相等.

充分性:如图 4.2.1,设四面体 $ABCD$ 中顶点 A,B,C,D 所对面的面积为 S_A,S_B,S_C,S_D,则由已知,$S_A=S_B=S_C=S_D$.记以 BC,CD,DB 为棱的二面角分别为 γ,α,β,以 AB,AC,AD 为棱的二面角分别为 x,y,z,则由面射影定理有

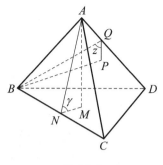

图 4.2.1

$$S_B\cos\alpha+S_C\cos\beta+S_D\cos\gamma=S_A,$$

即
$$\cos\alpha+\cos\beta+\cos\gamma=1.$$

同理,有

$$\cos x+\cos y+\cos\gamma=1,$$
$$\cos\alpha+\cos y+\cos z=1,$$
$$\cos x+\cos\beta+\cos z=1,$$

由以上 4 式解得

$$\cos x=\cos\alpha,\cos y=\cos\beta,\cos z=\cos\gamma.$$

又 $0<\alpha,\beta,\gamma,x,y,z<\pi$,故

$$x=\alpha,y=\beta,z=\gamma.$$

作 $AM\perp$ 面 BCD 于点 M,$AN\perp BC$ 于点 N;作 $BP\perp$ 面 ACD 于点 P,$BQ\perp AD$ 于点 Q,连 MN,PQ,则 $MN\perp BC,PQ\perp AD$.于是 $\angle ANM=\gamma=z=\angle BQP$.

$$\because\quad V=\frac{1}{3}AM\cdot S_A=\frac{1}{3}BP\cdot S_B,\quad\therefore\quad AM=BP,$$

从而
$$AN=\frac{AM}{\sin\gamma}=\frac{BP}{\sin z}=BQ.$$

又
$$2S_D=BC\cdot AN=AD\cdot BQ=2S_C,$$

故 $BC=AD$.同理 $AB=CD,AC=BD$,即 $ABCD$ 为等腰四面体.

再证(4).由体积公式:

$$V=\frac{2}{3}\cdot\frac{S_0S_1}{a_{23}}\sin\theta_{01}=\frac{2}{3}\cdot\frac{S_2S_3}{a_{01}}\sin\theta_{23}\quad\left(0<\theta_{01},\theta_{23}<\frac{\pi}{2}\right),$$

可知 $\theta_{01}=\theta_{23}$.同理,以另两组对棱为棱所成的二面角也相等,故必要性得证.

再由(3)的充分性证明过程知,若以每组对棱为棱的二面角相等,则必为等腰四面体,充分性得证.

关于等腰四面体的判定,还有以下充要条件.

定理 2 四面体为等腰四面体的充要条件是:

(1) 外心与重心重合,或顶点和外心的连线交对面于该面的重心(即为中线);

(2) 外心与内心重合,或内心与重心重合,或顶点与内心连线交对面于该面的重心;

(3) 内切球与各面的切点为该面的外接圆圆心;

(4) 三组对棱中点的连线互相垂直;

(5) 每个顶点处的三个面角之和为 $180°$;

(6) 每个面为有相等外接圆半径的锐角三角形;

(7) 四条中线(或高线)相等;

(8) 四面体内任意一点到各面距离之和为定值;

(9) 过每一顶点的三条棱长之和相等;

(10) 六条棱长的平方和等于外接球半径 R 平方的 16 倍.

我们仅证(10).取四面体 $A_0A_1A_2A_3$ 的外心 O 为空间直角坐标系的原点,并设 $A_i(x_i, y_i, z_i)$,则

$$\sum_{0 \leqslant i < j \leqslant 3} a_{ij}^2 = \sum_{0 \leqslant i < j \leqslant 3} ((x_i - x_j)^2 + (y_i - y_j)^2 + (z_i - z_j)^2).$$

由于四面体的重心 G 坐标为

$$\left(\frac{x_0 + x_1 + x_2 + x_3}{4}, \frac{y_0 + y_1 + y_2 + y_3}{4}, \frac{z_0 + z_1 + z_2 + z_3}{4} \right),$$

可计算得

$$16 OG^2 = 16R^2 - \sum_{0 \leqslant i < j \leqslant 3} a_{ij}^2. \tag{1}$$

因 $OG^2 \geqslant 0$,所以

$$\sum_{0 \leqslant i < j \leqslant 3} a_{ij}^2 \leqslant 16R^2,$$

等号当且仅当 $OG = 0$,即 O 与 G 重合时成立.故由定理 2(1)知,(10)成立.

🏷 **点评**

对空间内任意一点 P,类似式(1)的计算,有如下等式:

$$16 PG^2 = 4 \sum_{i=0}^{3} PA_i^2 - \sum_{0 \leqslant i < j \leqslant 3} a_{ij}^2,$$

这是三角形中的莱布尼茨公式在空间的直接推广.

定理 3 在等腰四面体 $ABCD$ 中，设 $BC=AD=a$，$CA=BD=b$，$AB=CD=c$，$k=\frac{1}{2}(a^2+b^2+c^2)$，$p=\frac{1}{2}(a+b+c)$，每个面的面积、体积、外接球半径、内切球半径分别为 S,V,R,r，那么

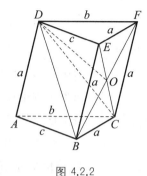

图 4.2.2

$$V=\frac{1}{3}\sqrt{(k-a^2)(k-b^2)(k-c^2)},$$

$$R=\frac{\sqrt{2}}{4}\sqrt{a^2+b^2+c^2},$$

$$r=\frac{1}{4}\sqrt{\frac{(k-a^2)(k-b^2)(k-c^2)}{p(p-a)(p-b)(p-c)}}$$

$$=\frac{\sqrt{(k-a^2)(k-b^2)(k-c^2)}}{4S}.$$

证明 如图 4.2.2，将四面体 $ABCD$ 补形成三棱柱 ABC-DEF，记四棱锥 D-$BEFC$ 的体积为 V'，则 $BEFC$ 是边长为 a 的菱形. 由侧棱 $DB=DF=b$，$DC=DE=c$，故顶点 D 在菱形 $BEFC$ 上的射影为该面对角线的交点 O. 设 $OE=x$，$OB=y$，$OD=z$，有

$$x^2+y^2=a^2,\ y^2+z^2=b^2,\ z^2+x^2=c^2,$$

解得 $\quad x^2=\dfrac{a^2-b^2+c^2}{2},\ y^2=\dfrac{a^2+b^2-c^2}{2},\ z^2=\dfrac{-a^2+b^2+c^2}{2},$

所以 $V'=\dfrac{1}{3}\cdot(2xy)\cdot z=\dfrac{2}{3}xyz$，从而

$$V=\frac{1}{2}V'=\frac{1}{3}xyz=\frac{1}{3}\sqrt{(k-a^2)(k-b^2)(k-c^2)}.$$

由于等腰四面体的外心与重心重合，利用 4.1 节例 1 的中线公式得

$$R=\frac{3}{4}\cdot\frac{1}{3}\sqrt{2(a^2+b^2+c^2)}=\frac{\sqrt{2}}{4}\sqrt{a^2+b^2+c^2},$$

$$r=\frac{3V}{4S}=\frac{\sqrt{(k-a^2)(k-b^2)(k-c^2)}}{4S}.$$

利用三角形面积的海伦公式即得 r 的另一个表达式.

3. 直角四面体

若四面体 $A_0A_1A_2A_3$ 的顶点 A_0 处的三条棱两两垂直，则称它为直角四面体. 设 $A_0A_1=a$，$A_0A_2=b$，$A_0A_3=c$，其体积为 V，内切球、外接球半径为 r,R，顶点 A_i 所对面的面积为 S_i，则有如下性质.

性质 1 在直角四面体中，直角顶点所对的面必为锐角三角形.

性质 2　若 A_0 是直角四面体 $A_0A_1A_2A_3$ 的直角顶点,则

$$S_0^2=S_1^2+S_2^2+S_3^2=\frac{1}{4}(a^2b^2+b^2c^2+c^2a^2).$$

性质 2 是勾股定理在空间的推广.

性质 3　在直角四面体中,有

(1) $V=\dfrac{1}{6}abc$, $r=\dfrac{S_1+S_2+S_3-S_0}{a+b+c}$, $R=\dfrac{1}{2}\sqrt{a^2+b^2+c^2}$;

(2) 设 l 为直角四面体的六条棱长之和,h 为面 $A_1A_2A_3$ 上的高,则

$$l\leqslant(2\sqrt{3}+\sqrt{6})R;$$

$$l\geqslant3(\sqrt[3]{6}+\sqrt[6]{288})\sqrt[3]{V};$$

$$V\geqslant(9+5\sqrt{3})r^3;$$

$$r\geqslant\frac{1}{2}(\sqrt{3}-1)h.$$

下面我们仅证明性质 3(2) 中的第二个不等式.

如图 4.2.3,设三条两两垂直的棱长为 a, b, c,则

$$V=\frac{1}{6}abc,$$

$$l=a+b+c+\sqrt{a^2+b^2}+\sqrt{b^2+c^2}+\sqrt{c^2+a^2}.$$

要证原不等式,只要证

$$l^3\geqslant27(1+\sqrt{2})^3abc. \qquad (2)$$

而由均值不等式,有

$$l\geqslant3\sqrt[3]{abc}+\sqrt{2ab}+\sqrt{2bc}+\sqrt{2ca}$$

$$\geqslant3\sqrt[3]{abc}+3\sqrt{2}\sqrt[3]{abc}=3(1+\sqrt{2})\sqrt[3]{abc},$$

故式(2)得证.当且仅当 $a=b=c$ 时等号成立.

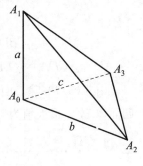

图 4.2.3

▶ **例 1**　如图 4.2.4,已知 $ABCD$ 不是正四面体,且有 n 个内二面角相等,试求 n 的最大值.

解 ❓

先证 $n\leqslant5$.若 $n=6$,即 6 个二面角均相等,下证 $ABCD$ 为正四面体.设点 A 张出的 3 个面角为 α_1, α_2,

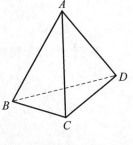

图 4.2.4

$\alpha_3,\alpha_1,\alpha_2,\alpha_3$ 所对棱的二面角为 A_1,A_2,A_3.由三面角公式:

$$\cos A_1=\frac{\cos\alpha_1-\cos\alpha_2\cos\alpha_3}{\sin\alpha_2\sin\alpha_3}=\frac{\cos\alpha_2-\cos\alpha_1\cos\alpha_3}{\sin\alpha_1\sin\alpha_3}=\cos A_2$$

$$\Rightarrow\sin\alpha_1\cos\alpha_1-\sin\alpha_1\cos\alpha_2\cos\alpha_3=\sin\alpha_2\cos\alpha_2-\sin\alpha_2\cos\alpha_1\cos\alpha_3$$

$$\Rightarrow\frac{1}{2}(\sin 2\alpha_1-\sin 2\alpha_2)=\cos\alpha_3\sin(\alpha_1-\alpha_2)=\cos(\alpha_1+\alpha_2)\sin(\alpha_1-\alpha_2)$$

$$\Rightarrow\sin(\alpha_1-\alpha_2)(\cos(\alpha_1+\alpha_2)-\cos\alpha_3)=0.$$

$\because\quad \alpha_3<\alpha_1+\alpha_2<2\pi-\alpha_3\quad\therefore\quad \cos\alpha_3\neq\cos(\alpha_1+\alpha_2)$

$\therefore\quad \sin(\alpha_1-\alpha_2)=0$

$\Rightarrow\alpha_1=\alpha_2$,同理 $\alpha_1=\alpha_2=\alpha_3$.记点 A 处三个面角为 α,同理可证点 B,C,D 处的 3 个面角也均相等,记为 β,γ,δ.又 $\alpha+\beta+\gamma=\alpha+\beta+\delta=180°\Rightarrow\gamma=\delta$.同理 $\alpha=\beta=\gamma=\delta=60°$.故 $ABCD$ 为正四面体. $\therefore\quad n\leqslant 5$.

再来构造 $n=5$ 的实例,即四面体 $ABCD$ 有 5 个二面角相等(第六个与之不相等),且 $ABCD$ 不是正四面体.利用三面角公式:

$$\cos\alpha_{AB}=\frac{\cos\beta-\cos\gamma\cdot\cos\delta}{\sin\gamma\cdot\sin\delta}. \tag{3}$$

取 $\angle ABC=\angle CBD=\angle DBA=\angle ACB=\angle BCD=\angle DCA=40°$,$\angle BAD=\angle CAD=\angle CDA=\angle BDA=70°$,$\angle BAC=\angle BDC=100°$.

由式(3)知:除二面角 B-AD-C 外,其余 5 个二面角均相等,但它不是正四面体.故 n 最大值为 5.

点评

$1°$. 由此可知:四面体的 6 个二面角之和不是定值.

$2°$. $\cos\alpha_{AD}=\dfrac{\cos 100°-\cos^2 70°}{\sin^2 70°}<0$, $\cos\alpha_{AB}=\dfrac{\cos 70°-\cos 70°\cdot\cos 100°}{\sin 70°\cdot\sin 100°}=\tan 20°\cdot\cot 40°$, $\cos\alpha_{CB}=\dfrac{\cos 40°-\cos^2 40°}{\sin^2 40°}=\cot 40°\cdot\tan 20°$.

▶例 2 设等腰四面体一个顶点处的三条棱两两构成的平面角分别为 α,β,γ.证明:

(1) $\sin^2\alpha+\sin^2\beta+\sin^2\gamma\leqslant\dfrac{8}{3}$;

(2) $\dfrac{1}{3}\left(\sin\dfrac{\alpha}{2}+\sin\dfrac{\beta}{2}+\sin\dfrac{\gamma}{2}\right)^2\leqslant\sin^2\dfrac{\alpha}{2}+\sin^2\dfrac{\beta}{2}+\sin^2\dfrac{\gamma}{2}=1$;

(3) $\tan^2\alpha + \tan^2\beta + \tan^2\gamma \geqslant 24$;

(4) $\cot\alpha + \cot\beta + \cot\gamma \geqslant \dfrac{3\sqrt{2}}{4}$.

证明

(1) 由射影定理有

$$\cos\alpha + \cos\beta + \cos\gamma = 1, \tag{4}$$

故 $1 = (\sum\cos\alpha)^2 \leqslant 3\sum\cos^2\alpha = 3(3 - \sum\sin^2\alpha)$（这里 $\sum$ 表示关于 α,β,γ 循环求和,下同).(1)得证.

(2) $\dfrac{1}{3}\left(\sum\sin\dfrac{\alpha}{2}\right)^2 \leqslant \sum\sin^2\dfrac{\alpha}{2} = \dfrac{1}{2}\left(3 - \sum\cos\alpha\right) = 1$,

所以(2)成立.

(3) 因 $\sum\dfrac{1}{\cos^2\alpha} \geqslant 3(\cos\alpha\cos\beta\cos\gamma)^{-\frac{2}{3}}$,

$$\left(\sum\cos\alpha\right)^2 \geqslant 9(\cos\alpha\cos\beta\cos\gamma)^{\frac{2}{3}},$$

相乘并利用式(4)得 $\sum\sec^2\alpha \geqslant 27$,从而 $\sum\tan^2\alpha \geqslant 24$.

(4) 不妨设 $\sin\alpha \geqslant \sin\beta \geqslant \sin\gamma$,则 $\cos\alpha \leqslant \cos\beta \leqslant \cos\gamma$,故由切比雪夫不等式得

$$\sum\cot\alpha = \sum\dfrac{\cos\alpha}{\sin\alpha} \geqslant \sum\cos\alpha \cdot \sum\dfrac{1}{\sin\alpha}$$

$$\geqslant \dfrac{1}{3}(\sin\alpha\sin\beta\sin\gamma)^{-\frac{1}{3}} \geqslant \dfrac{3\sqrt{2}}{4}.$$

▶ **例3** 设直角四面体 $A_0A_1A_2A_3$ 的直角顶点为 A_0,以 $\triangle A_1A_2A_3$ 的三边为棱的三个二面角分别为 α,β,γ.证明:

(1) $\cos^2\alpha + \cos^2\beta + \cos^2\gamma = 1$;

(2) $\sin^2\alpha + \sin^2\beta + \sin^2\gamma = 2$;

(3) $\tan\alpha + \tan\beta + \tan\gamma \geqslant 3\sqrt{2}$;

(4) $\tan\alpha\tan\beta\tan\gamma \geqslant 2\sqrt{2}$;

(5) $\cot\alpha\cot\beta + \cot\beta\cot\gamma + \cot\gamma\cot\alpha \leqslant \dfrac{3}{2}$;

(6) $\cot^2\alpha + \cot^2\beta + \cot^2\gamma \geqslant \dfrac{3}{2}$.

证明

如图 4.2.5，过 A_0 作 $A_0H \perp$ 面 $A_1A_2A_3$ 于 H，则易知 H 为 $\triangle A_1A_2A_3$ 的垂心．连 A_1H 交 A_2A_3 于 D，连 A_0D，则 $A_1D \perp A_2A_3$，$A_0D \perp A_2A_3$，故 $\angle A_0DH = \alpha$，从而

$$\sin \alpha = \frac{A_0H}{A_0D}.$$

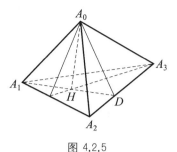

图 4.2.5

由 $A_0D \cdot A_2A_3 = A_0A_2 \cdot A_0A_3$ 得 $A_0D = \dfrac{bc}{\sqrt{b^2+c^2}}$，又

$$A_0H = \frac{abc}{\sqrt{a^2b^2+b^2c^2+c^2a^2}},$$

所以
$$\sin \alpha = \frac{a\sqrt{b^2+c^2}}{\sqrt{a^2b^2+b^2c^2+c^2a^2}}, \tag{5}$$

同理可得 $\sin \beta = \dfrac{b\sqrt{a^2+c^2}}{\sqrt{a^2b^2+b^2c^2+c^2a^2}}$，$\sin \gamma = \dfrac{c\sqrt{a^2+b^2}}{\sqrt{a^2b^2+b^2c^2+c^2a^2}}$，

求和得 $\sin^2\alpha + \sin^2\beta + \sin^2\gamma = 2$，于是 $\cos^2\alpha + \cos^2\beta + \cos^2\gamma = 1$.

命题(1)(2)得证.

由式(5)，可得
$$\cos \alpha = \frac{bc}{\sqrt{a^2b^2+b^2c^2+c^2a^2}},$$

所以 $\tan \alpha = \dfrac{a\sqrt{b^2+c^2}}{bc}$．同理可得 $\tan \beta = \dfrac{b\sqrt{a^2+c^2}}{ac}$，$\tan \gamma = \dfrac{c\sqrt{a^2+b^2}}{ab}$，相乘得

$$\tan \alpha \tan \beta \tan \gamma \geqslant 2\sqrt{2},$$

故命题(4)成立，从而命题(3)也成立.

由均值不等式，有

$$\frac{1}{\sin^2\alpha} + \frac{1}{\sin^2\beta} + \frac{1}{\sin^2\gamma} \geqslant 3(\sin\alpha\sin\beta\sin\gamma)^{-\frac{2}{3}} \geqslant \frac{9}{2},$$

即
$$\cot^2\alpha + \cot^2\beta + \cot^2\gamma \geqslant \frac{3}{2},$$

故命题(6)成立.

最后来证命题(5).

$$\sum \cot\alpha\cot\beta = \sum \frac{c^2}{\sqrt{(c^2+a^2)(b^2+c^2)}} = \sum \frac{x}{\sqrt{(x+y)(z+x)}} \leqslant \frac{3}{2}, \tag{6}$$

（这里$\sum$表示对α,β,γ循环求和，下同）其中$x=a^2,y=b^2,z=c^2$．令$a'=\sqrt{y+z},b'=\sqrt{z+x},c'=\sqrt{x+y}$，则$a',b',c'$构成$\triangle A'B'C'$，且$x=\dfrac{1}{2}(b'^2+c'^2-a'^2),y=\dfrac{1}{2}(c'^2+a'^2-b'^2),z=\dfrac{1}{2}(a'^2+b'^2-c'^2)$．

于是式（6）$\Leftrightarrow\sum\dfrac{b'^2+c'^2-a'^2}{2b'c'}\leqslant\dfrac{3}{2}$

$$\Leftrightarrow\sum\cos A'\leqslant\dfrac{3}{2}\Leftrightarrow\sin\dfrac{A'}{2}\sin\dfrac{B'}{2}\sin\dfrac{C'}{2}\leqslant\dfrac{1}{8}.$$

上式为三角形中已知不等式，故命题（5）得证．

▶**例4** 已知P,Q是正四面体$A-BCD$内两点．

求证：$\angle PAQ<60°$．

证明 🔍

方法一 用"动"的思想思考．若$\angle PAQ$所在的平面通过A的一条棱，不妨设为AB．可作出这个平面截$A-BCD$得到的截面ABE（E在CD上），如图4.2.6(A)所示．

由正四面体的对称性，可证$\triangle AEC\cong\triangle BEC\Rightarrow AE=BE<AB$．

于是，在等腰$\triangle ABE$中，$\angle PAQ<\angle BAE<60°$．

若α不通过正四面体的一条棱，则必和过A点的三个侧面中的两个面相交．不妨设交侧面ABC于AE，交侧面ABD于AF，得到截面AEF，如图4.2.6(B)所示．

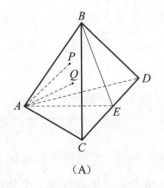

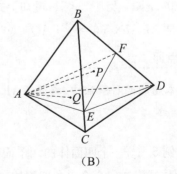

（A）　　　　　　　　　　　（B）

图 4.2.6

欲证　$\angle PAQ<60°$，

只需证　$\angle EAF\leqslant60°$，

或证 EF 在 $\triangle AEF$ 中是最小边.

由正四面体的对称性,易证 $\triangle AEC \cong \triangle DEC \Rightarrow AE = DE$.

在 $\triangle EFD$ 中,$\angle EFD > \angle CBD = 60° > \angle BDC - \angle EDC = \angle EDF \Rightarrow EF < DE = AE$.

同理,$EF < CF = AF$,

故 EF 是 $\triangle AEF$ 中的最小边,$\angle EAF \leqslant 60° \Rightarrow \angle PAQ < 60°$.

方法二 利用截面 EAF,证明 $\angle EAF \leqslant 60°$.

设正四面体棱长为 1,BF 长 x,BE 长 y.

在 $\triangle ABF$ 中,$AF^2 = AB^2 + BF^2 - 2AB \cdot BF \cos \angle ABF = 1 + x^2 - x$,

同理,$AE^2 = 1 + y^2 - y$,$EF^2 = x^2 + y^2 - xy$.

在 $\triangle EAF$ 中,

$$\cos \angle EAF = \frac{AE^2 + AF^2 - EF^2}{2AE \cdot AF} = \frac{2 - x - y + xy}{2\sqrt{1 + x^2 - x} \cdot \sqrt{1 + y^2 - y}}.$$

欲证 $\angle EAF \leqslant 60°$,

只需证 $$\frac{2 - x - y + xy}{2\sqrt{1 + x^2 - x} \cdot \sqrt{1 + y^2 - y}} \geqslant \frac{1}{2},$$

即 $$2 - x - y + xy \geqslant \sqrt{1 + x^2 - x} \cdot \sqrt{1 + y^2 - y}. \tag{7}$$

由所设,有 $x \leqslant 1$,$y \leqslant 1 \Rightarrow$ 上式两端大于 0.

故欲证式(7)成立,

只需证 $(2 - x - y + xy)^2 \geqslant (1 + x^2 - x)(1 + y^2 - y)$ 成立,

即 $$3(1 - x)(1 - y) + xy(2 - x - y) \geqslant 0.$$

由 $0 < x \leqslant 1$ 及 $0 < y \leqslant 1$,可知上式成立.

于是 $\angle EAF \leqslant 60° \Rightarrow \angle PAQ < 60°$.

点评

在本题的两种解法中,截面 EAF 都起到了承上启下的桥梁作用.

▶**例5** 若一个四面体的四个面都是直角三角形,则称这个四面体为全直角四面体.试构造一个全直角四面体,使得能用两个平面将其分成三个体积相等的全直角四面体.

解 😊

先给出如下引理.

引理 如图 4.2.7(A),若一个四面体 $XYZW$ 满足:$\angle XYZ=90°,WX\perp$ 面 XYZ,则它是一个全直角四面体.

事实上,由三垂线定理知 $ZY\perp YW$,从而四个面均为直角三角形.

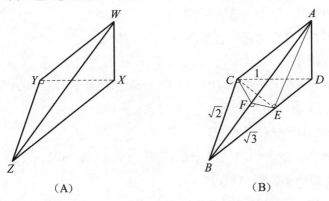

图 4.2.7

下面来构造题设中要求的全直角四面体.先作底面直角 $\triangle BCD$,使 $BC=\sqrt{2},CD=1,BD=\sqrt{3}$.再作 $DA\perp$ 底面 BCD,并使 $DA=1$,由此得全直角四面体 $ABCD$,如图 4.2.7(B).

现过 C 作 $CE\perp BD$ 于 E.在面 ABD 内,作 $EF\perp AB$ 于 F,连 CF.四面体 $ABCD$ 被平面 CEF 与平面 ACE 分成了三个四面体:$CBEF,CEFA,CEAD$.由于 $CE\perp BD,CE\perp AD$,所以 $CE\perp$ 面 ABD,故由引理知,这三个四面体均为全直角四面体.

由射影定理,有 $DE=\dfrac{CD^2}{BD}=\dfrac{\sqrt{3}}{3}$,

又 $BD=\sqrt{3},AD=1$,

所以 $\angle AED=60°,\angle ABD=30°$,

从而 $\angle BAE=30°$.所以 $EA=EB$,故 $\triangle AED\cong\triangle AEF\cong\triangle BEF$.于是三个四面体等底面积,高均为 CE,从而它们的体积相等.故四面体 $ABCD$ 满足要求.

▶ **例 6** 在四面体 $ABCD$ 中,$\angle BDC=90°,D$ 在平面 ABC 内的射影 H 为 $\triangle ABC$ 的垂心.证明:

$$(AB+BC+CA)^2\leqslant 6(AD^2+BD^2+CD^2),$$

并指出对哪一种四面体,上面的等号成立.

证明 🔍

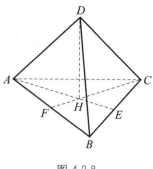

图 4.2.8

如图 4.2.8,联结 AH,CH,分别交 BC,AB 于 E,F.因 $DH\perp$ 面 ABC,H 为垂心,所以 $AB\perp CF$,于是由三垂线定理得 $AB\perp CD$.又 $BD\perp CD$,所以 $CD\perp$ 面 ABD,从而 $CD\perp AD$.同理,$AD\perp BD$,即 $ABCD$ 是以 D 为直角顶点的直角四面体.由勾股定理有

$$AD^2+BD^2=AB^2,\quad BD^2+CD^2=BC^2,\quad CD^2+AD^2=CA^2,$$

所以
$$6(AD^2+BD^2+CD^2)$$
$$=3(AB^2+BC^2+CA^2)$$
$$\geqslant AB^2+BC^2+CA^2+2(AB\cdot BC+BC\cdot CA+CA\cdot AB)$$
$$=(AB+BC+CA)^2,$$

当且仅当 $\triangle ABC$ 为正三角形,即 $DABC$ 为正三棱锥时上式等号成立.

▶**例7** (1987 年 CMO 试题)设 $A_1A_2A_3A_4$ 是一个四面体,S_1,S_2,S_3,S_4 分别是以 A_1,A_2,A_3,A_4 为球心的球面,它们两两相切.如果存在一点 O,使得以点 O 为球心可作一个半径为 r 的球面 P,与 S_1,S_2,S_3,S_4 都相切,还可作一个半径为 R 的球面 Q,与四面体的各棱都相切.证明:四面体 $A_1A_2A_3A_4$ 是正四面体.

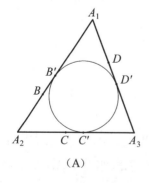

(A)

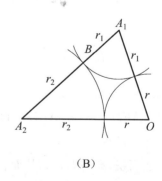

(B)

图 4.2.9

分析 作出完整的空间图形有困难,可先从局部入手,考察三个球 S_1,S_2,S_3 两两外切时切点的位置.

证明 🔍

先考虑以 O 为球心、半径为 r 的球面 P' 与 S_1,S_2,S_3,S_4 都外切的情形. 设球面 S_1,S_2,S_3,S_4 的半径分别为 r_1,r_2,r_3,r_4, 球面 S_1,S_2,S_3 两两外切的切点为 B,C,D, 如图 4.2.9(A), 则 B,C,D 必分别在 A_1A_2,A_2A_3,A_3A_1 上, 且有

$$A_1B=A_1D=r_1, A_2B=A_2C=r_2, A_3C=A_3D=r_3.$$

而面 $A_1A_2A_3$ 截以点 O 为球心且半径为 R 的球面 Q 所得的截面圆 $B'C'D'$ 是 $\triangle A_1A_2A_3$ 的内切圆, 它在 A_1A_2,A_2A_3,A_3A_1 上的切点分别为 B',C',D', 从而 $A_1B'=A_1D',A_2B'=A_2C',A_3D'=A_3C'$. 因为

$$A_1A_2=A_1B+BA_2=A_1B'+B'A_2,$$
$$A_2A_3=A_2C+CA_3=A_2C'+C'A_3,$$
$$A_3A_1=A_3D+DA_1=A_3D'+D'A_1,$$

所以
$$A_1B=\frac{A_1A_2+A_1A_3-A_2A_3}{2},$$
$$A_1B'=\frac{A_1A_2+A_1A_3-A_2A_3}{2}.$$

又 B 和 B' 都是 A_1A_2 的内点, 所以 $B=B'$. 同理, $C=C',D=D'$. 这表明, 球面 S_1,S_2,S_3,S_4 两两外切的切点与球面 Q 和各棱的切点分别重合.

下面通过计算来证明四面体的各面均为正三角形. 过点 A_1,A_2 和 O 作截面如图 4.2.9(B), OB 是球面 S_1 和 S_2 的公切线, 且 $OB=R$, 则由切割线定理, 有

$$R^2=r(r+2r_1)=r(r+2r_2),$$

所以 $r_1=r_2$. 同理, $r_1=r_2=r_3=r_4$, 从而

$$A_1A_2=A_1A_3=A_1A_4=A_2A_3=A_2A_4=A_3A_4,$$

即四面体 $A_1A_2A_3A_4$ 是正四面体. 至于球面 P 与球面 S_1,S_2,S_3,S_4 都内切的情形, 证明方法类似. 故原题得证.

▶ **例 8** (1991 年 IMO 试题) 设点 $P(1,\sqrt{2},\sqrt{3})$ 是以 8 个点 $P_i(x_i,y_i,z_i)$ (其中 $x_i,y_i,z_i\in\{0,6\}$) 为顶点的正方体内的点, 求: 以 P 关于正方体各面的对称点 (共 6 个) 为顶点的多面体和原正方体的公共部分的体积 V.

解 ❓

设 $P(a,b,c)$ 为正方体内部一点. 如图 4.2.10, 由于正方形内任一点关于两

邻边的对称点的连线过该两邻边的顶点,于是 P 关于各面的对称点组成一个八面体,它的每个三角形面截正方体得一个直角四面体.如面 $A(-a,b,c)$,$B(a,-b,-c)$,$c(a,b,-c)$构成的$\triangle ABC$ 与原正方体交于点$(0,0,c)$,$(a,0,0)$,$(0,b,0)$,故该直角四面体的体积为$\dfrac{1}{6}abc$.对其他面,同样可得截正方体的直角四面体的体积,从而所截部分的体积之和为

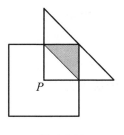

图 4.2.10

$$V_1=\frac{1}{6}\sum x_i y_j z_k,\text{其中}i,j,k\in\{1,2\}.\text{因}x_1+x_2=y_1+y_2=z_1+z_2=6,$$

故 $V_1=\dfrac{1}{6}(x_1+x_2)(y_1+y_2)(z_1+z_2)=6^2$,从而公共部分体积

$$V=6^3-V_1=6^3-6^2=180.$$

▶ **例 9** (捷克数学竞赛试题)证明:如果四面体有两组相互垂直的对棱,则所有各棱的中点位于一个球面上.

证明 🔍

设四面体 $ABCD$ 的诸棱满足$AC\perp BD$,$AD\perp BC$.现在过四面体的每条棱作一个平行于对棱的平面,得到三对平行平面,它们构成一个平行六面体 $AB'CD'$-$A'BC'D$,如图 4.2.11.

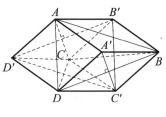

图 4.2.11

四边形 $AB'CD'$ 与 $A'BC'D$ 是菱形,因为它们的对角线分别平行于互相垂直的直线 AC 与 BD.同理,平行四边形 $AA'DD'$ 与 $BC'CB'$ 也是菱形.因此,平行六面体中所有棱长都相等.

最后,从平行六面体的对称中心 O 到四面体的任意一条棱的中点之距离等于平行六面体棱长的一半(例如点 O 到棱 AB 的中点之距离等于平行四边形 $ABC'D'$ 的对称中心到边 AB 的距离,即平行六面体中棱 AD' 的长的一半).这就证明了题中的结论.

▶ **例 10** 已知正四面体 $ABCD$ 中,E 为 BC 的中点,$P\in AE$,$Q\in CD$,PQ 是 AE 与 CD 的公垂线.求$\dfrac{AP}{PE}$的值.

解 🔍

如图 4.2.12，先计算 PQ.

作 $ED' \underline{\underline{/\!/}} CD$，则 $CD /\!/$ 平面 AED'，故 PQ 长即为 CD 到面 AED' 的距离，即 D 到面 AED' 的距离. 考察三棱锥 $A\text{-}EDD'$，过 A 作 $AO\perp$ 面 BCD 于 O，由等积法得 $PQ=\dfrac{\sqrt{22}}{11}$（棱长取为 1）.

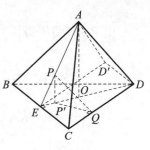

图 4.2.12

事实上，$AE=AD'=\dfrac{\sqrt{3}}{2}$，$D'E=\dfrac{1}{2}$，$\cos\angle AED'=\dfrac{1}{2}\cdot\dfrac{DE}{AE}=\dfrac{\sqrt{3}}{6}$，

$\sin\angle AED'=\dfrac{\sqrt{33}}{6}$.

$\therefore \quad S_{\triangle AED'}=\dfrac{1}{2}\cdot\dfrac{\sqrt{3}}{2}\cdot\dfrac{1}{2}\cdot\sin\angle AED'=\dfrac{\sqrt{3}}{8}\cdot\dfrac{\sqrt{33}}{6}=\dfrac{\sqrt{11}}{16}$.

又 $AO=\sqrt{\left(\dfrac{\sqrt{3}}{2}\right)^2-\left(\dfrac{\sqrt{3}}{6}\right)^2}=\dfrac{\sqrt{6}}{3}$，

$S_{\triangle EDD'}=\dfrac{1}{4}S_{\triangle ABC}=\dfrac{\sqrt{3}}{16}$，

$\therefore \quad PQ\cdot S_{\triangle AED'}=AO\cdot S_{\triangle EDD'}\Rightarrow PQ\cdot\dfrac{\sqrt{11}}{16}=\dfrac{\sqrt{6}}{3}\cdot\dfrac{\sqrt{3}}{16}$

$$\Rightarrow PQ=\dfrac{\sqrt{22}}{11}.$$

过 P 作 $PP'\perp$ 面 BCD 于 P'，则 $P'\in DE$，且 $O\in DE$.

连 $P'Q$. 因 $PQ\perp CD$，由三垂线定理的逆定理知 $P'Q\perp CD$.

$\therefore \quad \mathrm{Rt}\triangle DQP'\backsim\mathrm{Rt}\triangle DEC$. 记 $\dfrac{EP}{AE}=x$，则 $PP'=\dfrac{PE}{AE}\cdot AO=\dfrac{\sqrt{6}}{3}x$.

又 $\dfrac{P'Q}{EC}=\dfrac{P'D}{DC}$，而 $\dfrac{PE}{AE}=\dfrac{P'E}{OE}=\dfrac{P'E}{\dfrac{\sqrt{3}}{6}}\Rightarrow P'E=\dfrac{\sqrt{3}}{6}x$，$P'O=\dfrac{\sqrt{3}}{6}(1-x)$.

$P'D=P'O+OD=\dfrac{\sqrt{3}}{6}(1-x)+\dfrac{\sqrt{3}}{3}=\dfrac{\sqrt{3}}{6}(3-x)$，

$\therefore \quad P'Q=\dfrac{1}{2}\cdot\dfrac{\sqrt{3}}{6}(3-x)$.

由 Rt$\triangle PQP'$ 得 $\left(\dfrac{\sqrt{22}}{11}\right)^2 = \left(\dfrac{\sqrt{6}}{3}x\right)^2 + \left(\dfrac{\sqrt{3}}{12}(3-x)\right)^2 \Rightarrow 11x^2 - 2x + \dfrac{1}{11} = 0 \Rightarrow$

$(11x-1)^2 = 0 \Rightarrow x = \dfrac{1}{11}$.

$\therefore \dfrac{EP}{AE} = \dfrac{1}{11}$，从而 $\dfrac{AP}{PE} = \dfrac{AE-EP}{PE} = \dfrac{11-1}{1} = 10$.

演习场

习题 4.b

1. 平坦的桌面上放有半径分别为 $1, 2, 2$ 的三个木球,每个球都与桌面相切,且与其余两球外切.另外,在桌面上还有一个半径小于 1 的小木球在三球之间,与桌面相切,且与三个木球都外切.那么,这个小木球的半径为_____.

2. 正四面体的四个顶点及六条棱的中点共 10 个点中,有_____个不共面的四点组.

3. 在三棱锥 $P - ABC$ 中,$PA = PB$,$AB = a$,$PA \perp BC$,$PB \perp AC$,二面角 $P - AB - C$ 等于 $60°$,则 $V_{P-ABC} = $_____.

4. 与正四面体 4 个顶点距离之比为 $1:1:1:2$ 的平面共有_____个.

5. 棱长为 1 的正四面体在平面上的投影面积的最大值为_____.

6. 在棱长为 a 的正四面体中嵌入一个圆柱体,使其高度恰为四面体高度的一半,而上底面与四面体相切,则这个圆柱的侧面积为_____.

7. (德国数学竞赛试题)在正四面体中,过每条棱及其对棱的中点作六个平面.试确定这些平面将四面体分成几个部分,以及当四面体体积为 1 时,求每个部分的体积.

8. 在三棱锥 $P - ABC$ 中,$AB = 2$,$AC = 2\sqrt{2}$,$PA + PC = 4$.若三棱锥的体积 $V = \dfrac{4}{3}$,求此三棱锥的侧面积.

9. 在正四棱锥 $P - ABCD$ 中,$AB = 3$,P 在底面上的射影为 O,$PO = 6$,M 是 PO 上一个动点,过点 M 且与 PA,BD 平行的截面为五边形.求该截面面积的最大值.

10. 在边长为 a 的正四面体的表面上任意地放 n 个点,其中必有两个点的距离不大于 $\dfrac{1}{2}a$.试求 n 的最小值.

11. 正四面体 $ABCD$ 中,过 A 作正四面体的截面.若截面是等腰三角形,且与底面 BCD 成 $75°$ 角,这样的截面有多少个?

12. 一个球外接于四面体 $ABCD$,另一个半径为 1 的球与平面 ABC 相切,并且两球内切于点 D.若 $AD = 3$,$\cos \angle BAC = \dfrac{4}{5}$,$\cos \angle BAD = \cos \angle CAD = $

$\dfrac{1}{\sqrt{2}}$, 试求四面体 $ABCD$ 的体积.

13. 已知四面体 $A\text{-}BCD$ 中, $AB=a$, $CD=b$, 四面体的棱 CB 被平行于 AB, CD 的一个平面截成长度之比为 k 的两部分, 求这两部分的体积之比.

14. 证明: 正四面体各棱在任一平面上的射影的平方和为定值.

15. 证明: 四面体的各二面角的和在区间 $(2\pi, 3\pi)$ 内, 并且除去任意一对对棱处的二面角后, 剩下的和小于 2π.

16. 已知 O 为正四面体 $ABCD$ 的中心, 点 E 在面 ABC 上, E 在其他三个面上的射影分别为 F, G, H. 证明: OE 过 $\triangle FGH$ 的重心 M.

17. 设 $ABCD$ 为等腰四面体 (即四个面全等), $\triangle BCD$ 的垂心 H 分边 CD 上的高为 h_1, h_2. 证明: 四面体的高 AE 的长为

$$h = 2\sqrt{h_1 h_2},$$

并且 EH 的中点是 $\triangle BCD$ 的外心 O.

4.3 球的相关问题

知识桥

1. 球的性质

球是最基本的旋转体,球与多面体的结合,可产生丰富的问题,包含深刻的技巧.

由于球的任一截面为圆,所以圆的许多性质,如切线定理、切割线定理、相交弦定理对球仍然成立.注意过球心的截面即球的大圆这一特殊性质.

（1）**球面距离** 球面上两点 A,B 对应的球的大圆劣弧的长度叫做 A 与 B 之间的球面距离.

（2）**球心到截面圆的距离** 如图 4.3.1,球心 O 到截面圆 O' 的距离 d 与球的半径 R 和截面圆(小圆)半径 r 满足

$$d^2 = R^2 - r^2.$$

2. 四面体中的球

（1）**外接球** 四面体的六条棱的中垂面交于一点 O,为四面体的外心,到各顶点的距离等于球的半径.

（2）**内切球** 四面体的六个二面角的平分面交于一点 I,为四面体的内心,到各面的距离等于球的半径.

注意内切球与四面体的各面相切,而不是与各棱相切.对于任意的四面体,不一定有与各棱都相切的球.

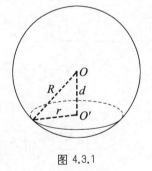

图 4.3.1

（3）**旁切球** 在四面体外与其一个侧面相切,并且与其余侧面的延展面都相切的球称为四面体的旁切球.

四面体的内切球和四个旁切球是三角形中内切圆与旁切圆的空间推广.关于四面体的外接球半径 R、内切球半径 r 和旁切球半径 $r_i(i=0,1,2,3)$,我们有如下公式.

定理1 （克列尔(A.L.Crelle)公式)设四面体 $A_0A_1A_2A_3$ 的体积为 V,外接球半径为 R,其三组对棱分别为 a,a_1,b,b_1,c,c_1,则有

$$6RV=\sqrt{p(p-aa_1)(p-bb_1)(p-cc_1)},$$

其中
$$p=\frac{1}{2}(aa_1+bb_1+cc_1).$$

由于根式内的值 >0，从而导出 aa_1,bb_1,cc_1 任两个之和大于第三个，于是有以下推论.

推论 1 设四面体的三组对棱分别为 a,a_1,b,b_1,c,c_1，则 aa_1,bb_1,cc_1 构成一个三角形的三边长，且其面积 S 与四面体的体积、外接球半径 R 满足

$$S=6RV.$$

定理 2 设四面体 $A_0A_1A_2A_3$，P 为空间内任意一点，$a_{ij}=|A_iA_j|$，$R_i=|PA_i|$，则对任意实数 $\lambda_i(i=0,1,2,3)$，有

$$\left(\sum_{i=0}^{3}\lambda_i\right)\left(\sum_{i=0}^{3}\lambda_iR_i^2\right)\geqslant\sum_{0\leqslant i<j\leqslant 3}\lambda_i\lambda_ja_{ij}^2.$$

证明 设向量

$$\overrightarrow{PQ}=\sum_{i=0}^{3}\frac{\lambda_i\overrightarrow{PA_i}}{\sum_{i=0}^{3}\lambda_i},$$

则
$$0\leqslant\left(\sum_{i=0}^{3}\lambda_i\right)^2\cdot|\overrightarrow{PQ}|^2=\left|\sum_{i=0}^{3}\lambda_i\overrightarrow{PA_i}\right|^2$$

$$=\sum_{i=0}^{3}\lambda_i^2|\overrightarrow{PA_i}|^2+2\sum_{0\leqslant i<j\leqslant 3}\lambda_i\lambda_j(\overrightarrow{PA_i}\cdot\overrightarrow{PA_j})$$

$$=\sum_{i=0}^{3}\lambda_i^2|\overrightarrow{PA_i}|^2+\sum_{0\leqslant i<j\leqslant 3}\lambda_i\lambda_j(|\overrightarrow{PA_i}|^2+|\overrightarrow{PA_j}|^2$$

$$-|\overrightarrow{A_iA_j}|^2)(\text{余弦定理})$$

$$=\sum_{i=0}^{3}\lambda_i^2|\overrightarrow{PA_i}|^2+\sum_{0\leqslant i\neq j\leqslant 3}\lambda_i\lambda_j|\overrightarrow{PA_i}|^2-\sum_{0\leqslant i<j\leqslant 3}\lambda_i\lambda_ja_{ij}^2$$

$$=\left(\sum_{i=0}^{3}\lambda_i\right)\left(\sum_{i=0}^{3}\lambda_iR_i^2\right)-\sum_{0\leqslant i<j\leqslant 3}\lambda_i\lambda_ja_{ij}^2, \tag{1}$$

故定理 2 得证.

在式(1)中取 P 为四面体的外心 O，并取 $\lambda_0=\lambda_1=\lambda_2=\lambda_3=1$，则知 Q 为四面体的重心 G，于是有以下推论.

推论 2 同定理 2 所设，则有

(1) $16|\overrightarrow{OG}|^2=16R^2-\sum_{0\leqslant i<j\leqslant 3}a_{ij}^2$；

(2) $\left(\sum_{i=0}^{3}\lambda_i\right)^2R^2\geqslant\sum_{0\leqslant i<j\leqslant 3}\lambda_i\lambda_ja_{ij}^2.$

定理 3 设四面体 $A_0A_1A_2A_3$ 的内切球半径为 r,体积为 V,顶点 A_i 所对面的面积为 $S_i(i=0,1,2,3)$,则

$$r=\frac{3V}{S_0+S_1+S_2+S_3}.$$

推论 3 记四面体面 f_i 上的高线长为 h_i,则

$$\frac{1}{r}=\frac{1}{h_0}+\frac{1}{h_1}+\frac{1}{h_2}+\frac{1}{h_3}.$$

定理 4 设 r_k 为四面体 $A_0A_1A_2A_3$ 中顶点 A_k 所对面 f_k 的旁切球半径,S_k 为面 f_k 的面积,则

$$r_k=\frac{3V}{\sum\limits_{i=0}^{3}S_i-2S_k}\ (k=0,1,2,3).$$

证明 只证 r_0.设 P_0 为面 S_0 上的旁切球球心,连 P_0A_1,P_0A_2,P_0A_3,由体积公式得

$$V=V_{P_0A_0A_1A_2}+V_{P_0A_0A_2A_3}+V_{P_0A_0A_3A_1}-V_{P_0A_1A_2A_3},$$

即

$$V=\frac{1}{3}r_0(S_1+S_2+S_3-S_0),$$

从而

$$r_0=\frac{3V}{S_1+S_2+S_3-S_0}.$$

同理可得 r_1,r_2,r_3 的表达式.

推论 4 设 r,r_0,r_1,r_2,r_3 分别为四面体的内切球与旁切球半径,则

$$\frac{2}{r}=\frac{1}{r_0}+\frac{1}{r_1}+\frac{1}{r_2}+\frac{1}{r_3}.$$

▶**例 1** 证明定理 1,即对任意四面体 $ABCD$,其体积 V 和外接球半径 R 满足

$$6RV=\sqrt{p(p-aa_1)(p-bb_1)(p-cc_1)},$$

其中 $p=\frac{1}{2}(aa_1+bb_1+cc_1)$,$a,a_1,b,b_1,c,c_1$ 分别为四面体的三组对棱的长.

证明 🔍

设四面体的各棱长如图 4.3.2,过顶点 A 作外接球的切面 α,过 B 作平面 $\beta /\!/$ 平面 ACD,过 D 作平面 $\gamma /\!/$ 平面 ABC,则平面 α,β,ABC,ABD 构成四面体 ABD_1C_1,平面 α,γ,ABC,ADC 构成四面体 ADB_2C_2.

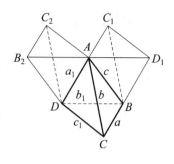

图 4.3.2

在平面 ABC 上,由于 AC_1 在外接球的切面上,所以 AC_1 与 $\triangle ABC$ 的外接圆(外接球与面 ABC 的交线)相切,从而 $\angle C_1AB = \angle ACB$.又 $BC_1 /\!/ AC$(平行平面 β,ACD 与平面 ABC 的交线平行),所以 $\angle ABC_1 = \angle BAC$,于是 $\triangle ABC_1 \backsim \triangle CAB$,得

$$AC_1 = \frac{ac}{b}.$$

同理, $\qquad AD_1 = \frac{b_1c}{a_1}, AC_2 = \frac{a_1c_1}{b}, AB_2 = \frac{a_1b_1}{c}.$

又 $C_1D_1 /\!/ C_2A, C_1A /\!/ C_2B_2$,所以 $\triangle C_1AD_1 \backsim \triangle C_2B_2A$,得

$$C_1D_1 = \frac{AD_1 \cdot AC_2}{AB_2} = \frac{c_1c^2}{ba_1}.$$

将 $\triangle AC_1D_1$ 放大 $\dfrac{ba_1}{c}$ 倍,就得到一个边长为 aa_1, bb_1, cc_1 的三角形.过 A 作外接球的直径,设 B 在这直径上的射影为 B',则由射影定理,有

$$AB' = \frac{c^2}{2R}.$$

由于 $AB' \perp$ 切面 α,所以它就是 B 到切面 α 的距离.因此

$$V_{AD_1C_1B} = \frac{1}{3} \cdot \frac{c^2}{2R} \cdot S_{\triangle AC_1D_1}$$

$$= \frac{1}{3} \cdot \frac{c^2}{2R} \cdot \left(\frac{c}{ba_1}\right)^2 \cdot S,$$

这里 $S = \sqrt{p(p-aa_1)(p-bb_1)(p-cc_1)}$,再由 4.1 节例 2 的四面体体积公式,可得

$$\frac{V}{V_{AD_1C_1B}} = \frac{S_{\triangle ABC} \cdot S_{\triangle ABD}}{S_{\triangle ABC_1} \cdot S_{\triangle ABD_1}} = \left(\frac{b}{c}\right)^2 \cdot \left(\frac{a_1}{c}\right)^2,$$

故 $V = \dfrac{b^2a_1^2}{c^4} \cdot V_{AD_1C_1B} = \dfrac{S}{6R}$,即

$$S = 6RV.$$

证毕.

▶**例 2** （第 16 届美国普特南数学竞赛试题）一个球内切于四面体,将每个切点与该点所在面的三个顶点联结,这样每面内的三个角(以切点为顶点)组成一个集合.试证:这四个集合是相等的.

证明 🔍

先看相邻两面的情形.如图 4.3.3,O 为内切球的球心,H_0,H_1 为切点,则 $H_0A_2=H_1A_2$,$H_0A_3=H_1A_3$,从而 $\triangle A_2A_3H_0 \cong \triangle A_2A_3H_1$,得 $\angle A_2H_0A_3=\angle A_2H_1A_3$.同理,$\angle A_iH_jA_k = \angle A_iH_sA_k$,这里 i,j,k,s 表示 $\{0,1,2,3\}$ 中的不同元素,用 θ_{ik} 表示这种角.

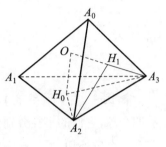

图 4.3.3

由于以 H_i 为顶点的三个角之和为 2π,故有

$$\begin{cases} \theta_{12}+\theta_{23}+\theta_{13}=2\pi, \\ \theta_{23}+\theta_{02}+\theta_{03}=2\pi, \\ \theta_{01}+\theta_{02}+\theta_{12}=2\pi, \\ \theta_{01}+\theta_{03}+\theta_{13}=2\pi, \end{cases}$$

由前两个式子相加减去后两个式子,得 $\theta_{01}=\theta_{23}$,同理得 $\theta_{02}=\theta_{13}$,$\theta_{03}=\theta_{12}$.这样,以 H_0 为顶点的角集合 $\{\theta_{12},\theta_{13},\theta_{23}\}$ 与以 H_1 为顶点的角集合 $\{\theta_{02},\theta_{03},\theta_{23}\}$ 相等,同理可得四个集合均相等.

▶**例 3** （第 22 届苏联数学奥林匹克竞赛试题）证明:对任意四面体,都有

$$r < \frac{ab}{2(a+b)},$$

其中 a,b 是一组对棱的长,r 为其内切球半径.

证明 🔍

我们知道,$r=\dfrac{3V}{S}$,S 为四面体的四个面的面积之和,V 为体积.又由体积公式(见 4.1 节例 2),

$$V=\frac{1}{6}ab \cdot d\sin\theta,$$

其中 d 为对棱 a,b 之间的距离,θ 为 a,b 所成的角,所以

$$r \leqslant \frac{1}{2} \cdot \frac{abd}{S}.$$

另一方面,由于四面体的棱 b 的端点到棱 a 的端点的距离均不小于 d,且其中必有一个大于 d,所以四面体的两个与棱 a 相邻面的面积之和大于 ad.同理,另外两个面的面积之和大于 bd.于是

$$S > (a+b)d.$$

故

$$r \leqslant \frac{abd}{2S} < \frac{abd}{2(a+b)d} = \frac{ab}{2(a+b)}.$$

▶ 例 4 (1995 年第 10 届 CMO 试题)空间中有四个球,它们的半径分别为 $3,3,2,2$.每个球都与其余三个球外切,另外有一个小球与这四个球都外切,求小球的半径.

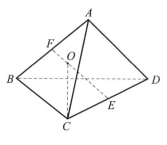

图 4.3.4

解

设四个球的球心分别为 A,B,C,D,如图 4.3.4,依题意有 $AB=6$,$CD=4$,$AC=BC=AD=BD=5$.

又设 AB,CD 的中点分别为 F 和 E,小球的球心为 O,则由对称性,O 在线段 EF 上,并且易知 $EF \perp AB$,$EF \perp CD$.于是

$$EF = \sqrt{AE^2 - AF^2} = \sqrt{AC^2 - CE^2 - AF^2}$$
$$= \sqrt{5^2 - 2^2 - 3^2} = \sqrt{12},$$

$$OE = \sqrt{OC^2 - CE^2} = \sqrt{(r+2)^2 - 2^2} = \sqrt{r^2 + 4r},$$

$$OF = \sqrt{OA^2 - AF^2} = \sqrt{(r+3)^2 - 3^2} = \sqrt{r^2 + 6r},$$

其中 r 为小球 O 的半径.于是得

$$\sqrt{r^2 + 4r} + \sqrt{r^2 + 6r} = \sqrt{12},$$

所以

$$\sqrt{r+4} + \sqrt{r+6} = \sqrt{\frac{12}{r}}. \qquad (2)$$

因为

$$(\sqrt{r+6})^2 - (\sqrt{r+4})^2 = (r+6) - (r+4) = 2,$$

所以

$$\sqrt{r+6} - \sqrt{r+4} = 2\sqrt{\frac{r}{12}} = \sqrt{\frac{r}{3}}. \qquad (3)$$

由式(2)(3)得 $2\sqrt{r+6} = \frac{1}{\sqrt{3r}}(r+6)$.因 $r > 0$,从而 $2\sqrt{3r} = \sqrt{r+6}$,$12r =$

$r+6$，故 $r=\dfrac{6}{11}$ 即为所求.

▶ **例 5** （1981 年第 22 届 IMO 预选题）一球
与四面体 $ABCD$ 的棱 AB,BC,CD,DA 分别切于
E,F,G,H，并且 E,F,G,H 是一个正方形的顶
点.如果这球与棱 AC 相切,证明:它必与 BD 相切.

证明🔍

如图 4.3.5,由于 $EH/\!/FG$，BD 为平面 ABD 与
平面 CBD 的交线,所以 $BD/\!/EH$,同理 $AC/\!/EF$.

因为切线 $AE=AH$，$EH/\!/BD$，所以 $AB=AD$.

同理可得 $\qquad AB=BC=CD=DA$.

设球与 AC 切于点 I,则过 E,F,I 的圆是球与平面 ABC 的交线,从而这圆
是等腰 $\triangle ABC$ 的内切圆,因此 I 为 AC 的中点.

由 $\dfrac{EH}{BD}=\dfrac{AE}{AB}$，$\dfrac{EF}{AC}=\dfrac{BE}{AB}$ 及 $EH=EF$，$AC=2AI=2AE$，易得 $BD=2BE$.

取 BD 的中点 J,则 $\triangle JAC$ 为等腰三角形,于是 IJ,AC,BD 互相垂直,并
且平面 ACJ 平分二面角 $B-AC-D$.球心 O 在这个二面角的平分面上,从而在
IJ 上.

又 $OE=\sqrt{OB^2-BE^2}=\sqrt{OB^2-BJ^2}=OJ$，

所以该球与棱 BD 相切于 J(并且 O 为 IJ 的中点).

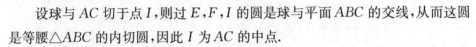

▶ **例 6** 四面体 $ABCD$ 有过 A,B,C,D 的外
接球及与各面相切于内心的内切球,两球有公共的
中心 O.H 为 $\triangle ABC$ 的垂心,H' 为 D 在这个平面上
的射影,如图 4.3.6 所示.

证明:$AB=CD$,$AC=BD$,$AD=BC$,$OH=OH'$.

证明🔍

首先我们证明,当四面体的外心与内心重合时,
它的四个面的外接圆半径相等.

设四面体的外接球半径为 R,内切球半径为 r,球心 O 在面 ABC 上的射影
为 O',则

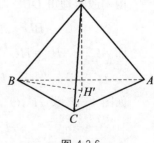

图 4.3.6

$$O'A = O'B = O'C = \sqrt{R^2 - r^2},$$

即 $\triangle ABC$ 的外接圆半径为 $\sqrt{R^2 - r^2}$.

同理,$\triangle ACD$,$\triangle BCD$,$\triangle ABD$ 的外接圆半径也为 $\sqrt{R^2 - r^2}$.

由正弦定理,可设

$$\angle BAC = \angle BDC = \alpha,$$
$$\angle CAD = \angle CBD = \beta,$$
$$\angle BCD = \angle BAD = \gamma,$$
$$\angle ABD = \angle ACD = \theta,$$
$$\angle ABC = \angle ADC = \delta,$$
$$\angle ADB = \angle ACB = \varphi,$$

则有如下关系式:

$$\alpha + \beta + \gamma = \pi, \alpha + \delta + \varphi = \pi,$$
$$\beta + \theta + \delta = \pi, \gamma + \varphi + \theta = \pi.$$

四式相加除以 2 得

$$\alpha + \beta + \gamma + \theta + \delta + \varphi = 2\pi.$$

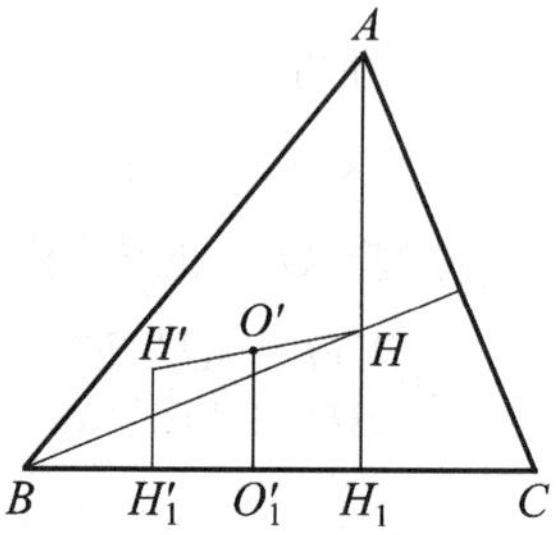

注意到 $\alpha + \beta + \gamma = \pi$,故 $\theta + \delta + \varphi = \pi = \gamma + \varphi + \theta$,从而 $\delta = \gamma$.同理有 $\beta = \varphi$,$\alpha = \theta$.

图 4.3.7

由于 $\triangle ABC$ 与 $\triangle DCB$ 有公共边 BC,且各角对应相等,则 $\triangle ABC \cong \triangle DCB$.于是

$$AD = BC, AB = CD, AC = BD.\text{同理可证 } AD = BC.$$

下面再证 $OH = OH'$.

由勾股定理得 $DB^2 - H'B^2 = DC^2 - H'C^2$,即

$$BD^2 - DC^2 = H'B^2 - H'C^2 = AC^2 - AB^2.$$

而 $AC^2 - AB^2 = HC^2 - HB^2$,所以

$$H'B^2 - H'C^2 = HC^2 - HB^2.$$

如图 4.3.7,设 H',O',H 在 BC 上的射影为 H_1',O_1',H_1,于是有

$$H_1'B^2 - H_1'C^2 = H_1C^2 - H_1B^2,$$

故 $(H_1'B + H_1'C)(H_1'B - H_1'C) = (H_1C + H_1B)(H_1C - H_1B),$

$$BC \cdot (H_1'B - H_1'C) = BC \cdot (H_1C - H_1B),$$

即

$$H_1'B - H_1'C = H_1C - H_1B,$$

所以 $H_1'B = H_1C$.又 O_1' 为 BC 的中点,故 $O_1'H_1' = O_1'H_1$.

同理,设 H'_2, O'_2, H_2 在 AB 上的射影分别为 H'_2, O'_2, H_2,也有 $O'_2H'_2 = O'_2H_2$.于是 O' 是线段 $H'H$ 的中点,

故 $$OH' = OH.$$

▶ **例 7** 设棱锥 $M\text{-}ABCD$ 的底面是正方形,且 $MA = MD$,$MA \perp AB$.如果 $\triangle AMD$ 的面积为 1,试求能够放入这个棱锥的最大球的半径.

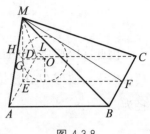

图 4.3.8

解 🔍

如图 4.3.8,因为 $AB \perp AD$,$AB \perp MA$,所以 $AB \perp$ 平面 MAD,因此平面 $MAD \perp$ 平面 AC.

设 E 是 AD 的中点,F 是 BC 的中点,则 $ME \perp AD$,所以 $ME \perp$ 平面 AC,从而 $ME \perp EF$.

由对称性,设球 O 是与平面 MAD,平面 AC,平面 MBC 都相切的球.不失一般性,可设球心 O 在平面 MEF 上,于是 O 为 $\triangle MEF$ 的内心.设球的半径为 r,则

$$r = \frac{2S_{\triangle MEF}}{EF + EM + MF}.$$

设 $AD = EF = a$.因为 $S_{\triangle AMD} = 1$,所以

$$ME = \frac{2}{a}, MF = \sqrt{a^2 + \left(\frac{2}{a}\right)^2},$$

$$r = \frac{2}{a + \frac{2}{a} + \sqrt{a^2 + \left(\frac{2}{a}\right)^2}} \leqslant \frac{2}{2\sqrt{2} + 2} = \sqrt{2} - 1,$$

当且仅当 $a = \frac{2}{a}$,即 $a = \sqrt{2}$ 时,上式等号成立.所以当 $AD = ME = \sqrt{2}$ 时,与三个面 MAD,AC,MBC 都相切的球的半径最大,并且这个最大半径为 $\sqrt{2} - 1$.

作 $OG \perp ME$ 于 G,易证 $OG \parallel$ 平面 MAB,G 到平面 MAB 的距离就是 O 到平面 MAB 的距离.过 G 作 $GH \perp MA$ 于 H,于是 GH 为 G 到平面 MAB 的距离.

因 $\triangle MHG \backsim \triangle MEA$,故 $\frac{GH}{AE} = \frac{MG}{MA}$.

又 $MG = \sqrt{2} - (\sqrt{2} - 1) = 1$,$AE = \frac{\sqrt{2}}{2}$,

$$MA = \sqrt{\left(\frac{\sqrt{2}}{2}\right)^2 + (\sqrt{2})^2} = \frac{\sqrt{10}}{2},\text{所以}$$

$$HG = \frac{AE \cdot MG}{MA} = \frac{\frac{\sqrt{2}}{2} \cdot 1}{\frac{\sqrt{10}}{2}} = \frac{\sqrt{5}}{5} > \sqrt{2} - 1.$$

因此,O 到平面 MAB 的距离大于球 O 的半径 r,同样 O 到平面 MCD 的距离也大于 r.故球 O 在棱锥 $M\text{-}ABCD$ 中的半径不能更大,从而所求的最大球半径为 $\sqrt{2} - 1$.

▶ **例 8** 我们称与四面体的六条棱都相切的球为棱切球.

证明:四面体存在棱切球的充要条件是三组对棱的和相等,即存在 4 个正数 x_0,x_1,x_2,x_3,使棱长 $a_{ij} = x_i + x_j(0 \leq i \neq j \leq 3)$.

证明 🔍

由切线长定理知,必要性显然.下证充分性.如图 4.3.9,设 l 是过 $\triangle ACD$ 内心 O_1 且垂直于面 ACD 的直线,则 l 到 $\triangle ACD$ 三边距离相等.设 g 是过 $\triangle BCD$ 内心 O_2 且垂直于面 BCD 的直线,则 g 到 $\triangle BCD$ 三边距离也相等.设 $\triangle ACD$ 与 $\triangle BCD$ 的内切圆 $\odot O_1$ 与 $\odot O_2$ 分别切 CD 于 E,F 两点,由 $AD + BC = AC + BD$,知

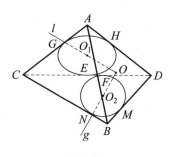

图 4.3.9

$$(AH + HD) + (BN + NC) = (AG + GC) + (BM + MD),$$

从而 $$HD + CN = GC + MD.$$

将 $HD = DE, MD = DF, CG = CE, CN = CF$ 代入上式,得 $DE + CF = CE + DF$,所以 $CD + EF = CD - EF$,故 $2EF = 0$.

这表明 $\odot O_1$ 与 $\odot O_2$ 相切于 CD 上的同一点 E,所以 l 与 g 相交.设交点为 O,则 O 到除棱 AB 外的其余各棱距离相等.再考虑其他任何两面过内心的垂线,同理可证它们两两相交.又根据立体几何中的结论"空间三条以上直线两两相交且不共面则必相交于一点",可知这样的四条过各面内心的垂线相交于一点 O,且 O 到六条棱等距离,这即为所求的棱切球的球心,充分性得证.

点评

1°. 几乎用完全类似的方法可以证明:四面体 $S\text{-}ABC$ 存在与 $\triangle ABC$ 三边及其余各棱相切的旁切球的充要条件是:$SA+AB=SC+BC$,$SA+AC=SB+BC$,$SB+AB=SC+AC$.

2°. 设四面体 $A_0A_1A_2A_3$ 存在棱切球,即棱长 $a_{ij}=x_i+x_j$($x_0,x_1,x_2,x_3>0$),棱切球半径、外接球半径及体积分别为 ρ,R 和 V,则有

(1) $V\cdot\rho=\dfrac{2}{3}x_0x_1x_2x_3$;

(2) $R^2\geqslant 3\rho^2$,

等号当且仅当四面体为正四面体时成立.

3°. 对于四面体的棱切球半径 ρ 和内切球半径 r,我们猜想:
$$\rho^2\geqslant 3r^2.$$

4°. 棱切球半径 ρ 还可表为
$$\rho=-\frac{\det D_1}{2\det D_2},$$

其中 $\det D_1,\det D_2$ 分别为 4 阶和 5 阶行列式,即

$$\det D_1=\big|\,a_{ij}\,\big|,\quad \det D_2=\begin{vmatrix} 0 & 1 & 1 & 1 & 1 \\ 1 & & & & \\ 1 & & a_{ij} & & \\ 1 & & & & \\ 1 & & & & \end{vmatrix},$$

$$a_{ij}=\begin{cases} 2x_ix_j, & i\neq j, \\ -2x_i^2, & i=j. \end{cases}$$

▶ **例 9** (1988 年 CMO 试题)给定三个四面体 $A_iB_iC_iD_i$,$i=1,2,3$.过点 B_i,C_i,D_i 作平面 $\alpha_i,\beta_i,\gamma_i$,分别与棱 A_iB_i,A_iC_i,A_iD_i 垂直,$i=1,2,3$.设九个平面 $\alpha_i,\beta_i,\gamma_i(i=1,2,3)$ 相交于点 E,且三点 A_1,A_2,A_3 在同一直线 l 上.问:这三个四面体的外接球面的交集形状怎样? 位置如何?

解

设 $ABCD$ 是四面体,作它的外接球面 S.过顶点 A 作 S 的直径 AP,这里点 P 是联结顶点 A 与外接球面 S 的球心 O 的线段延长线与外接球面 S 的交点.

由于 AP 是 S 的直径,且点 B,C,D 都在 S 上,因此

$$\angle ABP = \angle ACP = \angle ADP = \frac{\pi}{2},$$

所以点 P 在过点 B 且垂直于棱 AB 的平面上,同样也在过点 C 且垂直于棱 AC 的平面上,以及在过点 D 且垂直于棱 AD 的平面上.从而,过点 B,C,D 分别作棱 AB,AC,AD 的垂直平面,这三个平面的交点与点 A 的连线即是四面体 $ABCD$ 的外接球面的直径(当点 P 与点 B,C,D 之一重合时,这一结论仍成立).于是,三个四面体 $A_1B_1C_1D_1,A_2B_2C_2D_2,A_3B_3C_3D_3$ 的外接球面 S_1,S_2,S_3 的直径分别为 A_1E,A_2E,A_3E,而点 A_1,A_2,A_3 在同一直线上.

所以,当 A_1,A_2,A_3 三点重合时,三个外接球面 S_1,S_2,S_3 重合,即三个外接球面的交集是一个球面;当 A_1,A_2,A_3 不全重合,且点 E 也在直线 l 上时,三个外接球面的交集即是点 E 构成的集合;当 A_1,A_2,A_3 不全重合,且点 E 不在直线 l 上时,设点 E 到直线 l 的垂足为 Q,则三个外接球面的交集是以 EQ 为直径的圆,而且此圆在过点 Q 且垂直于直线 l 的平面上.

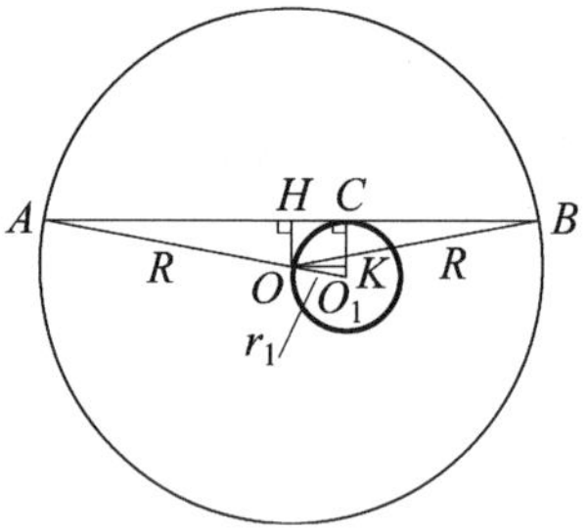

▶ **例 10** (1982 年保加利亚数学竞赛试题)半径为 r 的球面 S 经过半径为 R 的球面 $\mathbb{S}$ 的球心.证明:如果球面 $\mathbb{S}$ 的弦 AB 与球面 S 相切于点 C,则

$$AC^2 + BC^2 \leqslant 2R^2 + r^2.$$

图 4.3.10

证明 🔍

如图 4.3.10,过点 A,B 及球面 $\mathbb{S}$ 的球心 O 作一平面,则球面 S 的截口是一个以 O_1 为圆心,半径为 $r_1 \leqslant r$,且与直线 AB 相切的圆周.设 OH 与 OK 分别垂直于直线 AB 与 O_1C.记 $AB = 2a, OH = h$,则有

$$
\begin{aligned}
AC^2 + BC^2 &= (a + HC)^2 + (a - HC)^2 \\
&= 2a^2 + 2HC^2 \\
&= 2(R^2 - OH^2) + 2(OO_1^2 - O_1K^2) \\
&= 2(R^2 - h^2) + 2(r_1^2 - (r_1 - h)^2) \\
&= 2R^2 - 4h^2 + 4hr_1 \\
&= 2R^2 + r_1^2 - (2h - r_1)^2 \leqslant 2R^2 + r^2.
\end{aligned}
$$

▶ **例 11** (1995 年 IMO 预选题)四面体 $A_1A_2A_3A_4$ 的重心为 G,外接球与直线 GA_1,GA_2,GA_3,GA_4 的另一个交点分别是 A_1',A_2',A_3',A_4'.证明:(1) $GA_1 \cdot GA_2 \cdot GA_3 \cdot GA_4 \leqslant GA_1' \cdot GA_2' \cdot GA_3' \cdot GA_4'$;(2) $\dfrac{1}{GA_1'} + \dfrac{1}{GA_2'} + \dfrac{1}{GA_3'} + \dfrac{1}{GA_4'} \leqslant \dfrac{1}{GA_1} + \dfrac{1}{GA_2} + \dfrac{1}{GA_3} + \dfrac{1}{GA_4}$.

证明 🔍

(1) 由圆幂定理,有 $GA_i' \cdot GAi = R^2 - OG^2 (1 \leqslant i \leqslant 4)$,这里 O 为四面体的外接球球心,R 为外接球半径.于是命题(1)等价于 $(R^2 - OG^2)^2 \geqslant GA_1 \cdot GA_2 \cdot GA_3 \cdot GA_4$.我们先来证明:

$$4(R^2 - OG^2) = \sum_{i=1}^{4} GA_i^2. \tag{4}$$

用 $\vec{p}$ 表示向量 $\overrightarrow{OP}$,有

$$\sum_{i=1}^{4} GA_i^2 = \sum_{i=1}^{4} (\vec{g} - \vec{a_i})^2 = \sum_{i=1}^{4} a_i^2 + 4\vec{g}^2 - 2\vec{g} \cdot \sum_{i=1}^{4} \vec{a_i}$$

$$= 4R^2 - 4\vec{g}^2 + 2\vec{g}\left(4\vec{g} - \sum_{i=1}^{4} \vec{a_i}\right) = 4(R^2 - OG^2).$$

($\because$ G 为重心, $\therefore$ $\overrightarrow{OG} = \vec{g} = \dfrac{1}{4} \sum_{i=1}^{4} \overrightarrow{OA_i}.$)

故由式(4),有 $(R^2 - OG^2)^2 = \left(\dfrac{1}{4} \sum GA_i^2\right)^2 \geqslant GA_1 \cdot GA_2 \cdot GA_3 \cdot GA_4$,

命题(1) 得证.

(2) 命题(2) 等价于

$$(R^2 - OG^2) \sum \frac{1}{GA_i} \geqslant \sum GA_i. \tag{5}$$

由式(4)知,式(5)左边 $= \dfrac{1}{4} \sum GA_i^2 \cdot \sum \dfrac{1}{GA_i} \geqslant \dfrac{1}{16}(\sum GA_i)^2 \cdot \sum \dfrac{1}{GA_i} \geqslant \sum GA_i$(柯西不等式),

故式(5)得证,即命题(2)成立.

▶ **例 12** 已知半径为 R 的大球中装了 4 个半径为 r 的小球,求 r 的最大值.

解 🤔

当 4 个半径为 r 的小球 O_1, O_2, O_3, O_4 两两相切，4 个球心构成图 4.3.11 所示的棱长为 $2r$ 的正四面体时小球半径最大，此时该正四面体的外接球球心即是半径为 R 的大球球心 O.

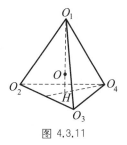

图 4.3.11

设 H 为底面正 $\triangle O_2 O_3 O_4$ 的中心，则

$$O_4 H = \frac{2\sqrt{3}}{3} r$$

$$\Rightarrow O_1 H = \sqrt{(2r)^2 - \left(\frac{2\sqrt{3}}{3} r\right)^2} = \frac{2\sqrt{6}}{3} r \Rightarrow OO_1 = \frac{3}{4} O_1 H = \frac{\sqrt{6}}{2} r$$

$$\Rightarrow \left(1 + \frac{\sqrt{6}}{2}\right) r = R$$

$$\Rightarrow r = \frac{2R}{\sqrt{6} + 2} = (\sqrt{6} - 2) R.$$

▶ **例 13** 证明：对于任意四面体，至少有 5 个球，每一个与四面体的四个面（平面）都相切．这样的球至多有几个？

解 🤔

设四面体的体积为 V，各面的面积为 $S_i (i = 1, 2, 3, 4)$．又设与各面都相切的球的半径为 r，则必有某个等式

$$\frac{1}{3} (\varepsilon_1 S_1 + \varepsilon_2 S_2 + \varepsilon_3 S_3 + \varepsilon_4 S_4) r = V \tag{6}$$

（其中 $\varepsilon_i \in \{\pm 1\}, i = 1, 2, 3, 4$）成立．反过来，当式(6)成立时，作与各面平行且距离为 r 的平面（当 ε_i 为 $+1$ 时，这平面与顶点 A_i 在底面 S_i 的同侧，否则在异侧），其中任三个平面的交点也在第四个上，以这点为中心，r 为半径的球即与四个面均相切．

因此，至少有 5 个球与四面体的各面均相切，其中一个是内切球（$\varepsilon_1 = \varepsilon_2 = \varepsilon_3 = \varepsilon_4 = 1$），四个是"旁切球"（一个 $\varepsilon_i = 1$，其余 $\varepsilon_i = -1$）．至多有 8 个球与各面都相切（ε_i 共有 $2^4 = 16$ 组，一组 ε_i 使式(6)成立，则取相反符号的 ε_i 使式(6)左边为负，所以至多 8 组 ε_i 使式(6)成立）．

恰有 8 个切球的情况是存在的，因为恰有 8 组 ε_i 使式(6)左边为正，并且在四面体任两个面的面积之和与另两个面的面积之和均不相等时，由式(6)定出的

r 互不相同(例如底面面积很小的正三棱锥就是如此).

▶ **例 14** 已知三个球两两相切,并且均与△ABC 所在的平面相切,切点分别为 A,B,C.

(1) 如果△ABC 不是正三角形,证明:存在两个球,每个与△ABC 所在的平面及三个已知球相切;

(2) 设 r,ρ 为这两个球的半径($r<\rho$),R 为△ABC 的外接圆半径,证明:

$$\frac{1}{r}-\frac{1}{\rho}=\frac{2\sqrt{3}}{R}.$$

证明 🔍

(1) 设 a,b,c 为△ABC 的边长,则 $O_A,O_B,A,$
B 组成直角梯形(如图4.3.12),$O_AA=r_A$,$O_BB=r_B$,
$O_AO_B=r_A+r_B$.这里 O_A,O_B 分别为切平面 ABC 于
A,B 的已知球的球心,r_A,r_B 为它们的半径(O_C,r_C
的意义与此类似).

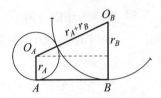

图 4.3.12

易知

$$c^2=(r_A+r_B)^2-(r_A-r_B)^2=4r_Ar_B,$$

同理,

$$a^2=4r_Br_C,$$
$$b^2=4r_Cr_A,$$

以上三式相乘,再开平方得

$$abc=8r_Ar_Br_C,$$

分别除以上面的三个等式,得

$$r_C=\frac{ab}{2c},r_A=\frac{bc}{2a},r_B=\frac{ca}{2b}.$$

设球 O 半径为 x,与球 O_A,O_B,O_C 均相切,并且切平面 ABC 于 M,则由直角梯形 OO_AAM 易得

$$\begin{cases} MA=2\sqrt{r_Ax}=2\sqrt{\dfrac{bcx}{2a}}, \\[2mm] MB=2\sqrt{\dfrac{cax}{2b}}, \\[2mm] MC=2\sqrt{\dfrac{abx}{2c}}. \end{cases} \tag{7}$$

因此,

$$MA:MB:MC=bc:ac:ab. \tag{8}$$

如果 $\triangle ABC$ 不是正三角形,那么在平面 ABC 上满足式(8)的点 M 恰有两个,它们是距 A,B 的距离之比为 $b:a$ 的点所构成的阿氏圆(即阿波罗尼圆)与距 B,C 的距离之比为 $c:b$ 的点所构成的阿氏圆的公共点(当 $a=b$ 或 $b=c$ 时,其中一个阿氏圆蜕变为线段的中垂线).

确定点 M 后,由式(7)可定出 x.过 M 作平面 ABC 的垂线,并在垂线上取 $OM=x$(O 当然应与 O_A,O_B,O_C 在平面的同一侧),则这样得到的以 O 为中心、x 为半径的球与球 O_A,O_B,O_C 及平面 ABC 均相切.当 $\triangle ABC$ 不是正三角形时,这样的球恰有两个.

(2)不妨设 $\triangle ABC$ 中,$\angle A=\alpha$ 为最小,则 $\alpha<60°$.记 $\angle BMC=\beta$,则由四边形余弦定理可得

$$a^2 \cdot MA^2=b^2 \cdot MB^2+c^2 \cdot MC^2-2bc \cdot MB \cdot MC \cdot \cos(\alpha+\beta).$$

将式(5)代入并化简得

$$\cos(\alpha+\beta)=\frac{1}{2},$$

从而

$$\beta=60°-\alpha \text{ 或 } 300°-\alpha.$$

对于 $\beta=60°-\alpha$,记相应的 M 为 M_1,相应的 x 为 ρ,则对 $\triangle BM_1C$,利用余弦定理得

$$a^2=\frac{2ac\rho}{b}+\frac{2ab\rho}{c}-4a\rho \cdot \cos(60°-\alpha),$$

从而

$$\frac{1}{\rho}=2\left(\frac{c}{ab}+\frac{b}{ac}-\frac{2\cos(60°-\alpha)}{a}\right),$$

同样可得

$$\frac{1}{r}=2\left(\frac{c}{ab}+\frac{b}{ac}-\frac{2\cos(60°+\alpha)}{a}\right).$$

以上两式相减得

$$\frac{1}{r}-\frac{1}{\rho}=\frac{4(\cos(60°-\alpha)-\cos(60°+\alpha))}{a}$$

$$=\frac{8\sin60°\sin\alpha}{a}=\frac{2\sqrt{3}}{R}.$$

▶ **例 15** 设四面体 $ABCD$ 具有如下性质:存在五个球,每一个与六条棱 AB,AC,AD,BC,CD,DB 或其延长线相切.证明:

(1) 这个四面体是正四面体;

(2) 每一个正四面体都具有所述性质.

证明

(1) 设球 K 与四面体的各棱相切,则 K 与各个面,例如面 ABC,相交得一圆.这圆是△ABC 的内切圆或旁切圆,记为 K_{ABC}.每两个这样的圆,如 K_{ABC} 与 K_{ABD} 有且只有一个公共点,即球 K 与棱 AB 的切点.

有两种情况:

Ⅰ. 所有的圆都是内切圆.

由于圆 K_{ABC} 与 K_{ABD} 均唯一确定,而且不在同一平面上,所以如果有这样的球 K,只可能有一个.

Ⅱ. 至少有一个圆为旁切圆.

例如 K_{ABD} 为与 D 相切的旁切圆,即它与 DA,DB 的延长线相切,那么 K_{BCD},K_{CAD} 也是与 D 相切的旁切圆.而 K_{ABC} 与 AB,BC,CA 相切于内点,所以是内切圆.与Ⅰ同理,这样的球至多一个.

因此,与四面体各棱都相切的球至多五个,一个类型Ⅰ,四个类型Ⅱ.

假定有五个球与四面体各棱都相切.记棱长 $DA=a,DB=b,DC=c,BC=a',CA=b',AB=c'$.

对于类型Ⅰ的球,设它分别切 DA,DB,CA,BC 于 E,F,G,H,则
$$DE=DF,AE=AG,BH=BF,CH=CG,$$
所以
$$a+a'=b+b',$$
同样,$b+b'=c+c'$(等于自 A,B,C,D 所引的四条切线之和).

类似地,考虑类型Ⅱ的球.当这球与面 ABC 的交线为△ABC 的内切圆(与其他三面的交线均为旁切圆)时,可得
$$a-a'=b-b'=c-c',$$
从而
$$a=b=c,a'=b'=c'.$$
再考虑另一个类型Ⅱ的球,即得
$$a=b=c=a'=b'=c',$$
所以四面体 $ABCD$ 为正四面体.

(2) 以正四面体的中心 O 为中心,O 到棱 AB 的距离为半径作球,这球与各棱均相切(而且是类型Ⅰ).以 A 为位似中心,将球 O 放大直到再次与棱 BC 相切(不难算出放大到 3 倍即可),这时的球与各棱均相切(而且是类型Ⅱ).以 $B,C,$

D 为位似中心,还可以得到另三个类型 II 的球.

▶ **例 16** 在三维空间中已给出 30 个非零向量.求证:必有两个向量之间的夹角小于 $45°$.

证明

不妨设已给的 30 个向量 $\vec{v_1}, \vec{v_2}, \cdots, \vec{v_{30}}$ 有相同的起点 O,且均为单位向量.设 S 是以 O 为中心的单位球面.对于每一个向量 $\vec{v_i}$,作一个以 O 为顶点、$\vec{v_i}$ 为轴的圆锥 c_i,使得 $\vec{v_i}$ 与 c_i 上的母线之夹角为 $22.5°$.c_i 从球面 S 上切出一个球冠 S_i.如果能证明有两个球冠 S_i 与 $S_j (i \neq j)$ 有公共内点,则本题结论显然成立.

设 $S_1, S_2, \cdots, S_{30}$ 两两无公共内点,则所有 $S_i (i = 1, 2, \cdots, 30)$ 的面积之和不超过 S 的面积 4π.显然所有 S_i 的面积相同,记为 A,则 $A = 2\pi h$,其中 h 是球冠的高.易知

$$h = 1 - \cos 22.5° = 1 - \frac{\sqrt{2+\sqrt{2}}}{2},$$

从而

$$30A = 60\pi h = 60\pi \left(1 - \frac{\sqrt{2+\sqrt{2}}}{2}\right) \leqslant 4\pi,$$

即

$$15\left(1 - \frac{\sqrt{2+\sqrt{2}}}{2}\right) \leqslant 1 \Rightarrow \sqrt{2} \geqslant \frac{334}{225} > 1.45,$$

矛盾! 故原题结论成立.

▶ **例 17** (2008 年俄罗斯数学竞赛试题)已知四面体的每个面都可以被单位圆盘覆盖.证明:这个四面体可以被半径为 $\frac{3}{2\sqrt{2}}$ 的球体覆盖.

证明

首先我们注意如下事实:覆盖一个非钝角三角形的最小圆是它的外接圆;覆盖一个钝角三角形的最小圆是以这个钝角三角形的最大边为直径的圆.

设 O 和 R 分别是四面体外接球的球心和半径.

首先假设 O 不在四面体的内部.设 X 是四面体到 O 距离最近的点.若 X 位于四面体某一面的内部,不妨设为面 ABC 的内部,则 X 是 $\triangle ABC$ 外接圆的圆心,故 $\triangle ABC$ 是锐角三角形,由假设知它的外接圆半径 r 不大于 1.注意到 O 和 D 分别位于 $\triangle ABC$ 所在平面的两侧,故以 X 为球心、r 为半径的球包含四面体外接球被面 ABC 截下的含 D 的那个球冠,因此也包含四面体.若 X 位于某一条

棱上,比如 AB,则 O 在平面 ABC 上的投影 O_1 位于 $\triangle ABC$ 的外面.于是 O_1 和 C 位于直线 AB 的两侧,$\angle ACB$ 不是锐角,因此以 AB 为直径的球(由假设知其半径不大于1)必含顶点 D.同理,它也包含顶点 C.故它包含整个四面体.

再假设 O 位于四面体的内部.此时,四面体 $ABCO,ABDO,ACDO,BCDO$ 的体积之和等于四面体 $ABCD$ 的体积 V_{ABCD},因此,它们中的一个,比如 $ABCO$ 的体积 V_{ABCO} 不大于 $\dfrac{V_{ABCD}}{4}$.设直线 DO 交平面 ABC 于 D_1,则

$$\frac{1}{4} \geqslant \frac{V_{ABCO}}{V_{ABCD}} = \frac{OD_1}{DD_1},$$

因此

$$OD_1 \leqslant \frac{1}{3}OD = \frac{R}{3}.$$

设 X 是四面体的表面到球心 O 距离最近的点,则 $OX \leqslant OD_1 \leqslant \dfrac{R}{3}$.$X$ 不可能位于一条棱上,故 X 位于某一面的内部,不妨设为面 ABC,则 X 为 $\triangle ABC$ 外接圆的圆心.设 $\triangle ABC$ 的外接圆半径为 r,则

$$r = \sqrt{R^2 - OX^2} \geqslant \sqrt{R^2 - \left(\frac{R}{3}\right)^2} = \frac{2\sqrt{2}}{3}R,$$

由 $r \leqslant 1$ 得

$$R \leqslant \frac{3}{2\sqrt{2}}.$$

▶**例 18**　设 r 是四面体 $A_1A_2A_3A_4$ 的内切球半径,并设 r_1, r_2, r_3, r_4 分别是面 $A_2A_3A_4, A_1A_3A_4, A_1A_2A_4, A_1A_2A_3$ 的内切圆半径.证明:

$$\frac{1}{r_1^2} + \frac{1}{r_2^2} + \frac{1}{r_3^2} + \frac{1}{r_4^2} \leqslant \frac{2}{r^2}.$$

分析　利用 $V = \dfrac{1}{3}S \cdot r$ 与 $r_1 = \dfrac{2S_{\triangle A_2A_3A_4}}{A_2A_3 + A_3A_4 + A_4A_2}$,设法将高线长与 r_i, r 联系起来,进而可得本题结论.其间要用到面积射影定理和柯西不等式.

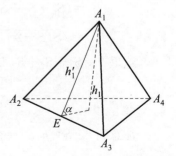

图 4.3.13

证明🔎

如图 4.3.13,设 S_1, S_2, S_3, S_4 分别为面

$A_2A_3A_4$,$A_1A_3A_4$,$A_1A_2A_4$,$A_1A_2A_3$ 的面积,记 α,β,γ 分别是以 A_2A_3,A_2A_4,A_3A_4 为棱的二面角的大小,并设 h_1 为顶点 A_1 到对面的高,$h_1'=A_1E$ 是△$A_1A_2A_3$ 边 A_2A_3 上的高.于是

$$h_1=h_1'\sin\alpha=\frac{2S_4}{A_2A_3}\cdot\sqrt{(1+\cos\alpha)(1-\cos\alpha)}$$

$$=\frac{2}{A_2A_3}\sqrt{(S_4+S_4\cos\alpha)(S_4-S_4\cos\alpha)}.$$

同理,有

$$h_1=\frac{2}{A_2A_4}\cdot\sqrt{(S_3+S_3\cos\beta)(S_3-S_3\cos\beta)},$$

$$h_1=\frac{2}{A_3A_4}\cdot\sqrt{(S_2+S_2\cos\gamma)(S_2-S_2\cos\gamma)}.$$

由以上三式,我们有

$$h_1=\frac{2}{A_2A_3+A_2A_4+A_3A_4}\cdot Q, \tag{9}$$

其中

$$Q=\sqrt{(S_4+S_4\cos\alpha)(S_4-S_4\cos\alpha)}+\sqrt{(S_3+S_3\cos\beta)(S_3-S_3\cos\beta)}$$
$$+\sqrt{(S_2+S_2\cos\gamma)(S_2-S_2\cos\gamma)}.$$

再由柯西不等式及面积射影定理,可得

$$Q\leqslant((S_4+S_4\cos\alpha)+(S_3+S_3\cos\beta)+(S_2+S_2\cos\gamma))^{\frac{1}{2}}$$
$$\times((S_4-S_4\cos\alpha)+(S_3-S_3\cos\beta)+(S_2-S_2\cos\gamma))^{\frac{1}{2}}$$
$$=(S_4+S_3+S_2+(S_4\cos\alpha+S_3\cos\beta+S_2\cos\gamma))^{\frac{1}{2}}$$
$$\times(S_4+S_3+S_2-(S_4\cos\alpha+S_3\cos\beta+S_2\cos\gamma))^{\frac{1}{2}}$$
$$=(S_4+S_3+S_2+S_1)^{\frac{1}{2}}\cdot(S_4+S_3+S_2-S_1)^{\frac{1}{2}}$$
$$=\sqrt{S(S-2S_1)}, \tag{10}$$

这里 $S=S_1+S_2+S_3+S_4$.利用式(9)(10),可得

$$h_1\leqslant\frac{2\sqrt{S(S-2S_1)}}{A_2A_3+A_2A_4+A_3A_4}.$$

注意到 $r\cdot S=h_1S_1=3V$,V 为 $A_1A_2A_3A_4$ 的体积,我们有

$$r=\frac{h_1S_1}{S}\leqslant\frac{2S_1}{A_2A_3+A_2A_4+A_3A_4}\cdot\frac{\sqrt{S(S-2S_1)}}{S}$$

$$= r_1 \cdot \sqrt{\frac{S-2S_1}{S}}.$$

一般地，我们有

$$r \leqslant r_i \cdot \sqrt{\frac{S-2S_i}{S}}, i=1,2,3,4, \tag{11}$$

因此，
$$\frac{1}{r_1^2}+\frac{1}{r_2^2}+\frac{1}{r_3^2}+\frac{1}{r_4^2} \leqslant \frac{1}{r^2} \cdot \sum_{i=1}^{4} \frac{S-2S_i}{S}=\frac{2}{r^2}.$$

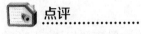 **点评**

关于不等式(11)的更多应用可参见《湖南数学年刊》15:4(1995),11—14.

演习场

习题 4.c

1. (1983 年全国数学联赛试题) 一个六面体的各个面和一个正八面体的各个面都是边长为 a 的正三角形, 这样两个多面体的内切球半径之比是一个既约分数 $\dfrac{m}{n}$, 则乘积 $mn=$ _____.

2. (2000 年全国数学联赛试题) 一个球与正四面体的六条棱都相切, 若四面体的棱长为 a, 则这个球的体积是 _____.

3. 点 P 在直径为 1 的球面上, 过 P 作两两垂直的 3 条弦. 若其中一条弦长是另一条的 2 倍, 则这 3 条弦长之和的最大值为 _____.

4. 圆柱直径为 $4R$, 高为 $22R$, 则圆柱内最多能装半径为 R 的球 _____ 个.

5. 在底面半径为 6 的圆柱内, 有两个半径也为 6 的球面, 其球心距为 13. 若作一平面与这两个球面相切, 且与圆柱面相交成一椭圆, 则这个椭圆的长轴长为 _____.

6. 4 个半径为 1 的球彼此相切, 3 个在地面上, 第 4 个在它们的上面. 一个棱长为 s 的正四面体与这些球均相切, 则 $s=$ _____.

7. (1996 年全国数学联赛试题) 高为 8 的圆台内有一个半径为 2 的球 O_1, 球心 O_1 在圆台的轴上, 球 O_1 与圆台上底面、侧面都相切. 圆台内可再放入一个半径为 3 的球 O_2, 使得球 O_2 与球 O_1、圆台的下底面及侧面都只有一个公共点. 除球 O_2 外, 圆台内最多还能放入半径为 3 的球多少个?

8. 设四面体 $A_1A_2A_3A_4$ 的顶点 A_i 到对面的距离为 h_i, r_i 为 A_i 所对的旁切球半径 ($i=1,2,3,4$). 证明:

$$\frac{1}{r_1}+\frac{1}{r_2}+\frac{1}{r_3}+\frac{1}{r_4}=2\left(\frac{1}{h_1}+\frac{1}{h_2}+\frac{1}{h_3}+\frac{1}{h_4}\right).$$

9. 在棱长为 1 的正方体内容纳 9 个等球, 8 个角各放一个, 中间放一个. 这些等球的最大半径是多少?

10. (1988 年苏联数学竞赛试题) 在空间给定若干个点, 其中任何 4 点都不共面, 并且给定的点具有下列性质: 若有球面过其中 4 点, 则所有其余的点或者在该球面上, 或者在该球面内. 证明: 所有这些点都在同一球面上.

11. (江西省数学竞赛试题)设空间四边形的各边分别与一个球面相切.证明:这四个切点必为圆内接四边形的顶点.

12. (1990 年国家集训队试题)已知 A,B,C 是球 S 内部的三个点, AB 和 AC 都垂直于经过 A 点的直径.过 A,B,C 可作两球与 S 相切.证明:它们的半径之和等于球 S 的半径.

13. (1990 年俄罗斯数学竞赛试题)给定空间的 6 个点,已知过其中任意 5 个点可作一球面.能否由此得出,过这 6 个点可作一个球面?

14. (1990 年 IMO 预选题)一个通过正圆锥高的中点,并与圆锥底面圆周相切的平面将此圆锥截成两部分.求较小部分与整个圆锥的体积之比.

15. 一个边长为 2 的正三角形用中位线分成四个小三角形.除中间的小三角形外,分别以其余三个小三角形为底面,在同一侧各作一个高为 2 的正三棱锥.有一个球与原三角形所在的平面相切,并且与每个正三棱锥的一个侧面都相切,求这个球的半径 R.

16. 证明:球面上任意三条 $300°$ 的大圆弧,不可能两两无公共点.

17. (保加利亚数学竞赛试题)设棱台的两个底面面积为 S_1 与 S_2,侧面积为 S.证明:如果某个平行于底面的平面将它分为两个棱台,使得每个棱台都可内切一个球面,则

$$S=(\sqrt{S_1}+\sqrt{S_2})(\sqrt[4]{S_1}+\sqrt[4]{S_2})^2.$$

18. (美国数学竞赛试题)在球面上有三个过点 A 的大圆.在这些大圆上分别取 B,C,D 三点,使得 $\angle AOB=90°$,且直线 OB 是 $\angle COD$ 的平分线.证明:如果射线 AB',AC',AD' 分别与相应圆周上的弧 AB,AC,AD 相切,则射线 AB' 是 $\angle C'AD'$ 的平分线.

19. 证明:在等面四面体中,每条高与底面的交点(垂足),高的中点,各面的垂心,这 12 个点在同一个球上(12 点球).

20. 证明:在垂心四面体中,每个面的九点圆(各边中点,各面高的中点与垂足所在的圆)在同一个球上(24 点球).

21. 设四面体 $A_1A_2A_3A_4$ 的顶点 A_i 所对面的面积为 S_i,外接圆半径为 R_i,外心为 O_i, $A_iO_i=l_i(i=1,2,3,4)$.证明:四面体的体积

$$V=\frac{1}{3}\sqrt{\frac{1}{2}\sum_{i=1}^{4}S_i^2(l_i^2-R_i^2)}.$$

22. 三棱锥 $S-ABC$ 的底面是边长为 4 的正三角形,且 $AS=BS=\sqrt{19}$,$CS=$

3.求这个三棱锥的外接球半径 R.

23. 求证:在单位球面上,两两距离不小于 1 的点至多有 14 个.

24. 半径为 1 的球内有一个凸多面体,它的二面角均小于 $\frac{2\pi}{3}$.证明:这个多面体的棱长和不大于 24.

4.4 空间不等式及其他问题

知识桥

在同一个四面体中,基本的几何量有角度、棱长、各面面积和体积,还有外接球和内切球的半径.本节中我们将给出这些基本几何量之间的不等量关系及应用,并介绍一些与空间几何体相关的组合杂题.

1. 四面体内二面角的不等式

在 $\triangle A_0 A_1 A_2$ 中,我们有熟知的嵌入不等式:对任意 $x_i \in \mathbf{R}$,有

$$x_0^2 + x_1^2 + x_2^2 \geqslant 2x_1 x_2 \cos A_0 + 2x_2 x_0 \cos A_1 + 2x_0 x_1 \cos A_2.$$

对于四面体的内二面角,我们有以下结论.

定理 1 设四面体 $A_0 A_1 A_2 A_3$ 的任意两个面 f_i 与 f_j 所成内二面角为 $\theta_{ij}(0 \leqslant i < j \leqslant 3)$,$S_i$ 为面 f_i 的面积,则对任意实数 $x_i(0 \leqslant i \leqslant 3)$,有

$$\sum_{i=0}^3 x_i^2 \geqslant 2 \sum_{0 \leqslant i < j \leqslant 3} x_i x_j \cos \theta_{ij},$$

其中当且仅当 $\dfrac{x_i}{S_i}$ 为同一个常数时等号成立.

定理 1 的证明要用到矩阵的半正定性,在此从略.

在定理 1 中令 $x_i = 1(i = 0, 1, 2, 3)$,即得如下推论.

推论 1 对四面体的六个二面角,有

$$\sum_{0 \leqslant i < j \leqslant 3} \cos \theta_{ij} \leqslant 2,$$

其中当且仅当 $S_0 = S_1 = S_2 = S_3$,即四面体为等腰四面体时等号成立.

2. 棱长与体积的不等式

定理 2 四面体的六条棱长之积与其体积 V 满足

$$abca_1 b_1 c_1 \geqslant 72V^2,$$

当且仅当四面体为正四面体时等号成立.

3. 侧面积与体积的不等式

定理 3 在四面体 $A_0 A_1 A_2 A_3$ 中,四个面的面积 $S_i(i = 0, 1, 2, 3)$ 与其体积

V 满足

(1)　$\dfrac{S_0 S_1 S_2 S_3}{\sqrt{S_0^2 + S_1^2 + S_2^2 + S_3^2}} \geqslant \dfrac{27\sqrt{3}}{16} V^2$;

(2)　$S_0 S_1 S_2 S_3 \geqslant \dfrac{81 \sqrt[3]{9}}{16} V^{\frac{8}{3}}$,

当且仅当四面体为正四面体时等号成立.

推论 2　设 r 为四面体的内切球半径,则 $S_0 S_1 S_2 S_3 \geqslant 108^2 \cdot r^8$. 当且仅当四面体为正四面体时等号成立.

4. 四面体中的欧拉不等式

定理 4　设四面体 $A_1 A_2 A_3 A_4$ 的外接球半径为 R,内切球半径为 r,体积为 V,则

$$R \geqslant \dfrac{\sqrt{3}}{2} (3V)^{\frac{1}{3}} \geqslant 3r,$$

当且仅当四面体为正四面体时等号成立.

证明　由 4.3 节中的定理 2 得

$$16R^2 \geqslant \sum_{1 \leqslant i < j \leqslant 4} a_{ij}^2 \geqslant 6P^{\frac{1}{3}} \quad (a_{ij} = |A_i A_j| \text{ 为棱长}, P \text{ 为六条棱长之积})$$

$$\geqslant 6 \cdot (72V^2)^{\frac{1}{3}} = 12(9V^2)^{\frac{1}{3}},$$

所以

$$R \geqslant \dfrac{\sqrt{3}}{2} (3V)^{\frac{1}{3}}.$$

又 $r = \dfrac{3V}{S_1 + S_2 + S_3 + S_4} \leqslant \dfrac{3}{4} \cdot \dfrac{V}{\sqrt[4]{S_1 S_2 S_3 S_4}}$,

其中 S_i 为顶点 A_i 所对面的面积. 因为 $S_1 S_2 S_3 S_4 \geqslant 108^2 r^8$ (见推论 2),代入上式得

$$r^3 \leqslant \dfrac{3V}{4\sqrt{108}} = \dfrac{V}{8\sqrt{3}} \Rightarrow (3r)^3 \leqslant \dfrac{3\sqrt{3}}{8} (3V),$$

故 $3r \leqslant \dfrac{\sqrt{3}}{2} (3V)^{\frac{1}{3}}$,当且仅当四面体为正四面体时等号成立.

上述结论的证明在下面的例题中有所涉及,也可参见唐立华著《四面体中的数学问题》(华东师大出版社出版).

训练营

▶**例 1** 在四面体 $A_0A_1A_2A_3$ 中，用 θ_{ij} 表示平面 f_i 与 f_j 所成的二面角 $(0 \leqslant i \neq j \leqslant 3)$，$S_i$ 为面 f_i 的面积，x_0, x_1, x_2, x_3 为任意正数.证明：

$$\sum_{0 \leqslant i < j \leqslant 3} x_i x_j \sin^2 \theta_{ij} \leqslant \frac{1}{3}(x_0 + x_1 + x_2 + x_3)^2, \tag{1}$$

当且仅当 $\dfrac{x_0 x_1 \cos \theta_{01}}{S_0 S_1} = \dfrac{x_0 x_2 \cos \theta_{02}}{S_0 S_2} = \cdots = \dfrac{x_2 x_3 \cos \theta_{23}}{S_2 S_3}$ 时等号成立，其中 S_i 表示顶点 A_i 所对面的面积.

证明

应用三角恒等式 $\sin^2 \theta_{ij} = 1 - \cos^2 \theta_{ij}$，代入式(1)整理得与之等价的不等式：

$$\sum_{0 \leqslant i < j \leqslant 3} x_i x_j \cos^2 \theta_{ij}$$
$$\geqslant \frac{1}{3} \left(\sum_{0 \leqslant i < j \leqslant 3} x_i x_j - x_0^2 - x_1^2 - x_2^2 - x_3^2 \right). \tag{2}$$

因此，要证式(1)成立，只要证式(2)成立即可.由面积射影定理及柯西不等式得

$$S_0^2 = (S_1 \cos \theta_{01} + S_2 \cos \theta_{02} + S_3 \cos \theta_{03})^2$$
$$\leqslant (x_0 x_1 \cos^2 \theta_{01} + x_0 x_2 \cos^2 \theta_{02} + x_0 x_3 \cos^2 \theta_{03}) \cdot$$
$$\left(\frac{S_1^2}{x_0 x_1} + \frac{S_2^2}{x_0 x_2} + \frac{S_3^2}{x_0 x_3} \right),$$

即

$$x_0 x_1 \cos^2 \theta_{01} + x_0 x_2 \cos^2 \theta_{02} + x_0 x_3 \cos^2 \theta_{03} \geqslant \frac{x_0^2 \cdot \dfrac{S_0^2}{x_0}}{\dfrac{S_1^2}{x_1} + \dfrac{S_2^2}{x_2} + \dfrac{S_3^2}{x_3}}, \tag{3}$$

当且仅当 $\dfrac{x_0 x_1 \cos \theta_{01}}{S_0 S_1} = \dfrac{x_0 x_2 \cos \theta_{02}}{S_0 S_2} = \dfrac{x_0 x_3 \cos \theta_{03}}{S_0 S_3}$ 时等号成立.

同理可得与式(3)类似的另外三个不等式.将这四个不等式相加，并再次应用柯西不等式，可得

$$2 \sum_{0 \leqslant i < j \leqslant 3} x_i x_j \cos^2 \theta_{ij}$$
$$\geqslant \frac{\dfrac{S_0^2}{x_0}}{\dfrac{S_1^2}{x_1} + \dfrac{S_2^2}{x_2} + \dfrac{S_3^2}{x_3}} \cdot x_0^2 + \cdots + \frac{\dfrac{S_3^2}{x_3}}{\dfrac{S_0^2}{x_0} + \dfrac{S_1^2}{x_1} + \dfrac{S_2^2}{x_2}} \cdot x_3^2$$

$$= \frac{1}{3}\left(\left(p - \frac{S_0^2}{x_0}\right) + \cdots + \left(p - \frac{S_3^2}{x_3}\right)\right) \cdot \left(\frac{x_0^2}{p - \dfrac{S_0^2}{x_0}} + \cdots + \frac{x_3^2}{p - \dfrac{S_3^2}{x_3}}\right)$$

$$- (x_0^2 + x_1^2 + x_2^2 + x_3^2)$$

$$\geqslant \frac{1}{3}(x_0 + x_1 + x_2 + x_3)^2 - (x_0^2 + x_1^2 + x_2^2 + x_3^2)$$

$$= \frac{2}{3}\left(\sum_{0 \leqslant i < j \leqslant 3} x_i x_j - x_0^2 - x_1^2 - x_2^2 - x_3^2\right), \tag{4}$$

这里 $p = \dfrac{S_0^2}{x_0} + \dfrac{S_1^2}{x_1} + \cdots + \dfrac{S_3^2}{x_3}$. 由式(4)即得式(1)成立.

由上面的证明可知, 式(4)中第一个不等式等号成立的条件为

$$\frac{x_0 x_1 \cos\theta_{01}}{S_0 S_1} = \frac{x_0 x_2 \cos\theta_{02}}{S_0 S_2} = \cdots = \frac{x_2 x_3 \cos\theta_{23}}{S_2 S_3}, \tag{5}$$

式(4)中第二个不等式等号成立的条件为

$$\frac{1}{x_0}\left(p - \frac{S_0^2}{x_0}\right) = \frac{1}{x_1}\left(p - \frac{S_1^2}{x_1}\right) = \cdots = \frac{1}{x_3}\left(p - \frac{S_3^2}{x_3}\right). \tag{6}$$

下面证明式(6)可由式(5)推得.

设式(5)中各式均等于 k, 则有

$$\cos\theta_{01} = \frac{S_0 S_1}{x_0 x_1}k, \quad \cos\theta_{02} = \frac{S_0 S_2}{x_0 x_2}k, \quad \cos\theta_{03} = \frac{S_0 S_3}{x_0 x_3}k,$$

代入射影公式 $S_0 = S_1 \cos\theta_{01} + S_2 \cos\theta_{02} + S_3 \cos\theta_{03}$, 整理得

$$x_0 x_1 x_2 x_3 = (x_2 x_3 S_1^2 + x_3 x_1 S_2^2 + x_1 x_2 S_3^2)k.$$

同理可得另外三个式子, 由此得

$$\frac{1}{x_0}\left(\frac{S_1^2}{x_1} + \frac{S_2^2}{x_2} + \frac{S_3^2}{x_3}\right) = \cdots = \frac{1}{x_3}\left(\frac{S_0^2}{x_0} + \frac{S_1^2}{x_1} + \frac{S_2^2}{x_2}\right) = \frac{1}{k},$$

此即为式(6). 因此, 当且仅当式(5)成立时, 式(2)中等号成立, 从而式(1)中等号也成立.

📎 点评

1°. 在式(1)中以 x_i^2 代替 $x_i (i = 0, 1, 2, 3)$, 并对其左边应用柯西不等式, 可得 Vasic 不等式的四面体推广.

结论 1 在四面体 $A_0 A_1 A_2 A_3$ 中, 对任意实数 x_0, x_1, x_2, x_3, 有

$$\sum_{0 \leqslant i < j \leqslant 3} x_i x_j \sin\theta_{ij} \leqslant \sqrt{2}(x_0^2 + x_1^2 + x_2^2 + x_3^2),$$

当且仅当 $x_0 = x_1 = x_2 = x_3$,且四面体为正四面体时等号成立.

$2°$. 由四面体的体积公式:

$$V = \frac{2}{3} \cdot \frac{S_0 S_1}{a_{23}} \sin \theta_{01} = \frac{2}{3} \cdot \frac{S_0 S_2}{a_{13}} \sin \theta_{02} = \cdots$$

$$= \frac{2}{3} \cdot \frac{S_2 S_3}{a_{01}} \sin \theta_{23},$$

得 $\sin \theta_{01} = \dfrac{3a_{23}}{2S_0 S_1} V, \sin \theta_{02} = \dfrac{3a_{13}}{2S_0 S_2} V, \cdots, \sin \theta_{23} = \dfrac{3a_{01}}{2S_2 S_3} V$,代入式(1)整理可得

以下结论.

结论 2 在四面体 $A_0 A_1 A_2 A_3$ 中,对任意正数 x_0, x_1, x_2, x_3,有

$$(x_0 + x_1 + x_2 + x_3)^2 (S_0 S_1 S_2 S_3)^2$$

$$\geqslant \frac{27}{4} (x_0 x_1 S_2^2 S_3^2 a_{23}^2 + x_0 x_2 S_1^2 S_3^2 a_{13}^2 + \cdots + x_2 x_3 S_0^2 S_1^2 a_{01}^2) V^2,$$

当且仅当 $\dfrac{x_i x_j \cos \theta_{ij}}{S_i S_j}$ $(0 \leqslant i \neq j \leqslant 3)$ 均相等时等号成立.

$3°$. 在结论 2 中以 $\lambda_0 S_0^2, \lambda_1 S_1^2, \lambda_2 S_2^2, \lambda_3 S_3^2$ 代替 x_0, x_1, x_2, x_3,则有以下结论.

结论 3 在四面体 $A_0 A_1 A_2 A_3$ 中,对任意正数 $\lambda_0, \lambda_1, \lambda_2, \lambda_3$,有

$$(\lambda_0 S_0^2 + \lambda_1 S_1^2 + \lambda_2 S_2^2 + \lambda_3 S_3^2)^2$$

$$\geqslant \frac{27}{4} (\lambda_0 \lambda_1 a_{23}^2 + \lambda_0 \lambda_2 a_{13}^2 + \cdots + \lambda_2 \lambda_3 a_{01}^2) V^2,$$

当且仅当 $\lambda_i \lambda_j S_i S_j \cos \theta_{ij}$ $(0 \leqslant i < j \leqslant 3)$ 均相等时等号成立.

▶**例 2** 四面体的体积为 V,三组对棱分别为 a, a', b, b', c, c',四个面的面积为 $S_i (i = 0, 1, 2, 3)$.证明:

(1) $S_0 S_1 S_2 S_3 \geqslant \dfrac{27}{32} (aa' + bb' + cc') V^2$;

(2) $abca'b'c' \geqslant \dfrac{2\sqrt{6}}{3} (aa' + bb' + cc')^{\frac{3}{2}} V$,

当且仅当四面体为正四面体时等号成立.

证明 🔍

(1) 在上例结论 2 中令 $\lambda_i = 1$,并对右边括号中的棱长应用基本不等式 $a^2 + b^2 \geqslant 2ab$ 即得.

(2) 设四面体 $A_0 A_1 A_2 A_3$ 中,$\triangle A_1 A_2 A_3$ 的三边长分别为 a, b, c,其对棱长

分别为 a',b',c',顶点 A_i 所对面的面积为 S_i.在 $\triangle A_1A_2A_3$ 中,有

$$a^2+b^2+c^2 \leqslant 9R^2,$$

其中 R 为 $\triangle A_1A_2A_3$ 的外接圆半径.由于 $R=\dfrac{abc}{4S_0}$,所以有

$$abc \geqslant \frac{4}{3}(a^2+b^2+c^2)^{\frac{1}{2}}S_0.$$

同理,有

$$ab'c' \geqslant \frac{4}{3}(a^2+b'^2+c'^2)^{\frac{1}{2}}S_1,$$

$$a'bc' \geqslant \frac{4}{3}(a'^2+b^2+c'^2)^{\frac{1}{2}}S_2,$$

$$a'b'c \geqslant \frac{4}{3}(a'^2+b'^2+c^2)^{\frac{1}{2}}S_3.$$

将以上不等式相乘,并对右边应用赫尔德(Hölder)不等式,得到

$$(abca'b'c')^2 \geqslant \left(\frac{4}{3}\right)^4(aa'+bb'+cc')^2 S_0S_1S_2S_3,$$

再对上式右边应用(1),即得

$$(abca'b'c')^2 \geqslant \frac{8}{3}(aa'+bb'+cc')^3 V^2,$$

开方即得命题(2)成立,当且仅当四面体为正四面体时等号成立.

📝 点评

在(2)中应用均值不等式,有

$$abca'b'c' \geqslant 72V^2.$$

这是 1970 年韦连(D. Veljan)提出的猜想,于 1974 年被证明.由上式,对(1)的右边应用均值不等式,得

$$S_0S_1S_2S_3 \geqslant \frac{81\sqrt[3]{9}}{16}V^{\frac{8}{3}},$$

当且仅当 $A_0A_1A_2A_3$ 为正四面体时等号成立.

这就是三角形中著名的波利亚–塞格(Pólya-Szegö)不等式的空间形式.

▶ 例3　设四面体 $A_0A_1A_2A_3$ 的六条棱长分别为 $a_0,a_1,\cdots,a_5,a_i$ 的对棱长为 b_i,体积为 V.证明:

$$\sum_{0\leqslant i<j\leqslant 5} a_i^2 a_j^2 - \sum_{i=0}^5 a_i^4 \geqslant 108\sqrt[3]{3}V^{\frac{4}{3}},$$

当且仅当四面体为正四面体时等号成立.

证明 🔍

由三角形面积的海伦公式:

$$2(a^2 b^2 + b^2 c^2 + c^2 a^2) - (a^4 + b^4 + c^2) = 16\Delta^2, \tag{7}$$

记顶点 A_i 所对面的面积为 Δ_i,对四面体的每个面应用式(7),相加得

$$2\sum_{0\leqslant i<j\leqslant 5} a_i^2 a_j^2 - 2\sum_{i=0}^5 a_i^4 = 16\sum_{k=0}^3 \Delta_k^2 + \sum_{i=0}^5 a_i^2 b_i^2.$$

由上例知

$$\sum_{k=0}^4 \Delta_k^2 \geqslant 9\sqrt[3]{3}V^{\frac{4}{3}},$$

又由均值不等式,有

$$\sum_{i=0}^5 a_i^2 b_i^2 \geqslant 6(a_0 a_1 \cdots a_5)^{\frac{4}{6}} = 6P^{\frac{2}{3}} \quad (P \text{ 为六条棱长之积})$$

$$\geqslant 6 \cdot (72V^2)^{\frac{2}{3}} = 72\sqrt[3]{3}V^{\frac{4}{3}}.$$

故由以上三式,得

$$\sum_{0\leqslant i<j\leqslant 5} a_i^2 a_j^2 - \sum_{i=0}^5 a_i^4 \geqslant 8\times 9\sqrt[3]{3}V^{\frac{4}{3}} + 36\sqrt[3]{3}V^{\frac{4}{3}} = 108\sqrt[3]{3}V^{\frac{4}{3}},$$

当且仅当四面体为正四面体时等号成立.

📋 点评

对于四面体 4 个面的面积 $S_i(i=0,1,2,3)$ 与其体积 V,我们也有类似的结论:

$$\left(\sum_{i=0}^3 S_i\right)^2 - 2\sum_{i=0}^3 S_i^2 \geqslant 18\sqrt[3]{3}V^{\frac{4}{3}}, \tag{8}$$

当且仅当该四面体为正四面体时等号成立.

作为式(8)的应用,我们来建立四面体内任一点 P 到四个面距离的两个不等式.

▶ **例4** 设 d_0, d_1, d_2, d_3 是四面体 $A_0 A_1 A_2 A_3$ 内任意一点 P 到各面的距离, R, r, V 分别为其外接球半径、内切球半径和体积.证明:

$$(1)\ \frac{1}{d_0} + \frac{1}{d_1} + \frac{1}{d_2} + \frac{1}{d_3} \geqslant 2\left(\frac{1}{r} + \frac{2\sqrt[6]{3}}{V^{\frac{1}{3}}}\right);$$

(2) $\dfrac{1}{d_0^2}+\dfrac{1}{d_1^2}+\dfrac{1}{d_2^2}+\dfrac{1}{d_3^2}\geqslant 2\left(\dfrac{1}{r^2}+\dfrac{4\sqrt[3]{3}}{V^{\frac{2}{3}}}\right),$

当且仅当 $A_0A_1A_2A_3$ 为正四面体且 P 为其中心时等号成立.

证明 🔍

我们先来证明如下引理.

引理 在四面体 $A_0A_1A_2A_3$ 中,P 到面 S_i 的距离为 d_i(P 为四面体内任意一点),则对 $\theta\geqslant 0$,有

$$\sum_{i=0}^{3}\dfrac{1}{d_i^{\theta}}\geqslant\dfrac{(S_0^p+S_1^p+S_2^p+S_3^p)^{\theta+1}}{(3V)^{\theta}},$$

其中 $p=\dfrac{\theta}{\theta+1}$,当且仅当 $S_0d_0:S_1d_1:S_2d_2:S_3d_3=S_0^p:S_1^p:S_2^p:S_3^p$ 时等号成立.

由恒等式 $3V=\displaystyle\sum_{i=0}^{3}S_id_i$ 及赫尔德不等式,可得

$$\Big(\sum_{i=0}^{3}S_id_i\Big)^{\theta}\cdot\sum_{i=0}^{3}\dfrac{1}{d_i^{\theta}}\geqslant(S_0^p+S_1^p+S_2^p+S_3^p)^{\theta+1},$$

即

$$\sum_{i=0}^{3}\dfrac{1}{d_i^{\theta}}\geqslant\dfrac{(S_0^p+S_1^p+S_2^p+S_3^p)^{\theta+1}}{(3V)^{\theta}}.$$

由赫尔德不等式等号成立的条件知,当且仅当 $S_0d_0:S_1d_1:S_2d_2:S_3d_3=S_0^p:S_1^p:S_2^p:S_3^p$ 时上式等号成立.

引理得证.现回到原题.

(1) 记 $S=\displaystyle\sum_{i=0}^{3}\sqrt{S_i}$,有恒等式

$$\prod_{i=0}^{3}(S-2\sqrt{S_i})=8(S_0S_1S_2S_3)^{\frac{1}{2}}+\Big(\sum_{i=0}^{3}S_i\Big)^2-2\sum_{i=0}^{3}S_i^2.$$

由式(8)及上面已证结果,

$$(S_0S_1S_2S_3)^{\frac{1}{2}}\geqslant 3^{\frac{3}{4}}\cdot\dfrac{3}{4}V^{\frac{4}{3}},$$

所以 $\displaystyle\prod_{i=0}^{3}(S-2\sqrt{S_i})\geqslant 36\sqrt[3]{3}V^{\frac{4}{3}}$,

从而

$$Q\equiv\Big(\sum_{i=0}^{3}\sqrt{S_i}\Big)^2-2\sum_{i=0}^{3}S_i=\sum_{i=0}^{3}(S-2\sqrt{S_i})\cdot\sqrt{S_i}$$

$$\geqslant 4\Big(\prod_{i=0}^{3}(S-2\sqrt{S_i})\cdot\sqrt{S_i}\Big)^{\frac{1}{4}}$$

$$\geqslant 4\Big(36\cdot\sqrt[3]{3}V^{\frac{4}{3}}\cdot 3^{\frac{3}{4}}\cdot\dfrac{4}{3}\cdot V^{\frac{4}{3}}\Big)^{\frac{1}{4}}=12\sqrt[6]{3}V^{\frac{2}{3}}.$$

故由引理及上式得：

$$\sum_{i=0}^{3}\frac{1}{d_i}\geq\frac{(\sum_{i=0}^{3}\sqrt{S_i})^2}{3V}=\frac{2\sum_{i=0}^{3}S_i+Q}{3V}$$

$$\geq\frac{2}{r}+\frac{Q}{3V}\geq2\Big(\frac{1}{r}+\frac{2\sqrt[6]{3}}{V^{\frac{1}{3}}}\Big).$$

由上述证明过程知，当且仅当四面体为正四面体时上式等号成立.

（2）由引理，有

$$\sum_{i=0}^{3}\frac{1}{d_i^2}\geq\frac{(\sum_{i=0}^{3}S_i^{\frac{2}{3}})^3}{(3V)^2}.$$

故由式（8）及均值不等式，有

$$\Big(\sum_{i=0}^{3}S_i^{\frac{2}{3}}\Big)^3$$

$$=S_0^2+S_1^2+S_2^2+S_3^2+3\sum_{0\leq i<j\leq3}(\sqrt[3]{S_i^4S_j^2}+\sqrt[3]{S_i^2S_j^4})$$

$$+6\sum_{i=0}^{3}(S_iS_{i+1}S_{i+2})^{\frac{2}{3}}\ \text{（其中}\ S_4=S_0,S_5=S_1\text{）}$$

$$\geq\sum_{i=0}^{3}S_i^2+6\sum_{0\leq i<j\leq3}S_iS_j+24(S_0S_1S_2S_3)^{\frac{1}{2}}$$

$$=2\Big(\sum_{i=0}^{3}S_i\Big)^2+\Big(\Big(\sum_{i=0}^{3}S_i\Big)^2-2\sum_{i=0}^{3}S_i^2\Big)+24(S_0S_1S_2S_3)^{\frac{1}{2}}$$

$$\geq2\Big(\sum_{i=0}^{3}S_i\Big)^2+72\sqrt[3]{3}V^{\frac{4}{3}},$$

所以
$$\sum_{i=0}^{3}\frac{1}{d_i^2}\geq\frac{2(\sum_{i=0}^{3}S_i)^2+72\sqrt[3]{3}V^{\frac{4}{3}}}{(3V)^2}=2\Big(\frac{1}{r^2}+\frac{4\sqrt[3]{3}}{V^{\frac{2}{3}}}\Big).$$

📒 点评
....

此外，由于 $R\geq\frac{\sqrt{3}}{2}(3V)^{\frac{1}{3}}$（见本节定理4），故由本例可得以下推论.

推论 在四面体 $A_0A_1A_2A_3$ 中，同本例所设，则有

$$\frac{1}{d_0}+\frac{1}{d_1}+\frac{1}{d_2}+\frac{1}{d_3}\geq2\Big(\frac{1}{r}+\frac{3}{R}\Big);$$

$$\frac{1}{d_0^2}+\frac{1}{d_1^2}+\frac{1}{d_2^2}+\frac{1}{d_3^2}\geq2\Big(\frac{1}{r^2}+\frac{9}{R^2}\Big),$$

当且仅当四面体为正四面体且 P 为其中心时等号成立.

▶ 例 5　设 P 为四面体 $A_1A_2A_3A_4$ 内任意一点,P 到 A_i 所对面的距离为 r_i,记 $PA_i = R_i (i=1,2,3,4)$.证明:

(1) $R_1R_2R_3R_4 \geqslant 81r_1r_2r_3r_4$;

(2) $\displaystyle\sum_{i=1}^{4} R_ir_i \geqslant 2 \sum_{1 \leqslant i < j \leqslant 4} r_ir_j$,

当且仅当 $A_1A_2A_3A_4$ 为正四面体且 P 为其中心时等号成立.

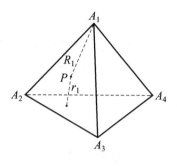

图 4.4.1

证明

(1) 如图 4.4.1,设 A_i 所对面的面积为 $S_i(i=1,2,3,4)$,A_1 到面 $A_2A_3A_4$ 的距离为 h_1,则显然有

$$h_1 \leqslant R_1 + r_1,$$

且

$$V_{A_1A_2A_3A_4} = \frac{1}{3}S_1h_1 \leqslant \frac{1}{3}S_1(R_1+r_1).$$

又

$$V_{A_1A_2A_3A_4} = \frac{1}{3}\sum_{i=1}^{4} S_ir_i,$$

由以上两式得

$$S_1(R_1+r_1) \geqslant \sum_{i=1}^{4} S_ir_i,$$

即

$$S_1R_1 \geqslant \sum_{i=2}^{4} S_ir_i \geqslant 3\left(\prod_{i=2}^{4} S_ir_i\right)^{\frac{1}{3}}, \tag{9}$$

同理有

$$S_kR_k \geqslant 3\left(\prod_{\substack{i=1 \\ i \neq k}}^{4} S_ir_i\right)^{\frac{1}{3}} \quad (k=1,2,3,4).$$

将上述 4 个式子相乘,得

$$\left(\prod_{k=1}^{4} S_k\right)R_1R_2R_3R_4 \geqslant 81\left(\prod_{k=1}^{4} S_k\right)r_1r_2r_3r_4,$$

两边约去 $S_1S_2S_3S_4$ 即得

$$R_1R_2R_3R_4 \geqslant 81r_1r_2r_3r_4.$$

(2) 由式(9)得

$$R_1r_1 \geqslant \frac{S_2}{S_1}r_1r_2 + \frac{S_3}{S_1}r_1r_3 + \frac{S_4}{S_1}r_1r_4,$$

同理有

$$R_2 r_2 \geqslant \frac{S_1}{S_2} r_1 r_2 + \frac{S_3}{S_2} r_2 r_3 + \frac{S_4}{S_2} r_2 r_4,$$

$$R_3 r_3 \geqslant \frac{S_1}{S_3} r_1 r_3 + \frac{S_2}{S_3} r_2 r_3 + \frac{S_4}{S_3} r_3 r_4,$$

$$R_4 r_4 \geqslant \frac{S_1}{S_4} r_1 r_4 + \frac{S_2}{S_4} r_2 r_4 + \frac{S_3}{S_4} r_3 r_4.$$

四式相加,并利用均值不等式,得

$$\sum_{i=1}^{4} R_i r_i \geqslant \sum_{1 \leqslant i < j \leqslant 4} \left(\frac{S_i}{S_j} + \frac{S_j}{S_i} \right) r_i r_j \geqslant 2 \sum_{1 \leqslant i < j \leqslant 4} r_i r_j,$$

当且仅当 $h_i = R_i + r_i$,且 $S_1 = S_2 = S_3 = S_4$ 时等号成立.故 $A_1 A_2 A_3 A_4$ 为正四面体,且 P 为其中心.

 **点评**

本题证明用到了垂线段最短这一简单的几何事实及四面体的分割.

▶ **例 6** 设 r 为四面体 $A_0 A_1 A_2 A_3$ 的内切球半径,P 为六条棱长之积,V 为其体积.证明:

(1) $S_0 S_1 S_2 S_3 \geqslant 108^2 \cdot r^8$;

(2) $P \geqslant 72 V^2$;

(3) $P \geqslant 24^3 \cdot r^6$,

当且仅当四面体为正四面体时等号成立.

证明

(1) 由例 2 点评中的结论

$$S_0 S_1 S_2 S_3 \geqslant \frac{81 \sqrt[3]{9}}{16} V^{\frac{8}{3}}, \tag{10}$$

代入体积公式

$$V = \frac{1}{3} (S_0 + S_1 + S_2 + S_3) r \geqslant \frac{4}{3} \sqrt[4]{S_0 S_1 S_2 S_3} \, r,$$

消去 V,即得(1)成立.

(2) 由波利亚-塞格不等式

$$(abc)^{\frac{2}{3}} \geqslant \frac{4}{\sqrt{3}} S,$$

将其应用到四个面上,相乘即得

$$P \geqslant \left(\frac{4}{\sqrt{3}}\right)^3 \cdot (S_0 S_1 S_2 S_3)^{\frac{3}{4}}.$$

由上式及式(10)即得

$$P \geqslant 72V^2.$$

(3) 由(2)及定理4,可得(3)成立.

点评

由本例中的结论(2)及式(10),还可得到如下结论.

在四面体 $A_0 A_1 A_2 A_3$ 中,A_i 所对面的面积为 S_i,棱长为 $a_{ij} = |A_i A_j| (0 \leqslant i \neq j \leqslant 3)$,则

(1) $S_0^2 + S_1^2 + S_2^2 + S_3^2 \geqslant 9\sqrt[3]{3} V^{\frac{4}{3}}$;

(2) $\displaystyle\sum_{0 \leqslant i < j \leqslant 3} a_{ij}^3 \geqslant 36\sqrt{2} V$,

当且仅当四面体为正四面体时等号成立.

它们均是魏岑伯克(Weitzenböck)不等式(Math. Zeit. 5(1919),137—146)的空间形式.

▶ **例7** 设四面体 $A_1 A_2 A_3 A_4$ 的外接球半径为 R,内切球半径为 r,外心为 O,重心为 G,棱长为 a_i,$1 \leqslant i \leqslant 6$.证明:

$$R^2 \geqslant (3r)^2 + |OG|^2 + \frac{1}{48} \sum_{1 \leqslant i < j \leqslant 6} (a_i - a_j)^2,$$

当且仅当四面体为正四面体时等号成立.

证明

由4.3节定理2推论2,

$$R^2 - |OG|^2 = \frac{1}{16} \sum_{i=1}^{6} a_i^2. \tag{11}$$

下面我们来估计上式右边.利用 $\triangle ABC$ 中的不等式

$$2(bc + ca + ab) - (a^2 + b^2 + c^2) \geqslant 4\sqrt{3}\Delta,$$

记四面体中 A_i 所对面的面积为 S_i,a_i 的对棱为 b_i,体积为 V,对四面体的每个面 S_i 应用上式,相加得:

$$2 \sum_{1 \leqslant i < j \leqslant 6} a_i a_j - 2 \sum_{i=1}^{6} a_i^2 = 4\sqrt{3} \sum_{k=1}^{4} S_k + \sum_{i=1}^{6} a_i b_i. \tag{12}$$

由
$$S_0 S_1 S_2 S_3 \geqslant \frac{81\sqrt[3]{9}}{16} V^{\frac{8}{3}},$$

可得
$$\sum_{k=1}^{4} S_k \geqslant 6\sqrt[6]{3} V^{\frac{2}{3}}.$$

由例6可得
$$\sum_{i=1}^{6} a_i b_i \geqslant 6(a_1 a_2 \cdots a_6)^{\frac{2}{6}} = 6P^{\frac{1}{3}}$$
$$\geqslant 6(72V^2)^{\frac{1}{3}} = 12(3V)^{\frac{2}{3}},$$

代入式(12)得
$$2\sum_{1 \leqslant i < j \leqslant 6} a_i a_j - 2\sum_{i=1}^{6} a_i^2 \geqslant 4\sqrt{3} \cdot 6\sqrt[6]{3} V^{\frac{2}{3}} + 12\sqrt[3]{9} V^{\frac{2}{3}}$$
$$= 36\sqrt[3]{9} V^{\frac{2}{3}}.$$

由上式配方得
$$3\sum_{i=1}^{6} a_i^2 \geqslant 36\sqrt[3]{9} V^{\frac{2}{3}} + \sum_{1 \leqslant i < j \leqslant 6} (a_i - a_j)^2,$$

即
$$\sum_{i=1}^{6} a_i^2 \geqslant 12\sqrt[3]{9} V^{\frac{2}{3}} + \frac{1}{3} \sum_{1 \leqslant i < j \leqslant 6} (a_i - a_j)^2. \tag{13}$$

由式(11)(13),利用定理4中的结论:
$$(3V)^{\frac{1}{3}} \geqslant 2\sqrt{3} r,$$

可得
$$R^2 - |OG|^2 \geqslant \frac{12 \times (2\sqrt{3} r)^2}{16} + \frac{1}{48} \sum_{1 \leqslant i < j \leqslant 6} (a_i - a_j)^2$$
$$= (3r)^2 + \frac{1}{48} \sum_{1 \leqslant i < j \leqslant 6} (a_i - a_j)^2,$$

当且仅当该四面体为正四面体时等号成立.

点评

本题结论是欧拉不等式 $R \geqslant 3r$ 的加强形式.

▶**例8** 已知四面体 $A_0 A_1 A_2 A_3$,若存在一点 F,记 $|\overrightarrow{FA_i}| = t_i > 0 (i = 0, 1, 2, 3)$,满足条件

$$\sum_{i=0}^{3} \frac{1}{t_i} \overrightarrow{FA_i} = \vec{0},$$

则称点 F 为四面体 $A_0 A_1 A_2 A_3$ 的费马点.

若 F 为四面体 $A_0A_1A_2A_3$ 的费马点，P 为空间任意一点. 证明：

$$|FA_0|+|FA_1|+|FA_2|+|FA_3|$$

$$\leqslant |PA_0|+|PA_1|+|PA_2|+|PA_3|,$$

当且仅当 P 点与 F 点重合时等号成立.

证明 🔍

令 $\vec{e_i}=\dfrac{\overrightarrow{FA_i}}{|\overrightarrow{FA_i}|}$，则 $|\vec{e_i}|=1$，且 $\vec{e_0}+\vec{e_1}+\vec{e_2}+\vec{e_3}=\vec{0}$.

故

$$\sum_{i=0}^{3}|PA_i|=\sum_{i=0}^{3}|\vec{e_i}|\cdot|\overrightarrow{PA_i}|\geqslant\sum_{i=0}^{3}|\vec{e_i}\cdot\overrightarrow{PA_i}|$$

$$\geqslant\left|\sum_{i=0}^{3}(\vec{e_i}\cdot\overrightarrow{PA_i})\right|=\left|\sum_{i=0}^{3}\vec{e_i}\cdot(\overrightarrow{PF}+\overrightarrow{FA_i})\right|$$

$$=\left|\overrightarrow{PF}\cdot\sum_{i=0}^{3}\vec{e_i}+\sum_{i=0}^{3}\vec{e_i}\cdot\overrightarrow{FA_i}\right|$$

$$=\left|\sum_{i=0}^{3}\vec{e_i}\cdot\overrightarrow{FA_i}\right|$$

$$=\sum_{i=0}^{3}|FA_i|,$$

当且仅当 P 点与 F 点重合时等号成立.

▶**例 9** 设 F 是四面体 $A_0A_1A_2A_3$ 中的费马点，射线 A_iF 交四面体各面 S_i 于 B_i. 证明：

$$|FA_0|+|FA_1|+|FA_2|+|FA_3|$$

$$\geqslant 3(|FB_0|+|FB_1|+|FB_2|+|FB_3|),$$

当且仅当 F 与四面体外心重合时等号成立.

证明 🔍

设 $|FA_i|=t_i(i=0,1,2,3)$，$\overrightarrow{FA_i}=t_i\cdot\vec{e_i}$，且 $\vec{e_0}+\vec{e_1}+\vec{e_2}+\vec{e_3}=\vec{0}$. 因点 B_0 在平面 $A_1A_2A_3$ 内，故存在 $\lambda_1,\lambda_2,\lambda_3\in\mathbf{R}$，使 $\lambda_1+\lambda_2+\lambda_3=1$，且 $\overrightarrow{FB_0}=\lambda_1\overrightarrow{FA_1}+\lambda_2\overrightarrow{FA_2}+\lambda_3\overrightarrow{FA_3}$. 记 $d_i=|FB_i|$，$i=0,1,2,3$，则

$$-d_0\vec{e_0}=\lambda_1t_1\vec{e_1}+\lambda_2t_2\vec{e_2}+\lambda_3t_3\vec{e_3}.$$

又 $-d_0\vec{e_0}=d_0(\vec{e_1}+\vec{e_2}+\vec{e_3})$，$\vec{e_1},\vec{e_2},\vec{e_3}$ 线性无关，

故 $\lambda_i=\dfrac{d_0}{t_i}$，即 $d_0(t_1^{-1}+t_2^{-1}+t_3^{-1})=1$，

所以
$$d_0 = \frac{1}{\frac{1}{t_1} + \frac{1}{t_2} + \frac{1}{t_3}} \leqslant \frac{1}{9}(t_1 + t_2 + t_3).$$

对上式关于 $d_i (i = 0, 1, 2, 3)$ 求和, 即得

$$d_0 + d_1 + d_2 + d_3 \leqslant \frac{1}{3}(t_0 + t_1 + t_2 + t_3),$$

当且仅当 $t_0 = t_1 = t_2 = t_3$, 即 F 与外心重合时等号成立. 原题得证.

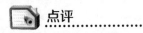 **点评**

可以证明: 若 F 既是费马点又是外心, 则 F 必为重心; 若 F 既是外心又是重心, 则 F 为费马点.

▶ **例 10** 设 P 为四面体 $A_0 A_1 A_2 A_3$ 内一点, 记 $\angle A_i P A_j = a_{ij} (0 \leqslant i \neq j \leqslant 3)$. 证明: 若 a_{ij} 满足方程组

$$\begin{cases} 1 + \cos \alpha_{01} + \cos \alpha_{02} + \cos \alpha_{03} = 0, \\ \cos \alpha_{10} + 1 + \cos \alpha_{12} + \cos \alpha_{13} = 0, \\ \cos \alpha_{20} + \cos \alpha_{21} + 1 + \cos \alpha_{23} = 0, \\ \cos \alpha_{30} + \cos \alpha_{31} + \cos \alpha_{32} + 1 = 0, \end{cases}$$

则 P 是四面体的费马点, 反之亦然.

证明

记 $\vec{e}_i = \dfrac{\overrightarrow{PA_i}}{|\overrightarrow{PA_i}|}$, 则 $\cos \alpha_{ij} = \vec{e}_i \cdot \vec{e}_j$, 代入方程组, 得

$$\vec{e}_0 \cdot \sum_{i=0}^{3} \vec{e}_i = 0, \vec{e}_1 \cdot \sum_{i=0}^{3} \vec{e}_i = 0, \cdots, \vec{e}_3 \cdot \sum_{i=0}^{3} \vec{e}_i = 0,$$

相加得 $\left(\sum_{i=0}^{3} \vec{e}_i \right)^2 = 0 \Rightarrow \sum_{i=0}^{3} \vec{e}_i = \vec{0}$, 即 P 为费马点.

反之, 显然成立.

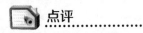 **点评**

$1°$. 由本例中的方程组也可解得 $\alpha_{01} = \alpha_{23}, \alpha_{02} = \alpha_{13}, \alpha_{03} = \alpha_{12}$.

$2°$. 对于费马点, 还可以得出如下结论.

设 P 为 $A_1 A_2 A_3 A_4$ 内任意一点, F 为其费马点, 记 $FA_i = R_i'$, r_i 为 P 到 A_i 所对面的距离, 则

$$\sum R'_1 R'_2 R'_3 \geqslant 27 \sum r_1 r_2 r_3,$$

当且仅当 $A_1 A_2 A_3 A_4$ 为正四面体且 P 为其中心时等号成立（$\sum$ 表示关于 1，2，3，4 循环求和）.

▶ 例 11 （佩多(Pedoe)不等式）设四面体 $A_1 A_2 A_3 A_4$ 与 $B_1 B_2 B_3 B_4$ 的棱长、体积分别为 $a_1, a_2, \cdots, a_6, V$ 与 $b_1, b_2, \cdots, b_6, V'$.证明：

$$\sum_{i=1}^{6} b_i^2 \left(\sum_{j=1}^{6} a_j^2 - 3 a_i^2 \right) \geqslant 216 \sqrt[3]{3} (VV')^{\frac{2}{3}},$$

当且仅当两个四面体均为正四面体时等号成立.

证明

由本节例 3 的结论，有

$$\sum_{1 \leqslant i < j \leqslant 6} a_i^2 a_j^2 - \sum_{i=1}^{6} a_i^4 \geqslant 108 \sqrt[3]{3} V^{\frac{4}{3}},$$

即

$$\left(\sum_{i=1}^{6} a_i^2 \right)^2 \geqslant 3 \sum_{i=1}^{6} a_i^4 + 216 \sqrt[3]{3} V^{\frac{4}{3}}. \tag{14}$$

原不等式等价于

$$\left(\sum_{i=1}^{6} b_i^2 \right) \left(\sum_{i=1}^{6} a_i^2 \right) \geqslant 3 \sum_{i=1}^{6} a_i^2 b_i^2 + 216 \sqrt[3]{3} (VV')^{\frac{2}{3}}.$$

对上述不等式右边应用柯西不等式，得

$$3 \sum_{i=1}^{6} a_i^2 b_i^2 + 216 \sqrt[3]{3} (VV')^{\frac{2}{3}}$$

$$\leqslant \left(3 \sum_{i=1}^{6} a_i^4 + 216 \sqrt[3]{3} V^{\frac{4}{3}} \right)^{\frac{1}{2}} \cdot \left(3 \sum_{i=1}^{6} b_i^4 + 216 \sqrt[3]{3} V'^{\frac{4}{3}} \right)^{\frac{1}{2}}$$

$$\leqslant \left(\sum_{i=1}^{6} a_i^2 \right) \left(\sum_{i=1}^{6} b_i^2 \right),$$

故原不等式得证.

由式(14)及柯西不等式等号成立条件知，当且仅当两个四面体均为正四面体时原不等式等号成立.

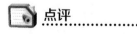 **点评**

利用式(14)，并注意到

$$\sum_{i=1}^{6} a_i^4 \geqslant 6 P^{\frac{2}{3}} \geqslant 6 \cdot (72 V^2)^{\frac{2}{3}} = 72 \sqrt[3]{3} V^{\frac{4}{3}},$$

我们有

$$\left(\sum_{i=1}^{6} a_i^2\right)^2 \geqslant 2\sum_{i=1}^{6} a_i^4 + 288\sqrt[3]{3} V^{\frac{4}{3}}.$$

由上式,类似本例的证明过程,可得如下推论.

在四面体 $A_1 A_2 A_3 A_4$ 与 $B_1 B_2 B_3 B_4$ 中,同本例所设,则有

$$\sum_{i=1}^{6} b_i^2 \left(\sum_{j=1}^{6} a_j^2 - 2a_i^2\right) \geqslant 288\sqrt[3]{3} (VV')^{\frac{2}{3}},$$

当且仅当两个四面体均为正四面体时等号成立.

▶ 例 12 (1990 年国家集训队试题)在空间中有 n 个点,其中任意 3 个点都是一个内角大于 $120°$ 的三角形的顶点.证明:可以把这些点用字母 $A_1, A_2, \cdots,$ A_n 表示,使 $\angle A_i A_j A_k (1 \leqslant i < j < k \leqslant n)$ 中的任何一个都大于 $120°$.

证明

在已知的点中取两个距离最大的点,设为 A, B.首先证明结论 1:$\angle XAY$ 和 $\angle XBY$(这里 X, Y 为题中除 A, B 外的已知点)均小于 $120°$.

事实上,因为 $\triangle AXB$ 和 $\triangle AYB$ 中边 AB 最长,所以

$$\angle AXB > 120°, \angle AYB > 120°,$$

于是 $\qquad \angle XAB < 60°, \angle YAB < 60°.$ 再由三面角的性质,有

$$\angle XAY < \angle XAB + \angle YAB < 120°.$$

同理,$\angle XBY < 120°$.

其次,我们来证明结论 2:已知点到 A 的距离都不相等.

事实上,若有 $X \neq Y$,使 $AX = AY$,则 $\triangle AXY$ 为等腰三角形,从而其顶角 $\angle XAY > 120°$,与结论 1 矛盾.

这样一来,我们可以用如下方法从 A 到 B 依次给已知点编号.设 $A_1 = A$, A_2 是离 A 最近的点,A_3 是其余的点中距离 A 最近的点……A_k 是其余未编号的点中距离 A 最近的点……$A_n = B$.下证这样的编号满足要求.

由于当 $1 = i < j < k \leqslant n$ 时,明显有 $A_1 A_k > A_1 A_j$,$A_1 A_k > A_i A_k$(结论 1),所以 $\angle A_1 A_i A_k > 120°$.

下证当 $1 < i < j < k \leqslant n$ 时,$\angle A_i A_j A_k > 120°$.

因为在点系 $A_1, A_2, \cdots, A_k$ 中,点 A_1 和 A_k 是距离最远的两点,所以 $\angle A_i A_k A_j < 120°$.又因为 $\angle A_1 A_i A_j > 120°$,且 $\angle A_1 A_i A_k > 120°$,从而

$$\angle A_k A_i A_j < 360° - \angle A_1 A_i A_j - \angle A_1 A_i A_k < 120°.$$

故 $\angle A_iA_jA_k > 120°$.

因此,对任意的 $1 \leqslant i < j < k \leqslant n$,都有 $\angle A_iA_jA_k > 120°$.原题得证.

▶ **例 13** (IMO 试题)设 $O-xyz$ 是空间直角坐标系,S 是空间中的一个由有限个点所形成的集合,S_x,S_y,S_z 分别是 S 中所有点在 yOz 平面、xOz 平面和 xOy 平面上的正交投影所成的集合.

证明:$|S|^2 \leqslant |S_x| \cdot |S_y| \cdot |S_z|$,其中 $|A|$ 表示有限集合 A 中的元素数目.(注:一个点在一个平面上的正交投影是指由该点向平面所作垂线的垂足.)

证明 🔍

由题设,S 中的点在 $|S_z|$ 条平行于 Oz 轴的直线上.任取 $(i,j,0) \in S_z$,记正交投影为 $(i,j,0)$ 的上述直线上所含 S 中的点的个数为 t_{ij},则由柯西不等式,有

$$|S|^2 = \left(\sum_{(i,j,0) \in S_z} t_{ij} \right)^2 \leqslant \sum_{(i,j,0) \in S_z} 1^2 \cdot \sum_{(i,j,0) \in S_z} t_{ij}^2$$

$$= |S_z| \cdot \sum_{(i,j,0) \in S_z} t_{ij}^2. \tag{15}$$

任取 $(i,j,0) \in S_z$,记 $u_i = |\{(i,0,k) \in S_y\}|$,$v_j = |\{(0,j,k) \in S_x\}|$,则 $u_i \geqslant t_{ij}$,$v_j \geqslant t_{ij}$,从而

$$\sum_{(i,j,0) \in S_z} t_{ij}^2 \leqslant \sum_{(i,j,0) \in S_z} u_i v_j = \left(\sum_{(i,j,0) \in S_z} u_i \right) \left(\sum_{(i,j,0) \in S_z} v_j \right)$$

$$= |S_x| \cdot |S_y|. \tag{16}$$

由式(15)(16)得:$|S|^2 \leqslant |S_x| \cdot |S_y| \cdot |S_z|$,

故原题得证.

▶ **例 14** (IMO 预选题)证明:如果某长方体可以划分为一些小长方体,使得其中每一个都有一条长为整数值的棱,则原长方体也一定有一条棱,其长是整数.

证明 🔍

设想把长方体所在空间划分为一些棱长为 $\frac{1}{2}$ 的立方体,并把它们按国际象棋棋盘的方式染上黑白两种颜色(即使得任意两个有公共界面的立方体的颜色不同).下面证明,如果任意一个长方体有一条整数棱,且它的每个面都与立方体平行,则它所含的白色部分和所含的黑色部分体积相等.

事实上,用垂直于这条整数棱的截面把整个长方体分为厚度为 $\frac{1}{2}$ 的层.注意到,从最外面的一层平移到它的相邻一层,第一层的白色部分与第二层的黑色部

分恰好重合,并且第一层的黑色部分也与第二层的白色部分恰好重合.随后的相邻层次的平移中情形也相同.因此在彼此相邻的层次,白色部分的体积与黑色部分的体积相等.因为总共有偶数个层次,所以这个结论对整个长方体也成立.

设原长方体的界面与立方体的界面平行,它的一个顶点 A 和其中一个立方体的顶点重合,但它的各条棱都不是整数,则按题中条件划分的所有长方体都有一条棱长为整数(它们的界面当然平行于立方体的面).因此,由上面的结论,在每个小长方体中(从而在整个长方体中)白色部分的体积等于黑色部分的体积.

另一方面,在原长方体中用 3 个平行于它的界面的平面截去一个以 A 为顶点、棱长全是整数且体积最大的长方体.余下 7 个长方体中有 6 个具有一条整数值的棱长,另一个的所有棱长都小于 1,而且它有一个顶点 B 和立方体的一个顶点重合.把这个长方体装到一个具有棱长为 1 并以 B 为顶点的立方体内.在这个立方体内,割下这个长方体的 3 个平面,将立方体切成 8 个长方体,其中必有一个的所有棱长均不超过 $\frac{1}{2}$,因而它包含的白色部分与黑色部分体积不相等(因为这两个体积中有一个为 0).

对于与这个长方体有公共界面的 3 个长方体(它们每一个都与它共同构成一个棱长为 1 的长方体),上述结论也是对的.而这个结论又可以推广到与上述 4 个长方体有公共界面的 3 个长方体,最后可以推广到以 B 为顶点的那个长方体.这样一来,原先的长方体被分成 8 个长方体,其中有 7 个,它包含的白色部分与黑色部分体积相等,但第 8 个则不等.矛盾说明原先的长方体不可能没有整数棱长.

▶ **例 15**　(1991 年俄罗斯数学竞赛试题)由 n^3 个棱长为 1 的小立方体垒成一个棱长为 n 的大立方体,n 为偶数.以随意方式对 $\frac{3n^2}{2}$ 个单位立方体作记号.证明:可找到一个直角三角形,其顶点在有标记的小立方体中心,且直角边平行于大立方体的棱.

证明 🔎

把着色的小立方体的中心称作"色点",其他小立方体的中心称作"非色点".过每个色点作 3 条分别平行于大立方体 3 条棱的直线.如果从某点 A 作出的 3 条直线中有两条穿过色点,分别记它们为 B,C,则 $\triangle ABC$ 即为所求.否则,过每一色点所作的直线中至少有两条不再有其他色点,即含有 $n-1$ 个非色

点.于是所有这些直线通过的非色点总计起来至少有

$$2(n-1) \cdot \frac{3n^2}{2} = 3(n-1)n^2$$

个.但每个非色点至多被 3 条直线穿过,因此被直线穿过的不同的非色点不少于 $(n-1)n^2$ 个.而整个大立方体非色点数 $= n^3 - \frac{3n^2}{2} = n^2\left(n-\frac{3}{2}\right) < (n-1)n^2$,这就得出了矛盾.

因此,原命题成立.

▶**例 16**　(1988 年环球城市数学竞赛试题)一个 $20 \times 20 \times 20$ 的立方体由 2000 块 $2 \times 2 \times 1$ 的小长方体块所组成.证明:可以用一根针刺透这个立方体,但不穿过任意一个小长方体块.

证明

每个 20×20 的面上有 $19 \times 19 = 361$ 个在其内的格点.因为立方体有三对平行的面,所以共有 $361 \times 3 = 1083$ 条可能存在的直线,针可以沿它们通过立方体.图 4.4.2 中用有向直线表示了它们中的一条.假定我们的目的不能达到,那么这 1083 条直线必须均被小长方体块所阻拦,而这种阻拦仅可能由一个长方体块的 2×2 面的中心所实现.

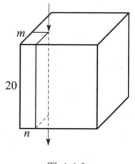

图 4.4.2

我们来证明一条所说的直线必被偶数块长方体块所阻拦.现对图中的有向直线,我们来考察立方体中标出的 $m \times n \times 20$ 的大长方体块,它的边界由所说的有向直线和标出的在立方体表面的四个面确定.这个大长方体块中的单位立方体由两类组成:一是不阻拦有向直线的小长方体块中的单位立方体,这时它可能有 0,2 或 4 个单位立方体属于这个大长方体块;二是阻拦这有向直线的小长方体块中的单位立方体,这时它必有 1 个单位立方体属于这个大长方体块.因为这个大长方体块中的单位立方体个数可被 20 整除,是偶数,而这就证明了我们的结论.

然而,2000 块小长方体块至多阻拦这 1083 条直线中的 1000 条.因此,我们的目的一定能达到.

▶**例 17**　(1992 年环球城市数学竞赛试题)考察有 100 条棱的所有多面体.
(1) 若多面体是凸的,试问:一个平面最多能与多面体的几条棱相交?

（2）对于非凸的有 100 条棱的多面体，证明：一个平面可以与该多面体的 98 条棱相交.

解

（1）凸多面体的每一条棱都是两个面的公共边.设该多面体有 n 个面，各面的边数分别为 $e_1, e_2, \cdots, e_n$.显然有

$$e_1 + e_2 + \cdots + e_n = 200, \quad e_i \geqslant 3, i = 1, 2, \cdots, n,$$

因此 $3n \leqslant 200, n \leqslant 66$.凸多面体的各面都是凸多边形.如果一个平面与某凸多边形相截，那么该平面至多与各凸多边形面的两条边相交.因为凸多面体的每条棱是两个凸多边形面的公共边，所以一个平面至多只能与 n 条棱相交，$n \leqslant 66$.下面将构造一个例子说明上界 66 可以达到.

如图 4.4.3，首先作一个以凸五边形 $ABCDE$ 为底面、以 V_0 为顶点的凸锥形 P_0.然后作一平面 π 与 P_0 的 6 条棱 CD, DE, V_0E, V_0A, V_0B 和 V_0C 相交.对于 $0 < j \leqslant 30$，我们通过给多面体 P_{j-1} 贴附一个四面体 $V_jV_{j-1}AB$，构造多面体 P_j.新添的顶点 V_j 在 P_{j-1} 的外侧接近 $V_{j-1}AB$ 面的地方，并且很接近于顶点 V_{j-1}，使得 V_j 与 V_{j-1} 在平面 π 的同侧，于是平面 π 与新添的棱 V_jA 和 V_jB 相交.这样进行了 30 次之后，所得多面体 P_{30} 的总棱数为 $10 + 30 \times 3 = 100$.而凸多面体 P_{30} 与平面 π 相交的棱数为 $6 + 30 \times 2 = 66$.

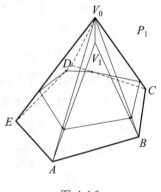

图 4.4.3

（2）我们将构造一个有 100 条棱的非凸多面体，以及与该多面体的 98 条棱相交的平面.首先取定空间坐标系 $O\text{-}xyz$.另外取定一数 h，并以平面 $z = h$ 作为以下构造的参照平面.如图 4.4.4，先取四面体 $ABCD$ 作为初始四面体，要求 AD 在参照平面 $z = h$ 上方，BC 在参照平面 $z = h$ 的下方.然后在 $\triangle ABD$ 内靠近 B 点处取一点 B'，在 $\triangle ACD$ 内靠近 C 点处取一点 C'（B' 和 C' 都在平面 $z = h$ 的下方）.从初始四面体 $ABCD$ 中切除四面体 $AB'C'D$，得到一个非凸多面体 $ABCDB'C'$.该非凸多面体有六个面，其中四个是三角形面 $ABC, BCD, AB'C', B'C'D$；另外两个是凹四边形面 $ABDB', ACDC'$.除了两条棱

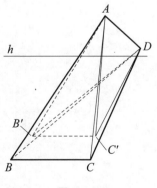

图 4.4.4

BC 和 $B'C'$ 以外,参照平面 $z=h$ 与非凸多面体 $ABCDB'C'$ 的另外 8 条棱都相交.以下我们称如此构造的非凸多面体 $ABCDB'C'$ 为"基准多面体",并将多次仿此作新的构造.

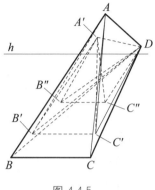

如图 4.4.5,在三角形面 $AB'C'$ 内取一接近 A 的点 A'(在参照平面 $z=h$ 上方).又以 $A'B'C'D$ 作为初始多面体,仿照上一段所述的办法构作一个类似于基准多面体的多面体.方法是:在 $\triangle A'B'D$ 内取一接近 B' 的点 B'',在 $\triangle A'C'D$ 内取一接近 C' 的点 C''(B'' 和 C'' 都在平面 $z=h$ 的下方).设 $A'B'C'DB''C''$ 是所作出的仿基准多面体.它有六个面,其中四个是三角形面 $A'B'C,B'C'D,A'B''C'',B''C''D$;另外两个是凹四边形面 $A'B'DB'',A'C'DC''$.

图 4.4.5

将所作的两个多面体 $ABCDB'C'$ 和 $A'B'C'DB''C''$ 粘合成一个多面体,此多面体有这样的特点:除了两条棱 BC 和 $B''C''$ 以外,所有其他的棱都与参照平面 $z=h$ 相交.原基准多面体有 10 条棱,粘合而成的多面体有 16 条棱,用这样的办法可以每次增加 6 条棱.到了 15 次之后,构造出一个有 100 条棱的多面体,其中恰有 98 条棱与参照平面 $z=h$ 相交.

演习场

习题 4.d

1. 在四面体 $A_0A_1A_2A_3$ 中,设 A_i 所对面的面积为 $S_i(i=0,1,2,3)$,体积为 V.实数 x_0,x_1,x_2,x_3 中至少有 3 个正数,且 $x_0x_1x_2+x_1x_2x_3+x_2x_3x_0+x_3x_0x_1>0$.证明:

$$\Big(\sum_{i=0}^3 x_iS_i^2\Big)^3 \geqslant \frac{3^7}{4}(x_0x_1x_2+x_0x_1x_3+x_0x_2x_3+x_1x_2x_3)V^4,$$

等号成立的条件是:

$$\begin{cases} \dfrac{S_0^2}{x_1x_2+x_2x_3+x_3x_1}=\dfrac{S_1^2}{x_0x_2+x_2x_3+x_3x_0}=\dfrac{S_2^2}{x_0x_1+x_1x_3+x_3x_0} \\[2mm] =\dfrac{S_3^2}{x_0x_1+x_1x_2+x_2x_0}, \\[2mm] x_0\cos\theta_{03}S_0=x_1\cos\theta_{13}S_1=x_2\cos\theta_{23}S_2. \end{cases}$$

2. 在四面体 $A_1A_2A_3A_4$ 与 $B_1B_2B_3B_4$ 中,设其各面的面积与体积分别为 F_1,F_2,F_3,F_4,V 及 S_1,S_2,S_3,S_4,V'.证明:

$$\sum_{i=1}^4 F_i\Big(\sum_{j=1}^4 S_j-2S_i\Big)\geqslant 18\sqrt[3]{3}\,(VV')^{\frac{2}{3}},$$

当且仅当两个四面体均为正四面体时等号成立.

3. 证明或否定空间埃尔德什-莫德尔(Erdös-Mordell)不等式:

设四面体 $A_1A_2A_3A_4$ 内任意一点 P 到各顶点的距离为 R_i,到各面的距离为 $r_i(i=1,2,3,4)$,则

$$\sum_{i=1}^4 R_i\geqslant 3\sum_{i=1}^4 r_i,$$

当且仅当 $A_1A_2A_3A_4$ 为正四面体且 P 为其中心时等号成立.

4. 设 $r_i(1\leqslant i\leqslant 4)$ 分别为四面体 $A_1A_2A_3A_4$ 内任意一点 P 到各面的距离,V 为其体积.证明:

$$V\geqslant 2\sqrt{3}\,r_1r_2r_3r_4(r_1^{-1}+r_2^{-1}+r_3^{-1}+r_4^{-1}),$$

当且仅当 $A_1A_2A_3A_4$ 为正四面体且 P 为其中心时等号成立.

5. 设 P 为四面体 $A_1A_2A_3A_4$ 内任意一点,同上题所设,并设顶点 A_i 所对面的面积为 S_i.证明:

(1) $\left(\sum_{i=1}^{4}\dfrac{r_i}{r_1r_2r_3r_4}\right)^2\geqslant 36^2\cdot 2\sqrt{3}\sum_{i=1}^{4}\dfrac{S_i}{S_1S_2S_3S_4}$；

(2) $\left(\dfrac{1}{r_1r_2}+\dfrac{1}{r_2r_3}+\dfrac{1}{r_3r_4}+\dfrac{1}{r_4r_1}\right)^2\geqslant 432\left(\dfrac{1}{S_1S_2}+\dfrac{1}{S_2S_3}+\dfrac{1}{S_3S_4}+\dfrac{1}{S_4S_1}\right)$，

当且仅当 $A_1A_2A_3A_4$ 为正四面体且 P 为其中心时等号成立.

6. 在四面体 $A_1A_2A_3A_4$ 与 $B_1B_2B_3B_4$ 中，设其各面面积与体积分别为 F_i，V 及 S_i，$V'(i=1,2,3,4)$. 对

$$\lambda=\dfrac{S_i+S_j}{F_i+F_j},\dfrac{S_i+S_j+S_k}{F_i+F_j+F_k},\dfrac{S_1+S_2+S_3+S_4}{F_1+F_2+F_3+F_4}(1\leqslant i<j<k\leqslant 4),$$

证明：

$$\sum_{i=1}^{4}F_i\left(\sum_{j=1}^{4}S_j-2S_i\right)\geqslant 9\sqrt[3]{3}\left(\lambda V^{\frac{4}{3}}+\dfrac{1}{\lambda}V'^{\frac{4}{3}}\right),$$

当且仅当两个四面体均为正四面体时等号成立.

7. 设四面体 $A=A_1A_2A_3A_4,B=B_1B_2B_3B_4,C=C_1C_2C_3C_4$，其中 A,B,C 的棱长满足 $\sqrt{a_{ij}^2+b_{ij}^2}=c_{ij}$. 若 A,B,C 的外接球半径分别为 R_A,R_B,R_C，证明：

$$R_C^2\leqslant R_A^2+R_B^2.$$

8. 设 r_i 为四面体 $A_1A_2A_3A_4$ 内任意一点 P 到面 f_i 的距离，$a_{ij}=A_iA_j$ 为棱长. 证明：

(1) $\displaystyle\sum_{1\leqslant i<j\leqslant 4}\dfrac{r_ir_j}{a_{ij}^2}\leqslant\dfrac{1}{4}$；

(2) $\displaystyle\sum_{1\leqslant i<j\leqslant 4}\dfrac{a_{ij}^2}{r_ir_j}\geqslant 144$，

当且仅当四面体为正四面体且 P 为四面体内心 I 时等号成立.

9. 已知点 O 及 $n(\geqslant 4)$ 个具有如下性质的点：对于其中任意三点，必有（这 n 个点中的）第四个点，使得 O 在以这四个点为顶点的多面体的内部（不在面或棱上）. 证明：$n=4$.

10. 设 P 为四面体 $A_0A_1A_2A_3$ 内一点. 如果 $PA_0+PA_1+PA_2+PA_3$ 最小，证明：

$$\angle A_0PA_1=\angle A_2PA_3,\angle A_0PA_2=\angle A_1PA_3,$$
$$\angle A_0PA_3=\angle A_1PA_2,$$

并且每对相等的角被同一条直线平分.

11. (1991 年俄罗斯数学竞赛试题)在正方体的每个顶点上都停着一只苍蝇，同一时间，它们飞起又按某种次序停在每个顶点上. 证明：总可以找到 3 只苍

蝇,它们在飞起前后的位置是两个全等的三角形.

12. (1982 年 IMO 预选题)在一个直圆柱体的底圆周上取对径点 A 与 B.在另一底圆周上取一点 C,使得 C 不在平面 ABO 上,其中点 O 是圆柱体轴的中点.证明:以 O 为顶点,OA,OB,OC 为棱的三面角中,诸二面角之和为 $360°$.

13. (1979 年 IMO 预选题)能否把空间划分为 1979 个相等且不交的子集合?

14. (英国数学竞赛试题)求最少的平面个数,使得它们能将一个立方体划分为 300 份.

15. (苏联数学竞赛试题)有一凸多面体,每个面都是三角形.证明:可以用红蓝两色给它的棱染色,每条棱染一种颜色,使得从它的任意一顶点到达另一顶点时,既可沿仅由红色棱组成的路线走,也可沿仅由蓝色棱组成的路线走.

16. (罗马尼亚数学竞赛试题)在交线为 l 的两个平面 α 与 α' 上各取三个点 A,B,C 与 A',B',C',平面 α' 绕轴 l 旋转.证明:如果 α' 在某个位置时,AA',BB',CC' 三线共点,则 α' 在任意位置时它们也共点,并求这些交点的几何位置.

17. (捷克数学竞赛试题)考虑空间中绕不同轴的旋转,它们把立方体 $ABCD-A'B'C'D'$ 的顶点 A 变到 B.求在这些旋转中,立方体表面上能成为顶点 C 的像的点的几何位置.

18. (罗马尼亚数学竞赛试题)分别用 S 和 V 表示一个正 n 棱锥的表面积与体积.

(1) 对给定的 n 与 S,求 V 的最大值;

(2) 当 $n=4$,$S=144$,$V=64$ 时,求底边的长与棱锥的高.

19. (保加利亚数学竞赛试题)证明:对任意大于 1 的 $n\in\mathbf{N}^*$,在所有底面外接圆半径为 R 的正 $2n$ 棱柱 $A_1A_2\cdots A_{2n}$-$A_1'A_2'\cdots A_{2n}'$ 中,只有当

$$A_1A_1'=2R\cos\frac{180°}{2n}$$

时,对角线 A_iA_{n+1}' 与平面 $A_1A_3A_{n+2}'$ 所成的角最大.

20. 是否能选定一个球、一个三棱锥和一个平面,使得平行于所选平面的任一平面满足以下要求:该平面截所选球的截面面积与它截所选棱锥的截面面积相等.

21. 对于有 100 条棱的非凸多面体,证明:

（1）一个平面可以与 96 条棱相交；

（2）任何一个平面不可能与 100 条棱都相交.

22. 能否把六个平行六面体放置在空间,使得其中任何两个没有公共点,并且在它们之外有一点,从这一点看去,总看不见某个平行六面体的所有顶点？（这些平行六面体都是不透明的）

◢▶ 参考答案及提示 ◀◣

习题 1.a

1. 依题意,平面 BCD 与正方体 12 条棱的夹角都等于 α.如图 $A.1.1$,过 A 作 $AH\perp$ 平面 BCD 于 H,连 DH,则 $\alpha=\angle ADH$.

设正方体的棱长为 a,易求出

$$DH=\frac{2}{3}\times\sqrt{2}a\cdot\sin 60^{\circ}=\frac{\sqrt{6}}{3}a,$$

$$AH=\sqrt{a^2-\left(\frac{\sqrt{6}}{3}a\right)^2}=\frac{\sqrt{3}}{3}a.$$

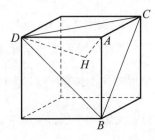

图 A.1.1

$\therefore\quad \sin\alpha=\sin\angle ADH=\frac{AH}{AD}=\frac{\sqrt{3}}{3}.$

2. 设 a,b,c 交于一点,由所成的三面角内部一点引三条射线分别垂直于 α,β,γ,其中每两条射线所成的角都是 $\pi-\varphi$,φ 为三面角中两两相等的二面角的平面角,总和 $3(\pi-\varphi)<2\pi,\varphi>\frac{1}{3}\pi$.

当 $\varphi>\frac{2}{3}\pi$ 时,$\theta<\frac{1}{3}\pi$.

若 a,b,c 不交于一点,则它们互相平行,这时 $\theta=\varphi=\frac{1}{3}\pi\Big($这里认定两平面间夹角范围是 $0<\theta\leqslant\frac{\pi}{2}\Big)$,故甲是乙的充分不必要条件.

3. 如图 $A.1.2$,作 $EG\,/\!/\,BD$ 交 AD 于 G,连 GF.则 $\frac{AG}{GD}=\frac{AE}{EB}=\frac{CF}{FD}=\lambda\,(\lambda>1)$,于是 $GF\,/\!/\,AC$,

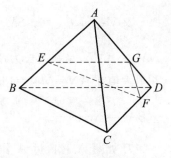

图 A.1.2

所以 $\angle GFE = \alpha_\lambda$，$\angle GEF = \beta_\lambda$．又在正四面体 $ABCD$ 中，$AC \perp BD$，故 $\angle EGF = 90°$，从而 $\alpha_\lambda + \beta_\lambda = 180° - \angle EGF = 90°$．

4. 不妨设底面正方形 $ABCD$ 的边长为 2，正四棱锥 $P-ABCD$ 的斜高为 h，β 为侧面与侧面所成的角，$\triangle PAB$ 边 PA 上的高为 h_1．易知 $\sqrt{2}\tan\beta = \tan\alpha$，$h = \sec\alpha$，$PA = \sqrt{2}\sec\beta$，故 $h_1 = \dfrac{2h}{PA} = \sqrt{2} \cdot \dfrac{\cos\beta}{\cos\alpha}$，而侧面上两个 h_1 构成相邻两侧面的二面角的平面角 θ，其对边为 $BD = 2\sqrt{2}$．故由余弦定理，有 $\cos\theta = \dfrac{h_1^2 + h_1^2 - BD^2}{2h_1^2} = \dfrac{\cos^2\beta - 2\cos^2\alpha}{\cos^2\beta} = 1 - 2\cos^2\alpha \cdot \sec^2\beta = 1 - 2\cos^2\alpha \cdot (1 + \tan^2\beta) = 1 - 2\cos^2\alpha - \sin^2\alpha = -\cos^2\alpha$．

5. 如图 A.1.3，连 AQ，DN 交于 BC 的中点 S，过 Q 作 $QR \parallel MN$ 交 AD 于 R，则 $\angle PQR$ 为 PQ 与 MN 所成的角．记 $AD = 2$，则 $PD = 1$，$MR = \dfrac{2}{3}$，$AR = \dfrac{1}{3}$，

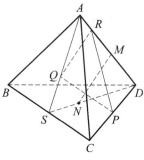

图 A.1.3

$DN = AQ = \dfrac{2}{3}\sqrt{3}$，$DR = \dfrac{5}{3}$，$\therefore$ $PR^2 = 1^2 + \left(\dfrac{5}{3}\right)^2 - 2 \cdot 1 \cdot \dfrac{5}{3} \cdot \cos 60° = \dfrac{19}{9}$，$PQ^2 = MN^2 = 1^2 + \left(\dfrac{2}{\sqrt{3}}\right)^2 - 2 \cdot 1 \cdot \dfrac{2}{\sqrt{3}} \cdot \dfrac{1}{\sqrt{3}} = 1$，$QR^2 = \left(\dfrac{1}{3}\right)^2 + \left(\dfrac{2}{\sqrt{3}}\right)^2 - 2 \cdot \dfrac{1}{3} \cdot \dfrac{2}{\sqrt{3}} \cdot \dfrac{1}{\sqrt{3}} = 1$，$\therefore$ $\cos\angle PQR = \dfrac{1 + 1 - \dfrac{19}{9}}{2 \cdot 1 \cdot 1} = -\dfrac{1}{18}$，故 PQ 与 MN 所成的角为 $\arccos\dfrac{1}{18}$．

6. 由 $BC \perp$ 平面 $SAC \Rightarrow BC \perp AN$．从而，$AN \perp$ 平面 $SBC \Rightarrow AN \perp SM$．于是，$SM \perp$ 平面 AMN．

由 $SA = AB = 2 \Rightarrow AM = SM = \sqrt{2}$．

又 $V_{三棱锥S\text{-}AMN} = \dfrac{1}{3}SM \cdot S_{\triangle ANM}$，而 $AN \perp NM$，$\triangle AMN$ 是斜边长为 $\sqrt{2}$ 的直角三角形，面积最大值在 $AN = MN = 1$ 时取到，此时，

$\angle BAC = \arccos\dfrac{\sqrt{3}}{3}$．

7. 如图 A.1.4，过 A 作 $AA' \perp \beta$ 于 A'，过 A' 作 $A'C \perp l$ 于 C，再作 $BB' \perp A'C$ 于 B'，

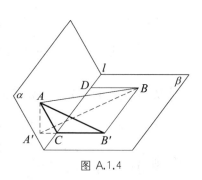

图 A.1.4

$BD \perp l$ 于 D,连 AC,AB',$A'B$.由三垂线定理知 $l \perp AC$,$BB' \perp AB'$.于是 $\angle ACA'=180°-120°=60°$.由 $AA' \perp \beta$ 知 $\angle ABA'$ 为 AB 与 β 所成的角.又 $l \perp A'C$,$BB' \perp A'C$,得 $l \parallel BB'$,故 $\angle ABB'$ 为 AB 与 l 所成的角.

在 Rt$\triangle AA'C$ 中,$AC=2$,$\angle ACA'=60°$,所以 $AA'=\sqrt{3}$.又 $AB=10$,于是 $\sin \angle ABA'=\dfrac{AA'}{AB}=\dfrac{\sqrt{3}}{10}$,$\angle ABA'=\arcsin \dfrac{\sqrt{3}}{10}$.

又 $A'C=1$,$CB'=BD=4$,所以 $A'B'=5$,故 $AB'=\sqrt{AA'^2+A'B'^2}=2\sqrt{7}$.因此,在 Rt$\triangle ABB'$ 中,$\sin \angle ABB'=\dfrac{AB'}{AB}=\dfrac{2\sqrt{7}}{10}=\dfrac{\sqrt{7}}{5}$,$\angle ABB'=\arcsin \dfrac{\sqrt{7}}{5}$.

8. 由异面直线所成的角的定义,可知 $\alpha=\angle AB_1C$,$\beta=\angle B_1AC$,$\gamma=\angle ACB_1$,于是 $\alpha+\beta+\gamma=180°$.(注意,这里我们还必须证明 $\angle AB_1C$,$\angle B_1AC$,$\angle ACB_1$ 均为锐角,而这可由余弦定理进行证明.)

9.方法一 如图 A.1.5,延长 CB,DA 交于 E,连 PE,则 PE 是平面 PAD 与平面 PBC 的交线.由 $DC \perp BC$,$DC \perp PB$,得 $DC \perp$ 平面 PBC,$AB \perp$ 平面 PBC.作 $BF \perp PE$ 于 F,连 AF,则 $AF \perp PE$,即 $\angle AFB$ 为所求二面角的平面角.由 $BC=3$,$PC=5$,知 $PB=4$,又 $S_{\triangle PAB}=6$,得 $AB=3$,$CD=6$.$\triangle PEC$

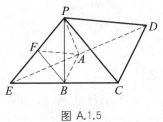

图 A.1.5

为等腰三角形,所以 $PE=PC=5$,$BF=\dfrac{12}{5}$,$\tan \angle AFB=\dfrac{AB}{BF}=\dfrac{5}{4}$,$\angle AFB=$ $\arctan \dfrac{5}{4}$.

方法二 利用面积射影公式:

$$\cos \theta=\frac{S_{\triangle PBC}}{S_{\triangle PAD}}=\frac{S_{\triangle PBC}}{S_{\triangle PAE}}=\frac{6}{\dfrac{1}{2} \times 3\sqrt{2} \times \sqrt{5^2-\dfrac{9}{2}}}=\frac{4}{\sqrt{41}},$$

故所成二面角为 $\arccos \dfrac{4}{\sqrt{41}} \left(=\arctan \dfrac{5}{4}\right)$.

10. 如图 A.1.6,因为 $AC \parallel A_1C_1$,所以 $\angle A_1C_1P$ 即为 AC 与 PC_1 所成的角.由已知,$\triangle ABC$ 为正三角形,故有 $\angle A_1AB=\angle A_1AC=\angle BAC=60°$,从而 $\triangle A_1AB$,$\triangle A_1AC$ 均为正三角形.过 A_1 作 $A_1H \perp$ 平面 ABC,则垂足 H 必在 $\angle BAC$ 的平分线上.设 AH

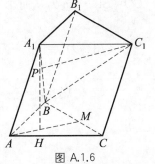

图 A.1.6

交 BC 于 M,则 M 为 BC 中点.因 $BC \perp AM$,$A_1H \perp$ 平面 ABC,由三垂线定理得 $BC \perp AA_1$,从而 $BB_1 \perp BC$,即 BCC_1B_1 为矩形,得 $BC_1 = \sqrt{2}$.又 $A_1B = A_1C_1 = 1$,所以 $A_1B \perp A_1C_1$,故 $\tan \angle A_1C_1P = \dfrac{\sqrt{3}}{3}$,$\angle A_1C_1P = 30°$.

11. 如图 A.1.7,因 $AA' \perp$ 平面 ABC,所以 $\angle BAC$ 即为二面角 $B-AA'-C$ 的平面角,设 $\angle BAC = \theta$,圆 O 的半径为 R,$AA' = h$.则 $V_1 = \pi R^2 h$,$V_2 = \dfrac{1}{3} S_{\triangle ABC} \cdot h = \dfrac{1}{6}(2R\sin\theta) \cdot$

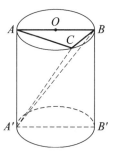

$(2R\cos\theta) \cdot h = \dfrac{R^2 h}{3} \sin 2\theta$.由 $\dfrac{V_1}{V_2} = \dfrac{3\pi}{\sin 2\theta} = 2\sqrt{3}\,\pi$ 得 $\sin 2\theta =$

$\dfrac{\sqrt{3}}{2}$,所以 $2\theta = 60°$ 或 $120°$,$\theta = 30°$ 或 $60°$,即二面角 $B-AA'-C$

图 A.1.7

为 $30°$ 或 $60°$.

12. 如图 A.1.8,联结 BH 并延长交 SC 于点 E,连 AE.过 S 作 $SO \perp$ 平面 ABC 于 O,连 CO 并延长交 AB 于 F.

因 $AH \perp$ 平面 SBC,故 $AH \perp SC$,又 H 为 $\triangle SBC$ 的垂心,所以 $SC \perp BE$,从而 $SC \perp$ 平面 ABE,得 $SC \perp AB$.由三垂线定理逆定理,可知 $AB \perp CF$.同理,可证 $BO \perp AC$,所以 O 为 $\triangle ABC$ 的垂心.这导出 O 为正 $\triangle ABC$ 的中心,于是 $SA = SB = SC = 2\sqrt{3}$.

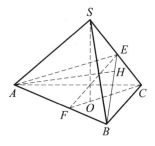

图 A.1.8

又由于 EF 是 CF 在平面 ABE 上的射影,而 $CF \perp AB$,再由三垂线定理的逆定理,可知 $EF \perp AB$,故二面角 $H-AB-C$ 的平面角为 $\angle EFC$.

设 $\angle EFC = \theta$,则在 $\mathrm{Rt}\triangle EFC$ 中,有 $\angle ECF = 90° - \theta$,于是 $SO = SC \cdot \cos\theta$,$CO = SC \cdot \sin\theta$,从而由 $CO = \dfrac{2}{3} \cdot \dfrac{\sqrt{3}}{2} AB$ 及 $S_{\triangle ABC} = \dfrac{\sqrt{3}}{4} AB^2$,可知 $S_{\triangle ABC} = $

$\dfrac{\sqrt{3}}{4} \cdot (\sqrt{3}CO)^2 = \dfrac{3\sqrt{3}}{4} \cdot (SC \cdot \sin\theta)^2$,所以

$$V_{S\text{-}ABC} = \dfrac{1}{3} \cdot SO \cdot S_{\triangle ABC} = \dfrac{1}{3} \cdot \dfrac{3\sqrt{3}}{4} \cdot SC^3 \cdot \sin^2\theta\cos\theta$$

$$= 18\sin^2\theta\cos\theta = \dfrac{9}{4}\sqrt{3},$$

所以 $\sin^2\theta\cos\theta = \dfrac{\sqrt{3}}{8}$，解得 $\cos\theta = \dfrac{\sqrt{3}}{2}$ 或 $\dfrac{\sqrt{7}-\sqrt{3}}{4}$，故 $\theta = \dfrac{\pi}{6}$ 或 $\theta = \arccos\dfrac{\sqrt{7}-\sqrt{3}}{4}$，

此即为所求的二面角大小.

13. 如图 $A.1.9$，设 O 为底面中心，D 为 A_1A_2 的中点，则 $\angle OA_1S = \beta$，$\angle ODS = \alpha$.

不妨设 $OA_1 = 1$，$SO = x$，则

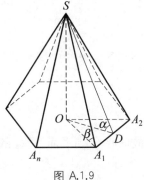

图 A.1.9

$$\tan\beta = x, \quad \tan\alpha = \dfrac{x}{\cos\dfrac{\pi}{n}}.$$

于是，我们有

$$\sin^2\alpha - \sin^2\beta = \cos^2\beta - \cos^2\alpha$$

$$= \dfrac{1}{\sec^2\beta} - \dfrac{1}{\sec^2\alpha} = \dfrac{1}{1+x^2} - \dfrac{\cos^2\dfrac{\pi}{n}}{\cos^2\dfrac{\pi}{n} + x^2}. \tag{1}$$

记 $u = \sin^2\alpha - \sin^2\beta$，$y = x^2$，$t = \cos^2\dfrac{\pi}{n}$，则式(1)即为

$$u = \dfrac{1}{1+y} - \dfrac{t}{t+y} \Longleftrightarrow u \cdot y^2 + ((1+t)u + t - 1)y + tu = 0. \tag{2}$$

因为 $y = x^2 > 0$，所以方程(2)有正实根，从而

$$\begin{cases} tu + u + t - 1 < 0, \\ (tu + u + t - 1)^2 - 4tu^2 \geqslant 0, \end{cases}$$

故 $u < \dfrac{1-t}{1+t}$ 且 $u^2 - \dfrac{2(1+t)}{1-t}u + 1 \geqslant 0$. $\tag{3}$

由式(3)解得

$$u \leqslant \dfrac{1+t}{1-t} - \dfrac{2\sqrt{t}}{1-t} = \dfrac{1-\sqrt{t}}{1+\sqrt{t}}\left(< \dfrac{1-t}{1+t}\right),$$

即

$$\sin^2\alpha - \sin^2\beta \leqslant \dfrac{1-\cos\dfrac{\pi}{n}}{1+\cos\dfrac{\pi}{n}} = \tan^2\dfrac{\pi}{2n}.$$

习题 1.b

1. 7 个(4 个平行于四面体各面的中截面，3 个平行于四面体 3 组对棱的中点截面).

2. 三棱锥 P-ABC 的外接球就是以 PA、PB、PC 为长、宽、高的长方体的外接球,其直径为

$$2R = \sqrt{1^2 + 2^2 + 2^2} = 3.$$

又 $\cos \angle BAC = \dfrac{1}{5}$,从而 $\sin \angle BAC = \dfrac{2\sqrt{6}}{5}$,于是,$\triangle ABC$ 的外接圆半径为

$$r = \frac{BC}{2\sin \angle BAC} = \frac{5\sqrt{3}}{6}.$$

故球心 O 到平面 ABC 的距离为 $\sqrt{R^2 - r^2} = \dfrac{\sqrt{6}}{6}$.

从而,点 Q 到平面 ABC 的距离的最大值是 $\dfrac{3}{2} + \dfrac{\sqrt{6}}{6}$.

3. 先求得 $BC = 21$ cm,从而 $\triangle ABC$ 的外接圆半径 $R = \dfrac{a}{2\sin A} = 7\sqrt{3}$ cm,故 P 到外心 O 的距离 $d = \sqrt{14^2 - (7\sqrt{3})^2} = 7$ cm 即为所求.

4. 易知 BA_1 是 BC 与 AA_1 的公垂线段.记 $A_1B = x$,作 $A_1E \perp AB$ 于 E,则 $BE = B_1A_1 = \sqrt{x^2 - 4}$.在 $\mathrm{Rt}\triangle ABA_1$ 中,因 $A_1B^2 = BE \cdot AB$,故 $x^2 = 5\sqrt{x^2 - 4} \Rightarrow x^4 - 25x^2 + 100 = 0 \Rightarrow x = \sqrt{5}$ 或 $2\sqrt{5}$,即 AA_1 与 BC 间的距离为 $\sqrt{5}$ 或 $2\sqrt{5}$.

5. 设底面对角线 AC,BD 交于点 O,过点 C 作直线 MN 的垂线,交 MN 于点 H.

由于 PO 是底面的垂线,故 $PO \perp CH$,又 $AC \perp CH$,所以 CH 与平面 POC 垂直,故 $CH \perp PC$.

因此 CH 是直线 MN 与 PC 的公垂线段.又 $CH = \dfrac{\sqrt{2}}{2} CN = \dfrac{\sqrt{2}}{4}$,故异面直线 MN 与 PC 之间的距离是 $\dfrac{\sqrt{2}}{4}$.

6. 设 AB 的中点为 O',易知 SO' 过球心 O.因 $SO' = \sqrt{3}$,记 $OO' = x$,则 $\sqrt{3} - x = \sqrt{1 + x^2} \Rightarrow x = \dfrac{\sqrt{3}}{3}$,即 O 到平面 ABC 的距离为 $\dfrac{\sqrt{3}}{3}$.

7. 设 E 为 MC 的中点,BD 与 AC 交于点 O,则 OE 为 $\triangle ACM$ 的中位线,从而 $AM \ /\!/ \ OE$,$AM \ /\!/ \ $平面 BDE.这样 AM 与 BD 间的距离等于直线 AM 到平面 BDE 的距离,即点 M 到平面 ODE 的距离.

设 F 为 OD 中点,因 $OE=DE=\dfrac{1}{2}AM=\dfrac{1}{2}CM=\dfrac{\sqrt{5}}{4}a$,所以 $EF\perp OD$,$EF=\dfrac{1}{2}a$.设 M 到平面 ODE 的距离为 h,E 到平面 OMD 的距离为 h_1,则 $h_1=\dfrac{1}{2}CO=\dfrac{\sqrt{3}}{4}a$(因 $AC\perp$ 平面 BMD),于是由 $V_{M\text{-}ODE}=V_{E\text{-}OMD}$ 得

$$\dfrac{1}{3}h\cdot\dfrac{1}{2}\cdot\dfrac{a}{2}\cdot\dfrac{a}{2}=\dfrac{1}{3}\cdot\dfrac{\sqrt{3}}{4}a\cdot\dfrac{1}{2}\cdot\dfrac{a}{2}\cdot\dfrac{a}{2}\Rightarrow h=\dfrac{\sqrt{3}}{4}a,$$

即 MA 与 BD 间的距离为 $\dfrac{\sqrt{3}}{4}a$.

8. 如图 A.1.10,设经过 b 且与 $A'A$ 垂直的平面为 α,经过 a 和 AA' 的平面为 β,$\alpha\cap\beta=c$,则 $c\parallel a$,因而 b,c 所成的角为 θ,且 $AA'\perp c$.又 $AA'\perp b$,故 $AA'\perp\alpha$,从而 $\alpha\perp\beta$.在 β 内作 $EG\perp c$ 于 G,则 $EG\perp\alpha$,且 $EG=AA'=d$.连 GF,则 $EG\perp GF$.在 Rt$\triangle EFG$ 中,$EF^2=EG^2+FG^2$,而 $FG^2=m^2+n^2\pm2mn\cos\theta$,故

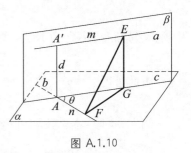

图 A.1.10

$$EF=\sqrt{d^2+m^2+n^2\pm2mn\cos\theta}\ \left(\text{当点 }F\text{(或 }E\text{)在点 }A\text{(或 }A'\text{)的另一侧时取“+”号}\right).$$

9. 在 SE 上任取一点 G,过 G 作 $GF\perp CD$ 于 F,过 G 作 $GH\perp BC$ 于 H,连 FH.于是 $GH\parallel SC$.因为 $SC\perp$ 平面 ABC,所以 $GH\perp$ 平面 ABC,故 $GH\perp FH$.易知 $HF\perp CD$,且 $\angle BCD=30°$.

设 $FH=x$,则 $CH=2x$,由 $\triangle GHE\backsim\triangle SCE$,得 $\dfrac{GH}{SC}=\dfrac{HE}{CE}$,则 $GH=\dfrac{2(2\sqrt{2}-2x)}{2\sqrt{2}}=2-\sqrt{2}x$.

$\therefore\ FG^2=FH^2+GH^2=x^2+(2-\sqrt{2}x)^2=3x^2-4\sqrt{2}x+4=3\left(x-\dfrac{2\sqrt{2}}{3}\right)^2+\dfrac{4}{3}$.

当且仅当 $x=\dfrac{2\sqrt{2}}{3}$ 时,FG 有最小值 $\dfrac{2\sqrt{3}}{3}$,即 CD 与 SE 间的距离为 $\dfrac{2\sqrt{3}}{3}$.

10. 如图 A.1.11,设 M,N 为悬挂点,AB 为木梁初始位置,CD 为旋转 θ 角

后的位置;S 为 AB 的中点,T 为 CD 的中点,l 过 T,S 两点.则 AB 与 CD 间的距离为 ST,$AM=b$,$AB=CD=a$.

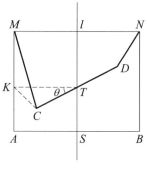

在平面 $MABN$ 中,作 $TK \parallel AB$ 交 MA 于 K,则 $AK=TS$.令 $ST=x$,那么

$$x=AK=AM-KM=b-KM.$$

在 $\triangle KCT$ 中,$KT=CT=\dfrac{a}{2}$,$\angle KTC=\theta$.因此,

$$KC=a\sin\dfrac{\theta}{2}.$$

图 A.1.11

又易知 $\triangle MKC$ 为 Rt$\triangle$,所以 $KM=\sqrt{b^2-a^2\sin^2\dfrac{\theta}{2}}$.

由此可得 $x=b-\sqrt{b^2-a^2\sin^2\dfrac{\theta}{2}}$.

当 $b \leqslant a$ 时,木梁转动角 $\theta \leqslant 2\arcsin\dfrac{b}{a}$.特别地,

当 $b=a$,$\theta=180°$时,两绳重叠.

当 $b>a$ 时,木梁转动角 θ 最大可等于 $180°$,当 $\theta=180°$时,悬挂木梁的绳索呈十字交叉.

11. 设正四面体为 $ABCD$,高 AH 是以 AB,AC,AD 为直径的三个球的公共弦.易知

$$AH=\sqrt{1-\left(\dfrac{1}{3}\right)^2}=\dfrac{2}{\sqrt{6}}.$$

取 AH 的中点 P,$PH=\dfrac{1}{\sqrt{6}}$.P 至 BC 中点的距离为

$$d=\sqrt{\left(\dfrac{1}{\sqrt{6}}\right)^2+\left(\dfrac{1}{2\sqrt{3}}\right)^2}=\dfrac{1}{2}.$$

因此,P 在以 BC 为直径的球面上.类似可证 P 亦在以 BD,CD 为直径的球面上.

所以 $P \in S$,$H \in S$,结论成立.

12. 如图 A.1.12,过 CD 上一点 P 作 $PO \perp \alpha$ 于 O,$PR \perp AC$ 于 R,连 RO 交 AB 于 E.则由三垂线定理的逆定理知,$OR \perp AC$,于是 $\angle PRO=\varphi$.

过 O 作 $OQ \perp AB$ 于 Q,连 PQ,则由三垂线定

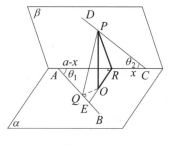

图 A.1.12

理知 $PQ \perp AB$. 由极值法知 PQ 的最小值即为 AB 与 CD 间的距离.

为此设 $CR = x$, 则 $AR = a - x$, $PR = x \tan \theta_2$, $PO = x \tan \theta_2 \sin \varphi$, $RO = x \tan \theta_2 \cos \varphi$. 又 $RE = (a - x) \tan \theta_1$,

所以 $OE = RE - RO = (a - x) \tan \theta_1 - x \tan \theta_2 \cos \varphi$,

从而 $OQ = OE \cdot \sin(90° - \theta_1) = OE \cdot \cos \theta_1$

$$= (a - x) \sin \theta_1 - x \tan \theta_2 \cos \theta_1 \cos \varphi$$

$$= a \sin \theta_1 - x(\sin \theta_1 + \cos \theta_1 \tan \theta_2 \cos \varphi).$$

所以 $PQ^2 = PO^2 + OQ^2$

$$= x^2 \tan^2 \theta_2 \sin^2 \varphi + (a \sin \theta_1 - x(\sin \theta_1 + \cos \theta_1 \tan \theta_2 \cos \varphi))^2$$

$$= (\tan^2 \theta_2 \sin^2 \varphi + (\sin \theta_1 + \cos \theta_1 \tan \theta_2 \cos \varphi)^2) x^2$$
$$\quad - 2a \sin \theta_1 (\sin \theta_1 + \cos \theta_1 \tan \theta_2 \cos \varphi) x + a^2 \sin^2 \theta_1$$

$$= (\tan^2 \theta_2 \sin^2 \varphi + \sin^2 \theta_1 + \cos^2 \theta_1 \tan^2 \theta_2 (1 - \sin^2 \varphi)$$
$$\quad + 2 \sin \theta_1 \cos \theta_1 \tan \theta_2 \cos \varphi) x^2 - 2a \sin \theta_1 \tan \theta_2 (\cot \theta_2 \sin \theta_1$$
$$\quad + \cos \theta_1 \cos \varphi) x + a^2 \sin^2 \theta_1$$

$$= \sin^2 \theta_1 \tan^2 \theta_2 (\sin^2 \varphi + \cot^2 \theta_1 + \cot^2 \theta_2 + 2 \cot \theta_1 \cot \theta_2 \cos \varphi) x^2$$
$$\quad - 2a \sin \theta_1 \tan \theta_2 (\cot \theta_2 \sin \theta_1 + \cos \theta_1 \cos \varphi) x + a^2 \sin^2 \theta_1$$

$$\triangleq Ax^2 + Bx + C,$$

故当 $x = -\dfrac{B}{2A} = \dfrac{a(\cot \theta_2 \sin \theta_1 + \cos \theta_1 \cos \varphi)}{\sin \theta_1 \tan \theta_2 (\sin^2 \varphi + \cot^2 \theta_1 + \cot^2 \theta_2 + 2 \cot \theta_1 \cot \theta_2 \cos \varphi)}$ 时,

$$PQ^2_{\min} = \frac{4AC - B^2}{4A}$$

$$= a^2 \cdot \frac{\sin^2 \theta_1 (\sin^2 \varphi + \cot^2 \theta_1 + \cot^2 \theta_2 + 2 \cot \theta_1 \cot \theta_2 \cos \varphi) - (\cot \theta_2 \sin \theta_1 + \cos \theta_1 \cos \varphi)^2}{\sin^2 \varphi + \cot^2 \theta_1 + \cot^2 \theta_2 + 2 \cot \theta_1 \cot \theta_2 \cos \varphi}$$

$$= a^2 \cdot \frac{\sin^2 \theta_1 \sin^2 \varphi + \sin^2 \theta_1 \cot^2 \theta_1 - \cos^2 \theta_1 (1 - \sin^2 \varphi)}{\sin^2 \varphi + \cot^2 \theta_1 + \cot^2 \theta_2 + 2 \cot \theta_1 \cot \theta_2 \cos \varphi}$$

$$= \frac{a^2 \sin^2 \varphi}{\sin^2 \varphi + \cot^2 \theta_1 + \cot^2 \theta_2 + 2 \cot \theta_1 \cot \theta_2 \cos \varphi},$$

从而 $d = PQ_{\min} = \dfrac{a \sin \varphi}{\sqrt{\sin^2 \varphi + \cot^2 \theta_1 + \cot^2 \theta_2 + 2 \cot \theta_1 \cot \theta_2 \cos \varphi}}$.

当 $\varphi = 90°$ 时, 即得本节例 4 的结论, 故上式为例 4 的推广.

习题 1.c

1. $90°$

2. 如图 A.1.13,对正 n 棱锥 S-$A_1A_2\cdots A_n$, 不妨将底面正 n 边形固定,顶点 S 运动,相邻两侧面所成二面角的平面角为 $\angle A_2HA_n$. 当 S 向下运动逼近底面正 n 边形中心时, $\angle A_2HA_n$ 趋于 π; 当 S 向上运动,趋向无穷远处时,正 n 棱锥趋于正 n 棱柱, $\angle A_2HA_n$ 趋于 $\angle A_2A_1A_n = \dfrac{(n-2)\pi}{n}$, 故 $\dfrac{n-2}{n}\pi < \angle A_2HA_n < \pi$.

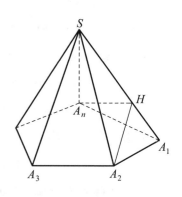

图 A.1.13

3. ②③

4. $\sqrt{\dfrac{a^2+b^2+c^2}{2}}$

5. 6

6. 49

7. 利用本节例 1 中的结论,可求得

$$\frac{\sin A}{\sin \alpha} = \frac{\sqrt{1-\cos^2\alpha-\cos^2\beta-\cos^2\gamma+2\cos\alpha\cos\beta\cos\gamma}}{\sin\alpha\sin\beta\sin\gamma}$$

$$= \frac{\sin B}{\sin \beta} = \frac{\sin C}{\sin \gamma}, \text{得证}.$$

8. 假设存在这种多面体,则由欧拉定理得 $f+v=2+7=9$.

又 $f\geqslant 4, v\geqslant 4$, 所以 $(f,v)=(4,5)$ 或 $(5,4)$.

$f=4$ 时,即四面体,此时 $v=4$; $v=4$ 时,也是四面体,即 $f=4$; 故矛盾.

所以不存在有 7 条棱的简单多面体.

9. 设总棱数为 e 条,则 $e=\dfrac{vm}{2}=\dfrac{fn}{2}$, 代入欧拉公式解得

$$v=\frac{4n}{2(m+n)-mn}, \quad f=\frac{4m}{2(m+n)-mn}.$$

10. 假设存在一个这样的 n 棱锥 S-$A_1A_2\cdots A_n$, 其中 A_i, A_j, A_k, A_l 所在的三面角分别等于四面体的 4 个三面角 $(1\leqslant i<j<k<l\leqslant n)$. 由于四面体由四个三角形面构成,因此这四个三面角的 12 个面角总和为 4π, 即

$$\sum_{t=i,j,k,l}(\angle SA_tA_{t-1}+\angle SA_tA_{t+1}+\angle A_{t-1}A_tA_{t+1})=4\pi. \text{利用三面角的性质得}$$

$$\sigma = \angle A_{i-1}A_iA_{i+1} + \angle A_{j-1}A_jA_{j+1} + \angle A_{k-1}A_kA_{k+1}$$
$$+ \angle A_{l-1}A_lA_{l+1} < 2\pi.$$

而 n 棱锥的底面为凸 n 边形,由其凸性可知

$$\sigma \geqslant \angle A_lA_iA_j + \angle A_iA_jA_k + \angle A_jA_kA_l + \angle A_kA_lA_i = 2\pi, 矛盾.$$

故所求 n 棱锥是不存在的.

11. 这个八面体共有 $\frac{1}{2} \cdot 3 \cdot 8 = 12$ 条棱,由欧拉公式,其顶点数为 $12-8+2=6$.八面体的 8 个三角形面分成 4 组,每组是一对互相平行的三角形,因此八面体的每个顶点至多是 4 个三角形的顶点.另一方面,若有一个顶点对应的多面角仅有 3 个三角形,则该八面体的棱数少于 $\frac{1}{2}(3+4 \cdot 5) < 12$,矛盾.故每个顶点恰好有 4 条棱(如图 A.1.14).由于平面 $ABC /\!/$ 平面 DEF,平面 $ABE /\!/$ 平面 CDF,可知

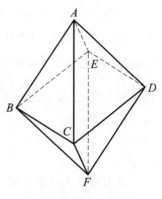

图 A.1.14

对应相交的棱 $AB /\!/ DF$.同理可得 $AD /\!/ BF$,从而 $ABFD$ 为平行四边形,故 $AB=DF$,$AD=BF$.同理有 $AC=EF$,$AE=CF$,$BC=DE$,$BE=CD$.因此,该八面体的 8 个面是全等的三角形.

12. 以 S 为顶点,SA_1,SA_2,$\cdots$,SA_n 为棱的 n 面角的各平面角之和小于 $360°$.任取 n 面角内部一个点 O,并从 O 点作平面 SA_iA_{i+1} 的垂线 $OH_i(i=1$,$2,\cdots,n$,并记 $A_{n+1}=A_1)$,得到以 O 为顶点,OH_i 为棱的 n 面角是凸的,它的每个平面角 $\angle H_iOH_{i-1}$(记 $H_0=H_n$)与关于棱 OA_i 的二面角的平面角之和为 $180°$.因为 n 面角的各平面角之和小于 $360°$,所以原 n 面角的二面角之和大于 $n \cdot 180° - 360°$.当 $n \geqslant 4$ 时,它不可能小于 $360°$.因此,题中的条件只有三面角才能满足.

13. 如图 A.1.15,由三面角的性质,有

$$\angle APC + \angle BPD < \angle APB + \angle BPC + \angle CPD + \angle DPA = 4\theta.$$

设 $\angle APC = 2\theta_1$,$\angle BPD = 2\theta_2$,PO 为 PB 在平面 APC 内的射影.易知 $\angle APO = \angle OPC = \theta_1$,且平面 $OPB \perp$ 平面 APC.由此又有 $\angle DPO = \angle OPB = \theta_2$.

由第一余弦定理知 $\cos \theta_1 \cos \theta_2 = \cos \theta$,且 $0 <$

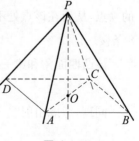

图 A.1.15

$\theta_1 + \theta_2 < 2\theta < \pi$. 故

$$\cos(\theta_1 + \theta_2) = \cos\theta_1\cos\theta_2 - \sin\theta_1\sin\theta_2 = 2\cos\theta - \cos(\theta_1 - \theta_2).$$

当 $\theta_1 = \theta_2$ 时, $\cos(\theta_1 + \theta_2)$ 有最小值 $2\cos\theta - 1$, 此时 $\theta_1 + \theta_2$ 有最大值 $\arccos(2\cos\theta - 1)$, 故 $\angle APC + \angle BPD$ 的最大值为

$$2\arccos(2\cos\theta - 1).$$

又因 $\theta_1 + \theta_2 > \theta$, 即 $\angle APC + \angle BPD > 2\theta > 0$, 比值可与 2θ 任意接近. 故当 $\theta = 0$ 时, $\angle APC + \angle BPD$ 有最小值 0.

14. 设这个凸多面体有 x 个顶点, 且每个面上有 $a_1, a_2, \cdots, a_{10n}$ 个顶点, 从而每个面上有 $a_1, a_2, \cdots, a_{10n}$ 条边. 故凸多面体的棱数为 $\dfrac{1}{2}\sum\limits_{i=1}^{10n} a_i$. 由欧拉定理得

$$10n + x = \frac{1}{2}\sum_{i=1}^{10n} a_i + 2.$$

又因每个顶点至少属于 3 个面, 所以 $x \leqslant \dfrac{1}{3}\sum\limits_{i=1}^{10n} a_i$, 故

$$\frac{1}{2}\sum_{i=1}^{10n} a_i + 2 - 10n \leqslant \frac{1}{3}\sum_{i=1}^{10n} a_i \Rightarrow \sum_{i=1}^{10n} a_i \leqslant 60n - 12.$$

若 $10n$ 个面中不存在 n 个面边数相同, 则

$$\sum_{i=1}^{10n} a_i \geqslant (3 + 4 + \cdots + 12)(n-1) + 13 \times 10 = 75n + 55$$
$$> 60n - 12,$$

矛盾. 所以至少有 n 个面边数相同.

15. 我们以正八面体的对称中心为原点建立坐标系. 不妨设顶点为 $A(0, 0, 1), B(1, 0, 0), C(0, 1, 0), D(-1, 0, 0), E(0, -1, 0), F(0, 0, -1)$.

由对称性. 我们只需考虑第一卦限 $\{x \geqslant 0, y \geqslant 0, z \geqslant 0\}$ 中的点.

对于由射线 EA, EB, EF, ED 所围成的凸四面角(即这四条射线的凸包)中的点, 如果在正八面体外, 那么联结该点与 E 的线段必然包含正方形 $ABFD$ 中的一点, 从而在该点处不能看到 EA, EB, EF, ED 中的任何一条, 因此最多看到 8 条棱.

该凸四面角和第一卦限的交集为

$$\{x + z \leqslant y + 1, x \geqslant 0, y \geqslant 0, z \geqslant 0\}.$$

同理, 考虑由射线 DA, DC, DF, DE 围成的凸四面角, 可知集合

$$\{y + z \leqslant x + 1, x \geqslant 0, y \geqslant 0, z \geqslant 0\}$$

中的点也最多看到 8 条棱; 考虑由射线 FB, FC, FD, FE 围成的凸四面角, 可知

集合
$$\{x+y\leqslant z+1,x\geqslant 0,y\geqslant 0,z\geqslant 0\}$$
中的点也最多看到 8 条棱.

第一卦限中余下的部分为
$$\{x+y-z>1,y+z-x>1,z+x-y>1,x>1,y>1,z>1\},$$
(前三个不等式对应的半空间的交是一个顶点位于 $(1,1,1)$ 的三面角的内部,因此后三个不等式其实没用)

对于这个集合中的任意一点 $P(x_0,y_0,z_0)$(这里 $x_0>1,y_0>1,z_0>1$):

① P 和原点位于平面 $ADC(y+z=x+1)$ 的异侧,从而 P 和整个正八面体位于这个平面的异侧,因此在 P 点能看到棱 AC,CD,AD;

② 同理,考虑平面 ABE,可知在 P 点能看到棱 AB,BE,AE;

③ 考虑平面 BCF,可知在 P 点能看到棱 BC,BF,CF.

而联结棱 EF 上点 $\left(0,-\dfrac{y_0}{y_0+z_0},-\dfrac{z_0}{y_0+z_0}\right)$ 和 P 点的线段上有点 $\left(-\dfrac{x_0}{1+y_0+z_0},0,0\right)$ 在正八面体内部,所以在点 P 看不到棱 EF,同理也看不到棱 DE 和 DF.

因此,在实心正八面体外一点,最多能看到这个正八面体的 9 条棱.

习题 2.a

1. $1:1$

2. $\dfrac{V}{3}$

3. $\dfrac{5}{24}$

4. 由 $8^2+9^2+12^2=17^2$,知面积为 8、9、12 的三个面两两垂直.

设此三个面的交的棱长分别为 a,b,c.

则 $ab=16,bc=18,ca=24$.

故 $V=\dfrac{1}{6}abc=\dfrac{1}{6}\sqrt{ab\cdot bc\cdot ca}=8\sqrt{3}$.

5. $\dfrac{1}{3}$

6. $2\pi R^2$

7. 如图 A.2.1,点 D' 是点 D 关于 AC 的对称点,CD' 交 AB 于点 H,作 $BE \perp AC$ 于点 E,$HF \perp AC$ 于点 F,则

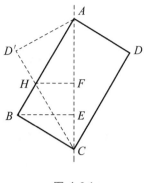

$$AC = \sqrt{AB^2 + BC^2} = \sqrt{3},$$

$$BE = \frac{AB \cdot BC}{AC} = \frac{\sqrt{2}}{\sqrt{3}},$$

$$HF = \frac{BC \cdot AF}{AB} = \frac{\sqrt{3}}{2\sqrt{2}}.$$

图 A.2.1

设 $\triangle ABC$,$\triangle ADC$,$\triangle AHC$ 绕直线 AC 旋转所成旋转体的体积分别为 V_1,V_2,V_3,则有

$$V_1 = V_2 = \frac{1}{3}\pi \cdot AC \cdot BE^2$$

$$= \frac{2\sqrt{3}}{9}\pi,$$

$$V_3 = \frac{1}{3}\pi \cdot AC \cdot HF^2 = \frac{\sqrt{3}}{8}\pi.$$

故所求体积

$$V = V_1 + V_2 - V_3 = 2 \times \frac{2\sqrt{3}}{9}\pi - \frac{\sqrt{3}}{8}\pi = \frac{23\sqrt{3}}{72}\pi.$$

8. 过 D 作 $DP \perp \triangle ABC$ 于 P,作 $DH \perp BC$ 于 H,连 PH,则 $PH \perp BC$,于是 $\angle DHP = 30°$.由已知 $S_{\triangle BCD} = 80$,$BC = 10$,得 $DP = \frac{1}{2}DH = 8$,从而 $V_{ABCD} = \frac{1}{3}DP \cdot S_{\triangle ABC} = 320$.

9.

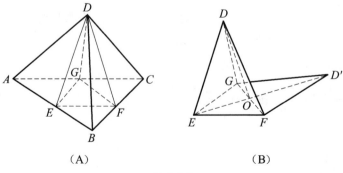

（A）　　　　　　　　（B）

图 A.2.2

设 E,F,G 分别是边 AB,BC,CA 的中点,连 DE,DF,DG,如图 A.2.2(A).设 DE 与 AB 所成的角为 α,则

$$S_{\triangle DAB}=\frac{1}{2}DE \cdot AB\sin\alpha=DE \cdot FG\sin\alpha,$$

$$S_{\triangle DBC}=\frac{1}{2}DF \cdot BC\sin\alpha=DF \cdot GE\sin\alpha,$$

$$S_{\triangle DCA}=\frac{1}{2}DG \cdot CA\sin\alpha=DG \cdot EF\sin\alpha.$$

由于 $\sin\alpha>0$,原命题转化为:证明在四面体 $DEFG$ 中,任意一组对棱的乘积小于另两组对棱乘积之和.为此我们来证明

$$DE \cdot FG<DF \cdot GE+DG \cdot EF.$$

将四面体 $DEFG$ 的面 DFG 绕 FG 翻转到底面所在的平面上,得 $\triangle D'FG$,如图 A.2.2(B).在四边形 $D'FEG$ 中,显然有 $D'G=DG$,$D'F=DF$.由托勒密(Ptolemy)定理,有

$$D'E \cdot GF\leqslant D'F \cdot GE'+D'G \cdot EF=DF \cdot GE+DG \cdot EF.$$

设 $D'E$ 与 GF 交于点 O,由 $\triangle DFG\cong\triangle D'FG$,得 $DO=D'O$.在 $\triangle DOE$ 中,

$$DE<DO+OE=D'O+OE=D'E.$$

故 $\qquad DE \cdot GF<D'E \cdot GF\leqslant DF \cdot GE+DG \cdot EF.$

从而原题得证.

10. 如图 A.2.3,设球心 O 在平面 ABC 与平面 ABP 内的射影分别为 H 和 K,AB 中点为 M,内切球半径为 r,则 P,K,M 共线,P,Q,H 共线,$\angle PHM=\angle PKO=\frac{\pi}{2}$,且 $OH=OK=r$,$PO=PH-OH=\sqrt{2}-r$,

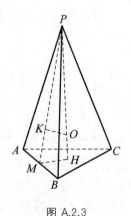

图 A.2.3

$$MH=\frac{\sqrt{3}}{6}AB=\frac{\sqrt{3}}{6},$$

$$PM=\sqrt{MH^2+PH^2}=\sqrt{\frac{1}{12}+2}=\frac{5\sqrt{3}}{6},$$

于是有

$$\frac{r}{\sqrt{2}-r}=\frac{OK}{PO}=\sin\angle KPO=\frac{MH}{PM}=\frac{1}{5},$$

解得 $r=\frac{\sqrt{2}}{6}$,故 $V=\frac{4}{3}\pi \cdot \left(\frac{\sqrt{2}}{6}\right)^3=\frac{\sqrt{2}\pi}{81}.$

11. 设正四棱柱的底面边长为 a，则 $AC=\sqrt{2}a$，$\angle A_1CA=30°$，从而 $AA_1=\sqrt{2}a\tan 30°=\dfrac{\sqrt{6}}{3}a$.

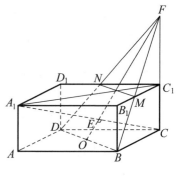

图 A.2.4

如图 A.2.4，在平面 ACC_1A_1 内，直线 OE 交 CC_1 于点 F，联结 BF，DF 分别交 B_1C_1，C_1D_1 于 M，N，连 MN，则过 B，D，E 的截面为 $BMND$.

$\because \quad BD\,/\!/$ 平面 $A_1B_1C_1D_1$，

$\therefore \quad MN\,/\!/\,BD$ 且 $MN\neq BD$，从而截面 $BMND$ 为等腰梯形. 由

$$\frac{AA_1}{AC}=\frac{OC}{CF}\Rightarrow CF=\frac{\sqrt{6}}{2}a,\quad \frac{NC_1}{DC}=\frac{FC_1}{FC}\Rightarrow NC_1=\frac{1}{3}a,$$

$\therefore \quad S_{\triangle C_1MN}=\dfrac{1}{18}a^2$. 又 $S_{\triangle CBD}=\dfrac{1}{2}a^2$，

$\therefore \quad V_{C_1MN-CBD}=\dfrac{1}{3}\cdot\dfrac{\sqrt{6}}{3}a\left(\dfrac{1}{18}a^2+\sqrt{\dfrac{1}{18}a^2\cdot\dfrac{1}{2}a^2}+\dfrac{1}{2}a^2\right)=\dfrac{13\sqrt{6}}{162}a^3$.

又 $\because \quad V_{正四棱柱}=\dfrac{\sqrt{6}}{3}a^3$，$\therefore \quad V_{D_1A_1B_1MN-ABD}=\dfrac{\sqrt{6}}{3}a^3-\dfrac{13\sqrt{6}}{162}a^3=\dfrac{41\sqrt{6}}{162}a^3$.

$\therefore \quad$ 两部分体积之比为 $13:41$.

12. 用 x 表示正方体的棱长，则题中的体积之差为

$$f(x)=\begin{cases} abc-x^3, & 0<x\leqslant a,\\ abc+(x-a)x^2-ax^2, & a<x\leqslant b,\\ x^3+ab(c-x)-abx, & b<x\leqslant c,\\ x^3-abc, & c<x. \end{cases}$$

利用导数可知 $f(x)$ 在 $(0,a)$ 上递减，在 $(b,+\infty)$ 上递增. 而在区间 (a,b) 上，由 $f'(x)=3x^2-4ax=0$ 得 $x=\dfrac{4a}{3}$. 当 $b<\dfrac{4a}{3}$ 时，$f'(x)=3x^2-4ax<3b^2-4ab\leqslant 0$，$f(x)$ 递减；当 $b>\dfrac{4a}{3}$ 时，$f(x)$ 在 $x=\dfrac{4a}{3}$ 处有极小值，故所求 x 的值为 $\min\left\{b,\dfrac{4a}{3}\right\}$.

习题 2.b

1. 显然，$a^2+b^2+3=2\times 2^2=8$.

则由柯西不等式得

$$2a+b \leqslant \sqrt{(4+1)(a^2+b^2)} = 5.$$

2. 设此平面的方程为 $\dfrac{x}{a} + \dfrac{y}{b} + \dfrac{z}{c} = 1$，其中 a, b, c 分别为该平面在 x 轴、y 轴、z 轴正半轴上的截距.

又点 P 在平面 ABC 内，故

$$\frac{1}{a} + \frac{2}{b} + \frac{5}{c} = 1.$$

由 $1 = \dfrac{1}{a} + \dfrac{2}{b} + \dfrac{5}{c} \geqslant 3\sqrt[3]{\dfrac{1}{a} \times \dfrac{2}{b} \times \dfrac{5}{c}} \Rightarrow \dfrac{1}{27} \geqslant \dfrac{10}{abc} \Rightarrow V_{\text{四面体}OABC} = \dfrac{1}{6}abc \geqslant 45.$

当 $\dfrac{1}{a} = \dfrac{2}{b} = \dfrac{5}{c} = \dfrac{1}{3}$，即 $(a, b, c) = (3, 6, 15)$ 时，$V_{\text{四面体}OABC}$ 的最小值为 45.

3. $\dfrac{V}{3}$　**4.** $\dfrac{3\sqrt{3}}{4}a^2$　**5.** 31:29　**6.** ④　**7.** ④

8. 设截面交 PB 于 E，交 PC 于 F，EF 中点为 H，BC 中点为 D，则 H 在 PD 上，并且 $PD \perp AH$，$\angle HAD = 30°$，$AH = \dfrac{\sqrt{3}}{2}AD = \dfrac{3}{4}a$，$DH = \dfrac{1}{2}AD = \dfrac{\sqrt{3}}{4}a$，$PD = 2 \cdot \dfrac{1}{3}AD = \dfrac{\sqrt{3}}{3}a$，由 $\dfrac{EF}{BC} = \dfrac{PH}{PD} = \dfrac{1}{4}$，故

$$S_{\triangle AEF} = \frac{1}{2} \cdot AH \cdot EF = \frac{3}{32}a^2.$$

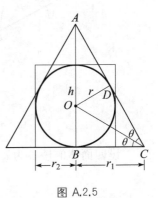

图 A.2.5

9. 取它们公共的轴截面如图 A.2.5 所示. 设圆锥、圆柱的底面半径分别为 r_1, r_2，圆锥的高为 h，球的半径为 r. 显然 $r_2 = r$. 又设圆锥母线与底面所成的角为 2θ，

则　　　　　　　　　$r = r_1 \tan\theta, \quad h = r_1 \tan 2\theta.$

若 $V_1 = kV_2$，则有

$$\frac{1}{3}\pi r_1^2 \cdot r_1 \tan 2\theta = 2\pi r_1^3 \cdot k\tan^3\theta,$$

化简得

$$3k\tan^4\theta - 3k\tan^2\theta + 1 = 0. \tag{1}$$

因 $\tan\theta \in \mathbf{R}$，故　　　　　$\Delta = 9k^2 - 12k \geqslant 0.$

又 $k > 0$，所以 $k \geqslant \dfrac{4}{3}$.

当 $k=\dfrac{4}{3}$ 时,由式(1)可得 $\tan\theta=\dfrac{\sqrt{2}}{2}$,原题有意义,所以 k 的最小值为 $\dfrac{4}{3}$,从而 $V_1\ne V_2$.

10. 设 H 为正四面体 $D\text{-}ABC$ 由顶点 D 所作高的垂足,则 H 为正 $\triangle ABC$ 的中心.又设 M,N,P 是过直线 HD 的平面分别与直线 BC,CA,AB 的交点,如图 A.2.6(A)所示.

因为角 α,β,γ 分别是线段 MD,ND,PD 与它们在平面 ABC 上的射影 MH,NH,PH 间的夹角,所以

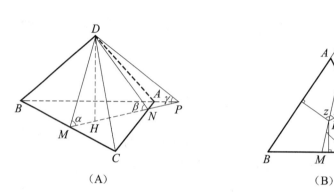

图 A.2.6

$$\tan\alpha=\dfrac{HD}{MH},\tan\beta=\dfrac{HD}{NH},\tan\gamma=\dfrac{HD}{PH}. \tag{2}$$

设四面体的棱长为 a,不难证明

$$HD=\dfrac{\sqrt{6}}{3}a. \tag{3}$$

由式(2)(3),可得所要证的等式化为

$$\dfrac{1}{MH^2}+\dfrac{1}{NH^2}+\dfrac{1}{PH^2}=\dfrac{18}{a^2}. \tag{4}$$

由此可见,本题归结为平面几何中的问题:对于边长为 a 的正 $\triangle ABC$,若经过它的中心 H 的直线 l 与边 BC,CA,AB 或其延长线分别交于点 M,N,P,则关系式(4)成立.

如图 A.2.6(B)所示,因点 H 在 $\triangle ABC$ 内部,所以点 M,N,P 在直线 l 上位于点 H 的两侧.不妨设点 M 位于 H 的一侧,而点 N 和 P 位于 H 的另一侧(特别地,点 N 和 P 可能与顶点 A 重合).设 x,y,z 分别是线段 HM,HN,HP 与点 H 到边 BC,CA,AB 的垂线间的夹角.这些垂线的长度是 $\dfrac{\sqrt{3}}{6}a$,并且两两间的

夹角是 120°,于是

$$HM = \frac{a\sqrt{3}}{6\cos x}, HN = \frac{a\sqrt{3}}{6\cos y}, HP = \frac{a\sqrt{3}}{6\cos z}.$$

因为 $y+z=120°$,$x+y=60°$,所以 $y=60°-x$,$z=60°+x$,

$$\frac{1}{HM^2} + \frac{1}{HN^2} + \frac{1}{HP^2}$$

$$= \frac{12}{a^2}(\cos^2 x + \cos^2(60°-x) + \cos^2(60°+x)). \tag{5}$$

而 $\cos^2 x + \cos^2(60°-x) + \cos^2(60°+x)$

$$= \frac{3}{2} + \frac{1}{2}(\cos 2x + \cos(120°-2x) + \cos(120°+2x))$$

$$= \frac{3}{2} + \frac{1}{2}(\cos 2x + 2 \cdot \cos 120° \cdot \cos 2x) = \frac{3}{2},$$

代入式(5)即得式(4)成立,从而原题得证.

11. 如图 A.2.7(A),沿棱 VA 将三棱锥表面切开,其展开图如图 A.2.7(B)所示.当且仅当 D,E 在连线 AA' 上时,$\triangle ADE$ 的周长最小.

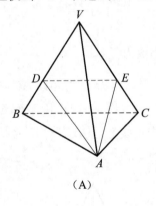
(A)

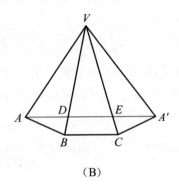
(B)

图 A.2.7

设 $\angle BVC = \alpha$,则 $\angle AVA' = 3\alpha$,$\cos 3\alpha = 4\cos^3 \alpha - 3\cos \alpha$.

在 $\triangle VBC$ 中,由余弦定理得

$$\cos \alpha = \frac{VB^2 + VC^2 - BC^2}{2 \cdot VB \cdot VC} = \frac{2 \times 8^2 - 4^2}{2 \times 8^2} = \frac{7}{8},$$

所以

$$\cos 3\alpha = 4 \times \left(\frac{7}{8}\right)^3 - 3 \times \frac{7}{8} = \frac{7}{2^7}.$$

在 $\triangle AVA'$ 中,由余弦定理得

$$AA' = \sqrt{VA^2 + VA'^2 - 2VA \cdot VA' \cdot \cos 3\alpha}$$

$$=\sqrt{8^2+8^2-2\cdot8\cdot8\cdot\frac{7}{2^7}}=11,$$

故 $\triangle ADE$ 周长的最小值为 11.

12. 因为 $SA^2+AB^2=SB^2$，$SA^2+AO^2=3^2+\left(\frac{1}{2}\sqrt{12^2+4^2}\right)^2=7^2=SO^2$，所以 $\angle SAB=\angle SAO=90°$，从而 $SA\perp$ 底面 $ABCD$. 又 $BC\perp AB$，故 $CB\perp SB$. 设 $BN=x$，则 $AM=CN=12-x$，$SN=\sqrt{25+x^2}$，$SM=\sqrt{3^2+(12-x)^2}=\sqrt{x^2-24x+153}$，$MN=\sqrt{4^2+(12-2x)^2}=2\sqrt{x^2-12x+40}$. 因为 $\triangle ABC$ 的面积

$$S_{\triangle ABC}=\frac{1}{2}bc\cdot\sin A=\frac{1}{2}bc\sqrt{1-\cos^2A}$$

$$=\frac{1}{4}\sqrt{4b^2c^2-(b^2+c^2-a^2)^2},$$

所以 $S_{\triangle SMN}=\frac{1}{4}\sqrt{4(x^2-24x+153)(25+x^2)-(2x^2-24x-18)^2}$

$$=\frac{1}{2}\sqrt{52x^2-816x+3744}=\sqrt{13\left(x-\frac{102}{13}\right)^2+\frac{1764}{13}}.$$

故当 $BN=x=\frac{102}{13}$ 时，截面 $\triangle SMN$ 的面积最小值为 $\frac{42}{13}\sqrt{13}$.

13. 如图 A.2.8，不妨设平面 π 过底面正方形 $ABCD$ 的对角线 AC，且设点 S,A,B,C,D 在平面 π 上的投影分别为点 S',A',B',C',D'. 因平面 $SBD\perp AC$，所以点 S',B',D' 必落在 $A'C'$（即 AC）的中垂线上，且 $A'B'C'D'$ 必是菱形，如图 A.2.9. 而 $OB'=OB\cos\alpha=\sqrt{2}\cos\alpha$，$OS'=h\sin\alpha$.

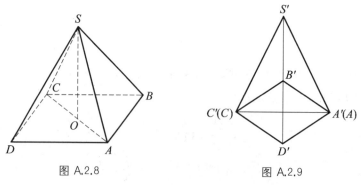

图 A.2.8   图 A.2.9

当 $OS'\leqslant OB'$，即 $h\sin\alpha\leqslant\sqrt{2}\cos\alpha$ 时，S' 落在菱形 $A'B'C'D'$ 内，因此，投影图形的面积 $S_{\text{影}}=S_{A'B'C'D'}=4\cos\alpha$，此时当 $\alpha=0$ 时，$S_{\text{影}}$ 最大为 4.

当 $OS'>OB'$，即 $h\sin\alpha>\sqrt{2}\cos\alpha$ 时，

$$S_{影}=S_{\triangle A'C'D'}+S_{\triangle A'C'S'}=2\cos\alpha+\frac{1}{2}\cdot2\sqrt{2}\cdot h\sin\alpha$$

$$=\sqrt{2h^2+4}\sin(\alpha+\varphi),$$

其中 $\tan\varphi=\dfrac{\sqrt{2}}{h}$. 所以当 $\alpha=\dfrac{\pi}{2}-\varphi$ 时，$S_{影}$ 最大为 $\sqrt{2h^2+4}$. 注意到当 $h\geqslant\sqrt{6}$ 时，

$\sqrt{2h^2+4}\geqslant4$，因此当 $h\geqslant\sqrt{6}$ 时，$S_{影}$ 最大值为 $\sqrt{2h^2+4}$，此时 $\alpha=\dfrac{\pi}{2}-\arctan\dfrac{\sqrt{2}}{h}$；

当 $h<\sqrt{6}$ 时，$S_{影}$ 最大值为 4，此时 $\alpha=0$.

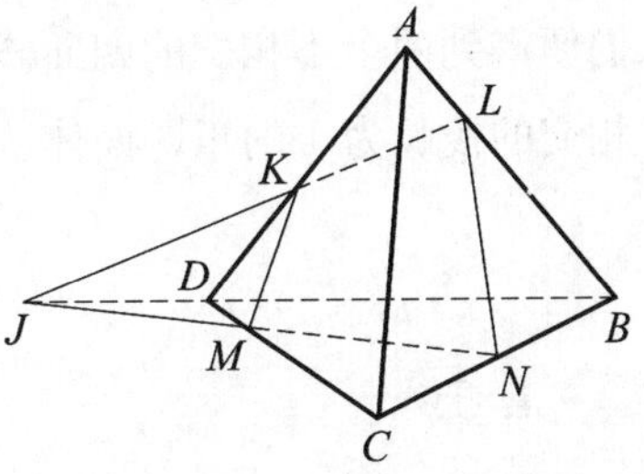

14. 如图 A.2.10，延长 NM 交 BD 的延长线于点 J，连 JK 并延长交 AB 于点 L，则 $KLNM$ 为所求截面. 对 $\triangle BCD$ 及直线 JMN 应用门奈劳斯定理，有

$$\frac{DJ}{JB}\cdot\frac{BN}{NC}\cdot\frac{CM}{MD}=1\Rightarrow\frac{JD}{JB}=\frac{2}{3}\Rightarrow\frac{JD}{BD}=2.$$

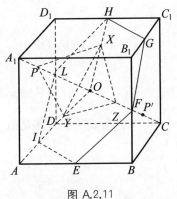

图 A.2.10

同理，对 $\triangle ABD$ 及直线 JKL 应用该定理，得 $\dfrac{AL}{LB}=\dfrac{2}{3}$. 又 $\dfrac{CM}{MD}=\dfrac{3}{2}$，所以

$$V_{K\text{-}DMNB}=\left(1-\frac{3}{5}\cdot\frac{1}{2}\right)\cdot\frac{1}{2}V=\frac{7}{20}V,$$

$$V_{N\text{-}KLB}=\frac{1}{2}\cdot\frac{1}{2}\cdot\frac{3}{5}V=\frac{3}{20}V,\quad V_{A\text{-}MCN}=\frac{3}{5}\cdot\frac{1}{2}V=\frac{3}{10}V.$$

又 $V=V_{A\text{-}MCN}+V_{N\text{-}KLB}+V_{K\text{-}DMNB}+V_{A\text{-}MNLK}$，

所以 $V_{A\text{-}MNLK}=\dfrac{1}{5}V=\dfrac{1}{3}S_{截}\cdot h=\dfrac{1}{3}S_{截}$，从而 $S_{截}=\dfrac{3}{5}V=3$.

15. 如图 A.2.11，作对角线 A_1C 的中垂面 α，易知 α 分别交 AB，BB_1，B_1C_1，C_1D_1，D_1D，DA 于各边中点 E，F，G，H，L，I，且所得截面 $EFGHLI$ 为正六边形，其边长为 $\dfrac{\sqrt{2}}{2}$.

设 A_1C 交 α 于点 O，连 OH，OI，OF，在 OH，OI，OF 上分别取点 X，Y，Z，使 $OX=OY=OZ=\dfrac{\sqrt{3}}{3}$，则 $\triangle XYZ$ 为边长等于 1 的正

图 A.2.11

三角形.

因为 $A_1O=CO=\dfrac{AC}{2}=\dfrac{\sqrt{3}}{2}$,故在 A_1O 和 OC 上分别取点 P 和 P',使 $OP=OP'=\dfrac{\sqrt{6}}{3}$.

易证 $PX=PY=PZ=1,P'X=P'Y=P'Z=1$.

这样便在立方体内作出了两个棱长为 1 且共一个面的四面体 $PXYZ$ 与 $P'XYZ$.现将四面体 $PXYZ$ 沿 OA_1 方向平移一点点使其仍在立方体内,这时我们便得到两个不相交的四面体.这表明可以在棱长为 1 的立方体内放置两个不相交的棱长为 1 的正四面体.

习题 2.c

1. ①

2. $90°$

3. $\sqrt{a^2+(b+c)^2}$

4. ①③

5. $\sqrt{6+\sqrt{2}}$

6. $\dfrac{1}{3}$

7. 记 $AD=x$,易求得 $x=1$ 或 2.

当 $x=1$ 时,$BE=DF=\dfrac{\sqrt{6}}{3},EF=\dfrac{\sqrt{3}}{3}$,于是

$$BD=\sqrt{BE^2+EF^2+FD^2}=\dfrac{\sqrt{15}}{3};$$

当 $x=2$ 时,$BE=DF=\dfrac{2\sqrt{3}}{3},EF=\dfrac{\sqrt{6}}{3}$,于是

$$BD=\sqrt{BE^2+EF^2+FD^2}=\dfrac{\sqrt{30}}{3}.$$

8. 所折叠成的多面体是由一个大正三棱锥切去 3 个小正三棱锥得到的.所求体积

$$V=\dfrac{1}{3}\times\dfrac{1}{2}\times18^3-3\times\dfrac{1}{3}\times\dfrac{1}{2}\times6^3=864.$$

9. 如图 A.2.12（A），易知 AB_1 是 $\triangle PA_1B$ 的中位线，且 $AA_1 =$ $\sqrt{(20-10)^2+(20\sqrt{2})^2}=30$，从而 $PA_1=PB=60$.记 $A_1B=x$，由中线定理，得 $4AB^2=2(x^2+60^2)-60^2$，即 $2x^2=16\times 10^2 \Rightarrow x=20\sqrt{2}$，故 $\angle A_1O_2B=90°$，从而 $\angle A_1PB=\theta=\dfrac{1}{4}\times\dfrac{2\pi\times 20}{60}=\dfrac{\pi}{6}$.

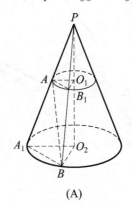

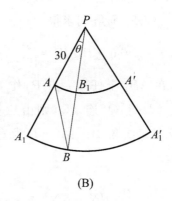

图 A.2.12

在图 A.2.12(B)中，由余弦定理，有

$$AB=\sqrt{30^2+60^2-2\times 30\times 60\cos\theta}=30\sqrt{5-2\sqrt{3}}.$$

10. 如图 A.2.13，将立体图形（A）与平面图形（B）对照，可知折叠后仍有 $EG\perp AD$，$CG\perp AD$，故 $\angle EGC$ 为二面角 M-AD-N 的平面角.又 $EF\parallel AD$，则 $\angle CFE=45°$.在 $\triangle EGC$ 中，由余弦定理可知 $\cos\angle EGC=\dfrac{1}{3}$，从而 $\angle EGC=\arccos\dfrac{1}{3}$.

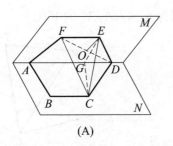

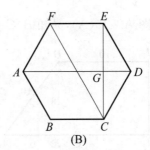

图 A.2.13

根据勾股定理的逆定理可证 $\angle FCD=90°$.又 $EF=EC=ED$，故 E 在平面 FDC 中的射影 O 是 $\triangle FDC$ 的外心，即 FD 的中点.因此

$$V_{F-EDC}=V_{E-FDC}=\frac{1}{3}\cdot EO\cdot S_{\triangle FDC}$$

$$=\frac{1}{3}\cdot\frac{1}{2}a\cdot\left(\frac{1}{2}a\cdot\sqrt{2}a\right)=\frac{\sqrt{2}}{12}a^{3}.$$

11. （1）如图 A.2.14，作 $B_1E\perp AC$ 于 E，过 E 作 $EM\perp CD$ 于 M，连 B_1M，则 $\angle B_1ME$ 是二面角 B_1-CD-A 的平面角.可求得

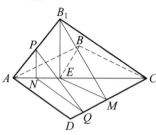

$$\tan\angle B_1ME=\frac{15}{16}.$$

（2）在 AB_1 上任取一点 P，作 $PN\perp AC$ 于 N，$NQ\perp CD$ 于 Q，连 PQ，则由三垂线定理知 $PQ\perp CD$.又二面角 B_1-AC-D 为直二面角，所以 $PN\perp$ 平面 ACD，从而 $PN\perp NQ$.

图 A.2.14

设 $AN=x$，由 $\dfrac{PN}{B_1E}=\dfrac{AN}{AE}$，可得 $PN=\dfrac{\frac{12}{5}x}{\frac{9}{5}}=\dfrac{4}{3}x.$

又 $NQ=\dfrac{4}{5}(5-x)$，故

$$PQ^2=PN^2+NQ^2=16\left(\left(\frac{1}{9}+\frac{1}{25}\right)x^2-\frac{2}{5}x+1\right)$$

$$=16\times34\left(\frac{x}{15}-\frac{3}{34}\right)^2+\frac{20^2}{34}\geqslant\frac{20^2}{34},$$

所以 $PQ_{\min}=\dfrac{20}{\sqrt{34}}=\dfrac{10\sqrt{34}}{17}$，即 AB_1 与 CD 间的距离为 $\dfrac{10\sqrt{34}}{17}.$

12. 如图 A.2.15(A)，易知 B,C 分别为 A_1A_2,A_2A_3 的中点.

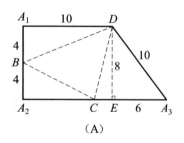

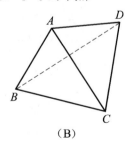

（A）　　　　　　（B）

图 A.2.15

(1) 由 $A_1B \perp A_1D$，$A_2B \perp A_2C$，可知图 A.2.15(B) 中 $AB \perp AD$，$AB \perp AC$，从而 $AB \perp$ 平面 ACD，故 $AB \perp CD$.

(2) 由 B，C 分别为 A_1A_2，A_2A_3 中点知，$AB=4$. 又 $A_3D=A_1D=10$，过 D 作 $DE \perp A_2A_3$ 于 E，则 $A_3E=\sqrt{10^2-8^2}=6$，从而 $A_2A_3=10+6=16$，$A_2C=CA_3=8$，即 $S_{\triangle ACD}=S_{\triangle A_3CD}=\dfrac{1}{2}\times 8\times 8=32$. 由(1)知 $AB \perp$ 面 ACD，故 $V_{ABCD}=\dfrac{1}{3}AB \cdot S_{\triangle ACD}=\dfrac{1}{3}\times 4\times 32=\dfrac{128}{3}$.

13. 因为 $A_1B_1 \perp CD$，过 A_1B_1 作 CD 的垂面交 CD 于 M，则 $\angle A_1MB_1$ 是二面角 B-CD-A 的平面角，$\angle B_1A_1M=90°$. 又正四面体 $ABCD$ 的顶点 A 在面 BCD 上的射影为 $\triangle BCD$ 的中心 O，所以上述平面角的余弦值为 $\dfrac{1}{3}$，从而 $\dfrac{A_1M}{MB_1}=\dfrac{1}{3}$.

同理，过 B_1C_1 作 AD 的垂面交 AD 于 N，则 $\dfrac{B_1N}{NC_1}=\dfrac{1}{3}$. 类似可得点 K，L，且 $\dfrac{C_1K}{KD_1}=\dfrac{1}{3}$，$\dfrac{D_1L}{LA_1}=\dfrac{1}{3}$.

现将四面体 $ABCD$ 展开铺平后得图 A.2.16.

易知 AD 与 BC 间的距离为 $\dfrac{\sqrt{3}}{2}a$. 记 $A_1M=x$，$B_1N=y$，$C_1K=z$，$D_1L=u$，由展开图知

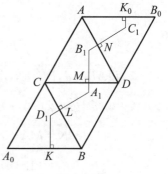

图 A.2.16

$$3u+y+4x \cdot \cos 60°=\dfrac{\sqrt{3}}{2}a, \quad 即 \quad 3u+y+2x=\dfrac{\sqrt{3}}{2}a.$$

同理可得

$$3x+z+2y=\dfrac{\sqrt{3}}{2}a, \quad 3y+u+2z=\dfrac{\sqrt{3}}{2}a, \quad 3z+x+2u=\dfrac{\sqrt{3}}{2}a.$$

所以 $x+y+z+u=4u=4x=4y=4z$，$x=y=z=u=\dfrac{\sqrt{3}}{12}a$.

从而四面体 $A_1B_1C_1D_1$ 的棱

$$A_1B_1=B_1C_1=C_1D_1=D_1A_1=\sqrt{3^2-1^2}\,x=\dfrac{\sqrt{6}}{6}a.$$

由于 A_1B_1，B_1C_1，C_1D_1，D_1A_1 分别与面 BCD，CDA，DAB，ABC 垂直，所

以 $\angle B_1A_1D_1,\angle A_1B_1C_1$ 分别与二面角 $A-BC-D$，$B-CD-A$ 的平面角互补，$BC\perp$ 面 $A_1B_1D_1$，$CD\perp$ 面 $A_1B_1C_1$，二面角 $C_1-A_1B_1-D_1$ 的平面角等于 $180°-\angle BCD=120°$，$S_{\triangle A_1B_1D_1}=\dfrac{1}{2}\cdot\left(\dfrac{\sqrt{6}}{6}a\right)^2\cdot\sqrt{1-\left(-\dfrac{1}{3}\right)^2}=\dfrac{\sqrt{2}}{18}a^2$，$S_{\triangle A_1B_1C_1}$

$=\dfrac{\sqrt{2}}{18}a^2$，故由四面体的体积公式得

$$V_{A_1B_1C_1D_1}=\dfrac{2}{3}\left(\dfrac{\sqrt{2}}{18}a^2\right)^2\cdot\sin 120°\div\left(\dfrac{\sqrt{6}}{6}a\right)=\dfrac{\sqrt{2}}{162}a^3.$$

习题 3.a

1. 以 AB,AD,AA_1 所在直线为 x,y,z 轴建立直角坐标系，则 $A(0,0,0)$，$C(9,6,0)$，$D_1(0,6,6)$，$\triangle AD_1C$ 的重心 $G(3,4,2)$.设 $P(9,t,t)$（t 为参数），

则
$$PG=\sqrt{(9-3)^2+(t-4)^2+(t-2)^2}$$
$$=\sqrt{2t^2-12t+56}=\sqrt{2(t-3)^2+38}\geqslant\sqrt{38},$$

故 $\qquad PG_{\min}=\sqrt{38}$，此时 $P(9,3,3)$.

2. 设 $\overrightarrow{AD}=\vec{\alpha},\overrightarrow{DC}=\vec{\beta},\overrightarrow{AA_1}=\vec{\gamma}$，令 $\overrightarrow{AM}=x(\vec{\alpha}+\vec{\gamma}),\overrightarrow{DN}=y(\vec{\beta}+\vec{\gamma}),\overrightarrow{MN}=z\overrightarrow{A_1C}=z(\vec{\alpha}+\vec{\beta}-\vec{\gamma})$.另一方面，

$$\overrightarrow{MN}=\overrightarrow{MA}+\overrightarrow{AD}+\overrightarrow{DN}=-x(\vec{\alpha}+\vec{\gamma})+\vec{\alpha}+y(\vec{\beta}+\vec{\gamma})$$
$$=(1-x)\vec{\alpha}+y\vec{\beta}+(y-x)\vec{\gamma}.$$

比较 $\overrightarrow{MN}$ 中 $\vec{\alpha},\vec{\beta},\vec{\gamma}$ 的系数，得 $x=\dfrac{2}{3},y=z=\dfrac{1}{3}$，即

$$AM:AD_1=2:3,DN:DC_1=MN:A_1C=1:3.$$

3. 设正四棱锥为 $S-ABCD,O$ 为底面中心.以 O 为原点，x 轴$/\!/CB$，y 轴$/\!/AB,OS$ 所在直线为 z 轴建立空间直角坐标系，则 $B(2,2,0),C(-2,2,0)$，$S(0,0,6)$.于是 OS 的中点 $M(0,0,3)$，$\triangle SBC$ 的重心 $N\left(0,\dfrac{4}{3},2\right)$，故

$$|MN|=\sqrt{(0-0)^2+\left(\dfrac{4}{3}-0\right)^2+(2-3)^2}$$
$$=\dfrac{5}{3}.$$

4. 由 G 为三棱锥的重心

$$\Rightarrow \overrightarrow{GP} + \overrightarrow{GA} + \overrightarrow{GB} + \overrightarrow{GC} = 0$$

$$\Rightarrow -\overrightarrow{PG} + (\overrightarrow{PA} - \overrightarrow{PG}) + (\overrightarrow{PB} - \overrightarrow{PG}) + (\overrightarrow{PC} - \overrightarrow{PG}) = \vec{0}$$

$$\Rightarrow \overrightarrow{PG} = \frac{1}{4}(\overrightarrow{PA} + \overrightarrow{PB} + \overrightarrow{PC}).$$

又 G, A_1, B_1, C_1 四点共面,于是,

$$\overrightarrow{PG} = \alpha \overrightarrow{PA_1} + \beta \overrightarrow{PB_1} + \gamma \overrightarrow{PC_1} (\alpha + \beta + \gamma = 1).$$

故 $\overrightarrow{PG} = x\alpha \overrightarrow{PA} + y\beta \overrightarrow{PB} + z\gamma \overrightarrow{PC}$

$$= \frac{1}{4}(\overrightarrow{PA} + \overrightarrow{PB} + \overrightarrow{PC})$$

$$\Rightarrow \alpha + \beta + \gamma = 1, x\alpha = y\beta = z\gamma = \frac{1}{4}$$

$$\Rightarrow \frac{1}{4x} + \frac{1}{4y} + \frac{1}{4z} = 1 \Rightarrow \frac{1}{x} + \frac{1}{y} + \frac{1}{z} = 4.$$

5. 如图 A.3.1,设四面体为 $A_1 A_2 A_3 A_4$,记 $\overrightarrow{OA_i} = \vec{a_i}$,则 $|\vec{a_i}| = R$.各面重心分别为 $\frac{1}{3}(\vec{a_1} + \vec{a_2} + \vec{a_3})$ 等,这 4 个点到点 $\frac{1}{3}(\vec{a_1} + \vec{a_2} + \vec{a_3} + \vec{a_4})$ 的向量分别为 $\frac{1}{3}\vec{a_4}$ 等,其距离均为 $\frac{1}{3}R$,故 O_1 点对应向量 $\frac{1}{3}(\vec{a_1} + \vec{a_2} + \vec{a_3} + \vec{a_4})$.

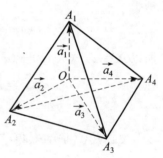

图 A.3.1

因 $|\overrightarrow{A_1A_2}|^2 = (\vec{a_2} - \vec{a_1})^2 = \vec{a_1}^2 + \vec{a_2}^2 - 2\vec{a_1} \cdot \vec{a_2}$,即 $2\vec{a_1} \cdot \vec{a_2} = 2R^2 - a^2$ 等,

故 $|\overrightarrow{OO_1}|^2 = \frac{1}{9}(\vec{a_1} + \vec{a_2} + \vec{a_3} + \vec{a_4})^2 = \frac{1}{9}(16R^2 - 2(a^2 + b^2 + c^2))$,

即 $|OO_1| = \frac{1}{3}\sqrt{16R^2 - 2(a^2 + b^2 + c^2)}$.

6. 以 OA, OC, OO_1 所在直线为 x, y, z 轴建立空间直角坐标系,易知 $A(4,0,0), P(4,2,0), Q(0,6,2), R(2,3,4)$.故

$$\overrightarrow{AR} = (-2,3,4), \overrightarrow{PQ} = (-4,4,2).$$

$$\therefore \cos\theta = \left| \frac{\overrightarrow{AR} \cdot \overrightarrow{PQ}}{|\overrightarrow{AR}| \cdot |\overrightarrow{PQ}|} \right| = \left| \frac{(-2) \cdot (-4) + 3 \times 4 + 4 \times 2}{\sqrt{29} \times 6} \right| = \frac{14\sqrt{29}}{87}.$$

$$\therefore \overrightarrow{AR} 与 \overrightarrow{PQ} 所成的角 \theta = \arccos \frac{14\sqrt{29}}{87}.$$

7. 以 $\overrightarrow{A_1B_1}$, $\overrightarrow{A_1D_1}$, $\overrightarrow{A_1A}$ 所在直线为 x,y,z 轴,则 $A(0,0,1)$,$B(1,0,1)$, $D(0,1,1)$,$B_1(1,0,0)$.进一步,有 $M\left(\dfrac{1}{3},0,\dfrac{2}{3}\right)$,$N\left(\dfrac{2}{3},\dfrac{1}{3},1\right)$.

$\overrightarrow{AB_1}=(1,0,-1)$,$\overrightarrow{BD}=(-1,1,0)$,$\overrightarrow{MN}=$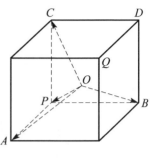
$\left(\dfrac{1}{3},\dfrac{1}{3},\dfrac{1}{3}\right)$,于是

$\overrightarrow{MN}\cdot\overrightarrow{AB_1}=0$,$\overrightarrow{MN}\cdot\overrightarrow{BD}=0$.故 $MN\perp AB_1$, $MN\perp BD$,即 MN 为 AB_1 与 BD 的公垂线段.

$|\overrightarrow{MN}|=\sqrt{3\cdot\left(\dfrac{1}{3}\right)^2}=\dfrac{\sqrt{3}}{3}$.

图 A.3.2

8. 如图 A.3.2,设 $\overrightarrow{OA}=\vec{a}$,$\overrightarrow{OB}=\vec{b}$,$\overrightarrow{OC}=\vec{c}$,$\overrightarrow{OP}$ $=\vec{p}$,则 $|\vec{a}|=|\vec{b}|=|\vec{c}|=R$,且 $\vec{p}$ 是一个定向量,$|\vec{p}|=u<R$ 是点 P 到点 O 的距离.由于

$$\overrightarrow{OQ}=\overrightarrow{OC}+\overrightarrow{CD}+\overrightarrow{DQ}=\overrightarrow{OC}+\overrightarrow{PB}+\overrightarrow{PA},$$

所以 $\overrightarrow{OQ}=\vec{c}+(\vec{b}-\vec{p})+(\vec{a}-\vec{p})=\vec{a}+\vec{b}+\vec{c}-2\vec{p}$,

$$\overrightarrow{OQ}^2=\vec{a}^2+\vec{b}^2+\vec{c}^2+4\vec{p}^2-4\vec{p}(\vec{a}+\vec{b}+\vec{c})$$
$$+2(\vec{a}\vec{b}+\vec{b}\vec{c}+\vec{c}\vec{a}). \tag{1}$$

又由 $\overrightarrow{PA}\perp\overrightarrow{PB}$ 等,得 $(\vec{a}-\vec{p})(\vec{b}-\vec{p})=0$ 等,即得

$$\begin{cases}\vec{p}^2+\vec{a}\vec{b}=\vec{p}(\vec{a}+\vec{b}),\\ \vec{p}^2+\vec{b}\vec{c}=\vec{p}(\vec{b}+\vec{c}),\\ \vec{p}^2+\vec{c}\vec{a}=\vec{p}(\vec{c}+\vec{a}),\end{cases} \tag{2}$$

将式(2)代入式(1)得:$\overrightarrow{OQ}^2=3R^2-2u^2=3R^2-2|OP|^2$. 故点 Q 的轨迹是以 O 为球心、半径为 $\sqrt{3R^2-2|OP|^2}$ 的球面.

9. 如图 A.3.3,因 $\overrightarrow{AB}+\overrightarrow{BC}+\overrightarrow{CD}+\overrightarrow{DA}=\vec{0}$,
所以 $\overrightarrow{AB}+\overrightarrow{BC}=-(\overrightarrow{CD}+\overrightarrow{DA})$,

$\Rightarrow(\overrightarrow{AB}+\overrightarrow{BC})^2=(\overrightarrow{CD}+\overrightarrow{DA})^2$

$\Rightarrow|\overrightarrow{AB}|^2+|\overrightarrow{BC}|^2+2\overrightarrow{AB}\cdot\overrightarrow{BC}$

$\quad=|\overrightarrow{CD}|^2+|\overrightarrow{DA}|^2+2\overrightarrow{CD}\cdot\overrightarrow{DA}$

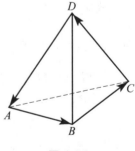

图 A.3.3

$\Rightarrow|\overrightarrow{AB}|^2+|\overrightarrow{BC}|^2=|\overrightarrow{CD}|^2+|\overrightarrow{DA}|^2, \tag{3}$

同理，$|\overrightarrow{AB}|^2+|\overrightarrow{DA}|^2=|\overrightarrow{BC}|^2+|\overrightarrow{CD}|^2$. (4)

(3)$-$(4)得$|\overrightarrow{BC}|=|\overrightarrow{DA}|$，从而$|\overrightarrow{AB}|=|\overrightarrow{CD}|$.

又$|\overrightarrow{BD}|=|\overrightarrow{BC}+\overrightarrow{CD}|=\sqrt{\overrightarrow{BC}^2+\overrightarrow{CD}^2+2\overrightarrow{BC}\cdot\overrightarrow{CD}}$

$\qquad =\sqrt{\overrightarrow{BC}^2+\overrightarrow{AB}^2+2\cdot\overrightarrow{AB}\cdot\overrightarrow{BC}}=|\overrightarrow{AB}+\overrightarrow{BC}|=|\overrightarrow{AC}|$，

故四面体的三组对棱相等，从而四个面全等.

10. 如图 A.3.4，设$\overrightarrow{DA}=\vec{a}$，$\overrightarrow{DB}=\vec{b}$，$\overrightarrow{DC}=\vec{c}$，则

$\overrightarrow{AB}=\vec{b}-\vec{a}$.

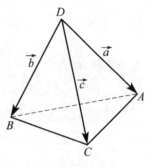

图 A.3.4

由于$\langle\overrightarrow{AB},\overrightarrow{DC}\rangle=\theta$ 或 $\pi-\theta$，

所以$\overrightarrow{AB}\cdot\overrightarrow{DC}=|\overrightarrow{AB}|\cdot|\overrightarrow{DC}|\cdot(\pm\cos\theta)$，故

$$\cos\theta=\frac{|\overrightarrow{AB}\cdot\overrightarrow{DC}|}{|\overrightarrow{AB}|\cdot|\overrightarrow{DC}|}=\frac{|(\vec{b}-\vec{a})\cdot\vec{c}|}{AB\cdot CD}$$

$$=\frac{|\vec{b}\cdot\vec{c}-\vec{a}\cdot\vec{c}|}{AB\cdot CD}.\qquad(5)$$

再由数量积的余弦定理，有

$$\vec{b}\cdot\vec{c}=\frac{1}{2}(\vec{b}^2+\vec{c}^2-(\vec{b}-\vec{c})^2)=\frac{1}{2}(BD^2+CD^2-BC^2),\qquad(6)$$

$$\vec{a}\cdot\vec{c}=\frac{1}{2}(\vec{a}^2+\vec{c}^2-(\vec{a}-\vec{c})^2)=\frac{1}{2}(AD^2+CD^2-AC^2).\qquad(7)$$

将式(6)(7)代入式(5)，得

$$\cos\theta=\frac{|(AC^2+BD^2)-(AD^2+BC^2)|}{2AB\cdot CD},$$

原题得证.

11. 设四面体 $ABCD$ 外接于一个球心为 O，半径为 R 的球面. 记

$$\vec{a}=\overrightarrow{OA},\vec{b}=\overrightarrow{OB},\vec{c}=\overrightarrow{OC},\vec{d}=\overrightarrow{OD}，则\vec{a}^2=\vec{b}^2=\vec{c}^2=\vec{d}^2=R^2.$$

对空间任意一点 X，记$\vec{x}=\overrightarrow{OX}$.

因为$\alpha\perp OA$，所以平面 α 上的点 X 满足$\vec{a}\cdot(\vec{x}-\vec{a})=0$，

即$\vec{a}\cdot\vec{x}=R^2$. 同理，平面β,γ,δ 上的点 X 分别满足方程

$$\vec{b}\cdot\vec{x}=R^2,\vec{c}\cdot\vec{x}=R^2,\vec{d}\cdot\vec{x}=R^2.$$

注意，对任意不同时为零的数λ,μ，方程$(\lambda\vec{a}+\mu\vec{b})\cdot\vec{x}=(\lambda+\mu)R^2$

给出了一个过平面α 与β 的交线 l 的平面(因为$\lambda\vec{a}+\mu\vec{b}\neq\vec{0}$，且对任意$X\in l$，有

$\vec{a} \cdot \vec{x} = \vec{b} \cdot \vec{x} = R^2$).

另一方面,对空间中任意一点 X,也存在一对不同时为零的数 λ, μ,使得

$$\lambda(\vec{a} \cdot \vec{x} - R^2) + \mu(\vec{b} \cdot \vec{x} - R^2) = 0,$$

即适当选取 λ 与 μ,可使相应的平面过点 X.因此直线 CD 与直线 l 共面的充要条件是关于未知数 λ 与 μ 的方程组

$$\begin{cases} \lambda(\vec{a} \cdot \vec{c} - R^2) + \mu(\vec{b} \cdot \vec{c} - R^2) = 0, \\ \lambda(\vec{a} \cdot \vec{d} - R^2) + \mu(\vec{b} \cdot \vec{d} - R^2) = 0 \end{cases}$$

有非零解,即有

$$(\vec{a} \cdot \vec{c} - R^2)(\vec{b} \cdot \vec{d} - R^2) = (\vec{a} \cdot \vec{d} - R^2)(\vec{b} \cdot \vec{c} - R^2). \tag{8}$$

同理可证,平面 γ 与 δ 的交线和直线 AB 共面的充要条件是

$$(\vec{c} \cdot \vec{a} - R^2)(\vec{d} \cdot \vec{b} - R^2) = (\vec{c} \cdot \vec{b} - R^2)(\vec{d} \cdot \vec{a} - R^2). \tag{9}$$

式(8)与式(9)等价,故原题得证.

12. 设 $\overrightarrow{AB} = \vec{\alpha}, \overrightarrow{AC} = \vec{\beta}, \overrightarrow{AD} = \vec{\gamma}, \overrightarrow{AP} = \vec{x}$,则 $\overrightarrow{PB} = \vec{\alpha} - \vec{x}, \overrightarrow{PC} = \vec{\beta} - \vec{x}, \overrightarrow{PD} = \vec{\gamma} - \vec{x}$,从而 $(\vec{\alpha} - \vec{x})^2 + (\vec{\beta} - \vec{x})^2 + (\vec{\gamma} - \vec{x})^2 = 3\vec{x}^2$,整理得 $\vec{\alpha}^2 + \vec{\beta}^2 + \vec{\gamma}^2 = 2(\vec{\alpha} + \vec{\beta} + \vec{\gamma}) \cdot \vec{x}$.

因 AB, AC, AD 两两垂直,所以 $\vec{\alpha} \cdot \vec{\beta} = \vec{\beta} \cdot \vec{\gamma} = \vec{\gamma} \cdot \vec{\alpha} = 0$,

故 $$\left(\frac{\vec{\alpha} + \vec{\beta} + \vec{\gamma}}{2}\right)^2 = \frac{\vec{\alpha} + \vec{\beta} + \vec{\gamma}}{2} \cdot \vec{x} \Rightarrow \frac{\vec{\alpha} + \vec{\beta} + \vec{\gamma}}{2} \cdot \left(\frac{\vec{\alpha} + \vec{\beta} + \vec{\gamma}}{2} - \vec{x}\right) = 0. \tag{10}$$

令 $\vec{y} = \frac{\vec{\alpha} + \vec{\beta} + \vec{\gamma}}{2}$,则 $\vec{y} = \frac{3}{2} \cdot \frac{1}{3}(\vec{\alpha} + \vec{\beta} + \vec{\gamma})$.如图 A.3.5,因 $\frac{1}{3}(\vec{\alpha} + \vec{\beta} + \vec{\gamma})$ 表示

$\triangle BCD$ 的重心 G,于是延长 AG 至 O,使 $GO = \frac{1}{2}AG$,则 $\overrightarrow{AO} = \vec{y}$,从而式(10)即为

$\overrightarrow{AO} \cdot (\overrightarrow{AO} - \vec{x}) = 0 \Rightarrow \overrightarrow{AO} \cdot \overrightarrow{PO} = 0$,所以点 P 在过点 O 且与 AO 垂直的平面上.

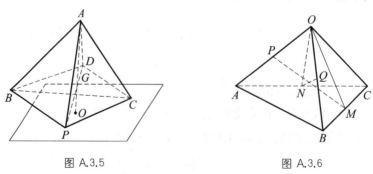

图 A.3.5   图 A.3.6

13. 如图 A.3.6,因 M 为 BC 中点,则 $\overrightarrow{OM} = \frac{1}{2}(\overrightarrow{OB} + \overrightarrow{OC})$.

同理,$\overrightarrow{ON}=\dfrac{1}{2}(\overrightarrow{OA}+\overrightarrow{OC})$.

$$\overrightarrow{PM}=\overrightarrow{PO}+\overrightarrow{OM}=\dfrac{1}{2}(\overrightarrow{AO}+\overrightarrow{OB}+\overrightarrow{OC})=\dfrac{1}{2}(\overrightarrow{AB}+\overrightarrow{OC}),$$

$$\overrightarrow{QN}=\overrightarrow{QO}+\overrightarrow{ON}=\dfrac{1}{2}(\overrightarrow{BO}+\overrightarrow{OA}+\overrightarrow{OC})=\dfrac{1}{2}(\overrightarrow{OC}-\overrightarrow{AB}),$$

所以$\overrightarrow{PM}\cdot\overrightarrow{QN}=\dfrac{1}{2}(\overrightarrow{OC}+\overrightarrow{AB})\cdot\dfrac{1}{2}(\overrightarrow{OC}-\overrightarrow{AB})$

$$=\dfrac{1}{4}(\overrightarrow{OC}^2-\overrightarrow{AB}^2)=\dfrac{1}{4}(|\overrightarrow{OC}|^2-|\overrightarrow{AB}|^2)=0,$$

故$\overrightarrow{PM}\perp\overrightarrow{QN}$.

14. (1) 如图 A.3.7, $\because \quad \overrightarrow{AB}\perp\overrightarrow{CD},\overrightarrow{AD}\perp\overrightarrow{BC}$.

$\therefore \quad (\vec{b}-\vec{a})\cdot(\vec{d}-\vec{c})=0,(\vec{d}-\vec{a})(\vec{c}-\vec{b})=0$

$\Rightarrow\vec{a}\cdot\vec{c}+\vec{b}\cdot\vec{d}=\vec{a}\cdot\vec{d}+\vec{b}\cdot\vec{c}=\vec{a}\cdot\vec{b}+\vec{c}\cdot\vec{d}.$ (11)

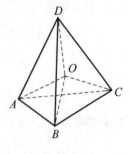

图 A.3.7

(2) 由 $S=(\vec{a}-\vec{b})^2+(\vec{a}-\vec{c})^2+(\vec{a}-\vec{d})^2$

$$\qquad\qquad +(\vec{b}-\vec{c})^2+(\vec{b}-\vec{d})^2+(\vec{c}-\vec{d})^2$$

$$\qquad =3(\vec{a}^2+\vec{b}^2+\vec{c}^2+\vec{d}^2)-2\sum\vec{a}\cdot\vec{b}$$

$$\qquad =4\times4-(\vec{a}+\vec{b}+\vec{c}+\vec{d})^2\leqslant16.$$

当且仅当$\vec{a}+\vec{b}+\vec{c}+\vec{d}=\vec{0}$时等号成立,

$\therefore \quad S_{\max}=16.$

(3) 由(2)得:$(\vec{a}+\vec{b})^2=(\vec{c}+\vec{d})^2\Rightarrow\vec{a}\cdot\vec{b}=\vec{c}\cdot\vec{d}$.同理,有$\vec{a}\cdot\vec{c}=\vec{b}\cdot\vec{d},\vec{a}\cdot\vec{d}=\vec{b}\cdot\vec{c}$,代入式(11)得:

$$\vec{a}\cdot\vec{b}=\vec{a}\cdot\vec{c}=\vec{a}\cdot\vec{d}=\vec{b}\cdot\vec{c}=\vec{b}\cdot\vec{d}=\vec{c}\cdot\vec{d},$$

$\therefore \quad |\overrightarrow{AB}|^2=2-2\vec{a}\cdot\vec{b}=2-2\vec{a}\cdot\vec{c}=|\overrightarrow{AB}|^2$.同理,可得 6 条棱长均相等,故 $ABCD$ 为正四面体.

由 $0=(\vec{a}+\vec{b}+\vec{c}+\vec{d})^2=4-12\cdot\vec{a}\cdot\vec{b}\Rightarrow\vec{a}\cdot\vec{b}=-\dfrac{1}{3}.$

$\therefore \quad |\overrightarrow{AB}|^2=2-2\cdot\left(-\dfrac{1}{3}\right)=\dfrac{8}{3}\Rightarrow|\overrightarrow{AB}|=\sqrt{\dfrac{8}{3}}$,故四面体的体积

$$V=\dfrac{\sqrt{2}}{12}\cdot|\overrightarrow{AB}|^3=\dfrac{\sqrt{2}}{12}\cdot\dfrac{8}{3}\cdot\sqrt{\dfrac{8}{3}}=\dfrac{8\sqrt{3}}{27}.$$

15. 如图 A.3.8,设立方体为 $A_1A_2A_3A_4\text{-}A_1'A_2'A_3'A_4'$.若它的四个给定的整坐标的顶点中有三个在立方体的同一界面上,为确定起见,设它们是 $A_1,A_2,$

A_3. 因为

$$\overrightarrow{A_3A_4}=\overrightarrow{A_2A_1},$$

其坐标为整数,所以顶点 A_4 的坐标也是整数.由于

$$\overrightarrow{A_1A_1'}=\overrightarrow{A_2A_2'}=\overrightarrow{A_3A_3'}=\overrightarrow{A_4A_4'},$$

因此,立方体其他四个顶点 A_1',A_2',A_3',A_4' 中不论哪个是第四个顶点,它们的所有坐标也都是整数.

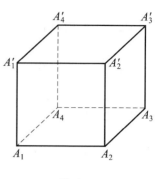

图 A.3.8

若四个给定的整坐标的顶点中没有三个点是在立方体的同一界面上,则这四个给定的点必定是某正四面体的顶点,它的棱是立方体的某些面对角线.为确定起见,设它们是 A_1,A_2',A_3,A_4'.

下面证明:向量 $\overrightarrow{A_1A_3'}$ 具有整数坐标.事实上,向量

$$2\overrightarrow{A_1A_3'}=(\overrightarrow{A_1A_3}+\overrightarrow{A_3A_3'})+(\overrightarrow{A_1A_4'}+\overrightarrow{A_4'A_3'})$$
$$=\overrightarrow{A_1A_3}+\overrightarrow{A_1A_4'}+(\overrightarrow{A_3A_3'}+\overrightarrow{A_4'A_3'})$$
$$=\overrightarrow{A_1A_3}+\overrightarrow{A_1A_4'}+\overrightarrow{A_4A_3'}=\overrightarrow{A_1A_3}+\overrightarrow{A_1A_4'}+\overrightarrow{A_1A_2'},$$

它有整数坐标 x,y,z.记 $(\overrightarrow{A_1A_2'})^2=(\overrightarrow{A_1A_3})^2=(\overrightarrow{A_1A_4'})^2=a$,

$$\overrightarrow{A_1A_2'}\cdot\overrightarrow{A_1A_3}=\overrightarrow{A_1A_2'}\cdot\overrightarrow{A_1A_4'}=\overrightarrow{A_1A_3}\cdot\overrightarrow{A_1A_4'}=a\cos 60°=\frac{a}{2}=b,$$

则 $a,b\in\mathbf{Z}$,并且 $x^2+y^2+z^2=(2\overrightarrow{A_1A_3'})^2=3a+3\cdot 2b=12b\equiv 0(\mathrm{mod}\ 4)$.

因为偶数的平方模 4 余 0,而奇数的平方模 4 余 1,所以 $x^2+y^2+z^2$ 被 4 除的余数等于 x,y,z 中奇数的个数,为 0 个,即 $2\overrightarrow{A_1A_3'}$ 的所有坐标 x,y,z 均为偶数,从而 $\overrightarrow{A_1A_3'}$ 的坐标为整数.因此,与点 A_2',A_4' 共面的点 A_3' 具有整坐标.从而如前所证,立方体的所有顶点的坐标都是整数.

习题 3.b

1. 以 A 为原点,如图 A.3.9 建立直角坐标系,则 $A_1(0,0,2),P(2,2,1),O_1(1,1,2)$.所以

$$\overrightarrow{A_1P}=(2,2,-1),\overrightarrow{A_1O_1}=(1,1,0),$$

$$\overrightarrow{A_1P}\times\overrightarrow{A_1O_1}=\begin{vmatrix}\vec{i}&\vec{j}&\vec{k}\\2&2&-1\\1&1&0\end{vmatrix}=(1,-1,0),$$

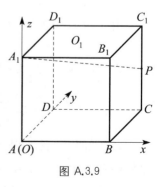

图 A.3.9

故 $d = \dfrac{|\overrightarrow{A_1P} \times \overrightarrow{A_1O}|}{|\overrightarrow{A_1P}|} = \dfrac{\sqrt{2}}{\sqrt{4+4+1}} = \dfrac{\sqrt{2}}{3}$.

2. 记 $\overrightarrow{AB} = \vec{a}, \overrightarrow{AC} = \vec{b}$. 则 $\overrightarrow{DF} = -2\vec{a} - \vec{b}, \overrightarrow{DE} = (-\vec{a}) + 2(\vec{b} - \vec{a}) = 2\vec{b} - 3\vec{a}$. 因此

$$S_{\triangle DEF} = \frac{1}{2}|\overrightarrow{DE} \times \overrightarrow{DF}| = \frac{1}{2}|(2\vec{a} + \vec{b}) \times (2\vec{b} - 3\vec{a})|$$

$$= \frac{1}{2}|(2\vec{a} + \vec{b}) \times 2\vec{b} + 3\vec{a} \times (2\vec{a} + \vec{b})|$$

$$= \frac{1}{2}|4\vec{a} \times \vec{b} + 3\vec{a} \times \vec{b}| = \frac{7}{2}|\vec{a} \times \vec{b}|$$

$$= 7S_{\triangle ABC}.$$

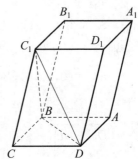

图 A.3.10

3. 取 $\overrightarrow{CD} = \vec{a}, \overrightarrow{CB} = \vec{b}, \overrightarrow{CC_1} = \vec{c}$ 为空间的一组基. 如图 A.3.10, 因 $\overrightarrow{BD} = \vec{a} - \vec{b}$, 所以 $\overrightarrow{CC_1} \cdot \overrightarrow{BD} = \vec{c} \cdot (\vec{a} - \vec{b}) = \vec{c} \cdot \vec{a} - \vec{c} \cdot \vec{b} = 0$ (这是因为 $\angle C_1CB = \angle BCD = 60°$, 且 $ABCD$ 是菱形), 从而 $CC_1 \perp BD$, 即两者所成的角为 $90°$.

设 $\dfrac{CD}{CC_1} = \lambda(>0)$, 即 $|\overrightarrow{CD}| = \lambda|\overrightarrow{CC_1}|$ 时, 能使 $A_1C \perp$ 平面 C_1BD. 因为 $C_1D \bigcap BD = D$, 所以

$$A_1C \perp 平面 C_1BD \Leftrightarrow \overrightarrow{A_1C} \perp \overrightarrow{C_1D}, \overrightarrow{A_1C} \perp \overrightarrow{BD}$$

$$\Leftrightarrow \overrightarrow{A_1C} \cdot \overrightarrow{C_1D} = 0, \overrightarrow{A_1C} \cdot \overrightarrow{BD} = 0.$$

因 $\overrightarrow{A_1C} = -(\vec{a} + \vec{b} + \vec{c}), \overrightarrow{C_1D} = \vec{a} - \vec{c}, \langle\vec{a}, \vec{b}\rangle = 60°, \langle\vec{b}, \vec{c}\rangle = 60°, |\vec{a}| = |\vec{b}|$, 故由 $\overrightarrow{A_1C} \cdot \overrightarrow{C_1D} = -(\vec{a}^2 - \vec{a} \cdot \vec{c} + \vec{a} \cdot \vec{b} - \vec{b} \cdot \vec{c} + \vec{a} \cdot \vec{c} - \vec{c}^2)$

$$= -\left(\lambda^2\vec{c}^2 + \frac{1}{2}\lambda^2\vec{c}^2 - \frac{1}{2}\lambda\vec{c}^2 - \vec{c}^2\right)$$

$$= -\left(\frac{3}{2}\lambda^2 - \frac{1}{2}\lambda - 1\right)\vec{c}^2 = 0,$$

解得 $\lambda = 1$. 而当 $\lambda = 1$ 时, 又有 $\overrightarrow{A_1C} \cdot \overrightarrow{BD} = 0$. 故当 $\dfrac{CD}{CC_1} = 1$ 时, 能使 $A_1C \perp$ 平面 C_1BD.

4. 在平行六面体 $ABCD$-$A_1B_1C_1D_1$ 中, 记 $\vec{a} = \overrightarrow{AB}, \vec{b} = \overrightarrow{AD}, \vec{c} = \overrightarrow{AA_1}$, 则 $\vec{a}, \vec{b}, \vec{c}$ 的模长分别为 $1, 2, 3$, 且两两的夹角为 $60°$. 由 $\overrightarrow{AC_1} = \vec{a} + \vec{b} + \vec{c}$, 得

$$|\overrightarrow{AC_1}|^2 = (\vec{a}+\vec{b}+\vec{c})^2 = \vec{a}^2+\vec{b}^2\;\vec{c}^2+2(\vec{a}\cdot\vec{b}+\vec{b}\cdot\vec{c}+\vec{c}\cdot\vec{a})$$

$$= 1^2+2^2+3^2+2\cdot(1\cdot2+2\cdot3+3\cdot1)\cos 60°$$

$$= 25$$

故 $|\overrightarrow{AC_1}| = 5$.

5. 如图 A.3.11,以 D 为原点,DA,DC,DD_1 分别为 x,y,z 轴建立直角坐标系.则

$$\overrightarrow{DC}=(0,10,0),\overrightarrow{BD_1}=(-6,-10,8).$$

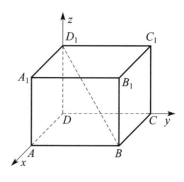

$$\overrightarrow{DC}\times\overrightarrow{BD_1} = \begin{vmatrix} \vec{i} & \vec{j} & \vec{k} \\ 0 & 10 & 0 \\ -6 & -10 & 8 \end{vmatrix}$$

$$= (80,0,60) = 100\left(\frac{4}{5},0,\frac{3}{5}\right).$$

图 A.3.11

$\overrightarrow{DD_1}=(0,0,8)$ 在 $\overrightarrow{DC}\times\overrightarrow{BD_1}$ 上的射影为 $(0,0,8)\cdot\left(\frac{4}{5},0,\frac{3}{5}\right)=\frac{24}{5}$,此即为

所求的距离.

6. 因 面 $ABB_1A\perp$ 面 AA_1C_1C,$\triangle ACC_1$,$\triangle A_1AC_1$,$\triangle ABA_1$ 均为边长是 1 的正三角形.以 AA_1 中点 O 为原点,OA 为 z 轴,OB 为 y 轴,OC_1 为 x 轴,如图 A.3.12 建立直角坐标系,则有 $A\left(0,0,\frac{1}{2}\right)$,

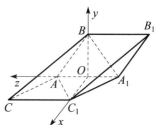

$B\left(0,\frac{\sqrt{3}}{2},0\right)$,$A_1\left(0,0,-\frac{1}{2}\right)$,$C\left(\frac{\sqrt{3}}{2},0,1\right)$.所以

图 A.3.12

$$\overrightarrow{AB}\times\overrightarrow{AC} = \begin{vmatrix} \vec{i} & \vec{j} & \vec{k} \\ 0 & \frac{\sqrt{3}}{2} & -\frac{1}{2} \\ \frac{\sqrt{3}}{2} & 0 & \frac{1}{2} \end{vmatrix} = \left(\frac{\sqrt{3}}{4},-\frac{\sqrt{3}}{4},-\frac{3}{4}\right),$$

A_1 到平面 ABC 的距离

$$d = \frac{\overrightarrow{AA_1}\cdot(\overrightarrow{AB}\times\overrightarrow{AC})}{|\overrightarrow{AB}\times\overrightarrow{AC}|} = \frac{\sqrt{3}}{\sqrt{5}} = \frac{\sqrt{15}}{5}.$$

7. 由射影定理的证法 2(见例 5)知,

$$\vec{n_0} = -\vec{n_1} - \vec{n_2} - \vec{n_3},$$

上式两边作数量积,得

$$|\vec{n_0}|^2 = |\vec{n_1}|^2 + |\vec{n_2}|^2 + |\vec{n_3}|^2 + 2\sum_{1 \leqslant i < j \leqslant 3} \vec{n_i} \cdot \vec{n_j},$$

将 $\vec{n_i} \cdot \vec{n_j} = -|\vec{n_i}| \cdot |\vec{n_j}| \cos\theta_{ij}$ 及 $|\vec{n_i}| = 2S_i$ 代入上式即得结论.

点评

将余弦定理的 4 个式子相加可得:

$$S_0^2 + S_1^2 + S_2^2 + S_3^2 = 2\sum_{0 \leqslant i < j \leqslant 3} S_i S_j \cos\theta_{ij}.$$

若四面体 $A_0 A_1 A_2 A_3$ 是以 A_0 为直角顶点的直角四面体,则有

$$S_0^2 = S_1^2 + S_2^2 + S_3^2.$$

8. (1) 如图 A.3.13,以正四棱台下底面中心 O 为原点建立直角坐标系,则 $B(4,4,0)$,$E(0,4,0)$,$D_1(-2,-2,10)$,$F(3,-3,5)$,$B_1(2,2,10)$,于是 $\vec{BE} = (-4,0,0)$,$\vec{BD_1} = (-6,-6,10)$,$\vec{BF} = (-1,-7,5)$.

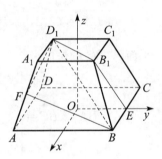

图 A.3.13

$$(\vec{BE}, \vec{BD_1}, \vec{BF}) = \begin{vmatrix} -4 & 0 & 0 \\ -6 & -6 & 10 \\ -1 & -7 & 5 \end{vmatrix}$$

$$= -160 \neq 0,$$

故 B, E, D_1, F 不共面.

(2) $\vec{BB_1} = (-2,-2,10)$,$\vec{B_1 D_1} = (-4,-4,0)$,

$\vec{B_1 F} = (1,-5,-5)$,

$$\therefore V_{B_1 B D_1 F} = \frac{1}{6}|(\vec{BB_1}, \vec{B_1 D_1}, \vec{B_1 F})|$$

$$= \frac{1}{6}\begin{vmatrix} -2 & -2 & 10 \\ -4 & -4 & 0 \\ 1 & -5 & -5 \end{vmatrix}$$

$$= \frac{1}{6} \times 240 = 40.$$

9. 如图 A.3.14,设 OA,BC 中点连线为 MN,则 $MN=d$,且为 OA 和 BC 的公垂线.取基向量 $\overrightarrow{OA}=\vec{a}$,$\overrightarrow{OB}=\vec{b}$,$\overrightarrow{OC}=\vec{c}$,则 $|\vec{a}|=|\vec{c}-\vec{b}|=a$,且 $\vec{a}\cdot(\vec{c}-\vec{b})=0$,故 $(\vec{c}-\vec{b})\times\vec{a}=a^2\cdot\vec{k}$,其中 $\vec{k}$ 为 $\vec{c}-\vec{b}$ 和 $\vec{a}$ 公垂线方向的单位向量,因而 $MN=|\vec{b}\cdot\vec{k}|=d$,即

$$d=\left|\vec{b}\cdot\frac{(\vec{c}-\vec{b})\times\vec{a}}{\vec{a}^2}\right|=\frac{1}{a^2}|(\vec{a},\vec{b},\vec{c})|=\frac{1}{a^2}\cdot$$

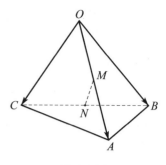

图 A.3.14

$6V$,故 $V=\dfrac{1}{6}a^2d$.

10. 不妨取 $a=1$.如图 A.3.15,以 B 为原点,BA 为 y 轴,BB_1 为 x 轴建立直角坐标系,则 $A_1(2,2,0)$,$C\left(0,\dfrac{1}{2},\dfrac{\sqrt{3}}{2}\right)$,$D\left(0,\dfrac{3}{2},\dfrac{\sqrt{3}}{2}\right)$,

$$\overrightarrow{BA_1}=(2,2,0),\overrightarrow{BC}=\left(0,\frac{1}{2},\frac{\sqrt{3}}{2}\right),$$

平面 A_1BC 的法向量

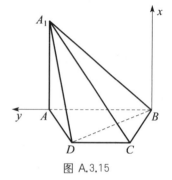

图 A.3.15

$$\vec{n_1}=\overrightarrow{BA_1}\times\overrightarrow{BC}=\begin{vmatrix}\vec{i}&\vec{j}&\vec{k}\\2&2&0\\0&\dfrac{1}{2}&\dfrac{\sqrt{3}}{2}\end{vmatrix}=(\sqrt{3},-\sqrt{3},1).$$ 又 $\overrightarrow{BD}=\left(0,\dfrac{3}{2},\dfrac{\sqrt{3}}{2}\right)$,

平面 A_1BD 的法向量 $\vec{n_2}=\overrightarrow{BA_1}\times\overrightarrow{BD}=(\sqrt{3},-\sqrt{3},3)$.

故二面角 $C-A_1B-D$ 的余弦满足 $\cos\theta=\dfrac{\vec{n_1}\cdot\vec{n_2}}{|\vec{n_1}|\cdot|\vec{n_2}|}=\dfrac{3\sqrt{3}}{\sqrt{35}}$,

即 $\theta=\arccos\dfrac{3\sqrt{3}}{\sqrt{35}}$.

11. 记 $\overrightarrow{AB}=\vec{b}$,$\overrightarrow{AC}=\vec{c}$,$\overrightarrow{AD}=\vec{d}$,则 $\overrightarrow{BC}=\vec{c}-\vec{b}$,$\overrightarrow{BD}=\vec{d}-\vec{b}$.于是题中的 4 个向量之和为

$$\vec{b}\times\vec{c}+\vec{c}\times\vec{d}+\vec{d}\times\vec{b}+(\vec{d}-\vec{b})\times(\vec{c}-\vec{b})$$
$$=\vec{b}\times\vec{c}+\vec{c}\times\vec{d}+\vec{d}\times\vec{b}-\vec{c}\times\vec{d}-\vec{d}\times\vec{b}-\vec{b}\times\vec{c}=\vec{0}.$$

12. (1) 易知 $PF\parallel AB$,设 $CF=1$,则 $AF=2$,$AE=1$.

因 $\angle A=60°$,所以 $AE\perp EF$,即 $A_1E\perp EF$.

又 A_1-EF-B 为直二面角,故 $A_1E\perp$ 平面 BEP.

（2）以 E 为原点,如图 A.3.16 建立直角坐标系,则

$A_1(0,0,1),B(2,0,0),F(0,\sqrt{3},0),P(1,\sqrt{3},0)$.

平面 A_1BP 的法向量 $\overrightarrow{A_1B}\times\overrightarrow{A_1P}=(2,0,-1)\times(1,\sqrt{3},-1)=(\sqrt{3},1,2\sqrt{3})$,单位法向量 $\vec{n}=\left(\dfrac{\sqrt{3}}{4},\dfrac{1}{4},\dfrac{\sqrt{3}}{2}\right)$,从而 A_1E 与 $\vec{n}$ 所成角 β 满足

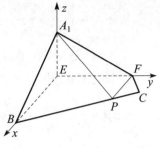

图 A.3.16

$$\cos\beta=(0,0,1)\cdot\left(\dfrac{\sqrt{3}}{4},\dfrac{1}{4},\dfrac{\sqrt{3}}{2}\right)=\dfrac{\sqrt{3}}{2},\text{故}\ \beta=30°,$$

因此 A_1E 与平面 A_1BP 成 $60°$ 角.

（3）平面 A_1PF 的法向量 $\overrightarrow{A_1P}\times\overrightarrow{FP}=(1,\sqrt{3},-1)\times(1,0,0)=(0,-1,-\sqrt{3})$,单位法向量 $\vec{n_1}=\left(0,-\dfrac{1}{2},-\dfrac{\sqrt{3}}{2}\right)$,故二面角 α 满足 $\cos\alpha=\vec{n_1}\cdot\vec{n}=-\dfrac{7}{8}$,

二面角 $B\text{-}A_1P\text{-}F$ 的大小为 $\pi-\arccos\dfrac{7}{8}$.

13. 取 BC 的中点 F,联结 AF,则 AF,AD,AV 两两垂直.

以 A 为坐标原点,AF,AD,AV 所在直线分别为 x 轴,y 轴,z 轴,建立空间直角坐标系.不妨设

$$\overrightarrow{AE}=\lambda\overrightarrow{AV}(0<\lambda<1).$$

则 $B(a,-a,0),D(0,a,0),E(0,0,\lambda a)$.

故 $\overrightarrow{AB}=(a,-a,0),\overrightarrow{AE}(0,0,\lambda a)$.

设 $\boldsymbol{m}=(x_1,y_1,z_1)$ 为平面 ABE 的法向量,

则 $\begin{cases}\overrightarrow{AB}\cdot\boldsymbol{m}=0,\\ \overrightarrow{AE}\cdot\boldsymbol{m}=0\end{cases}\Rightarrow\begin{cases}x_1-y_1=0,\\ z_1=0.\end{cases}$

令 $x_1=1$,得 $\boldsymbol{m}=(1,1,0)$.

又 $\overrightarrow{DE}=(0,-a,\lambda a),\overrightarrow{DB}=(a,-2a,0)$,类似地,设 $\boldsymbol{n}$ 为平面 DBE 的法向量,同理可得

$$\boldsymbol{n}=(2\lambda,\lambda,1).$$

则 $\cos\langle\boldsymbol{m},\boldsymbol{n}\rangle=\dfrac{\boldsymbol{m}\cdot\boldsymbol{n}}{|\boldsymbol{m}||\boldsymbol{n}|}=\dfrac{3\lambda}{\sqrt{2}\sqrt{5\lambda^2+1}}$.

故二面角 $A\text{-}BE\text{-}D$ 的平面角为锐角.

从而,$\cos\alpha=\dfrac{3\lambda}{\sqrt{2}\sqrt{5\lambda^2+1}}$.

$\because$ AC 是 VC 在平面 $ABCD$ 内的射影, $\therefore$ $\angle ACV=\beta$.

在 $\mathrm{Rt}\triangle VAC$ 中,

$$\tan\beta=\frac{AV}{AC}=\frac{a}{\sqrt{2}\,a}=\frac{\sqrt{2}}{2},$$

则 $\tan\alpha\cdot\tan\beta=\dfrac{\sqrt{2}}{2}$

$$\Rightarrow\tan\alpha=1,\cos\alpha=\frac{\sqrt{2}}{2}\Rightarrow\frac{3\lambda}{\sqrt{2}\sqrt{5\lambda^2+1}}=\frac{\sqrt{2}}{2}\Rightarrow\lambda=\pm\frac{1}{2}.$$

又 $0<\lambda<1$,故 $\lambda=\dfrac{1}{2}$,即 $\dfrac{VE}{EA}=1$.

14. 先证 O 是 $\triangle ABC$ 的垂心.连 PH 交 BC 于 D,连 AD.

$\because$ H 是 $\triangle PBC$ 的垂心, $\therefore$ $PD\perp BC$,故由三垂线定理知 $AD\perp BC$.

作 $PO_1\perp AD$ 于 O_1. $\because$ $BC\perp$ 平面 $PAD\Rightarrow BC\perp PO_1$, $\therefore$ $PO_1\perp\triangle ABC\Rightarrow O_1=O$.

同理,由 $PC\perp BH$ 及三垂线定理知 $PC\perp AB$,再由三垂线逆定理知 $CO\perp AB$,

$\therefore$ O 为 $\triangle ABC$ 的垂心.

又 $\overrightarrow{OA}+\overrightarrow{OB}+\overrightarrow{OC}=\vec{0}\Rightarrow O$ 为 $\triangle ABC$ 的重心,从而 $\triangle ABC$ 为正三角形,O 为其中心,故三棱锥 $P-ABC$ 为正三棱锥.

现在求其体积 V 的最大值.设 $AB=x$,$PO=h\Rightarrow h=\sqrt{36-\dfrac{x^2}{3}}$,$V=\dfrac{\sqrt{3}\,x^2}{12}\cdot$

$\sqrt{36-\dfrac{x^2}{3}}$.故 $V^2=\dfrac{x^4}{48}\left(36-\dfrac{x^2}{3}\right)=\dfrac{1}{36}\times\dfrac{x^2}{2}\times\dfrac{x^2}{2}\times(108-x^2)\leqslant\dfrac{1}{36}\times\left(\dfrac{108}{3}\right)^3=36^2\Rightarrow$

$V\leqslant 36$,等号成立当且仅当 $x=6\sqrt{2}$.故 V 的最大值为 36.

习题 3.c

1. 如图 A.3.17,设 $\overrightarrow{GH}=a\overrightarrow{GE}$,$\overrightarrow{FH}=b\overrightarrow{FD}$,则

$$\overrightarrow{AG}+a\overrightarrow{GE}=\overrightarrow{AF}+b\overrightarrow{FD}. \tag{1}$$

记 $\overrightarrow{AB}=\vec{p}$,$\overrightarrow{AC}=\vec{q}$,将式(1)中的向量均用 $\vec{p}$,$\vec{q}$ 表示:

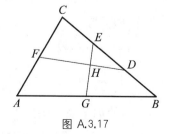

图 A.3.17

$$\overrightarrow{AG}=\frac{1}{2}\vec{p},$$

$$\overrightarrow{GE}=\overrightarrow{GB}+\overrightarrow{BE}=\frac{1}{2}\overrightarrow{AB}+\frac{2}{3}\overrightarrow{BC}=-\frac{1}{6}\vec{p}+\frac{2}{3}\vec{q}.$$

$$\overrightarrow{AF}=\frac{1}{2}\vec{q},$$

$$\overrightarrow{FD}=\overrightarrow{FA}+\overrightarrow{AB}+\overrightarrow{BD}=-\frac{1}{2}\overrightarrow{AC}+\overrightarrow{AB}+\frac{1}{3}\overrightarrow{BC}=-\frac{1}{6}\vec{q}+\frac{2}{3}\vec{p}.$$

代入式(1)得 $\left(\frac{1}{2}-\frac{a}{6}\right)\vec{p}+\frac{2}{3}a\vec{q}=\frac{2}{3}b\vec{p}+\left(\frac{1}{2}-\frac{b}{6}\right)\vec{q}.$

由于 $\vec{p}$ 与 $\vec{q}$ 不共线，得 $\begin{cases}\dfrac{1}{2}-\dfrac{a}{6}=\dfrac{2}{3}b,\\[2mm]\dfrac{1}{2}-\dfrac{b}{6}=\dfrac{2}{3}a,\end{cases}$ 解得 $a=b=\dfrac{3}{5}$，故 $EH:HG=2:3.$

2. 利用降维思路.过点 P 的平面 α 由其法向量 $\vec{n}$ 唯一确定,且平面 α 与 a,b 均成 $30°$ 角等价于平面法向量 $\vec{n}$ 与 a,b 均成 $60°$ 角,故问题转化为:有几个 $\vec{n}$(视为直线方向向量)与 a,b 均成 $60°$ 角? 由 1.1 节例 5 的结论知,有 3 个 $\vec{n}$ 与 a,b 均成 $60°$ 角,故过点 P 可作 3 个平面与 a,b 均成 $30°$ 角.

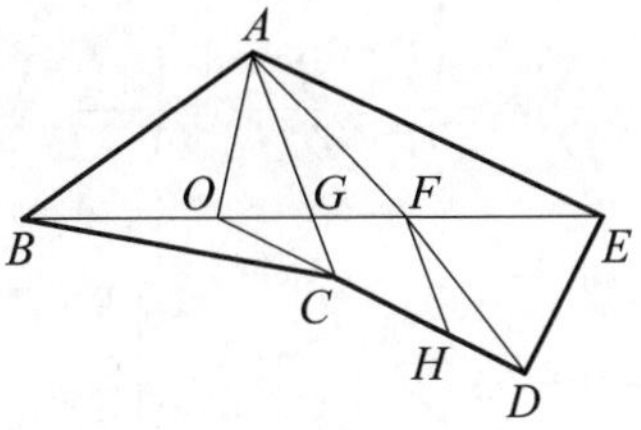

3. 如图 A.3.18,延长 OC 到 D,使 $OD=3OC$,并作平行四边形 $OAED$,则

$$\overrightarrow{OE}=\overrightarrow{OA}+3\overrightarrow{OC}=-2\overrightarrow{OB},$$

所以 E 在 BO 延长线上,且 $OE=2BO.$

设 AD 交 OE 于 F,AC 交 OE 于 G,又设 CD 中点为 H,连 FH,则 F 为 AD 中点,$FH/\!/AC$,从而 G 为 OF 中点,

$$OG=\frac{1}{2}OF=\frac{1}{2}BO=\frac{1}{3}BG.\ 故\ S_{\triangle ABC}:S_{\triangle AOC}=BG:OG=3:1.$$

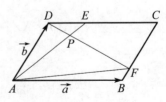

图 A.3.18

4. 如图 A.3.19,记 $\overrightarrow{AB}=\vec{a}$,$\overrightarrow{AD}=\vec{b}$,设 $\overrightarrow{AP}=m\overrightarrow{AE}$,$\overrightarrow{FP}=n\overrightarrow{FD}.$ 因

$$\overrightarrow{AP}=\overrightarrow{AF}+\overrightarrow{FP}=\vec{a}+\frac{1}{5}\vec{b}+n\overrightarrow{FD},$$

又 $\overrightarrow{FD}=\frac{4}{5}\vec{b}-\vec{a}$,$\overrightarrow{AE}=\vec{b}+\frac{1}{3}\vec{a}$,

图 A.3.19

所以 $m\vec{b}+\dfrac{m}{3}\vec{a}=\vec{a}+\dfrac{1}{5}\vec{b}+\dfrac{4}{5}n\vec{b}-n\vec{a}$. 由 $\vec{a},\vec{b}$ 不共线,得 $m=\dfrac{15}{19},n=\dfrac{14}{19}$. 即 $\overrightarrow{AP}=$

$\dfrac{15}{19}\left(\vec{b}+\dfrac{1}{3}\vec{a}\right)$.

故 $\quad S_{\triangle PDE}=\dfrac{1}{2}\,|\overrightarrow{PE}\times\overrightarrow{DE}|=\dfrac{1}{2}\left|\dfrac{4}{19}\left(\vec{b}+\dfrac{1}{3}\vec{a}\right)\times\dfrac{1}{3}\vec{a}\right|$

$$=\dfrac{2}{57}\left|\left(\vec{b}+\dfrac{1}{3}\vec{a}\right)\times\vec{a}\right|=\dfrac{2}{57}\,|\vec{a}\times\vec{b}|$$

$$=\dfrac{2}{57}S_{\square ABCD},$$

即 $S_{\triangle PDE}:S_{\square ABCD}=2:57$.

5. 以 A 为坐标原点,DA 为 x 轴,AB 为 y 轴,如图 A.3.20 建立空间直角坐标系,不难得到 $A(0,0,0),E(-2,4,0),B_1(-1,3,\sqrt{6}),C_1(-3,3,\sqrt{6}),D_1(-3,1,\sqrt{6})$. 设

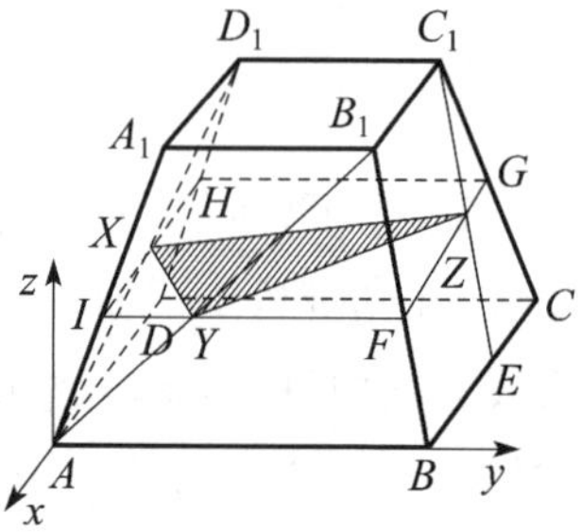

$$\dfrac{AX}{AD_1}=\dfrac{AY}{AB_1}=\dfrac{EZ}{EC_1}=t\,(0<t<1),\text{则分比}\ \lambda=$$

$$\dfrac{AX}{XD_1}=\dfrac{AY}{YB_1}=\dfrac{EZ}{ZC_1}=\dfrac{t}{1-t}.$$

图 A.3.20

由定比分点公式 $\quad\begin{cases}x=\dfrac{x_1+\lambda x_2}{1+\lambda},\\[2mm]y=\dfrac{y_1+\lambda y_2}{1+\lambda},\\[2mm]z=\dfrac{z_1+\lambda z_2}{1+\lambda},\end{cases}$

可求得 $X(-3t,t,\sqrt{6}t),Y(-t,3t,\sqrt{6}t),Z(-2-t,4-t,\sqrt{6}t)$. 因此

$$S_{\triangle XYZ}=\dfrac{1}{2}\,|\overrightarrow{XY}\times\overrightarrow{XZ}|=\dfrac{1}{2}\left|\begin{array}{ccc}\vec{i}&\vec{j}&\vec{k}\\2t&2t&0\\-2+2t&4-2t&0\end{array}\right|\text{的模}$$

$$=\dfrac{1}{2}\,|0+0+2t(6-4t)\vec{k}|=t(6-4t)$$

$$=-4\left(t-\dfrac{3}{4}\right)^2+\dfrac{9}{4}\in\left(0,\dfrac{9}{4}\right]\,(0<t<1).$$

6. (1) 先证 P 在圆周上时，$f(P)=6|\overrightarrow{OP}|$ 为定值.事实上，$\overrightarrow{PA_i}=\overrightarrow{OA_i}-\overrightarrow{OP}$，所以

$$f(P)=\left|\sum_{i=1}^{6}(\overrightarrow{OA_i}-\overrightarrow{OP})\right|=\left|\sum_{i=1}^{6}\overrightarrow{OA_i}-6\cdot\overrightarrow{OP}\right|=6|\overrightarrow{OP}|\left(因为\right.$$

$\left.\sum_{i=1}^{6}\overrightarrow{OA_i}=\vec{0}\right).$

(2) 再证对 $\odot O$ 内任意一点 Q 及圆周上任意一点 P，$f(Q)<f(P)$.事实上，由(1)知，$f(Q)=6|\overrightarrow{OQ}|$，又 $|\overrightarrow{OQ}|<|\overrightarrow{OP}|$，故 $f(Q)<f(P)$.

由(1)(2)知，当 P 在圆周上时，$f(P)_{\max}=6\cdot|\overrightarrow{OP}|=6\cdot\dfrac{\sqrt{3}}{2}=3\sqrt{3}.$

7. 设 $\overrightarrow{BA}=\vec{a}$，$\overrightarrow{BC}=\vec{c}$，$\overrightarrow{BD}=\vec{d}$.记 $\vec{c}\times\vec{a}=\vec{\lambda}$，则 $\vec{c}\times\vec{d}=4\vec{\lambda}$，$\vec{d}\times\vec{a}=3\vec{\lambda}$.令 $AM:AC=CN:CD=\mu$，于是 $\overrightarrow{AM}=\mu(\vec{c}-\vec{a})$，$\overrightarrow{BM}=\mu\vec{c}+(1-\mu)\vec{a}$，$\overrightarrow{CN}=\mu(\vec{d}-\vec{c})$，$\overrightarrow{BN}=\mu\vec{d}+(1-\mu)\vec{c}.$

由于 $\overrightarrow{BM}$ 与 $\overrightarrow{BN}$ 共线，所以 $(\mu\vec{c}+(1-\mu)\vec{a})\times(\mu\vec{d}+(1-\mu)\vec{c})=\vec{0}$，即 $\mu^2\vec{c}\times\vec{d}+\mu(1-\mu)\vec{a}\times\vec{d}+(1-\mu)^2\vec{a}\times\vec{c}=\vec{0}$，也就是 $4\mu^2\vec{\lambda}-3\mu(1-\mu)\vec{\lambda}-(1-\mu)^2\vec{\lambda}=\vec{0}.$

故 $4\mu^2-3\mu(1-\mu)-(1-\mu)^2=0$，$6\mu^2-\mu-1=0$，解得 $\mu_1=\dfrac{1}{2}$，$\mu_2=-\dfrac{1}{3}$ (舍).$\mu=\dfrac{1}{2}$，表示 M,N 分别是 AC 及 CD 的中点.

8. 如图 A.3.21，设直线 l 与三角形 ABC 的重心 G_1 所确定的平面与直线 BC,CA,AB 分别交于 D,E,F 三点.

取 G_1 为坐标原点，以向量 $\overrightarrow{G_1D}$，$\overrightarrow{G_1S}$ 作为基底，建立平面仿射坐标系，则 $G_1(0,0)$，$S(0,1)$，$D(1,0)$，$G\left(0,\dfrac{1}{4}\right).$

设 $E(m,0)$，$F(n,0)$，则 $\overrightarrow{G_1E}=m\overrightarrow{G_1D}$，$\overrightarrow{G_1F}=n\overrightarrow{G_1D}$，可得 $\dfrac{1}{m}+\dfrac{1}{n}=-1.$

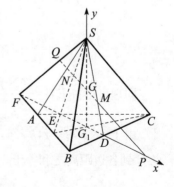

图 A.3.21

易知直线 SD,SE,SF 的方程分别为 $x+y=1$，$\dfrac{x}{m}+y=1$，$\dfrac{x}{n}+y=1$. 另设

直线 l 的方程为 $y=kx+\dfrac{1}{4}$，可得 $P\left(-\dfrac{1}{4k},0\right)$，$Q\left(\dfrac{3n}{4(kn+1)},\dfrac{4kn+1}{4(kn+1)}\right)$，

$M\left(\dfrac{3}{4(k+1)},\dfrac{4k+1}{4(k+1)}\right)$，$N\left(\dfrac{3m}{4(km+1)},\dfrac{4km+1}{4(km+1)}\right)$.

从而 $\overrightarrow{GP}=\left(-\dfrac{1}{4k},-\dfrac{1}{4}\right)$，$\overrightarrow{GQ}=\left(\dfrac{3n}{4(kn+1)},\dfrac{3kn}{4(kn+1)}\right)$，$\overrightarrow{GM}=\left(\dfrac{3}{4(k+1)},\dfrac{3k}{4(k+1)}\right)$，

$\overrightarrow{GN}=\left(\dfrac{3m}{4(km+1)},\dfrac{3km}{4(km+1)}\right)$，

则 $\overrightarrow{GQ}=\dfrac{-3kn}{kn+1}\overrightarrow{GP}$，$\overrightarrow{GM}=\dfrac{-3k}{k+1}\overrightarrow{GP}$，$\overrightarrow{GN}=\dfrac{-3km}{km+1}\overrightarrow{GP}$，

所以 $x_0=\dfrac{-3kn}{kn+1}$，$y_0=\dfrac{-3k}{k+1}$，$z_0=\dfrac{-3km}{km+1}$.

故 $\dfrac{1}{x_0}+\dfrac{1}{y_0}+\dfrac{1}{z_0}=\dfrac{kn+1}{-3kn}+\dfrac{k+1}{-3k}+\dfrac{km+1}{-3km}$

$$=-1+\dfrac{1}{-3k}\left(\dfrac{1}{m}+\dfrac{1}{n}+1\right)=-1.$$

9. 如图 A.3.22，设 $\overrightarrow{AB}=\vec{\beta}$，$\overrightarrow{AC}=\vec{\gamma}$，$\overrightarrow{AP}=\vec{p}$，$\triangle ABC$ 的边长为 a.

从点 P 向 BC,CA,AB 边所作垂线的垂足分别为 D,E,F，

则 $\quad |PD|=\dfrac{|(\vec{\gamma}-\vec{\beta})\times(\vec{p}-\vec{\beta})|}{|\vec{\gamma}-\vec{\beta}|}$

$$=\dfrac{1}{a}|\vec{\gamma}\times\vec{p}+\vec{\beta}\times\vec{\gamma}+\vec{\beta}\times\vec{p}|.$$

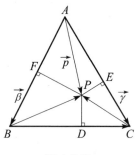

图 A.3.22

同理可得 $|PE|=\dfrac{|\vec{p}\times\vec{\gamma}|}{|\vec{\gamma}|}=\dfrac{1}{a}|\vec{p}\times\vec{\gamma}|$，$|PF|=\dfrac{|\vec{p}\times\vec{\beta}|}{|\vec{\beta}|}=\dfrac{1}{a}|\vec{p}\times\vec{\beta}|$.

由于 $\vec{\gamma}\times\vec{p},\vec{\beta}\times\vec{\gamma},\vec{\beta}\times\vec{p},\vec{p}\times\vec{\gamma}$ 及 $\vec{p}\times\vec{\beta}$ 都是向着纸面上方垂直的向量，所以点 P 到各边距离之和等于

$$\dfrac{1}{a}|\vec{\gamma}\times\vec{p}+\vec{\beta}\times\vec{\gamma}+\vec{\beta}\times\vec{p}+\vec{p}\times\vec{\gamma}+\vec{p}\times\vec{\beta}|=\dfrac{1}{a}|\beta\times\gamma|=\dfrac{\sqrt{3}}{2}a，$$ 为定值.

10. 记 $\overrightarrow{AB}=4\vec{m}$，$\overrightarrow{AP}=\lambda\vec{m}$，不难得到

$$\overrightarrow{PR}=-\vec{k}\times\vec{m}-\vec{m}，\overrightarrow{RQ}=\vec{m}-\vec{k}\times\vec{m}，\overrightarrow{DP}=\lambda\vec{m}-4\vec{k}\times\vec{m}，$$

$$\overrightarrow{RD}=-\lambda\vec{m}+4\vec{k}\times\vec{m}+\vec{k}\times\vec{m}+\vec{m}=(1-\lambda)\vec{m}+5\vec{k}\times\vec{m}，$$

$$\overrightarrow{RM}=(1-\lambda)\vec{k}\times\vec{m}-5\vec{m},\overrightarrow{MQ}=6\vec{m}+(\lambda-2)\vec{k}\times\vec{m}.$$

又 $\quad\overrightarrow{PC}=(4-\lambda)\vec{m}+4\vec{k}\times\vec{m},$

$$\overrightarrow{SC}=(4-\lambda)\vec{m}+4\vec{k}\times\vec{m}-\vec{m}+\vec{k}\times\vec{m}=(3-\lambda)\vec{m}+5\vec{k}\times\vec{m},$$

$$\overrightarrow{SN}=(\lambda-3)\vec{k}\times\vec{m}+5\vec{m},$$

$$\overrightarrow{QN}=(\lambda-3)\vec{k}\times\vec{m}+5\vec{m}+\vec{k}\times\vec{m}+\vec{m}=6\vec{m}+(\lambda-2)\vec{k}\times\vec{m}.$$

故 $\overrightarrow{MQ}=\overrightarrow{QN}$,即 M,Q,N 三点共线,且 Q 为线段 MN 的中点.

11. 如图 A.3.23,取 AB 的中点 O,

记 $\quad\overrightarrow{OB}=\vec{b},\overrightarrow{AC}=\vec{c},$

则 $\quad\overrightarrow{AM}=\vec{k}\times\vec{c},\overrightarrow{OM}=-\vec{b}+\vec{k}\times\vec{c},$

$$\overrightarrow{CB}=2\vec{b}-\vec{c},$$

$$\overrightarrow{BN}=\overrightarrow{CF}=\vec{k}\times(2\vec{b}-\vec{c}),$$

$$\overrightarrow{ON}=\vec{b}+\vec{k}\times(2\vec{b}-\vec{c}),$$

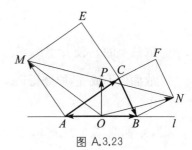

图 A.3.23

$$\overrightarrow{OP}=\frac{1}{2}(\overrightarrow{OM}+\overrightarrow{ON})=\vec{k}\times\vec{b},为定向量.故 P 为定点.$$

由于 $\vec{k}\times\vec{b}$ 是 $\overrightarrow{OB}$ 绕 O 点逆时针旋转 $90°$ 而得到的,所以定点 P 位于线段 AB 的垂直平分线上,且 $OP=\frac{1}{2}AB.$

12. 设 $A=\{a_1,a_2,\cdots,a_n\}$.用反正法,假设 $n<\dfrac{m}{2}$.将 B_i 看作向量 $\vec{v}_i=(\varepsilon_i,$

$1,\varepsilon_i,2,\cdots,\varepsilon_i,n)$,其中 $\varepsilon_i,j=\begin{cases}0(a_j\notin B_i),\\1(a_j\in B_i).\end{cases}$

首先选取 $\mu_1,\mu_2,\cdots,\mu_m\in\{-m+1,-m+2,\cdots,m-1\}$(不全为0),使

$$\sum_{i=1}^{m}\mu_i\cdot\vec{v}_i=\vec{0}.\tag{2}$$

考虑所有形如 $\sum\limits_{i=1}^{m}\lambda_i\vec{v}_i$ 的向量,其中 $(\lambda_1,\lambda_2,\cdots,\lambda_m)\in\{0,1,\cdots,m-1\}^m$,这样作出了 m^m 个向量.

另一方面,这样的向量每一项 $\in\{0,1,\cdots,m(m-1)\}$,共 n 个维度.

故这样的向量的可能值的个数 $\leqslant(m(m-1)+1)^n\leqslant m^{2n}\leqslant m^m$.由抽屉原理,必有两组 $(\lambda_1,\lambda_2,\cdots,\lambda_m)\neq(\lambda_1',\lambda_2',\cdots,\lambda_m')$ 对应到同一向量.令 $(\mu_1,\mu_2,\cdots,\mu_m)=(\lambda_1-\lambda_1',\lambda_2-\lambda_2',\cdots,\lambda_m-\lambda_m')$ 即可.

由式(2)知:对 $1 \leqslant j \leqslant n$,有 $\sum\limits_{i=1}^{m} \mu_i \varepsilon_{i,j} = 0$,进而

$$\sum_{j=1}^{n} (a_j \cdot \sum_{i=1}^{m} \mu_i \varepsilon_{i,j}) = 0$$

$$\Rightarrow \sum_{i=1}^{m} (\mu_i \cdot \sum_{j=1}^{n} \varepsilon_{i,j} \cdot a_j) = 0$$

$$\Rightarrow \sum_{i=1}^{m} \mu_i \cdot m^i = 0.$$

取最小的 t,使 $\mu_t \neq 0$,则 $\sum\limits_{i=1}^{m} \mu_i m^i \equiv \mu_t m^t \not\equiv 0 \pmod{m^{t+1}}$,矛盾.

故假设不成立,原题得证.

13. 如图 A.3.24 所示,以 S 为原点建立空间直角坐标系.

设 $SA = a$,$SB = b$,$SC = c$,则有关点的坐标为 $A(a,0,0)$,$B(0,b,0)$,$C(0,0,c)$.

平面 ASB 的法向量取为 $(0,0,1)$,

$$\overrightarrow{AC} = (-a,0,c),\overrightarrow{BC} = (0,-b,c),$$

$$\overrightarrow{AC} \times \overrightarrow{BC} = \begin{vmatrix} \vec{i} & \vec{j} & \vec{k} \\ -a & 0 & c \\ 0 & -b & c \end{vmatrix} = (bc,ac,ab),$$

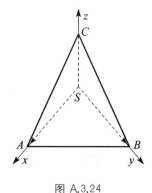

图 A.3.24

故 $\cos\gamma = \dfrac{0 \times bc + 0 \times ac + 1 \times ab}{\sqrt{0^2 + 0^2 + 1^2} + \sqrt{(bc)^2 + (ac)^2 + (ab)^2}}$

$= \dfrac{ab}{1 + \sqrt{a^2 b^2 + b^2 c^2 + c^2 a^2}}$,

同理 $\cos\beta = \dfrac{ca}{1 + \sqrt{a^2 b^2 + b^2 c^2 + c^2 a^2}}$,$\cos\alpha = \dfrac{bc}{1 + \sqrt{a^2 b^2 + b^2 c^2 + c^2 a^2}}$,

故 $\cos\alpha\cos\beta\cos\gamma = \dfrac{(ab)(bc)(ca)}{(1 + \sqrt{a^2 b^2 + b^2 c^2 + c^2 a^2})^3} \leqslant \dfrac{(abc)^2}{(\sqrt{a^2 b^2 + b^2 c^2 + c^2 a^2})^3}$

$\leqslant \dfrac{(abc)^2}{(3\sqrt[3]{(a^2 b^2)(b^2 c^2)(c^2 a^2)})^{\frac{3}{2}}}$

$$=\frac{(abc)^2}{\sqrt{27}\cdot a^2b^2c^2}=\frac{1}{9}\sqrt{3}.$$

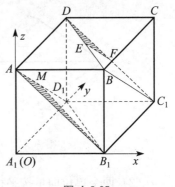

图 A.3.25

14. 如图 A.3.25 所示建立空间直角坐标系.不妨设立方体的棱长为 1.

有关点的坐标是 $A(0,0,1)$, $B_1(1,0,0)$, $D_1(0,1,0)$, $D(0,1,1)$, $B(1,0,1)$, $C_1(1,1,0)$, 故 $\overrightarrow{AB_1}=(1,0,-1)$, $\overrightarrow{AD_1}=(0,1,-1)$, $\overrightarrow{DB}=(1,-1,0)$, $\overrightarrow{DC_1}=(1,0,-1)$.

平面 AB_1D_1 的法向量 $\vec{n_1}=\begin{vmatrix} \vec{i} & \vec{j} & \vec{k} \\ 1 & 0 & -1 \\ 0 & 1 & -1 \end{vmatrix}=(1,1,1),$

平面 DBC_1 的法向量 $\vec{n_2}=\begin{vmatrix} \vec{i} & \vec{j} & \vec{k} \\ 1 & -1 & 0 \\ 1 & 0 & -1 \end{vmatrix}=(1,1,1),$

$\vec{n_1}\;/\!/\;\vec{n_2}$, 故平面 AB_1D_1 // 平面 DBC_1, 即平面 AMB_1 // 平面 DEF.

15. 如图 A.3.26, 记 $\overrightarrow{OA},\overrightarrow{OB},\overrightarrow{OC}$ 上的单位向量为 $\vec{e_1}$, $\vec{e_2},\vec{e_3}$.

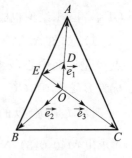

图 A.3.26

原题转化为 $\sin\alpha\cdot\vec{e_1}+\sin\beta\cdot\vec{e_2}+\sin\gamma\cdot\vec{e_3}=\vec{0}$(其中 α,β,γ 分别表示 $\angle BOC,\angle COA,\angle AOB$ 的大小).

在 $\overrightarrow{OA}$ 上取点 D, 使 $\overrightarrow{OD}=\sin\alpha\cdot\vec{e_1}$, 作 DE // OB 交 CO 的延长线于 E 点.

由正弦定理易知, $DE=\sin\beta$, $OE=\sin\gamma$, 即 $\overrightarrow{DE}=\sin\beta\cdot\vec{e_2}$, $\overrightarrow{EO}=\sin\gamma\cdot\vec{e_3}$.

于是 $\sin\alpha\cdot\vec{e_1},\sin\beta\cdot\vec{e_2},\sin\gamma\cdot\vec{e_3}$ 恰好构成一个三角形, 它们的和为零向量.

16. 先看两个事实:

(1) 如果两个向量的夹角为锐角或直角, 那么这两个向量的和的模大于这两个向量的模(见图 A.3.27).

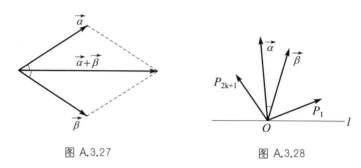

图 A.3.27　　　　　　　　图 A.3.28

（2）两个单位向量按平行四边形法则进行加法运算时,其和向量一定平分这两个向量的夹角.

采用数学归纳法证明本题.

当 $n=1$ 时,结论显然成立.假定 $n=2k-1$ 时结论成立.

当 $n=2k+1$ 时,令最外侧的两向量为 $\overrightarrow{OP_1}$ 和 $\overrightarrow{OP_{2k+1}}$,它们的和向量为 $\vec{\beta}$,$\vec{\beta}$ 与 $\overrightarrow{OP_1}$ 及 $\overrightarrow{OP_{2k+1}}$ 的夹角均为锐角(见图 A.3.28).

记 $\overrightarrow{OP_2}+\overrightarrow{OP_3}+\cdots+\overrightarrow{OP_{2k}}=\vec{\alpha}$.由归纳假设知 $|\vec{\alpha}|\geqslant 1$,$\vec{\alpha}$ 一定位于 $\vec{\beta}$ 与 $\overrightarrow{OP_1}$ 及 $\overrightarrow{OP_{2k+1}}$ 所形成的两个角内,$\vec{\alpha}$ 与 $\vec{\beta}$ 的夹角也一定是锐角.

于是 $|\vec{\alpha}+\vec{\beta}|>|\vec{\alpha}|\geqslant 1$,即 $|\overrightarrow{OP_1}+\overrightarrow{OP_2}+\cdots+\overrightarrow{OP_{2k+1}}|>1$.结论也成立.

17. 如图 A.3.29 所示建立空间直角坐标系,其中点 O 是底面中心,x 轴 $/\!/CB$,y 轴 $/\!/AB$.有关点的坐标为 $B(2,2,0)$,$C(-2,2,0)$,$S(0,0,6)$.

设 M 是高 SO 的中点,N 是侧面 SBC 的重心,不难求出 $M(0,0,3)$,$N\left(0,\dfrac{4}{3},2\right)$,

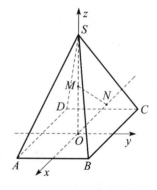

图 A.3.29

于是 $\quad|MN|=\sqrt{(0-0)^2+\left(\dfrac{4}{3}-0\right)^2+(2-3)^2}=\dfrac{5}{3}$.

18. 不妨设点 C 与点 C_1 重合,见图 A.3.30.

记 $\overrightarrow{CA}=\vec{b}$,$\overrightarrow{CB}=\vec{a}$,$\overrightarrow{AB}=\vec{c}$,$\overrightarrow{C_1A_1}=\vec{b_1}$,$\overrightarrow{C_1B_1}=\vec{a_1}$,$\overrightarrow{A_1B_1}=\vec{c_1}$,$\angle ACB=\theta$,$\angle A_1C_1B_1=\theta_1$,则 $c^2=\vec{c}^2=(\vec{a}-\vec{b})^2=\vec{a}^2+\vec{b}^2-2\vec{a}\cdot\vec{b}$,$c_1^2=\vec{c_1}^2=(\vec{a_1}-\vec{b_1})^2=\vec{a_1}^2+\vec{b_1}^2-2\vec{a_1}\cdot\vec{b_1}$.

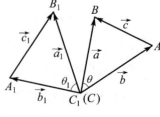

图 A.3.30

原不等式的左边减右边

$$=\vec{a_1}^2(-\vec{a}^2+\vec{b}^2+(\vec{a}^2+\vec{b}^2-2\vec{a}\cdot\vec{b}))$$

$$+\vec{b_1}^2(\vec{a}^2-\vec{b}^2+(\vec{a}^2+\vec{b}^2-2\vec{a}\cdot\vec{b}))$$

$$+(\vec{a_1}^2+\vec{b_1}^2-2\vec{a_1}\cdot\vec{b_1})(\vec{a}^2+\vec{b}^2-(\vec{a}^2+\vec{b}^2-2\vec{a}\cdot\vec{b}))$$

$$-16\times\frac{1}{4}|\vec{a}|\cdot|\vec{b}|\sin\theta\cdot|\vec{a_1}|\cdot|\vec{b_1}|\sin\theta_1$$

$$=2\vec{a_1}^2\vec{b}^2+2\vec{a}^2\vec{b_1}^2-4(\vec{a}\cdot\vec{b})(\vec{a_1}\cdot\vec{b_1})$$

$$-4|\vec{a}|\cdot|\vec{b}|\cdot|\vec{a_1}|\cdot|\vec{b_1}|\sin\theta\sin\theta_1$$

$$=2\vec{a_1}^2\vec{b}^2+2\vec{a}^2\vec{b_1}^2-4(|\vec{a}|\cdot|\vec{b}|\cos\theta\cdot|\vec{a_1}|\cdot|\vec{b_1}|\cos\theta_1)$$

$$-4|\vec{a}|\cdot|\vec{b}|\cdot|\vec{a_1}|\cdot|\vec{b_1}|\sin\theta\sin\theta_1$$

$$=2\vec{a_1}^2\vec{b}^2+2\vec{a}^2\vec{b_1}^2-4|\vec{a}|\cdot|\vec{b}|\cdot|\vec{a_1}|\cdot|\vec{b_1}|\cos(\theta-\theta_1)$$

$$=2(|\vec{a_1}|\cdot|\vec{b}|-|\vec{a}|\cdot|\vec{b_1}|)^2+4|\vec{a_1}|\cdot|\vec{b}|\cdot|\vec{a}|\cdot|\vec{b_1}|$$

$$-4|\vec{a}|\cdot|\vec{b}|\cdot|\vec{a_1}|\cdot|\vec{b_1}|\cos(\theta-\theta_1)$$

$$=2(|\vec{a_1}|\cdot|\vec{b}|-|\vec{a}|\cdot|\vec{b_1}|)^2+4|\vec{a}|\cdot|\vec{b}|\cdot|\vec{a_1}|\cdot|\vec{b_1}|\cdot(1-\cos(\theta-\theta_1))\geqslant0,$$

故所求证的不等式成立.

等号只有在 $|\vec{a_1}|\cdot|\vec{b}|=|\vec{a}|\cdot|\vec{b_1}|$ 且 $\theta=\theta_1$ 时成立,即 $\dfrac{a}{a_1}=\dfrac{b}{b_1}$,且 $\theta=\theta_1$,此时 $\triangle ABC\backsim\triangle A_1B_1C_1$.

📝 点评

作为特例,当 $\triangle A_1B_1C_1$ 为正三角形时,由于 $S_1=\dfrac{\sqrt{3}}{4}a_1^2$,所以 $a^2+b^2+c^2\geqslant4\sqrt{3}S$.

19. 由图 A.3.31 易知 $\angle VCO=45°,OC=VO=20$. 又 $\angle AOB=90°,OA=20\sqrt{2}$.

如图所示建立空间直角坐标系,不难得出 $\overrightarrow{OC}=(10\sqrt{2},10\sqrt{2},0),\overrightarrow{OB}=(0,20\sqrt{2},0),\overrightarrow{VC}=(10\sqrt{2},10\sqrt{2},-20)$.

$$\begin{vmatrix} 10\sqrt{2} & 10\sqrt{2} & 0 \\ 0 & 20\sqrt{2} & 0 \\ 10\sqrt{2} & 10\sqrt{2} & -20 \end{vmatrix} = -8000,$$

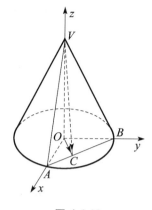

$$\overrightarrow{OB} \times \overrightarrow{VC} = \begin{vmatrix} \vec{i} & \vec{j} & \vec{k} \\ 0 & 20\sqrt{2} & 0 \\ 10\sqrt{2} & 10\sqrt{2} & -20 \end{vmatrix}$$

$$= (-400\sqrt{2}, 0, -400),$$

$$|\overrightarrow{OB} \times \overrightarrow{VC}| = 400\sqrt{3},$$

图 A.3.31

故所求距离 $= \dfrac{8000}{400\sqrt{3}} = \dfrac{20}{3}\sqrt{3}$.

20. (1) 如图 A.3.32 所示建立空间直角坐标系. 不难得出有关点的坐标是 $A(2\sqrt{3}, 0, 0), B(0, 2, 0), C(-2\sqrt{3}, 0, 0), D_1(0, -2, 6)$.

设所求截面与 DD_1 交于 M 点, 它的坐标可记为 $M(0, -2, k)$.

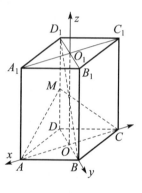

$\overrightarrow{BD_1} = (0, -4, 6), \overrightarrow{MA} = (2\sqrt{3}, 2, -k), \overrightarrow{MC} = (-2\sqrt{3}, 2, -k),$

图 A.3.32

$$\overrightarrow{MA} \times \overrightarrow{MC} = \begin{vmatrix} \vec{i} & \vec{j} & \vec{k} \\ 2\sqrt{3} & 2 & -k \\ -2\sqrt{3} & 2 & -k \end{vmatrix} = (0, 4\sqrt{3}k, 8\sqrt{3}).$$

使平面 $AMC \parallel$ 直线 BD_1 的条件是 $(\overrightarrow{MA} \times \overrightarrow{MC}) \cdot \overrightarrow{BD_1} = 0$, 即 $0 \times 0 + (-4) \times 4\sqrt{3}k + 6 \times 8\sqrt{3} = 0$, 解得 $k = 3$, 故 M 是 DD_1 的中点.

截面面积 $= \dfrac{1}{2}|\overrightarrow{MA} \times \overrightarrow{MC}| = 2\sqrt{39}$.

(2) 直四棱柱的体积 $= 48\sqrt{3}$,

四面体 $ACDM$ 的体积 $= 4\sqrt{3}$,

剩余部分的体积 $= 44\sqrt{3}$, 故两部分体积之比为 $1:11$.

21. (1) 设 CD 为 $4a$, 则 $BC = 4\sqrt{3}a$.

如图 A.3.33 所示建立空间直角坐标系(其中 O 是 BC 的中点).不难得出有关点的坐标是 $A(0,0,2\sqrt{3}a)$,$B(0,-2\sqrt{3}a,0)$,$C(0,2\sqrt{3}a,0)$,$D(4a,2\sqrt{3}a,0)$.

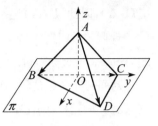

图 A.3.33

$\overrightarrow{OA}=(0,0,2\sqrt{3}a)$,它是平面 BCD 的法向量,

$\overrightarrow{AB}=(0,-2\sqrt{3}a,-2\sqrt{3}a)$,$\overrightarrow{AD}=(4a,2\sqrt{3}a,-2\sqrt{3}a)$,

$$\overrightarrow{AB}\times\overrightarrow{AD}=\begin{vmatrix} \vec{i} & \vec{j} & \vec{k} \\ 0 & -2\sqrt{3}a & -2\sqrt{3}a \\ 4a & 2\sqrt{3}a & -2\sqrt{3}a \end{vmatrix}=(24a^2,-8\sqrt{3}a^2,8\sqrt{3}a^2).$$

记所求二面角的大小为 θ,

则 $\cos\theta=\dfrac{(\overrightarrow{AB}\times\overrightarrow{AD})\cdot\overrightarrow{OA}}{|\overrightarrow{AB}\times\overrightarrow{AD}|\cdot|\overrightarrow{OA}|}=\dfrac{48a^3}{8\sqrt{15}a^2\cdot2\sqrt{3}a}=\dfrac{1}{\sqrt{5}}$,故 $\theta=\arccos\dfrac{\sqrt{5}}{5}$.

(2) $\overrightarrow{BC}=(0,4\sqrt{3}a,0)$,记 $\overrightarrow{AD}$ 与 $\overrightarrow{BC}$ 的夹角为 φ,

则 $\cos\varphi=\dfrac{\overrightarrow{AD}\cdot\overrightarrow{BC}}{|\overrightarrow{AD}|\cdot|\overrightarrow{BC}|}=\dfrac{3}{\sqrt{30}}$,故 $\varphi=\arccos\dfrac{\sqrt{30}}{10}$.

(3) $(\overrightarrow{AD},\overrightarrow{BC},\overrightarrow{CD})=\begin{vmatrix} 4a & 2\sqrt{3}a & -2\sqrt{3}a \\ 0 & 4\sqrt{3}a & 0 \\ 4a & 0 & 0 \end{vmatrix}=96a^3$,

$$\overrightarrow{AD}\times\overrightarrow{BC}=\begin{vmatrix} \vec{i} & \vec{j} & \vec{k} \\ 4a & 2\sqrt{3}a & -2\sqrt{3}a \\ 0 & 4\sqrt{3}a & 0 \end{vmatrix}=(24a^2,0,16\sqrt{3}a^2),$$

$|\overrightarrow{AD}\times\overrightarrow{BC}|=8\sqrt{21}a^2$,

令 $a=1$,则所求距离 $=\dfrac{96}{8\sqrt{21}}=\dfrac{4}{7}\sqrt{21}$.

22. 对 n 和集合 A 的元素个数用归纳法.

如果 A 恰有一个元素,则 $D(A)$ 仅包含一个零向量,结论成立.

如果 $n=1$,设 $A=\{a_1<a_2<\cdots<a_m\}$,则 $\{0,a_2-a_1,a_3-a_1,\cdots,a_m-a_1\}$

$\subseteq D(A)$,因此 $|D(A)| \geqslant |A|$.

现假定 $|A|>1, n>1$,定义 $B=\{(x_1, x_2, \cdots, x_{n-1}) |$ 存在 x_n,使得 $(x_1, x_2, \cdots, x_{n-1}, x_n) \in A\}$.由归纳假设,$|D(B)| \geqslant |B|$.

对每一个 $b \in B$,令 $A_b=\{x_n | (b, x_n) \in A\}, a_b=\max\{x | x \in A_b\}, C=A \backslash \{(b, a_b) | b \in B\}$,则 $|C|=|A|-|B|$.

因为 $|C|<|A|$,由归纳假设,$|D(C)| \geqslant |C|$.

另一方面,由定义得

$$D(A)=\bigcup_{D \in D(B)}\{(D, |a-a'|) | D=\gamma(b, b'), \text{且} a \in A_b, a' \in A_{b'}\}.$$

类似地,再令 $C_b=A_b \backslash \{a_b\}$,则有

$$D(C)=\bigcup_{D \in D(B)}\{(D, |c-c'|) | D=\gamma(b, b'), \text{且} c \in C_b, c' \in C_{b'}\}.$$

注意到,对每一对 $b, b' \in B$,最大差 $|a-a'| (a \in A_b, a' \in A_{b'})$ 一定是 $a=a_b$ 或 $a'=a_{b'}$,故这个最大差不出现在 $\{|c-c'| | c \in C_b, c' \in C_{b'}\}$ 中.因此,对任何 $D \in D(B)$,集合 $\{|c-c'| | \gamma(b, b')=D, \text{且} c \in C_b, c' \in C_{b'}\}$ 并不包含集合 $\{|a-a'| | \gamma(b, b')=D, \text{且} a \in A_b, a' \in A_{b'}\}$ 中的最大元,前者是后者的真子集.由这个结论可知

$$|D(C)| \leqslant \sum_{D \in D(B)}(|\{|a-a'| | D=\gamma(b, b'), \text{且} a \in A_b, a' \in A_{b'}\}|-1) \leqslant |D(A)|-|D(B)|.$$

故 $|D(A)| \geqslant |D(B)|+|D(C)| \geqslant |B|+|C|=|A|$.

23. 方法一 先证明一个引理:设 α, β 都是正实数,N 是任意一个大于 $\max\left\{\dfrac{1}{\alpha}, \dfrac{1}{\beta}\right\}$ 的整数,则存在正整数 p_1, p_2 和 q,使得 $1 \leqslant q \leqslant N^2$,且

$$|q\alpha-p_1|<\frac{1}{N} \text{和} |q\beta-p_2|<\frac{1}{N}$$

同时成立.

引理的证明:考虑平面上 N^2+1 个点组成的集合 $T=\{(\{i\alpha\}, \{i\beta\}) | i=0, 1, \cdots, N^2\}$,这里 $\{x\}=x-[x]$,而 $[x]$ 表示不超过实数 x 的最大整数.

现在将正方形点集 $\{(x, y) | 0 \leqslant x, y<1\}$ 沿平行于坐标轴的直线分割为 N^2 个小正方形(这里的每个正方形都不含右边和上边的两条边),则 T 中必有两点落在同一个小正方形内,即存在 $0 \leqslant j<i \leqslant N^2$,使得

$$|\{i\alpha\}-\{j\alpha\}|<\frac{1}{N}, |\{i\beta\}-\{j\beta\}|<\frac{1}{N}.$$

令 $\qquad q=i-j, p_1=[i\alpha]-[j\alpha], p_2=[i\beta]-[j\beta],$

则 $|q\alpha-p_1|<\dfrac{1}{N}, |q\beta-p_2|<\dfrac{1}{N}.$

如果 $p_1\leqslant 0$,那么 $\dfrac{1}{N}>|q\alpha|\geqslant\alpha$,与 N 的选择矛盾,故 p_1 为正整数.同理,p_2 也是正整数.引理获证.

回到原题.由条件知存在正实数 α,β,使得 $\alpha\overrightarrow{OA}+\beta\overrightarrow{OB}+\overrightarrow{OC}=\vec{0}$.利用引理的结论知,对任意大于 $\max\left\{\dfrac{1}{\alpha},\dfrac{1}{\beta}\right\}$ 的正整数 N,存在正整数 p_1,p_2 和 q,使得

$$|q\alpha-p_1|<\dfrac{1}{N}\text{和}|q\beta-p_2|<\dfrac{1}{N}$$

同时成立,于是,由 $q\alpha\overrightarrow{OA}+q\beta\overrightarrow{OB}+q\overrightarrow{OC}=\vec{0}$ 可得

$$
\begin{aligned}
|p_1\overrightarrow{OA}+p_2\overrightarrow{OB}+q\overrightarrow{OC}| &=|(p_1-q\alpha)\overrightarrow{OA}+(p_2-q\beta)\overrightarrow{OB}|\\
&\leqslant|(p_1-q\alpha)\overrightarrow{OA}|+|(p_2-q\beta)\overrightarrow{OB}|\\
&<\dfrac{1}{N}(|\overrightarrow{OA}|+|\overrightarrow{OB}|),
\end{aligned}
$$

取 N 充分大即可使命题成立.

方法二 由条件可知存在正实数 β,γ,使得 $\overrightarrow{OA}+\beta\overrightarrow{OB}+\gamma\overrightarrow{OC}=\vec{0}$,于是对任意正整数 k,都有 $k\overrightarrow{OA}+k\beta\overrightarrow{OB}+k\gamma\overrightarrow{OC}=\vec{0}$.记 $m(k)=[k\beta],n(k)=[k\gamma]$,这里 $[x]$ 表示不超过实数 x 的最大整数,$\{x\}=x-[x]$.

利用 β,γ 都是正实数,可知 $m(kT)$ 与 $n(kT)$ 都是关于正整数 k 的严格递增数列,这里 T 是某个大于 $\max\left\{\dfrac{1}{\beta},\dfrac{1}{\gamma}\right\}$ 的正整数.因此,

$$
\begin{aligned}
|kT\overrightarrow{OA}+m(kT)\overrightarrow{OB}+n(kT)\overrightarrow{OC}| &=|-\{kT\beta\}\overrightarrow{OB}-\{kT\gamma\}\overrightarrow{OC}|\\
&\leqslant\{kT\beta\}|\overrightarrow{OB}|+\{kT\gamma\}|\overrightarrow{OC}|\\
&\leqslant|\overrightarrow{OB}|+|\overrightarrow{OC}|.
\end{aligned}
$$

这表明有无穷多个向量 $kT\overrightarrow{OA}+m(kT)\overrightarrow{OB}+n(kT)\overrightarrow{OC}$ 的终点落在一个以 O 为圆心、$|\overrightarrow{OB}|+|\overrightarrow{OC}|$ 为半径的圆内,因此其中必有两个向量的终点之间的距离小于 $\dfrac{1}{2007}$.也就是说,这两个向量的差的模长小于 $\dfrac{1}{2007}$.故存在正整数 $k_1<k_2$,使得

$$|(k_2T\overrightarrow{OA}+m(k_2T)\overrightarrow{OB}+n(k_2T)\overrightarrow{OC})$$

$$-(k_1T\overrightarrow{OA}+m(k_1T)\overrightarrow{OB}+n(k_1T)\overrightarrow{OC})|<\frac{1}{2007}.$$

于是，令 $p=(k_2-k_1)T,q=m(k_2T)-m(k_1T),r=n(k_2T)-n(k_1T)$，结合 T 与 $m(kT),n(kT)$ 的单调性可知 p,q,r 都是正整数.命题获证.

24. 先证一个引理：共线的 n 个向量 $\overrightarrow{u_1},\overrightarrow{u_2},\cdots,\overrightarrow{u_n}$ 中，每个向量的模长 $\leqslant 1$，且 $\sum\limits_{i=1}^{n}\overrightarrow{u_i}=0$，则可以将它们重新排为 $\overrightarrow{v_1},\overrightarrow{v_2},\cdots,\overrightarrow{v_n}$，使得对任意 $1\leqslant l\leqslant n$，均有 $\left|\sum\limits_{i=1}^{l}\overrightarrow{v_i}\right|\leqslant 1.$

事实上，我们设 $\overrightarrow{u_i}=x_i\vec{e},x_i\in\mathbf{R},\vec{e}$ 为单位向量，则 $|x_i|\leqslant 1$，且 $\sum\limits_{i=1}^{n}x_i=0$.不妨设 $x_1\geqslant 0$，取 $y_1=x_1$.由于 $\sum\limits_{i=1}^{n}x_i=0$，在 $x_2,x_3,\cdots,x_n$ 中可以取出负数 y_2，$y_3,\cdots,y_r$，使得

$$y_1+y_2+\cdots+y_{r-1}\geqslant 0,\tag{3}$$

$$y_1+y_2+\cdots+y_{r-1}+y_r\leqslant 0.\tag{4}$$

进一步，可以在 $\{x_2,x_3,\cdots,x_n\}\backslash\{y_2,y_3,\cdots,y_r\}$ 中取出正数 $y_{r+1},y_{r+2},\cdots,$ y_s，使得

$$y_1+y_2+\cdots+y_{s-1}\geqslant 0,\tag{5}$$

$$y_1+y_2+\cdots+y_{s-1}+y_s\geqslant 0.\tag{6}$$

重复上述讨论，直至 $\{x_2,x_3,\cdots,x_n\}$ 中的元素全部取完.

令 $\overrightarrow{v_k}=y_k\vec{e},k=1,2,\cdots,n$，则 $|\overrightarrow{v_1}|=y_1\leqslant 1$.由 $y_2,y_3,\cdots,y_{r-1}$ 都是负数，可知当 $1<i\leqslant r-1$ 时，有 $|\overrightarrow{v_1}+\overrightarrow{v_2}+\cdots+\overrightarrow{v_i}|\leqslant|\overrightarrow{v_1}|=y_1\leqslant 1$，并且由式(3)(4)可知 $|\overrightarrow{v_1}+\overrightarrow{v_2}+\cdots+\overrightarrow{v_r}|\leqslant|y_r|\leqslant 1.$

类似地，由式(5)(6)可知任取 $r<j\leqslant s-1$，均有

$$|\overrightarrow{v_1}+\overrightarrow{v_2}+\cdots+\overrightarrow{v_j}|\leqslant|y_1+y_2+\cdots+y_r|\leqslant|y_r|\leqslant 1,$$

依次类推，可知对任意 $1\leqslant l\leqslant n$，均有 $|\overrightarrow{v_1}+\overrightarrow{v_2}+\cdots+\overrightarrow{v_l}|\leqslant 1$，引理获证.

回到原题.对一般的情况，不妨设 $\{\overrightarrow{u_1},\overrightarrow{u_2},\cdots,\overrightarrow{u_n}\}$ 中任取若干个(包括 1 个和全部)所作成的向量和中，模最大的为 $\overrightarrow{u_1}+\overrightarrow{u_2}+\cdots+\overrightarrow{u_p}$，并且这个和向量的方向就是 x 轴的正方向.

将每个向量分解为 $\overrightarrow{u_j}=\overrightarrow{u_j}'+\overrightarrow{u_j}''$，其中 $\overrightarrow{u_j}'$ 在 x 轴上，$\overrightarrow{u_j}''$ 在 y 轴上，则

$$\vec{u_1}' + \vec{u_2}' + \cdots + \vec{u_n}' = \vec{0},$$

$$\vec{u_1}'' + \vec{u_2}'' + \cdots + \vec{u_n}'' = \vec{0},$$

并且 $\vec{u_1} + \vec{u_2} + \cdots + \vec{u_p}$ 在 y 轴上的分量为 $\vec{u_1}'' + \vec{u_2}'' + \cdots + \vec{u_p}'' = \vec{0}$.

结合引理,可以将 $\vec{u_1}'', \vec{u_2}'', \cdots, \vec{u_p}''$ 与 $\vec{u_{p+1}}'', \vec{u_{p+2}}'', \cdots, \vec{u_n}''$ 这两组向量适当排序(不妨设就是这样的顺序),使得任取 $1 \leqslant s \leqslant p, 1 \leqslant t \leqslant n-p$,均有

$$|\vec{u_1}'' + \vec{u_2}'' + \cdots + \vec{u_s}''| \leqslant 1, \ |\vec{u_{p+1}}'' + \vec{u_{p+2}}'' + \cdots + \vec{u_{p+t}}''| \leqslant 1.$$

最后,我们来处理 $\vec{u_1}', \vec{u_2}', \cdots, \vec{u_n}'$. 由于 $|\vec{u_1} + \vec{u_2} + \cdots + \vec{u_p}|$ 最大,故 $\vec{u_1}'$, $\vec{u_2}', \cdots, \vec{u_p}'$ 均与 x 轴正向同向,$\vec{u_{p+1}}', \vec{u_{p+2}}', \cdots, \vec{u_n}'$ 均与 x 轴负向同向.

利用引理中的排序方式,可以将 $\vec{u_1}', \vec{u_2}', \cdots, \vec{u_n}'$,排序为 $\vec{v_1}', \vec{v_2}', \cdots, \vec{v_n}'$,使得任取 $1 \leqslant l \leqslant n$,均有 $|\vec{v_1}' + \vec{v_2}' + \cdots + \vec{v_l}'| \leqslant 1$,并设 $\vec{v_1}, \vec{v_2}, \cdots, \vec{v_n}$ 是 $\vec{u_1}, \vec{u_2}, \cdots, \vec{u_n}$ 的排列,使得 $\vec{v_i}$ 在 x 轴上的投影为 $\vec{v_i}'$. 由于对每一个和 $\vec{v_1} + \vec{v_2} + \cdots + \vec{v_l}$,其分量 $|\vec{v_1}' + \vec{v_2}' + \cdots + \vec{v_l}'| \leqslant 1$,而在 y 轴上的分量则为两部分之和,一部分是 $\vec{u_1}'' + \vec{u_2}'' + \cdots + \vec{u_i}''(i \leqslant p)$,另一部分是 $\vec{u_{p+1}}'' + \vec{u_{p+2}}'' + \cdots + \vec{u_j}''(j \leqslant n)$ 的形式,每个部分之长 $\leqslant 1$,从而 $|\vec{v_1}'' + \vec{v_2}'' + \cdots + \vec{v_l}''| \leqslant 2$,故

$$|\vec{v_1} + \vec{v_2} + \cdots + \vec{v_l}| \leqslant \sqrt{1^2 + 2^2} = \sqrt{5},$$

命题获证.

25. 这里需用到线性代数中的一个结论:n 维线性空间中的 $n+1$ 个向量是线性相关的.

先给出该结论的归纳证明.$n=1$ 时显然成立.假设对 $n-1$ 结论成立,考虑 n 的情况.设 $n+1$ 个向量为 $\vec{e_1}, \vec{e_2}, \cdots, \vec{e_{n+1}}$.若它们均为零向量,则结论显然.否则,不妨设 $\vec{e_{n+1}}$ 的第一个分量不为零.取

$$\lambda_j = -\frac{\vec{e_j} \text{的第一个分量}}{\vec{e_{n+1}} \text{的第一个分量}} (1 \leqslant j \leqslant n),$$

则 $\lambda_j \vec{e_{n+1}} + \vec{e_j}(j=1,2,\cdots,n)$ 这 n 个向量中,每个向量的第一个分量均为零.考虑由后面 $n-1$ 个分量组成的 n 个 $n-1$ 维向量,由归纳假设,这 n 个 $n-1$ 维向量线性相关,即存在不全为 0 的实数 $x_1, x_2, \cdots, x_n$,使得

$$x_1(\lambda_1 \vec{e_{n+1}} + \vec{e_1}) + x_2(\lambda_2 \vec{e_{n+1}} + \vec{e_2}) + \cdots + x_n(\lambda_n \vec{e_{n+1}} + \vec{e_n}) = \vec{0},$$

即

$$x_1 \vec{e_1} + x_2 \vec{e_2} + \cdots + x_n \vec{e_n} + (x_1 \lambda_1 + x_2 \lambda_2 + \cdots + x_n \lambda_n) \vec{e_{n+1}} = \vec{0},$$

故　$\vec{e_1},\vec{e_2},\cdots,\vec{e_{n+1}}$ 线性相关.结论得证.

下证原题.

如果元素 i 在集合 A_j 中,我们就记作1,否则记作0,则每个 A_j 对应到一个

非零的由 $0,1$ 组成的 n 维向量 $\vec{\alpha_j}=(a_{j1},a_{j2},\cdots,a_{jn})$,这里 $a_{ji}=\begin{cases}1,i\in A_j,\\0,i\notin A_j.\end{cases}$

设 $\vec{\alpha_1},\vec{\alpha_2},\cdots,\vec{\alpha_{n+1}}$ 为 $n+1$ 个 n 维空间向量,则存在一组不全为零的实数 $x_1,x_2,\cdots,x_{n+1}$,使得

$$x_1\vec{\alpha_1}+x_2\vec{\alpha_2}+\cdots+x_{n+1}\vec{\alpha_{n+1}}=\vec{0}. \tag{7}$$

于是,存在 $\{1,2,\cdots,n+1\}$ 的两个不交的非空子集 $\{i_1,i_2,\cdots,i_k\}$ 和 $\{j_1,j_2,\cdots,j_m\}$,使得

$$x_{i1}\vec{\alpha_{i1}}+x_{i2}\vec{\alpha_{i2}}+\cdots+x_{ik}\vec{\alpha_{ik}}=y_{j1}\vec{\alpha_{j1}}+y_{j2}\vec{\alpha_{j2}}+\cdots+y_{jm}\vec{\alpha_{jm}}, \tag{8}$$

其中 $x_{i1},x_{i2},\cdots,x_{ik}>0,y_{j1}(=-x_{j1}),y_{j2},\cdots,y_{jm}(=-x_{jm})>0$(本质上就是将式(7)中系数大于零的项放一边,系数小于零的项放到另一边).

我们断言

$$A_{i1}\bigcup A_{i2}\bigcup\cdots\bigcup A_{ik}=A_{j1}\bigcup A_{j2}\bigcup\cdots\bigcup A_{jm}. \tag{9}$$

事实上,若元素 $a(1\leqslant a\leqslant n)$ 属于式(9)的左边,则式(8)左边所得和向量的第 a 个分量必大于零,从而迫使式(8)右边所得和向量的第 a 个分量大于零,于是有一个 α_{jt},其第 a 个分量为1,即 $a\in A_{jt}$.反过来也成立,即式(9)成立.

所以,原命题成立.

习题 4.a

1. 如图 A.4.1,设 AB 是这个四面体的最长棱,则 $\triangle ACD$,$\triangle BCD$ 的边长不大于 1.$\triangle BCD$ 的高 BE 和 $\triangle ACD$ 的高 AF 不大于 $\sqrt{1-\dfrac{a^2}{4}}$,其中 $0<a\leqslant 1$,表示 CD 的长度,四面体的高 $h\leqslant AF\leqslant\sqrt{1-\dfrac{a^2}{4}}$.所以

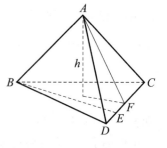

图 A.4.1

$$V=\frac{1}{3}h\cdot S_{\triangle BCD}\leqslant\frac{1}{3}\cdot\sqrt{1-\frac{1}{4}a^2}\cdot\frac{1}{2}a\cdot\sqrt{1-\frac{1}{4}a^2}=\frac{1}{24}a(4-a^2).$$

当 $0<a\leqslant1$ 时，$a(4-a^2)=3-(1-a)-(2+a)(1-a)^2\leqslant3$，

故当 $a=1$ 时，$a(4-a^2)$ 取最大值 3. 故 $V\leqslant\dfrac{3}{24}=\dfrac{1}{8}$.

2. 如图 A.4.2，两个相同的这种几何体可拼成一个棱长为 2S 的正四面体，故所求几何体的体积为

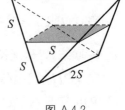

$$V=\dfrac{1}{2}\cdot\dfrac{\sqrt{2}}{12}(2S)^3=\dfrac{1}{2}\times\dfrac{\sqrt{2}}{12}\cdot(12\sqrt{2})^3=288.$$

图 A.4.2

3. 如图 A.4.3，作 $AO\perp$ 平面 BCD，垂足为 O.

过 A 作 $AE\perp BD$，垂足为 E，连 OE. 则 $OE\perp BD$，于是 $\angle AEO$ 为平面 ABD 与平面 BCD 所成二面角的平面角.

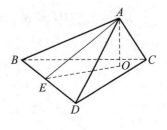

$\therefore$ $\angle AEO=30°$.

由 $S_{\triangle ABD}=\dfrac{1}{2}BD\cdot AE$，及 $S_{\triangle ABD}=120$，$BD=$

图 A.4.3

10 得 $AE=24$.

且 $AO=AE\cdot\sin\angle AEO=24\cdot\sin30°=12$.

$\therefore$ $V=\dfrac{1}{3}S_{\triangle BCD}\cdot AO=\dfrac{1}{3}\times80\times12=320$.

即这个四面体的体积为 320.

4. 设 V 是四面体 $ABCD$ 的体积，则有

$$\dfrac{V}{V_{OBCD}}=\dfrac{AA_1}{OA_1}=\dfrac{AO}{A_1O}+\dfrac{OA_1}{OA_1}=k+1,$$

同理，

$$\dfrac{V}{V_{OACD}}=\dfrac{V}{V_{OABD}}=\dfrac{V}{V_{OABC}}=k+1,$$

由此得 $k+1=\dfrac{4V}{V_{OBCD}+V_{OACD}+V_{OABD}+V_{OABC}}=\dfrac{4V}{V}=4$，即 $k=3$.

5. 在 SE 上任取一点 G，过 G 作 $GF\perp CD$ 于 F，作 $GH\perp BC$ 于 H，连 FH. 于是 $GH\parallel SC$. 因为 $SC\perp$ 平面 ABC，所以 $GH\perp$ 平面 ABC，故 $GH\perp FH$. 易知 $HF\perp CD$，且 $\angle BCD=30°$.

设 $FH=x$，则 $CH=2x$. 由 $\triangle GHE\backsim\triangle SCE$，得 $\dfrac{GH}{SC}=\dfrac{HE}{CE}$，故 $GH=$

$\dfrac{2(2\sqrt{2}-2x)}{2\sqrt{2}}=2-\sqrt{2}x$.

$\therefore$ $FG^2=FH^2+GH^2=x^2+(2-\sqrt{2}x)^2$

$$=3x^2-4\sqrt{2}\,x+4=3\left(x-\frac{2\sqrt{2}}{3}\right)^2+\frac{4}{3}.$$

当且仅当 $x=\dfrac{2\sqrt{2}}{3}$ 时，FG 有最小值 $\dfrac{2\sqrt{3}}{3}$，即 CD 与 SE 间的距离为 $\dfrac{2\sqrt{3}}{3}$.

6. 联结 AH，延长后交 BC 于 D，联结 PD，如图 A.4.4(A) 所示.

∵ $PH\perp$ 平面 ABC 于 H，$PB=PC$，∴ $HB=HC$.

又由 H 是 $\triangle ABC$ 垂心 $\Rightarrow AD\perp BC$ 于 D，则 AD 垂直平分 $BC\Rightarrow AB=AC$.

由三垂线定理，$PD\perp BC$.

这样，$\angle PDH$ 便是二面角 $P-BC-A$ 的平面角，为 $60°$，故 $PH=DH\cdot\tan\angle PDH=\sqrt{3}\,DH$.

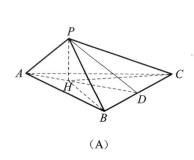
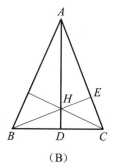

图 A.4.4

底面 $\triangle ABC$ 的移出图如图 A.4.4(B) 所示.

H 为垂心 $\Rightarrow AD\perp BC$ 及 $BE\perp AC\Rightarrow\triangle ACD\backsim\triangle AHE\backsim\triangle BHD$，且 $BD=\dfrac{1}{2}BC=1$.

又由 $\triangle ABD\cong\triangle ACD$，于是 $\triangle BHD\backsim\triangle ABD\Rightarrow\dfrac{AD}{BD}=\dfrac{BD}{DH}\Rightarrow AD\cdot DH=BD^2=1$，故 $V=\dfrac{1}{3}S_{\triangle ABC}\cdot PH=\dfrac{1}{3}\times\dfrac{1}{2}BC\cdot AD\cdot\sqrt{3}\,DH=\dfrac{\sqrt{3}}{3}$.

7. 由题中的条件得，NM 与 AC 平行且相等，从而 NM 与 KA 平行且相等，即四边形 $KNMA$ 是平行四边形（如图 A.4.5）. 于是有 $S_{\triangle KNM}=S_{\triangle AKM}$，所以 $V_{LKNM}=V_{LAKM}$.

类似地，因为

$$S_{\triangle AKM}=2S_{\triangle AKD}=2S_{\triangle CAD},$$

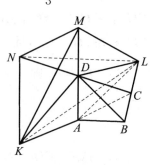

图 A.4.5

所以有 $V_{LAKM}=2V_{LAKD}=2V_{LCAD}$.

因为 $S_{\triangle CLD}=S_{\triangle BCD}$，故有 $V_{LCAD}=V_{DABC}=V$. 因此，$V_{LKNM}=V_{LAKM}=2V_{LCAD}=2V$.

8. 设底面正 $\triangle ABC$ 的内切圆半径为 r，三棱锥高为 h，侧面与底面 ABC 所成的角为 θ. 则 $S_{\triangle ABC}=3\sqrt{3}\,r^2$，$V=\dfrac{1}{3}S_{\triangle ABC}\cdot h=\sqrt{3}\,r^2 h$.

$$\therefore \quad S=S_{\triangle ABC}+\dfrac{S_{\triangle ABC}}{\cos\theta}.\ \text{又}\ \sec\theta=\sqrt{1+\tan^2\theta}=\sqrt{1+\dfrac{h^2}{r^2}}.$$

$$\therefore \quad S=S_{\triangle ABC}\left(1+\sqrt{1+8\cdot\dfrac{h^2}{8r^2}}\right)$$

$$\geqslant S_{\triangle ABC}\left(1+3\sqrt[9]{\sqrt{\dfrac{h^{16}}{8^8\cdot r^{16}}}}\right)=S_{\triangle ABC}\left(1+3\cdot\sqrt[9]{\dfrac{h^8}{8^4\cdot r^8}}\right)$$

$$\geqslant 3\sqrt{3}\,r^2\cdot 4\cdot\sqrt[12]{\dfrac{h^8}{8^4\cdot r^8}}=12\sqrt{3}\,r^2\cdot\sqrt[3]{\dfrac{h^2}{8r^2}}$$

$$=6\sqrt{3}\cdot\sqrt[3]{(r^2h)^2}=6\cdot\sqrt[3]{\sqrt{3}V^2}.$$

等号成立当且仅当 $h^2=8r^2$，即 $\theta=\arccos\dfrac{1}{3}$.

$$\therefore \quad S_{\min}=6\cdot\sqrt[3]{\sqrt{3}V^2}.$$

 **点评**

本题结论可推广到正 n 棱锥，其表面积 S 最小值为 $2\sqrt[3]{n\cdot\tan\dfrac{\pi}{n}\cdot(3V)^2}$，

当且仅当 $\theta=\arccos\dfrac{1}{3}$ 时取等号。

9. 我们证明，所有直线 K_nL_n 都过某个固定点 O，而点 O 在过顶点 A 且平行于直线 BC 的直线上，其中 $n\in\mathbf{N}^*$.

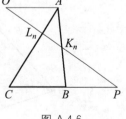

图 A.4.6

事实上，如果直线 K_nL_n 与直线 BC 交于点 P（位于射线 CB 上，如图 A.4.6），则由于 $\triangle K_nBP$ 与 $\triangle K_nAO$ 相似，所以

$$\dfrac{PB}{OA}=\dfrac{BK_n}{AK_n}=n-1.$$

由 $\triangle L_nCP$ 与 $\triangle L_nAO$ 相似，有 $\dfrac{PC}{OA}=\dfrac{CL_n}{AL_n}=n$，

因而
$$OA = nOA - (n-1)OA = PC - PB = BC.$$

同理可证,对于 $n \in \mathbf{N}^*$,所有直线 $L_n M_n$ 都过某个固定点 Q,而点 Q 在过顶点 A 且平行于 CD 的直线上.因此,对 $n \in \mathbf{N}^*$,所有平面 $K_n L_n M_n$ 都过直线 OQ.

10. (1) 如图 A.4.7,∵ $DP \parallel SC$,

∴ DP 与 SC 在同一平面 w 上,这时,中线 CD 与重心也在 w 上,于是 SM 在平面 w 上,SM 与 DP 共面.

∵ $SC \parallel DP$,而 SM 与 SC 相交,

∴ DP 与 SM 必相交于一点 D'.

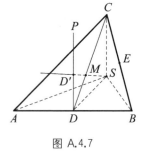

图 A.4.7

(2) ∵ $SC \perp SA$,$SC \perp SB$,∴ $SC \perp$ 面 SAB,而 $DP \parallel SC$,

∴ $DP \perp$ 面 SAB.

在 $\mathrm{Rt}\triangle ASB$ 中,D 为斜边 AB 的中点,从而 $DA = DB = DS$.由斜线长定理得 $D'A = D'B = D'S$.

∵ $\triangle DD'M \backsim \triangle CSM$,∴ $\dfrac{MD'}{SM} = \dfrac{MD}{CM} = \dfrac{1}{2}$.

同理,过 BC 的中点 E,作与 SA 平行的直线,必与 SM 相交于 E' 点,且 $E'B = E'C = E'S$,$\dfrac{ME'}{SM} = \dfrac{1}{2}$.所以点 E' 与 D' 重合,从而 $D'A = D'B = D'C = D'S$,即 D' 为三棱锥 $S\text{-}ABC$ 的外接球球心.

11. 如图 A.4.8(A),设四面体 $ABCD$ 中,$AM \perp$ 面 BDC 于 M,$BN \perp$ 面 ADC 于 N,AM 和 BN 交于点 S.

因 $CD \perp AS$,$CD \perp BS$,故 $CD \perp$ 平面 ASB,因此 $CD \perp AB$.

作 $CP \perp AB$ 于 P(如图 A.4.8(B)),则平面 $CDP \perp AB$.

$\triangle CDP$ 中的高线 CK 和 DF,即是四面体 $ABCD$ 的另外两条高线.

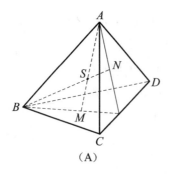

(A)

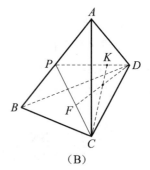

(B)

图 A.4.8

事实上,因 $CK \perp PD, CK \perp AB$,所以 $CK \perp$ 平面 ABD.同理可知,$DF \perp$ 平面 ABC.

但是,CK 和 DF 作为 $\triangle CDP$ 的高线是一定相交的,于是原题得证.

12. 如图 A.4.9,只要证明

$$\frac{\sin \alpha}{\sin A} = \frac{abc \cdot \sin \alpha \sin \beta \sin \gamma}{6V},$$

即　$V = \frac{1}{6} abc \cdot \sin \beta \sin \gamma \sin A.$

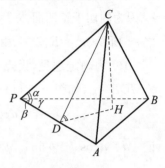

图 A.4.9

过点 C 作 $CH \perp$ 面 PAB 于 H,过 H 作 $HD \perp$ PA 于 D,连 CD,则由三垂线定理知,$CD \perp PA$.故 $\angle CDH$ 为以 PA 为棱的二面角的平面角,即 $\angle CDH = A$.

所以 $CH = CD \cdot \sin A = c \cdot \sin \beta \cdot \sin A.$

又　$S_{\triangle PAB} = \frac{1}{2} a \cdot b \cdot \sin \gamma,$

$\therefore \quad V = \frac{1}{3} S_{\triangle PAB} \cdot CH = \frac{1}{6} abc \cdot \sin \beta \sin \gamma \sin A.$

同理,$V = \frac{1}{6} abc \cdot \sin \gamma \sin \alpha \sin B = \frac{1}{6} abc \cdot \sin \alpha \sin \beta \sin C.$

$\therefore \quad \dfrac{\sin \alpha}{\sin A} = \dfrac{\sin \beta}{\sin B} = \dfrac{\sin \gamma}{\sin C}$

$$= \frac{abc \cdot \sin \alpha \sin \beta \sin \gamma}{6V}.$$

13. 设点 O 在四面体 $ABCD$ 的内部.用 P 表示直线 DO 与平面 ABC 的交点,Q 表示直线 BP 与边 AC 的交点(如图A.4.10).由三面角的性质得到

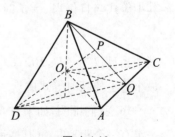

图 A.4.10

$$\angle AOB + \angle AOC = \angle AOB + \angle AOQ + \angle QOC > \angle BOQ + \angle QOC$$

$$= \angle BOP + \angle POQ + \angle QOC > \angle BOP + \angle POC$$

$$= 180° - \angle BOD + 180° - \angle COD,$$

从而 $\angle AOB + \angle AOC + \angle BOD + \angle COD > 360°$.

同理,得 $\angle AOB + \angle BOC + \angle AOD + \angle COD > 360°$,

$\angle AOC + \angle BOC + \angle AOD + \angle BOD > 360°$,

上述三个不等式相加后除以 2,即得所要证明的不等式.

14. 设正四面体 T_1 内接于正四面体 T_2,则四面体 T_1 的外接球面 S 的半径

R_1 不小于内切于四面体 T_2 的球面的半径 r_2.事实上,作平行于 T_2 各面且与球面 S 相切的平面,可以得到一个四面体 T_3,因为它与 T_2 相似,所以也是正四面体,它外切于球面 S 且包含四面体 T_2.因此,T_3 的内切球半径 $r_3 = R_1$ 不小于 r_2.因为内切于正四面体 T_1 的球面半径 r_1 是 T_1 的外接球面的半径 R_1 的三分之一,所以 $3r_1 = R_1 \geqslant r_2$.由此便得到要证明的不等式.

15. 为确定起见,设点 M 在 $\triangle ABC$ 的边 AB 上,且 $\angle MDB = \varphi$(如图 A.4.11),则

$$S = c + a\cos\varphi + b\sin\varphi.$$

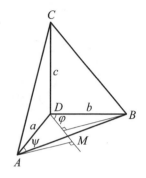

图 A.4.11

记 $\quad d = a\cos\varphi + b\sin\varphi, \psi = \arccos\dfrac{a}{\sqrt{a^2+b^2}}$,

则 $\quad d = \sqrt{a^2+b^2}(\cos\psi\cos\varphi + \sin\psi\sin\varphi)$

$$= \sqrt{a^2+b^2}\cos(\psi-\varphi) \leqslant \sqrt{a^2+b^2},$$

当且仅当 $\psi = \varphi$,即

$$\cos\psi = \frac{AD}{AB} = \cos\angle DAB,$$

也即 $DM \perp AB$ 时等式成立.其次,由平均值不等式,得到

$$S = c + d \leqslant \sqrt{2(c^2+d^2)},$$

其中等式当且仅当 $c = d$ 时成立.这就证明了所要的不等式

$$S \leqslant \sqrt{2(c^2+a^2+b^2)},$$

其中当且仅当 AD, BD, CD 是某个直角三角形的三条边,而 DM 是 $\triangle ABC$ 的最小边上的高时等式成立.

16. 我们证明,如果点 M 到棱长为 2 的正四面体各顶点的距离都是整数,则一定有一个距离是 0(其逆命题无疑是正确的).

注意,如果点 M 在四面体的棱所在直线上,不妨设在以 H 为中点的棱 AB 的直线上.

记 $MH = x, MC = y$,则有 $y > x \geqslant 0$,且 $x^2 + (\sqrt{3})^2 = y^2$,从而 $(y-x)(y+x) = 3$.由此得 $y-x = 1, y+x = 3$,因而 $x = 1$.这表明,点 M 与顶点 A 或 B 重合.

如果点 M 不在上面所说的那些直线上,则 M 到四面体各顶点的最短距离 $x > 0$,而其他的距离与 x 之差小于 2,也就是说,它们要么为 x,要么为 $x+1$.现在考虑四种情形.

（1）所有四个距离都为 x.此时 M 是四面体的半径为 $\dfrac{\sqrt{6}}{2}$ 的外接球面的球心,但因 $x\in\mathbf{N}^*$,故不可能.

（2）三个距离为 x,一个为 $x+1$.为确定起见,设 $MA=MB=MC=x$,$MD=x+1$,并设点 O 是 $\triangle ABC$ 的中心.此时 M 在射线 DO 上,且

$$x\geqslant AO=\frac{2}{\sqrt{3}}>1,$$

即 $\quad DM=x+1>2>2\sqrt{\dfrac{2}{3}}=DO=DM-MO=x+1-\sqrt{x^2-\dfrac{4}{3}}$,

由此得到

$$x+1=2\sqrt{\frac{2}{3}}+\sqrt{x^2-\frac{4}{3}}=2\sqrt{\frac{2}{3}}+\sqrt{\left(x-\frac{1}{2}\right)^2+x-\frac{19}{12}}$$

$$>\frac{3}{2}+x-\frac{1}{2}=x+1,$$

不可能.

（3）三个距离为 $x+1$,一个为 x.与情形（2）类似,可设 $MD=x\geqslant 1$,$MA=MB=MC=x+1\geqslant 2$.此时点 M 在直线 OD 上,且点 O 不能在 M 与 D 之间,否则有 $x=2\sqrt{\dfrac{2}{3}}+\sqrt{(x+1)^2-\dfrac{4}{3}}>1+x.$

因此,点 M 在射线 OD 上,且

$$2\sqrt{\frac{2}{3}}=OD=OM-MD=\sqrt{(x+1)^2-\frac{4}{3}}-x$$

$$<(x+1)-x=1<2\sqrt{\frac{2}{3}},$$

也不可能.

（4）两个距离为 x,另两个为 $x+1$.为确定起见,设 $MA=MB=x\geqslant 1$,$MC=MD=x+1\geqslant 2$.注意,$x\neq 1$(前面已证明,点 M 不能在直线 AB 上),所以 $x\geqslant 2$.设点 E 与 F 分别是线段 AB 与 CD 的中点.此时点 M 在射线 EF 上,且

$$MF=\sqrt{(x+1)^2-1}\geqslant\sqrt{3}>\sqrt{2}=EF,$$

从而有 $\quad\sqrt{(x+1)^2-1}-\sqrt{x^2-1}=MF-ME=EF=\sqrt{2}.$

但是,因 $1<x\in\mathbf{N}^*$ 时,

$$\sqrt{(x+1)^2-1}-\sqrt{x^2-1}<\sqrt{2},$$

所以也不可能.

于是,结论完全得证.

17. 如图 A.4.12 所示,取 CD,AB 的中点 M,N.在 $\triangle ABC$ 中应用中线公式,可以算出

$$CN^2=\frac{1}{4}(2AC^2+2BC^2-AB^2)=\frac{1009}{4},$$

同理,$DN^2=\frac{1}{4}(2AD^2+2BD^2-AB^2)=\frac{425}{4}.$

在 $\triangle NCD$ 中应用中线公式,得

$$d^2=MN^2=\frac{1}{4}(2DN^2+2CN^2-CD^2)=\frac{548}{4}=137.$$

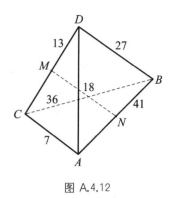

图 A.4.12

习题 4.b

1. 易知两个半径为 r_1,r_2 的外切球,在桌面上的切点间的距离为 $2\sqrt{r_1r_2}$.设小木球半径为 x.问题化为:如图 A.4.13,在 $\triangle ABC$ 中,$AB=AC=2\sqrt{2}$,$BC=4$.D 在 $\triangle ABC$ 内,$AD=2\sqrt{x}$,$BD=CD=2\sqrt{2x}$.故 AD 在 BC 边的中垂线上,于是 $AD=AE-DE=\sqrt{AB^2-BE^2}-\sqrt{BD^2-BE^2}$,即 $2\sqrt{x}=2-2\sqrt{2x-1}$ $(0<x<1)$,解得 $x=4-2\sqrt{3}$.

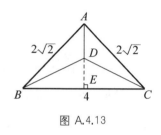

图 A.4.13

2. 因为所有四点组有 C_{10}^4 个,其中每个面上的 6 个点中任四点共面,四条依次相邻的棱的中点构成一个平行四边形(有 3 个),还有一条棱上的 3 个点及其对棱的中点也共面,故所求四点组有

$$C_{10}^4-4\cdot C_6^4-3-6=141(个).$$

3. 如图 A.4.14,因 $PA\perp BC$,$PB\perp AC$,所以 $P-ABC$ 为垂心四面体,故 $AB\perp PC$,PC 在面 PAB 上的射影落在 $\triangle ABP$ 的中线 PM 上($\because$ $PA=PB$).

作 $CH\perp PM$ 于 H,又 $AB\perp PM$,

$\therefore$ $AC^2=AM^2+MH^2+HC^2=BM^2+MH^2+HC^2=BC^2$,

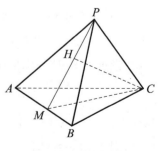

图 A.4.14

$\therefore \quad AC=BC$,

$\therefore \quad CM \perp AB \Rightarrow AB \perp 面\ PMC$.

又 $\quad 0=\overrightarrow{PA} \cdot \overrightarrow{BC}=(\overrightarrow{MA}-\overrightarrow{MP}) \cdot (\overrightarrow{MC}-\overrightarrow{MB})$

$$=\overrightarrow{MA} \cdot \overrightarrow{MC}+\overrightarrow{MP} \cdot \overrightarrow{MB}-\overrightarrow{MP} \cdot \overrightarrow{MC}-\overrightarrow{MA} \cdot \overrightarrow{MB}$$

$$=0-\overrightarrow{MP} \cdot \overrightarrow{MC}-\overrightarrow{MA} \cdot \overrightarrow{MB}(\because\ MA \perp MC, MP \perp MB),$$

$\therefore \quad \overrightarrow{MP} \cdot \overrightarrow{MC}=\left(\dfrac{a}{2}\right)^2, MP \cdot MC=\dfrac{a^2}{2}$.

$\therefore \quad V_{P-ABC}=V_{C-PAB}=\dfrac{1}{3}S_{ABP} \cdot CH=\dfrac{1}{3} \cdot \dfrac{1}{2} \cdot AB \cdot MP \cdot CM \cdot \sin 60°$

$$=\dfrac{1}{6} \cdot a \cdot \dfrac{a^2}{2} \cdot \dfrac{\sqrt{3}}{2}=\dfrac{\sqrt{3}}{24}a^3.$$

4. 分三种情况:

(1) 4 个点在 α 同一侧,有 4 个平面;

(2) 在 α 一侧一个点,另一侧 3 个点.如图 A.4.15,A_1 与 $A_2A_3A_4$,可找到 4 个 α,共有 $4 \times 4=16$ 个平面;

(3) 在 α 两侧各有 2 个点,有 $3 \times 4=12$ 个平面. 共 $4+16+12=32$ 个平面.

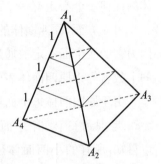

图 A.4.15

5. 正四面体 $ABCD$ 在平面上的投影即是四个顶点在平面上投影的凸包.

(1) 若凸包为三角形,则投影即是一个面的投影,投影面积不大于正四面体一个面的面积.此时投影面积的最大值为 $\dfrac{\sqrt{3}}{4}$;

(2) 若凸包为四边形(如图 A.4.16 所示),则投影面积

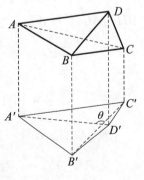

图 A.4.16

$$S=\dfrac{1}{2}A'D' \cdot B'C' \cdot \sin \theta \leqslant \dfrac{1}{2}AD \cdot BC=\dfrac{1}{2},$$

此时投影面积的最大值为 $\dfrac{1}{2}$.

综上,由于 $\dfrac{1}{2}>\dfrac{\sqrt{3}}{4}$,故投影面积的最大值为 $\dfrac{1}{2}$.当投影平面与正四面体的一

组对棱都平行时,取得最大值.

6. 如图 A.4.17,由正四面体的性质知:$AO=\frac{\sqrt{6}}{3}a$,

$OE=\frac{\sqrt{3}}{6}a$,从而 $r=\frac{1}{2}OE=\frac{\sqrt{3}}{12}a$,$h=\frac{1}{2}AO=\frac{\sqrt{6}}{6}a$.故

$S_{侧}=2\pi r\cdot h=2\pi\cdot\frac{\sqrt{3}}{12}a\cdot\frac{\sqrt{6}}{6}a=\frac{\sqrt{2}}{12}\pi a^2$.

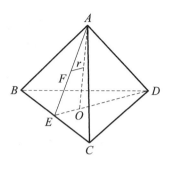

图 A.4.17

7. 由于所作的任意一个平面都包含联结四面体对棱中点的线段之一,故所有这些平面都通过这些线段的交点,而这个交点是在四面体内部的.因此,所作的 6 个平面将整个空间分解成具有公共顶点的多面角.这表明,这些小四面体的任何一个必定有一个面是属于原四面体的一个面的.

另一方面,原四面体的两个面绝不可能成为同一个小四面体的两个面.这是因为它的两个面一定被通过它们的公共棱的平面互相分离.这样一来,小四面体的个数就等于原四面体表面被分成的块数.

由于原四面体每个面被分成 6 块(被它的中线所分),整个的块数就是 $6\times4=24$.考虑到关于六个平面中任何一个的对称性,可以得知,所有的小四面体彼此相等,因而每一个的体积都等于 $\frac{1}{24}$.

8. 如图 A.4.18,过 P 作 $PO\perp$ 面 ABC 于 O,$PH\perp AC$ 于 H,则

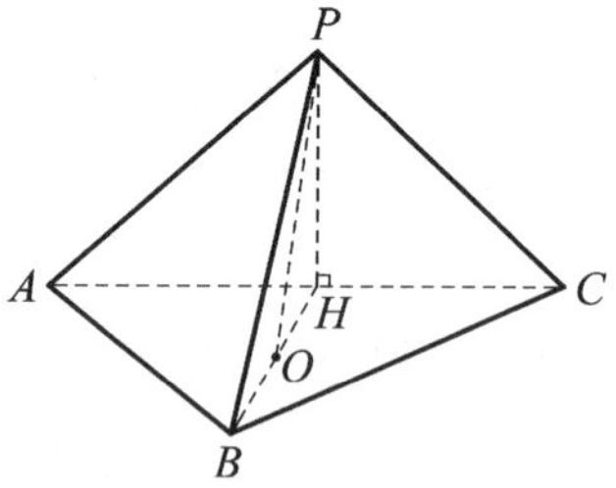

$$\frac{4}{3}=V_{P\text{-}ABC}=\frac{1}{3}\cdot S_{\triangle ABC}\cdot PO$$

图 A.4.18

$$=\frac{1}{3}\cdot\frac{1}{2}AB\cdot AC\cdot\sin\angle BAC\cdot PO\leq\frac{2\sqrt{2}}{3}PH.\qquad(1)$$

当且仅当 $\angle BAC=90°$,且 $PH=PO$,即面 $PAC\perp$ 面 ABC 时等号成立.

又 $PA+PC=4$,故当 $PA=PC=2$ 时,$PH_{max}=\sqrt{2^2-(\sqrt{2})^2}=\sqrt{2}$,此时 $\frac{2\sqrt{2}}{3}\cdot PH\leq\frac{4}{3}$,故式(1)中等号成立.

从而 $PH=AH=HC=\sqrt{2}$,$\triangle PAC$ 为 Rt△,$S_{\triangle PAC}=2$,$BC=2\sqrt{3}$,$BH=\sqrt{6}$,$PB=2\sqrt{2}$,$\triangle PAB$ 为 Rt△,$S_{\triangle PAB}=2$.

于是 $PC=2, PB=2\sqrt{2}, BC=2\sqrt{3}$,

∴ $S_{\triangle PBC}=2\sqrt{2}$. 故 $S_{侧}=4+2\sqrt{2}$.

9. 如图 A.4.19,过点 M 的截面为 $EFGHL$.易证 $EF\underline{\underline{\parallel}}HL$.又 $PO\perp$ 面 $ABCD, BD\perp AC$,

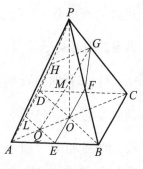

∴ $PA\perp BD, EF\perp EL$.

又 $FH\parallel BD, P-ABCD$ 为正四棱锥,

∴ $PH=PF$,从而 $GF=GH$,即截面 $EFGHL$ 是由两个全等的直角梯形构成.因 $EL\parallel BD, \triangle AEL$ 为等腰 Rt△.

图 A.4.19

若 EL, AC 交于点 Q,设 $EQ=x$,则 $QL=x$.

$$\frac{EF}{PA}=\frac{BE}{BA}=\frac{OQ}{OA}=\frac{\frac{3\sqrt{2}}{2}-x}{\frac{3\sqrt{2}}{2}}\Rightarrow EF=\left(1-\frac{\sqrt{2}}{3}x\right)PA,$$

同理,$QG=\left(1-\frac{\sqrt{2}}{6}x\right)PA$.又 $PA=\sqrt{PO^2+OA^2}=\frac{9}{2}\sqrt{2}$,

$$S_{截}=(EF+QG)\cdot EQ=\left(2-\frac{\sqrt{2}}{2}x\right)\cdot\frac{9\sqrt{2}}{2}x$$

$$=-\frac{9}{2}x^2+9\sqrt{2}x$$

$$=-\frac{9}{2}(x-\sqrt{2})^2+9.$$

故当且仅当 $x=\sqrt{2}$ 时,$S_{截max}=9$.

10. 首先证明 $n=6$ 不成立.如图 A.4.20,取 A, B, C, D 及 AB, CD 中点连线 $HF\left(=\frac{\sqrt{2}}{2}a\right)$ 上的两个

点 H', F',使 $H'F'>\frac{a}{2}$,则这 6 个点两两之间的距离均 $>\frac{a}{2}$.故 $n\geq 7$.

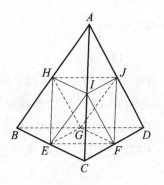

图 A.4.20

再证 $n=7$ 时,必有两点之间的距离 $\leq\frac{a}{2}$.事实上,联结四面体每相邻两条棱的中点,将这个实心四

面体分为 4 个小四面体和 1 个中心八面体.若每个小四面体上有 2 个点,则结论成立.否则每个小四面体上至多有一个点,此时八面体中至少有 3 个点,则必有两点的距离 $\leqslant \dfrac{a}{2}$.故至少要 7 个点.

11. 由截面与底面成 $75°$ 二面角,可知截面与底面的交线必与一个半径为 $r = \dfrac{\sqrt{6}}{3}(2 - \sqrt{3})a$($a$ 为棱长)的圆相切(圆心为 $\triangle BCD$ 的中心),如图 A.4.21,其中 l_1, l_2, l_5, l_6 所在的等腰三角形的两腰均为 A 发出的线段,而 l_3, l_4 所在的等腰三角形一腰为 l_3 或 l_4,一腰为 A 发出的线段,即对于顶点 B 有 6 个等腰三角形,故共有 $3 \times 6 = 18$ 个等腰三角形截面.

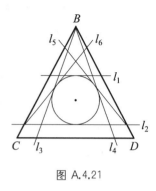

图 A.4.21

12. 先证明四面体的高 DH 为小球的直径.过 H 分别作 $HE \perp AB$ 于 E,$HF \perp AC$ 于 F,

则
$$AE = AF = AD \cdot \cos \angle DAB = \frac{3}{\sqrt{2}},$$

$$\cos \angle HAE = \sqrt{\frac{1 + \cos \angle BAC}{2}} = \frac{3}{\sqrt{10}},$$

所以 $AH = \dfrac{AE}{\cos \angle HAE} = \sqrt{5}$,从而 $DH = \sqrt{AD^2 - AH^2} = 2$.由此可知大球的球心也在 DH 上,故 $AD = BD = CD$,$AB = AC = 3\sqrt{2}$.因此 $S_{\triangle ABC} = \dfrac{27}{5}$,

$$V_{ABCD} = \frac{18}{5}.$$

13. 如图 A.4.22,因截面 $EFGH \parallel DC$,所以 $DC \parallel EF \parallel GH$,故 $HG \parallel$ 平面 BCD.设过 HG 且与平面 BCD 平行的平面交 AB 于 T,则多面体 AB-$EFGH$ 被分成锥体 A-GHT 与三棱柱 HGT-EFB.记 $V_{A\text{-}BCD} = V$,由题设知 $CF : FB = k : 1$,从而

$$\frac{AG}{AC} = \frac{AT}{AB} = \frac{AH}{AD} = \frac{1}{k+1},$$

于是 $V_{A\text{-}HGT} = \left(\dfrac{1}{k+1}\right)^3 \cdot V.$

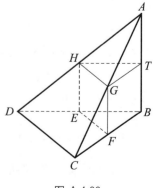

图 A.4.22

三棱锥 A-HGT 与三棱柱 HGT-EFB 共底,且 A,T,B 三点共线,

故

$$\frac{V_{HGT-EFB}}{V_{A-HGT}}=\frac{3BT}{AT}=\frac{3k}{1},$$

$$V_{HGT-EFB}=\frac{3k}{(k+1)^3}V,$$

所以　$V_{AB-EFGH}=\dfrac{1+3k}{(k+1)^3}V$,而 $V_{DC-EFGH}=V-V_{AB-EFGH}=\dfrac{k^3+3k^2}{(k+1)^3}V,$

故

$$\frac{V_{CD-EFGH}}{V_{AB-EFGH}}=\frac{k^2(3+k)}{1+3k}.$$

14. 设正四面体的棱长为 a,将其补形成一个棱长

为 $b=\dfrac{\sqrt{2}}{2}a$ 的正方体(如图A.4.23).

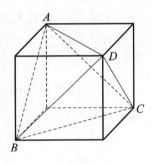

设正方体自 A 点引出的三条棱与平面 M 的垂线

所成的角分别为 α,β,γ,则有

$$\cos^2\alpha+\cos^2\beta+\cos^2\gamma=1. \qquad (2)$$

图 A.4.23

(作 $AE\perp$ 平面 M,且使 $AE=1$.以 AE 为对角线作一

长方体,使其长、宽、高分别与正方体的三条棱平行,则

它们分别为 $\cos\alpha,\cos\beta,\cos\gamma$,从式(2)成立.)因此正方体 12 条棱在平面 M

上的射影的平方和为

$$4b^2(\sin^2\alpha+\sin^2\beta+\sin^2\gamma)=4b^2(3-\cos^2\alpha-\cos^2\beta-\cos^2\gamma)$$

$$=8b^2=4a^2,\text{是定值.}$$

又正方体每个面的射影为平行四边形,所以这个面的两条对角线射影的平

方和等于四条边射影的平方和,而四面体的棱恰为上述正方体的面对角线,所以

正四面体各棱在任一平面 M 上射影的平方和恰等于正方体 12 条棱射影的平方

和,即为定值 $4a^2$.

15. 对三面角 S-ABC,在其内取一点 O,对 O 作 S-ABC 各面的垂线,得

到它的补三面角 O-$A'B'C'$.补三面角的各面角与 S-ABC 的三条棱上的二面

角互补.因为 O-$A'B'C'$ 的面角和 $<2\pi$,所以 S-ABC 的三个二面角的和 $>\pi$.对

于四面体,将它的每个三面角的各面角相加,得到四面体的二面角之和

$>\dfrac{4\pi}{2}=2\pi.$

又由习题 3.b 的第 11 题知:作四面体的面积向量 $\vec{b}\times\vec{c},\vec{c}\times\vec{d},\vec{d}\times\vec{b},(\vec{d}-$

$\vec{b})\times(\vec{c}-\vec{b})(\overrightarrow{AB}=\vec{b},\overrightarrow{AC}=\vec{c},\overrightarrow{AD}=\vec{d})$,易知它们的和为 $\vec{0}$,因而它们可以组成

（空间）四边形,四边形的角即为原四面体的 4 个二面角.易知空间四边形的内角和 $<2\pi$,而四个向量可以依不同顺序组成四边形,所以

$$\alpha_1+\alpha_2+\beta_1+\beta_2<2\pi,$$
$$\alpha_1+\alpha_2+\gamma_1+\gamma_2<2\pi,$$
$$\beta_1+\beta_2+\gamma_1+\gamma_2<2\pi,$$

其中 α_1 与 α_2,β_1 与 β_2,γ_1 与 γ_2 均是一对对棱处的二面角.将以上三式相加即得四面体二面角之和 $<3\pi$.

16. 如图 A.4.24,只需证明四面体 $OEFG$,$OEGH$,$OEHF$ 的体积相等,则 EO 与 $\triangle FGH$ 的交点 M 使 $\triangle MFG$,$\triangle MGH$,$\triangle MFH$ 的面积相等,于是 M 即为 $\triangle FGH$ 的重心.

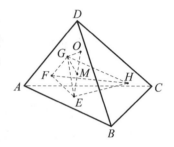

图 A.4.24

设正四面体的二面角为 α,棱与高的夹角为 β,又设 E 到 BC,CA,AB 的距离分别为 x,y,z,则

$$\angle FEG=\pi-\alpha,EF=z\sin\alpha,EG=y\sin\alpha,$$
$$S_{\triangle EGF}=\frac{1}{2}EF\cdot EG\cdot\sin\alpha=\frac{1}{2}yz\sin^3\alpha.$$

因面 $EGF\perp AD$,所以 O 到面 EGF 的距离等于 OE 在 AD 上的射影.设 E 在 BC 上的射影为 P,易知面 $OBC\perp AD$,所以 OE 在 AD 上的射影即 EP 在 AD 上的射影.设 $EP=x$,它与 AD 的夹角为 β,则在 AD 上的射影为 $x\cos\beta$,故

$$V_{O-EFG}=\frac{1}{3}x\cos\beta\cdot\frac{1}{2}yz\sin^3\alpha=\frac{1}{6}xyz\sin^3\alpha\cos\beta.$$

同理,得 V_{O-EGH},V_{O-EFH} 也等于 $\frac{1}{6}xyz\sin^3\alpha\cos\beta$,所以结论成立.

17. 将四面体沿 AB,AC,AD 剪开铺平（如图 A.4.25）.这时 B,C,D 分别为 $\triangle A_1A_2A_3$ 的三边中点,所以 $\triangle BCD\backsim\triangle A_1A_2A_3$.$E$ 是 $\triangle A_1A_2A_3$ 的垂心,所以 $A_1E=2BH=2h_1$.

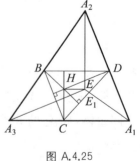

图 A.4.25

设 A_1E 交 CD 于 E_1,则由于 $\triangle A_1DC\cong\triangle BCD$（等腰四面体各面全等）,所以 $A_1E_1=h_1+h_2$,从而 $EE_1=A_1E-A_1E_1=h_1-h_2$,$h^2=AE^2=A_1E_1^2-EE_1^2=(h_1+h_2)^2-(h_1-h_2)^2=4h_1h_2$,故 $h=2\sqrt{h_1h_2}$.

设 G 为 $\triangle BCD$ 的重心,则 G 也是 $\triangle BCD$ 与 $\triangle A_1A_2A_3$ 的位似中心,所以

G,H,E 三点共线,并且 $HG=\dfrac{1}{2}GE$.

另一方面,由欧拉定理知 H,G,O 三点共线,且 $HG=2GO$,因此 H,O,E 三点共线,O 为 HE 的中点.

习题 4.c

1. 如图 A.4.26(A)所示,六面体 $ABCDE$ 的内切球半径 r 是等边 $\triangle BCD$ 的中心 O 到一个面 ABD 的垂线长 OR.而 OR 又是直角 $\triangle AOM$ 的斜边 AM 上的高,所以 $r=OR=\dfrac{AO\times OM}{AM}$.

又 $AM=\dfrac{\sqrt{3}}{2}a$,$OM=\dfrac{\sqrt{3}}{6}a$,因此 $AO=\dfrac{\sqrt{6}}{3}a$,所以 $r=\dfrac{\sqrt{6}}{9}a$.

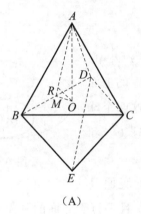
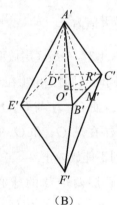

(A)   (B)

图 A.4.26

另一方面,如图 A.4.26(B)所示,正八面体 $A'B'C'D'E'F'$ 的内切球半径 r' 是正方形 $B'C'D'E'$ 的中心 O' 到一个面 $A'B'C'$ 的垂线长 $O'R'$.而 $O'R'$ 是直角 $\triangle A'O'M'$ 的斜边 $A'M'$ 上的高,所以

$$r'=O'R'=\frac{A'O'\times O'M'}{A'M'}.$$

又 $A'M'=\dfrac{\sqrt{3}}{2}a$,$O'M'=\dfrac{a}{2}$,从而 $A'O'=\dfrac{\sqrt{2}}{2}a$,于是 $r'=\dfrac{\sqrt{6}}{6}a$.

所以 $\dfrac{r}{r'}=\dfrac{2}{3}$.由于 2 和 3 互素,因此 $m=2,n=3$,从而 $mn=6$.

2. 因正四面体的高 $h=\dfrac{\sqrt{6}}{3}a$,从而其外接球半径 $R=\dfrac{3}{4}h=\dfrac{\sqrt{6}}{4}a$.又由例 8 中

的点评 2°知,棱切球半径 $\rho=\dfrac{R}{\sqrt{3}}=\dfrac{\sqrt{2}}{4}a$,故其体积 $V=\dfrac{4}{3}\pi\rho^3=\dfrac{4}{3}\pi\cdot\left(\dfrac{\sqrt{2}}{4}a\right)^3=$

$\dfrac{\sqrt{2}}{24}\pi a^3$.

3. 设球面上过 P 的三条两两垂直的弦分别为 PA,PB,PC,则

$$PA^2+PB^2+PC^2=4R^2=1.$$

不妨设 $PC=2\cdot PA$,则 $5PA^2+PB^2=1$,于是由柯西不等式得

$$PA+PB+PC=3PA+PB\leqslant\sqrt{\left(\left(\dfrac{3}{\sqrt{5}}\right)^2+1^2\right)(5PA^2+PB^2)}=\dfrac{\sqrt{70}}{5}.$$

当且仅当 $5PA=3PB$,即 $PA=\dfrac{3}{\sqrt{70}}$, $PB=\dfrac{5}{\sqrt{70}}$, $PC=\dfrac{6}{\sqrt{70}}$ 时等号成立.故三条

弦长之和的最大值为 $\dfrac{\sqrt{70}}{5}$.

4. 如图 A.4.27,在最底层放两个球 O_1 与 O_2,它 们彼此相切,同时与圆柱相切.在球 O_1 与 O_2 的上面 放球 O_3 和 O_4,使 O_1O_2 与 O_3O_4 垂直,且这四个球 两两相切.同样在球 O_3 和 O_4 的上面放球 O_5 和 O_6,……,直到不能放为止.

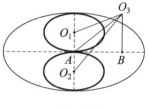

图 A.4.27

显然,最底层两个球的球心比圆柱下底面高
R.下面来计算球心 O_3,O_4 比过球心 O_1,O_2 且平行于底面的平面升高的高度
$d=O_3B$.设球 O_1 与 O_2 相切于 A 点,因 $O_1O_2=2R$, $O_2O_3=2R$, $O_1A=2R$,
R,所以 $O_3A=\sqrt{3}R$.

又由球 O_3 与圆柱相切,所以 $AB=2R-R=R$,从而

$$d=O_3B=\sqrt{(\sqrt{3}R)^2-R^2}=\sqrt{2}R.$$

设在球 O_1 与 O_2 上能放 k 层球,则 k 满足:$22R-\sqrt{2}R<R+\sqrt{2}R\cdot k+$
$R\leqslant22R$,解得 $k=14$,即最多能装 30 个球.

5. 如图 A.4.28,作轴截面,则椭圆的短轴长为 $2b=12$,

$\cos\alpha=6\div\dfrac{13}{2}=\dfrac{12}{13}$,所以 $a=\dfrac{6}{\cos\alpha}=\dfrac{13}{2}$,故 $2a=13$.

6. $2+2\sqrt{6}$.

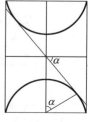

图 A.4.28

7. 考虑圆台过 O_2 的轴截面,再作过 O_2 与圆台的轴垂直的截面,该截面与圆台交于圆 O,易求得 $OO_2=4$.原题等价于:在以 O 为圆心、4 为半径的圆上,除 O_2 外最多还可放入几个点,使以这些点及 O_2 为圆心、3 为半径的圆彼此至多有一个公共点.由此可求得还可以放入 2 个球.

8. 记四面体的体积为 V,Q_i 和 S_i 分别是 A_i 所对的旁切球球心和所对面面积,则

$$V = V_{O_1-A_1A_3A_4} + V_{O_1-A_1A_2A_4} + V_{O_1-A_1A_2A_3} - V_{O_1-A_2A_3A_4}$$

$$= \frac{1}{3}(S_2+S_3+S_4-S_1)r_1,$$

$$\therefore \quad \frac{1}{r_1} = \frac{S-2S_1}{3V}, \text{其中} S=S_1+S_2+S_3+S_4.$$

同理有 $\dfrac{1}{r_k} = \dfrac{S-2S_k}{3V}(k=2,3,4)$.

$$\therefore \quad \sum_{k=1}^{4}\frac{1}{r_k} = \sum_{k=1}^{4}\frac{S-2S_k}{3V} = \frac{2}{3}\sum_{k=1}^{4}\frac{S_k}{V}.$$

而 $V=\dfrac{1}{3}S_kh_k$,$\displaystyle\sum_{k=1}^{4}\frac{1}{h_k} = \frac{1}{3}\sum_{k=1}^{4}\frac{S_k}{V}$,从而 $\displaystyle\sum_{k=1}^{4}\frac{1}{r_k} = 2\sum_{k=1}^{4}\frac{1}{h_k}$.

9. 如图 A.4.29,要使这些球的半径最大,必须使 8 个角上的球都与正方体的 3 个面相切,且它们均与中间的一个球相切.易知这些球心在正方体的对角线上.考察对角面 BDD_1B_1 上的 5 个球 O_1,O_3,O_5,O_7,O_9.

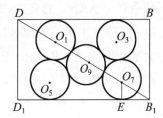

图 A.4.29

$DD_1=1$,$B_1D_1=\sqrt{2}$,$DB_1=\sqrt{3}$.作 $O_7E\perp B_1D_1$ 于 E,由 $\triangle O_7EB_1 \backsim \triangle DD_1B_1$,得

$$DD_1:O_7E = DB_1:O_7B_1.$$

设球的半径为 r,即 $1:r=\sqrt{3}:O_7B_1$,$\therefore \quad O_7B_1=\sqrt{3}r$.

又 $DB_1=DO_1+O_1O_7+O_7B_1$,得 $\sqrt{3}=2\sqrt{3}r+4r$,

$$\therefore \quad r=\frac{\sqrt{3}}{2\sqrt{3}+4} = \frac{2\sqrt{3}-3}{2}.$$

10. 在给定点中取 A,B,C,使得其余的点都在平面 ABC 的同一侧.设 D,E 是另外两个已知点.若 E 在过点 A,B,C,D 的球面 S 的内部,则 D 就在过点 A,B,D,E 的球面的外部,与题目所给定的条件矛盾.因此点 E 必在 S 上.这就证明

了所有的点都在一个共同的球面上.

11. 设空间四边形 $ABCD$ 的边 AB,BC,CD,DA
分别与球面相切于 E,F,G,H 四点(如图 A.4.30),则

$$AE=AH,BE=BF,$$
$$CF=CG,DG=DH.$$

若 EH 与 BD 相交于 M,则

$$1=\frac{MB}{MD}\cdot\frac{HD}{HA}\cdot\frac{EA}{EB}=\frac{MB}{MD}\cdot\frac{HD}{EB}$$
$$=\frac{MB}{MD}\cdot\frac{GD}{FB}=\frac{MB}{MD}\cdot\frac{FC}{FB}\cdot\frac{GD}{GC},$$

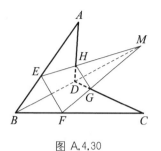

图 A.4.30

所以 FG 也与 BD 相交于 M,四边形 $EFGH$ 是一个平面四边形.

若 $EH/\!/BD$,则 $FG/\!/BD$(若 FG 与 BD 相交于 M,则由上面推理得 EH
与 BD 相交于 M).四边形 $EFGH$ 仍是平面四边形.

由于平面与球面的交线是圆,所以四边形 $EFGH$ 内接于圆.

12. 如图 A.4.31,设球 S 的球心为 O,半径为 1.以
O,A 为焦点,作长轴长为 1 的椭球.过 $\triangle ABC$ 的外心
作垂直于 $\triangle ABC$ 的直线,交椭球于 O',O''.延长 OO',
OO'' 交球 S 于 F,D.分别以 O',O'' 为球心,$O'A,O''A$ 长
为半径作球 O'、球 O''.由于

$$O'F=1-OO'=O'A,\quad O''D=1-OO''=O''A,$$

所以球 O'、球 O'' 均与球 S 相切.又因为 $O'O''/\!/OA$,所
以 O',O'' 关于 OA 的中垂面对称.于是有

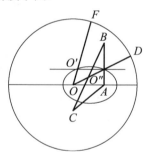

图 A.4.31

$$O'A+O''A=O'A+O'O=1,$$

故这两个球的半径之和等于球 S 的半径.

13. 若给定的 6 个点有 4 个不在一个平面内,则过这 4 点存在唯一一个球面
S.因给定点中任意 5 个点均在一个球面上,故它们全在这个球面 S 上.

若给定的 6 个点中任意 4 个点都共面,考虑其中任意 3 点,因为它们在一个
球面上,故不共线.这 3 个点确定一个平面 P.因为任意 4 点都在同一平面内,所
以其余 3 点也在平面 P 内,即 6 个点都在平面 P 内,设它们是 $A,B,C,D,E,$
F.又设过 A,B,C,D,E 这 5 点的球面为 S,则 S 与 P 相截的圆周包含 $A,B,C,$
D,E.又 A,B,C,D,F 共球,它与 P 相截的圆周包含 A,B,C,D,F.但过 $A,B,$
C 的圆是唯一的,所以 A,B,C,D,E,F 六点共圆,从而过这 6 个点可以作一个

球面(实际上可作无限个球面).

14. 如图 A.4.32(A),不妨设圆锥的底圆半径为 1,高 $PN=h$.显然,平面与圆锥相截得一椭圆.记椭圆长轴的端点为 A,C,其中 A 在底面圆周上.设 AB 为底面圆周上的直径($AB=2$),M 是高 PN 的中点,O 是 AC 的中点,即椭圆的中心.又设 OE 是椭圆的短半轴.延长 PE,PO,分别与圆锥底面相交于 F,G.显然,

$$FG \perp AB, OE \perp CA.$$

如图 A.4.32(B),观察 $\triangle APB$,联结 NO 并延长交 AP 于 D.因为 N,O 分别是 AB,AC 的中点,故 D 是 AP 的中点,从而 O 是 $\triangle ANP$ 的重心.由此可知,G 是 AN 的中点,且

$$PC:PB=DO:DN=1:3.$$

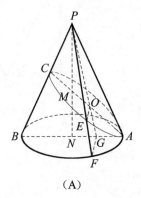
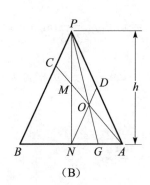

$$(A) \qquad\qquad (B)$$

图 A.4.32

设点 P 到直线 AC 的距离为 d,圆锥的体积为 V,较小部分的体积为 V_1,则

$$V=\frac{1}{3}\pi h, V_1=\frac{1}{3}\pi d \cdot OA \cdot OE.$$

又

$$d \cdot OA = S_{\triangle PCA} = \frac{1}{3}S_{\triangle PAB} = \frac{1}{3} \cdot \frac{1}{2}AB \cdot h = \frac{1}{3}h,$$

故

$$V_1 = \frac{1}{9}\pi h \cdot OE = \frac{1}{3}V \cdot OE.$$

因为

$$FG^2 = AG \cdot GB = \frac{1}{2} \cdot \frac{3}{2} = \frac{3}{4},$$

所以

$$FG = \frac{\sqrt{3}}{2}.$$

再由

$$OE:FG = PO:PG = 2:3,$$

得

$$OE = \frac{2}{3}FG = \frac{\sqrt{3}}{3},$$

于是 $V_1 = \frac{1}{3}V \cdot \frac{\sqrt{3}}{3}$，即 $V_1 : V = \sqrt{3} : 9$.

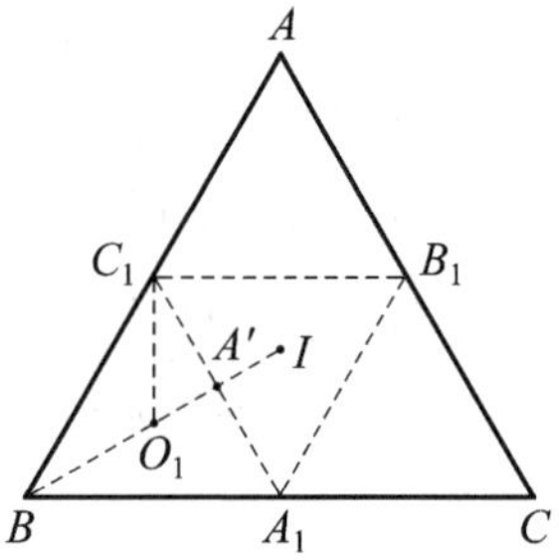

15. 如图 A.4.33，设 O 为球心，I 为底面 $\triangle ABC$ 的中心，以 $\triangle A_1BC_1$ 为底的三棱锥的顶点为 H，$\triangle A_1BC_1$ 的中心为 O_1，连 BI，交 A_1C_1 于 A'. 则 O 到 $A'H$ 的距离为 $R = OI$，故 O 在 $\angle IA'H$ 的平分线上.

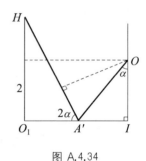

图 A.4.33

如图 A.4.34，设 $\angle A'OI = \alpha$，则 $\angle OA'I = 90° - \alpha$，$\angle HA'O_1 = 180° - 2(90° - \alpha) = 2\alpha$.

故

$$\tan 2\alpha = \frac{2}{\frac{1}{2\sqrt{3}}} = 4\sqrt{3} = \frac{2\tan\alpha}{1 - \tan^2\alpha}$$

$$\Rightarrow \tan^2\alpha + \frac{1}{2\sqrt{3}}\tan\alpha - 1 = 0$$

$$\Rightarrow \tan\alpha = \frac{\sqrt{3}}{2}\text{（负根舍去）}.$$

图 A.4.34

故 $R = OI = \frac{A'I}{\tan\alpha} = \frac{\frac{1}{2\sqrt{3}}}{\frac{\sqrt{3}}{2}} = \frac{1}{3}$.

16. 用反证法. 假设这三条大圆弧两两无公共点. 用 l_1, l_2, l_3 记这三条大圆弧，并设 l_1 与 l_2 所在的平面相交于球面上的点 A, A_1，则 A 与 A_1 为球的直径的两个端点.

由于 l_1 的度数为 $300°$，因此 A, A_1 中至少有一个属于 l_1，不妨设 $A \in l_1$. 同理，A, A_1 中至少有一个属于 l_2. 由于 l_1 与 l_2 无公共点，所以 $A_1 \in l_2$.

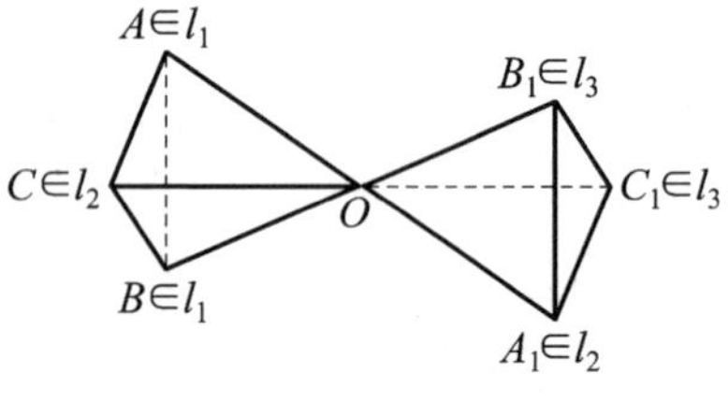

第三条大圆弧 l_3 不过 A, A_1，所以它所在的平面不过 A, A_1. 设这个平面与前两个平面分别交于 B, B_1 及 C, C_1，则 BB_1 与 CC_1 均为球的直径. 并且，可以设 $B \in l_1$，$B_1 \in l_3$，$C \in l_2$，$C_1 \in l_3$.

设球心为 O，则以上各点与 O 构成图 A.4.35 中的对顶三面角. 由于 $A, B \in l_1$，$A_1, B_1 \notin l_1$，所以

$$\angle A_1OB_1 < 360° - 300° = 60°.$$

同理, $\angle COB<60°$, $\angle AOC_1<60°$.

于是 $\angle AOC=180°-\angle AOC_1>120°$.

但由三面角的性质, 每个面角小于另外两个面角的和, 所以

$$\angle AOC<\angle AOB+\angle COB=\angle A_1OB_1+\angle COB<60°+60°=120°,$$

矛盾! 这表明三条大圆弧中至少有两条有公共点.

17. 设原棱台中较大底面 M_1 的面积为 S_1, 较小底面 M_2 的面积为 S_2, 由原棱台截出的两个棱台的公共底面 M_0 的面积为 S_0. 延长棱台的侧棱到它们的交点 T, 并用 P_1, P_2 与 P_0 分别表示以 T 为顶点, M_1, M_2 与 M_0 为底面的棱锥(如图 A.4.36).

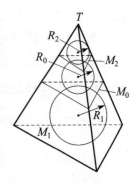

图 A.4.36

底面 M_1 与 M_0 关于点 T 的位似关系可以转化为棱锥 P_1 与 P_0 的内切球面之间的位似关系. 同样, 底面 M_0 与 M_2 的位似关系也可转化为棱锥 P_0 与 P_2 的内切球面之间的位似关系. 因此, 在棱锥 P_1, P_2, P_0 的内切球面半径 R_1, R_2, R_0 与侧面积 Q_1, Q_2, Q_0 之间分别有如下的比例关系: $\dfrac{R_0}{R_1}=\dfrac{R_2}{R_0}$,

$$\frac{Q_2}{Q_1}=\frac{S_2}{S_1}=\frac{R_2^2}{R_1^2}.$$

一方面, 棱锥 P_2 的体积等于 $\dfrac{1}{3}R_2(Q_2+S_2)$, 另一方面, 因为半径为 R_0 的球面在棱锥 P_2 外面与它相切, 所以 P_2 的体积又等于 $\dfrac{1}{3}R_0(Q_2-S_2)$. 因此

$$R_2(Q_2+S_2)=R_0(Q_2-S_2),$$

从而

$$\frac{Q_2-S_2}{Q_2+S_2}=\frac{R_2}{R_0}=\frac{R_2}{\sqrt{R_1R_2}}=\frac{\sqrt{R_2}}{\sqrt{R_1}}=\frac{\sqrt[4]{S_2}}{\sqrt[4]{S_1}},$$

即 $(Q_2-S_2)\sqrt[4]{S_1}=(Q_2+S_2)\sqrt[4]{S_2}$. 于是得到 $\dfrac{Q_2}{S_2}=\dfrac{\sqrt[4]{S_1}+\sqrt[4]{S_2}}{\sqrt[4]{S_1}-\sqrt[4]{S_2}}$. 最后有

$$S=Q_1-Q_2=\frac{Q_2}{S_2}(S_1-S_2)=\frac{\sqrt[4]{S_1}+\sqrt[4]{S_2}}{\sqrt[4]{S_1}-\sqrt[4]{S_2}}(S_1-S_2)$$

$$=(\sqrt{S_1}+\sqrt{S_2})(\sqrt[4]{S_1}+\sqrt[4]{S_2})^2.$$

18. 由于射线 AC' 与 AB' 垂直于公共半径 OA, 所以 $\angle C'AB'$ 就是由分别过

点 C 与 B 以及棱 OA 的面组成的二面角的平面角（如图 A.4.37）．同样，$\angle D'AB'$ 是由分别过点 D 与 B 以及棱 OA 的平面组成的二面角的平面角．因为所说的二面角关于直线 OB 是对称的（直线 OA 与自己对称，点 C 与 D 对称），所以它们相等，即 AB' 是 $\angle C'AD'$ 的平分线．$\angle C'AB' = \angle D'AB'$．

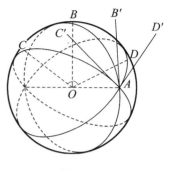

图 A.4.37

19. 易知等面四面体的外心 O 在各面的射影 O_i 平分线段 H_iE_i，这里 H_i 为各面的垂心，E_i 为高 A_iE_i 与底面的交点（$i=1,2,3,4$）．

由于等面四面体的外心、内心合一，所以外心 O 到各面的距离 $r = \dfrac{h}{4}$，这里 $h = A_iH_i$（因为 $4r$ 与 h 乘底面都等于四面体体积的 3 倍）．

由于各面全等，所以 $O_iH_i(i=1,2,3,4)$ 均相等，设其值为 b，则

$$OE_i = OH_i = \sqrt{b^2 + \left(\frac{h}{4}\right)^2} \quad (i=1,2,3,4).$$

设 F_i 为 A_iH_i 的中点．由于 O 到各面的距离为 $\dfrac{h}{4}$，所以 $OF_i = OH_i$．

因此，$F_i,H_i,E_i(i=1,2,3,4)$ 都在以 O 为中心，$\sqrt{b^2 + \left(\frac{h}{4}\right)^2}$ 为半径的球上．

20. 由于垂心四面体的对棱互相垂直，所以另四条棱的中点构成一个长方形，长方形的边分别与这一对棱平行．长方形的中心即为四面体的重心 G，它到这四个中点的距离相等．

因此，以重心 G 为中心，G 到各棱中点的距离为半径作球，这个球通过 6 条棱的中点．

球与每个面相交得到的圆通过各面（三角形）的三条边的中点，因而就是这个面的九点圆．

21. 设自 A_i 引出的高为 h_i，则

$$\frac{1}{3}\sqrt{\frac{1}{2}\sum_{i=1}^{4}S_i^2(l_i^2 - R_i^2)} = \frac{1}{3}\sqrt{\frac{1}{2}\sum_{i=1}^{4}\frac{S_i^2 h_i^2(l_i^2 - R_i^2)}{h_i^2}}$$

$$= V\sqrt{\frac{1}{2}\sum_{i=1}^{4}\frac{l_i^2 - R_i^2}{h_i^2}}. \tag{1}$$

设四面体外心 O 到各面的距离为 $d_i (i=1,2,3,4)$，则

$$\sum_{i=1}^{4} \frac{d_i}{h_i} = \frac{V_{OA_2A_3A_4}}{V} + \frac{V_{OA_3A_4A_1}}{V} + \frac{V_{OA_4A_1A_2}}{V} + \frac{V_{OA_1A_2A_3}}{V} = 1. \tag{2}$$

如图 A.4.38，约定 O 与 A_1 在面 $A_2A_3A_4$ 同侧时，$d_1 > 0$；异侧时，$d_1 < 0$. d_2，d_3，d_4 的符号与之类似. 于是 $l_i^2 - h_i^2 = R^2 - (h_i - d_i)^2$.

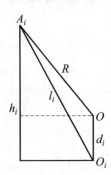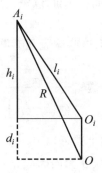

图 A.4.38

又设 $OA_1 = R$，则 $R_i^2 = R^2 - d_i^2$，并且

$$\begin{aligned}
l_i^2 - R_i^2 &= (l_i^2 - h_i^2) - (R^2 - d_i^2) + h_i^2 \\
&= (R^2 - (h_i - d_i)^2) - (R^2 - d_i^2) + h_i^2 \\
&= 2h_i d_i \quad (i=1,2,3,4). \tag{3}
\end{aligned}$$

由式(2)(3)得出式(1)右边的根式值为 1，所以原式成立.

22. 如图 A.4.39，过 S 作 $SS_1 \perp$ 面 ABC 于 S_1，外心 O 在 $\triangle ABC$ 上的射影为 O_1，则 O_1 为 $\triangle ABC$ 的外心. 设 D 为 AB 的中点，则 $S_1, O_1 \in CD$. $O_1D = \dfrac{2\sqrt{3}}{3}$，$CO_1 = \dfrac{4\sqrt{3}}{3}$，$CD = 2\sqrt{3}$. 记 $OO_1 = x$，$CS_1 = y$，$SS_1 = h$. 因 $SD = \sqrt{19-4} = \sqrt{15}$，

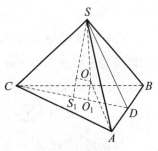

图 A.4.39

$$\therefore \quad 3^2 = h^2 + y^2, \quad 15 = h^2 + (2\sqrt{3} - y)^2 = 3^2 + 12^2 - 4\sqrt{3}\, y \Rightarrow y = \frac{\sqrt{3}}{2}.$$

$$\therefore \quad S_1O_1 = CO_1 - y = \frac{4\sqrt{3}}{3} - \frac{\sqrt{3}}{2} = \frac{5\sqrt{3}}{6}.$$

$$\therefore \quad h^2 = 9 - \frac{3}{4} = \frac{33}{4}, \quad h = \frac{\sqrt{33}}{2}.$$

$$\therefore \quad R^2 = S_1 O_1^2 + (h-x)^2 = x^2 + O_1 A^2 \Rightarrow 2hx = 5 \Rightarrow x = \frac{5}{\sqrt{33}} \Rightarrow R^2 = \frac{25}{33} +$$

$$\frac{16 \times 3}{9} = \frac{201}{33} = \frac{67}{11}, \quad \therefore \quad R = \sqrt{\frac{67}{11}} = \frac{\sqrt{737}}{11}.$$

23. 利用面积来证.以每一点为极作一个球冠,球冠高为 $1-\dfrac{\sqrt{3}}{2}$,则球冠面积

为 $2\pi\left(1-\dfrac{\sqrt{3}}{2}\right)$.这些球冠互不重叠,所以球冠的总面积≤球面面积 4π,从而

$$球冠的个数 \leqslant \frac{4\pi}{2\pi\left(1-\dfrac{\sqrt{3}}{2}\right)} = 4(2+\sqrt{3}) < 15,$$

故这样的点的个数≤14.

24. 考虑这个多面体的 d-邻域,即至少与多面体上一个点的距离≤d 的点的集合(也就是以多面体的每一点为球心,d 为半径所作的球体的并集).

这个 d-邻域的面积由三个部分组成:

(1) 平面部分.面积等于多面体的面积 S.

(2) 柱面部分.对于多面体的每一条棱,设棱长为 l_i,在这条棱处的二面角为 α_i,则对应于这条棱的柱面部分长为 l_i,底面弧长为 $(\pi-\alpha_i)d_i$,所以其面积为 $(\pi-\alpha_i)l_i d_i$.柱面部分的总面积为

$$\sum (\pi-\alpha_i) l_i d_i.$$

(3) 球面部分.对于多面体的每一个顶点 A_i,设从 A_i 引出 e_i 条棱,在 A_i 处的面角为 $\beta_j (j=1,2,\cdots,e_i)$,则对应于 A_i 的球面部分是一个(球面)e_i 边形,角为 $\pi-\beta_j (j=1,2,\cdots,e_i)$,所以这部分的面积为

$$d^2 \cdot \left(\sum(\pi-\beta_j) - (e_i-2)\pi\right) = \left(2\pi - \sum\beta_j\right) d^2.$$

球面部分的总面积为 $d^2 \cdot \left(2\pi v - \sum\beta\right)$,

其中 v 为多面体的顶点数,$\sum\beta$ 表示多面体的所有面角的和.

设多面体的棱数为 e,面数为 f,熟知

$$v + f - e = 2.$$

设多面体的各面为 $n_1, n_2, \cdots, n_f$ 边形,则

$$\sum\beta = \sum_{i=1}^{f}(n_i-2)\pi = (2e-2f)\pi.$$

因此球面部分的总面积为

$$2\pi(v-e+f)d^2=4\pi d^2.$$

显然,这个多面体的 d-邻域在单位球的 d-邻域内,前者的面积小于后者,即

$$S+d\sum(\pi-\alpha_i)l_i+4\pi d^2<4\pi(d+1)^2.$$

由于 $\alpha_i\leqslant\dfrac{2\pi}{3}$,所以

$$d\cdot\frac{\pi}{3}\sum l_i<d\cdot\sum(\pi-\alpha_i)l_i<4\pi(d+1)^2-4\pi d^2=8\pi d+4\pi,$$

从而
$$\sum l_i<\frac{12(2d+1)}{d}.$$

令 $d\to+\infty$,得
$$\sum l_i\leqslant24.$$

习题 4.d

1. 如图 A.4.40,记棱 A_1A_2,A_2A_0,A_0A_1 的长分别为 a,b,c.由四面体的体积公式:

$$V=\frac{2}{3a}S_0S_3\sin\theta_{03},$$

得 $a=\dfrac{2}{3V}S_0S_3\sin\theta_{03}$,同理

$$b=\frac{2}{3V}S_1S_3\sin\theta_{13},\quad c=\frac{2}{3V}S_2S_3\sin\theta_{23}.$$

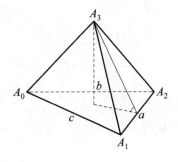

图 A.4.40

同时,由已知可推得 x_0,x_1,x_2,x_3 中任三个数两两相乘之和为正.若不然,不妨设 $x_1x_2+x_2x_3+x_3x_1\leqslant0$,其中 $x_3<0$,则 $x_0,x_1,x_2>0$,于是 $x_1x_2x_3<0,x_0(x_1x_2+x_2x_3+x_3x_1)\leqslant0$,相加得

$$x_0x_1x_2+x_0x_1x_3+x_0x_2x_3+x_1x_2x_3<0,$$

与已知矛盾.

不失一般性,设 x_0,x_1,x_2 为正,可得

$$x_0a^2+x_1b^2+x_2c^2\geqslant4\sqrt{x_0x_1+x_1x_2+x_2x_0}\cdot S_3.$$

将 a,b,c 的表达式代入上式,得

$$x_0S_0^2\sin^2\theta_{03}+x_1S_1^2\sin^2\theta_{13}+x_2S_2^2\sin^2\theta_{23}$$
$$\geqslant9\sqrt{x_0x_1+x_1x_2+x_2x_0}\cdot\frac{V^2}{S_3}, \tag{1}$$

其中等号成立的条件是

$$\frac{S_0^2 \sin^2 \theta_{03}}{x_1 + x_2} = \frac{S_1^2 \sin^2 \theta_{13}}{x_2 + x_0} = \frac{S_2^2 \sin^2 \theta_{23}}{x_0 + x_1}$$

$$= \frac{9V^2}{2\sqrt{x_0 x_1 + x_1 x_2 + x_2 x_0} \cdot S_3}.$$

同时,由柯西不等式有

$$(x_0 S_0^2 \cos^2 \theta_{03} + x_1 S_1^2 \cos^2 \theta_{13} + x_2 S_2^2 \cos^2 \theta_{23})\left(\frac{1}{x_0} + \frac{1}{x_1} + \frac{1}{x_2}\right)$$

$$\geqslant (S_0 \cos \theta_{03} + S_1 \cos \theta_{13} + S_2 \cos \theta_{23})^2 = S_3^2,$$

即 $\quad x_0 S_0^2 \cos^2 \theta_{03} + x_1 S_1^2 \cos^2 \theta_{13} + x_2 S_2^2 \cos^2 \theta_{23}$

$$\geqslant \frac{x_0 x_1 x_2}{x_0 x_1 + x_1 x_2 + x_2 x_0} \cdot S_3^2, \tag{2}$$

上式等号成立的条件是

$$x_0 S_0 \cos \theta_{03} = x_1 S_1 \cos \theta_{13} = x_2 S_2 \cos \theta_{23} = \lambda,$$

其中 $\qquad \lambda = \frac{x_0 x_1 x_2}{x_0 x_1 + x_1 x_2 + x_2 x_0} \cdot S_3.$

式(1)加式(2),得

$$x_0 S_0^2 + x_1 S_1^2 + x_2 S_2^2$$

$$\geqslant 9\sqrt{x_0 x_1 + x_1 x_2 + x_2 x_0} \cdot \frac{V^2}{S_3} + \frac{x_0 x_1 x_2}{x_0 x_1 + x_1 x_2 + x_2 x_0} \cdot S_3^2,$$

从而 $\qquad x_0 S_0^2 + x_1 S_1^2 + x_2 S_2^2 + x_3 S_3^2$

$$\geqslant 9\sqrt{x_0 x_1 + x_1 x_2 + x_2 x_0} \cdot \frac{V^2}{S_3}$$

$$+ \frac{x_0 x_1 x_2 + x_0 x_1 x_3 + x_0 x_2 x_3 + x_1 x_2 x_3}{x_0 x_1 + x_1 x_2 + x_2 x_0} \cdot S_3^2.$$

将上式右边的第一项分成两半,再对这三项应用均值不等式,即得

$$\sum_{i=0}^{3} x_i S_i^2 \geqslant 3 \cdot \sqrt[3]{\frac{81}{4}(x_0 x_1 x_2 + x_0 x_1 x_3 + x_0 x_2 x_3 + x_1 x_2 x_3)V^4},$$

此即为所要证的原不等式.上式等号成立的条件是

$$\frac{9}{2}\sqrt{x_0 x_1 + x_1 x_2 + x_2 x_0}\frac{V^2}{S_3} = \frac{x_0 x_1 x_2 + x_0 x_1 x_3 + x_0 x_2 x_3 + x_1 x_2 x_3}{x_0 x_1 + x_1 x_2 + x_2 x_0}S_3^2,$$

从而得原不等式等号成立条件如题中所设.

2. 我们先来证明一个引理.

设 S_0, S_1, S_2, S_3 分别为四面体 $A_0 A_1 A_2 A_3$ 各面的面积,V 为体积,则

$$(S_0 + S_1 + S_2 + S_3)^2 - 2(S_0^2 + S_1^2 + S_2^2 + S_3^2) \geqslant 18\sqrt[3]{3}V^{\frac{4}{3}},$$

当且仅当四面体为正四面体时等号成立.

事实上,设 S_i 是四面体 $A_0A_1A_2A_3$ 的顶点 A_i 所对面 f_i 的面积,记

$$\lambda_i = \frac{S_0 + S_1 + S_2 + S_3 - 2S_i}{S_i}\ (i=0,1,2,3),$$

则易证
$$\lambda_0\lambda_1\lambda_2 + \lambda_1\lambda_2\lambda_3 + \lambda_2\lambda_3\lambda_0 + \lambda_3\lambda_0\lambda_1 \geqslant 32, \tag{3}$$
当且仅当 $S_0 = S_1 = S_2 = S_3$ 时等号成立.

由上题结论,有

$$\sum_{i=0}^{3} \lambda_i S_i^2 \geqslant \frac{9}{2} \sqrt[3]{6(\lambda_1\lambda_2\lambda_3 + \lambda_2\lambda_3\lambda_0 + \lambda_3\lambda_0\lambda_1 + \lambda_0\lambda_1\lambda_2)V^4},$$

在上式中取 $\lambda_i = \dfrac{S_0 + S_1 + S_2 + S_3 - 2S_i}{S_i}$,利用式(3)即得

$$(S_0 + S_1 + S_2 + S_3)^2 - 2(S_0^2 + S_1^2 + S_2^2 + S_3^2) \geqslant 18\sqrt[3]{3}\,V^{\frac{4}{3}},$$

当且仅当 $A_0A_1A_2A_3$ 为正四面体时等号成立.引理得证.

由引理,有

$$(S_1 + S_2 + S_3 + S_4)^2 - 2(S_1^2 + S_2^2 + S_3^2 + S_4^2) \geqslant 18\sqrt[3]{3}\,V'^{\frac{4}{3}},$$

即
$$(S_1 + S_2 + S_3 + S_4)^2 \geqslant 2(S_1^2 + S_2^2 + S_3^2 + S_4^2) + 18\sqrt[3]{3}\,V'^{\frac{4}{3}},$$

利用上式及柯西不等式,有

$$2(F_1S_1 + F_2S_2 + F_3S_3 + F_4S_4) + 18\sqrt[3]{3}\,(VV')^{\frac{2}{3}}$$
$$\leqslant (2(F_1^2 + F_2^2 + F_3^2 + F_4^2) + 18\sqrt[3]{3}\,V^{\frac{4}{3}})^{\frac{1}{2}}$$
$$\times (2(S_1^2 + S_2^2 + S_3^2 + S_4^2) + 18\sqrt[3]{3}\,V'^{\frac{4}{3}})^{\frac{1}{2}}$$
$$\leqslant (F_1 + F_2 + F_3 + F_4) \cdot (S_1 + S_2 + S_3 + S_4),$$

所以
$$\sum_{i=1}^{4} F_i \cdot \sum_{j=1}^{4} S_j - 2\sum_{i=1}^{4} F_iS_i \geqslant 18\sqrt[3]{3}\,(VV')^{\frac{2}{3}}.$$

此即为所要证的不等式,当且仅当两个四面体均为正四面体时等号成立.

3. 下面的反例告诉我们,空间埃尔德什-莫德尔不等式并不成立.对于高为 $2\sqrt{3}$,侧棱长均为 $2\sqrt{7}$ 的正三棱锥 $A_1 - A_2A_3A_4$,其底面中心 P 到各侧面的距离为 $r_2 = r_3 = r_4 = \sqrt{3}$,$r_1 = 0$,$R_1 = 2\sqrt{3}$,$R_2 = R_3 = R_4 = 4$.于是

$$\sum_{i=1}^{4} R_i = 2\sqrt{3} + 12 < 3\sum_{i=1}^{4} r_i = 9\sqrt{3}.$$

4. 利用第 1 题的结论,作代换:$x_iS_i^2 \to x_i$,得

$$27 \times 81 V^4 \sum x_2x_3x_4S_1^2 \leqslant 4\left(\sum_{i=1}^{4} x_i\right)^3 (S_1S_2S_3S_4)^2. \tag{4}$$

又
$$16\sum x_2x_3x_4 \leqslant \Big(\sum_{i=1}^{4} x_i\Big)^3, \tag{5}$$

(4)×(5),并利用柯西不等式,得

$$27\times 81\times 4V^4\Big(\sum x_2x_3x_4S_1\Big)^2 \leqslant \Big(\sum_{i=1}^{4} x_i\Big)^6 (S_1S_2S_3S_4)^2.$$

在上式中作变换 $x_i \to \lambda_iS_i, \lambda_i > 0$,即有

$$\Big(\sum_{i=1}^{4}\lambda_iS_i\Big)^3 \geqslant 54\sqrt{3}\Big(\sum \lambda_2\lambda_3\lambda_4\Big)V^2.$$

在上式中令 $\lambda_i = r_i$,由于 $3V = \sum_{i=1}^{4} S_ir_i$,故得

$$V \geqslant 2\sqrt{3}\sum r_2r_3r_4.$$

5. (1) 由本节定理 3,有

$$\frac{S_1S_2S_3S_4}{\sqrt{S_1^2+S_2^2+S_3^2+S_4^3}} \geqslant \frac{27\sqrt{3}}{16}V^2, \tag{6}$$

故
$$16S_1S_2S_3S_4 \geqslant 27\sqrt{3}V^2\sqrt{S_1^2+S_2^2+S_3^2+S_4^2}$$
$$\geqslant 27\sqrt{3}V^2 \cdot \frac{1}{2}(S_1+S_2+S_3+S_4),$$

所以
$$\frac{32}{V^2} \geqslant 27\sqrt{3}\frac{S_1+S_2+S_3+S_4}{S_1S_2S_3S_4}.$$

又由上题结论,利用柯西不等式,得

$$\Big(\sum_{i=1}^{4}\frac{r_i}{r_1r_2r_3r_4}\Big)^2 \geqslant \frac{16^2}{\Big(\sum_{i=1}^{4}\frac{r_1r_2r_3r_4}{r_i}\Big)^2} \geqslant 3\times 32\times \frac{32}{V^2}$$

$$\geqslant 3\times 32\times 27\sqrt{3}\frac{(S_1+S_2+S_3+S_4)}{S_1S_2S_3S_4}$$

$$= 36^2 \cdot 2\sqrt{3}\sum_{i=1}^{4}\frac{S_i}{S_1S_2S_3S_4}.$$

(2) 由恒等式 $3V = \sum_{i=1}^{4} S_ir_i$,以及赫尔德不等式,有

$$9V^2 \cdot \sum_{i=1}^{4}\frac{1}{r_ir_{i+1}} = \sum_{i=1}^{4}S_ir_i \cdot \sum_{i=1}^{4}S_{i+1}r_{i+1}\sum_{i=1}^{4}\frac{1}{r_ir_{i+1}} \quad (r_5=r_1)$$

$$\geqslant \Big(\sum_{i=1}^{4}\sqrt[3]{S_iS_{i+1}}\Big)^3 \geqslant 4^3\sqrt{S_1S_2S_3S_4}. \quad (S_5=S_1)$$

所以 $\Big(\sum_{i=1}^{4}\frac{1}{r_ir_{i+1}}\Big)^2 \geqslant \frac{4^6}{3^4} \cdot \frac{S_1S_2S_3S_4}{V^4} \geqslant \frac{4^6}{3^4} \cdot \frac{3^7}{4^4} \cdot \dfrac{\sum\limits_{i=1}^{4}S_i^2}{S_1S_2S_3S_4}$ (利用式(6))

$$\geqslant 432 \cdot \frac{\sum\limits_{i=1}^{4} S_i S_{i+1}}{S_1 S_2 S_3 S_4} = 432 \sum_{i=1}^{4} \frac{1}{S_i S_{i+1}}.$$

$$(r_5 = r_1, S_5 = S_1)$$

6. 我们只证 $\lambda = \dfrac{S_i + S_j}{F_i + F_j}$，其余类似.由第 2 题中的引理,有

$$18\sqrt[3]{3} V^{\frac{4}{3}} \leqslant \left(\sum F_i\right)^2 - 2\sum F_i^2, \tag{7}$$

$$18\sqrt[3]{3} V'^{\frac{4}{3}} \leqslant \left(\sum S_i\right)^2 - 2\sum S_i^2. \tag{8}$$

记
$$H = \sum_{i=1}^{4} F_i \left(\sum_{j=1}^{4} S_j - 2S_i\right),$$

$$D_k = \sqrt{\lambda} F_k - \sqrt{\lambda^{-1}} S_k \, (k=1,2,3,4),$$

容易验证 $D_i + D_j = 0$,故由式(7)(8)及柯西不等式,得

$$2H - 18\sqrt[3]{3}(\lambda V^{\frac{4}{3}} + \lambda^{-1} V'^{\frac{4}{3}})$$

$$\geqslant 2H - \lambda\left(\left(\sum F_i\right)^2 - 2\sum F_i^2\right) - \lambda^{-1}\left(\left(\sum S_i\right)^2 - 2\sum S_i^2\right)$$

$$= 2\sum_{k=1}^{4} D_k^2 - \left(\sum_{k=1}^{4} D_k\right)^2 = 2(D_1^2 + D_2^2 + D_3^2 + D_4^2) - (D_k + D_l)^2$$

$$\geqslant 2(D_i^2 + D_j^2) \geqslant 0,$$

故
$$H \geqslant 9\sqrt[3]{3}(\lambda V^{\frac{4}{3}} + \lambda^{-1} V'^{\frac{4}{3}}),$$

此即为所要证的不等式.当且仅当两个四面体均为正四面体时等号成立.

7. 利用 4.3 节中的定理 2:对满足 $\lambda_1 + \lambda_2 + \lambda_3 + \lambda_4 = 1$ 的实数 λ_i,有

$$\sum_{i=1}^{4} \lambda_i |QA_i|^2 \geqslant \sum_{1 \leqslant i < j \leqslant 4} \lambda_i \lambda_j a_{ij}^2.$$

取 Q 为四面体 A 的外心,得

$$R_A^2 \geqslant \sum_{1 \leqslant i < j \leqslant 4} \lambda_i \lambda_j a_{ij}^2, \tag{9}$$

即
$$R_A^2 = \max_{\sum \lambda_i = 1} \left(\sum_{1 \leqslant i < j \leqslant 4} \lambda_i \lambda_j a_{ij}^2\right).$$

同理,对四面体 B 也有

$$R_B^2 \geqslant \sum_{1 \leqslant i < j \leqslant 4} \lambda_i \lambda_j b_{ij}^2. \tag{10}$$

(9)+(10)得

$$R_A^2 + R_B^2 \geqslant \sum_{1 \leqslant i < j \leqslant 4} \lambda_i \lambda_j (a_{ij}^2 + b_{ij}^2) = \sum_{1 \leqslant i < j \leqslant 4} \lambda_i \lambda_j c_{ij}^2,$$

因此
$$R_A^2 + R_B^2 \geqslant \max_{\sum \lambda_i = 1} \left(\sum_{1 \leqslant i < j \leqslant 4} \lambda_i \lambda_j c_{ij}^2\right) = R_C^2.$$

8. 我们来证明下面更一般的结论.

设 $A_1A_2A_3A_4$ 与 $B_1B_2B_3B_4$ 为两个四面体,h_i 为顶点 A_i 的高线长,$a_{ij}=|A_iA_j|$,并且 r_i' 为四面体 $B_1B_2B_3B_4$ 内任意一点 P' 到顶点 B_i 所对面的距离,则

$$\sum_{1\leqslant i<j\leqslant 4}\frac{r_i'r_j'}{a_{ij}^2}\leqslant\frac{1}{4}\left(\sum_{i=1}^{4}\frac{r_i'}{h_i}\right)^2,\tag{11}$$

当且仅当 $A_1A_2A_3A_4$ 为正四面体且 P' 为四面体 $B_1B_2B_3B_4$ 的内心时等号成立.

为证明该结论,需用到 4.4 节中的定理 1,改述如下:

设 x_1,x_2,x_3,x_4 为任意实数,$\theta_{ij}(=\theta_{ji})$ 为四面体中面 f_i 与 f_j 所成内二面角,则

$$\sum_{i=1}^{4}x_i^2\geqslant 2\sum_{1\leqslant i<j\leqslant 4}x_ix_j\cos\theta_{ij},\tag{12}$$

当且仅当 $(x_1,x_2,x_3,x_4)=\lambda(S_1,S_2,S_3,S_4)$,$\lambda$ 为实常数时等号成立.

记四面体 $A_1A_2A_3A_4$ 中面 f_i 与 f_j 的夹角为 θ_{ij},所交的棱长为 a_{ij},则由四面体的体积公式有

$$\frac{S_iS_j\sin\theta_{ij}}{a_{ij}}=\frac{3V}{2}\quad(S_i\text{ 为顶点 }A_i\text{ 所对面的面积}).\tag{13}$$

现设 $T_{ij}(1\leqslant i<j\leqslant 4)$ 为四面体中关于二面角 θ_{ij} 的内角平分面,其面积为 $|T_{ij}|$,它与棱 A_iA_j 的交点为 E_{ij},则 T_{ij} 将四面体分成两个四面体,其体积分别为 V_1,V_2.显然

$$V=V_1+V_2.\tag{14}$$

将式(13)代入式(14)得

$$\frac{2}{3a_{ij}}S_iS_j\sin\theta_{ij}=\frac{2}{3a_{ij}}S_i|T_{ij}|\sin\frac{\theta_{ij}}{2}+\frac{2}{3a_{ij}}S_j|T_{ij}|\sin\frac{\theta_{ij}}{2},$$

所以

$$|T_{ij}|=\frac{2S_iS_j}{S_i+S_j}\cos\frac{\theta_{ij}}{2}\leqslant\sqrt{S_iS_j}\cos\frac{\theta_{ij}}{2}.$$

于是利用式(12),得

$$\sum_{1\leqslant i<j\leqslant 4}r_i'r_j'|T_{ij}|^2\leqslant\frac{1}{2}\sum_{1\leqslant i<j\leqslant 4}(r_i'S_i)(r_j'S_j)(1-\cos\theta_{ij})$$

$$\leqslant\frac{1}{4}\left(\sum_{i=1}^{4}r_i'S_i\right)^2.$$

另一方面,我们有

$$a_{ij}|T_{ij}|=|A_iE_{ij}|\cdot|T_{ij}|+|A_jE_{ij}|\cdot|T_{ij}|$$

$$\geqslant 3V_1 + 3V_2 = 3V.$$

由以上两式,可得

$$(3V^2) \cdot \sum_{1 \leqslant i < j \leqslant 4} \frac{r'_i r'_j}{a_{ij}^2} \leqslant \frac{1}{4} \left(\sum_{i=1}^{4} r'_i S_i \right)^2.$$

注意到体积公式 $h_i S_i = 3V$,故由上式即得式(11),当且仅当 $r'_1 = r'_2 = r'_3 = r'_4$, $S_1 = S_2 = S_3 = S_4$, $a_{ij} \perp T_{ij}$,即 $P' = I'$(内心)且 $A_1 A_2 A_3 A_4$ 为正四面体时等号成立.

现证原题.取 $B_1 B_2 B_3 B_4$ 与 $A_1 A_2 A_3 A_4$ 全等,由式(11)并注意到

$$\sum_{i=1}^{4} \frac{r_i}{n_i} = 1,$$

立得命题(1)成立.

再对命题(1)应用柯西不等式,即得命题(2)成立.

9. 首先以 O 为中心,作一个足够大的球,使 n 个已知点都在球内.

作射影 OA_i, $A_i(i = 1, 2, \cdots, n)$ 为已知点.设 OA_i 交球面于 B_i.显然 $B_i(i = 1, 2, \cdots, n)$ 仍具有已知中所说的性质.

用大圆弧联结这些 B_i,将球面分为若干个球面三角形.

设三角形的个数为 f,大圆弧的条数为 e,则 $3f = 2e$.

结合欧拉公式 $\qquad n - e + f = 2,$

消去 e 得 $\qquad f = 2(n - 2).$

对每一个 $\triangle B_i B_j B_k$,有一点 B_s,使得 O 在四面体 $B_s B_i B_j B_k$ 内部.当 $\triangle B_{i'} B_{j'} B_{k'}$ 不同于 $\triangle B_i B_j B_k$ 时,对应的 $B_{s'}$ 不同于 B_s,否则 B_s 的对径点既在 $\triangle B_i B_j B_k$ 内部又在 $\triangle B_{i'j'k'}$ 内部,这是不可能的.

因此,三角形的个数 $2(n-2)$ 不大于点数 n,从而 $n = 4$.

10. 如图 A.4.41,因为到 A_0, A_1 两个点的距离和为 $PA_0 + PA_1$ 的点的轨迹是一个椭球面,而到 A_2 与 A_3 两个点的距离和为 $PA_2 + PA_3$ 的点的轨迹也是一个椭球面,当 $PA_0 + PA_1 + PA_2 + PA_3$ 最小时,这两个椭球面相切于点 P,公切面的法线 EF 平分 $\angle A_0 P A_1$ 与 $\angle A_2 P A_3$.

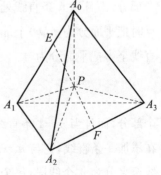

图 A.4.41

以 EF 为轴作一个 $180°$ 旋转,则射线 PA_0 与 PA_1 重合,PA_2 与 PA_3 重合,这样 $\angle A_0 P A_2$ 与 $\angle A_1 P A_3$ 重合,即 $\angle A_0 P A_2 = \angle A_1 P A_3$.同理可证

其他.

11. 将立方体对角线两端的位置称为"对峙"位置.任意取处于对峙位置的两只苍蝇 A,B.若 A,B 飞起后再停下来的位置还是对峙位置,则 C 可以取其他任意一只苍蝇.若 A,B 停下来后不是处于对峙位置,则取与现在 A 所处位置对峙的苍蝇为 C.这三只苍蝇 A,B,C 就能满足题目的要求.

12. 设点 C' 与 C 关于圆柱体的中心 O 对称(如图 A.4.42).如果三面角 $OABC$ 关于棱 OA,OB,OC 的二面角依次为 α,β,γ,则三面角 $OABC'$ 关于棱 OA,OB,OC' 的二面角依次为 $180°-\alpha$,$180°-\beta$,γ.

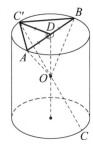

图 A.4.42

设 D 是以 AB 为直径的圆的圆心.因为棱锥 $OADC'$ 关于棱 OD 的二面角的平分平面对称,所以棱锥 $OADC'$ 中关于棱 OA 与 OC' 的二面角相等.同理,在棱锥 $OBDC'$ 中,关于棱 OB 与 OC' 的二面角也相等.因此,

$$(180°-\alpha)+(180°-\beta)=\gamma,$$

即

$$\alpha+\beta+\gamma=360°.$$

证毕.

13. 在空间中建立坐标系,并且对每个 $i=1,2,\cdots,1979$,把横坐标满足

$$[x]\equiv i(\bmod 1979)$$

的点归在第 i 个集合.这样作出的实例表明,题目的要求可以达到.

14. 首先用归纳法证明,n 条直线至多把平面分为

$$p(n)=\frac{n(n+1)}{2}+1$$

个部分,而且当 n 条直线处于通常位置,即其中任意两条不平行、任意三条不共点时把平面分为 $p(n)$ 个部分.事实上,$p(0)=1$.设结论对 $n-1$ 成立,则 $n-1$ 条直线至多把平面分为

$$p(n-1)=\frac{(n-1)n}{2}+1$$

个部分,而且当 $n-1$ 条直线处于通常位置时恰把平面分为 $p(n-1)$ 个部分.现在添加一条直线,它与 $n-1$ 条直线至多有 $n-1$ 个交点,这些交点把新添的直线至多分为 n 个线段,每个线段把原先的部分分为两个,于是,有

$$p(n)\leqslant p(n-1)+n=\frac{(n-1)n}{2}+1+n=\frac{n(n+1)}{2}+1,$$

其中当 $n-1$ 条直线处于通常位置且新添的直线与原先 $n-1$ 条直线恰有 $n-1$ 个交点,即 n 条直线处于通常位置时等式成立.

其次用归纳法证明,n 个平面至多把空间分为

$$q(n)=\frac{n^3+5n+6}{6}$$

个部分,而且当 n 个平面处于通常位置,即其中任意两个不平行、任意三个不共线、任意四个不共点时恰好把空间分为 $q(n)$ 个部分.事实上,$q(0)=1$.设结论对 $n-1$ 成立,则 $n-1$ 个平面至多把空间分为

$$q(n-1)=\frac{(n-1)^3+5(n-1)+6}{6}$$

个立体部分.现在添加一个平面,它与原来的 $n-1$ 个平面至多有 $n-1$ 条交线.这些交线把新添加的平面分为 $p(n-1)$ 个(平面)部分,每个平面部分把原先的立体部分分为两个.于是有

$$q(n)\leqslant q(n-1)+p(n-1)$$
$$=\frac{(n-1)^3+5(n-1)+6}{6}+\frac{(n-1)n}{2}+1=\frac{n^3+5n+6}{6},$$

其中当 $n-1$ 个平面处于通常位置且新添加的平面与 $n-1$ 个平面恰有 $n-1$ 条交线,即 n 个平面处于通常位置时等式成立.

最后,因为

$$q(12)=299<300<378=q(13),$$

所以用 12 个平面是不够的,但用 13 个平面即可满足要求.具体方法为:先用 12 个处于通常位置的平面把空间分为 299 个部分,每个部分各取一点,然后取一个足够大的立方体,使它含有所取的 299 个点,而且它的顶点 A 不在所有 12 个平面上.在过顶点的三条棱上各取一点,记为 U,V,W,使得 $AU=AV=AW=\varepsilon$,其中 ε 为足够小的正数.于是平面 UVW 把立方体中含顶点 A 的部分分为两部分,其他部分不动.因此 13 个平面便把足够大的立方体分为 300 个部分.对一般的立方体 K,只要作适当的位似变换,把足够大的立方体变为 K 即可.

15. 在多面体上任取一顶点 A.在由 A 引出的所有棱中,除一条染上红色外,其余都染上蓝色,并按图 A.4.43(A)所示的方式完成一部分染色,则对图中所示的顶点和棱,题中要求是能满足的.

对已经染色部分,依次添加与这一部分有公共棱的那些面,并按下述方式给其他棱染色:如果该面有两条棱已经染色,则第三条棱可任意染色,如图

A.4.43(B)中的面 α；如果该面只有一条棱已经染色，则余下的两条棱分别染不同颜色，如图 A.4.43(B)中的面 β.这样，对添加的顶点和棱，题中要求还是满足的.如此继续，就可染完整个多面体的每条棱.

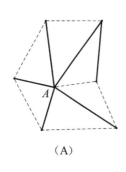
（A）

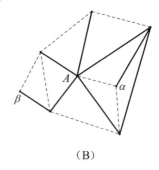
（B）

图 A.4.43

16. 我们证明，在题中条件下，不论平面 α' 在什么位置，直线 AA' 与 BB' 都是相交的.

因为在原先位置上这些直线是相交的，所以点 A,A',B,B' 共面，因此直线 AB 与 $A'B'$ 要么相交要么平行.

如图 A.4.44，在前一情形下，它们的交点 O 在直线 l 上，并且因为直线 AA' 与 BB' 不平行，所以

$$OA \cdot OB' \neq OB \cdot OA'.$$

因为对其他位置的 α'，这个条件仍然成立，所以直线 AA' 与 BB' 和原先一样也是相交的.

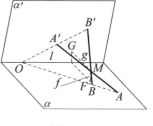

图 A.4.44

在后一种情形下，直线 $AB \parallel A'B'$，也平行于 l，并且 $\overrightarrow{AB} \neq \overrightarrow{A'B'}$.它们在平面 α' 旋转时保持不变.因此，在这种情形下，直线 AA' 与 BB' 对任何位置的 α' 也是相交的.

如果直线 AA',BB',CC' 原先不共面，并交于一点，则对不同于 α 的任意位置的 α'，它们也同样不共面，并且如上所证明，它们两两相交，即有公共的交点.

最后，如果直线 AA',BB',CC' 原先是共面的，则考虑过它们的交点且不与它们共面的第四条直线 DD'.于是，直线 AA',BB',DD' 交于一点，且 AA'，CC',DD' 也交于一点，并且这些交点与 AA',DD' 的交点重合.因此，直线 AA'，BB',CC' 对不同于 α 的任意位置 α' 都是相交的.

通过给定直线在原来位置的交点 $M=M_0$ 作一个平面 β，使得它与直线 l 垂直.注意，点 M 在平面 α' 旋转时不会离开这个平面.在平面 β 上作一条直线 f，使

它过点 M 且平行于平面 α'.可以证明,它与平面 α 的交点 F 并不依赖于 α' 的位置.如果在原来位置时这个点是 F_0,而在另一位置时是 F_1,则平面 α' 在后一位置时,直线 $MF_0(M\neq F_0$,否则 $F_0=M=F_1$)与平面 α' 交于某个点 F'.因此,如前所证,在原先位置时,直线 F_0F' 同样也过点 M,即与直线 f 重合,但不平行于 α'.

同理可证,平面 α' 与过点 M 且平行于平面 α 的直线 g 的交点 G 在平面 α 旋转时也保持不变.于是,当平面 α' 旋转时,点 M 绕着点 F 旋转,与它保持着一个不变的距离(等于点 G 到直线 l 的距离),并且与平面 α 和 α' 构成同一个角.因此,所求的集合为平面 β 上以 F 为中心、半径为 FM_0(可能为零)的圆周,其中有两个属于平面 α 的对径点.

17. 直线 l 是把点 A 变为点 B 的旋转轴的充分必要条件是:点 A 与点 B 在直线 l 上的投影相同,且到它的距离相等,即直线 l 在过线段 AB 的中点且垂直于 AB 的平面 α_1 上.

绕直线 l 作角度为 φ 的旋转和相继施行关于平面 α_1、平面 α_2 的对称变换效果是相同的,其中 α_2 是平面 α_1 在绕直线 l(按同一方向)作角度为 $\dfrac{\varphi}{2}$ 的旋转下的像.

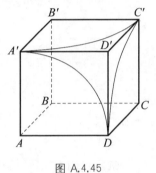

图 A.4.45

为证明这一事实,只需注意,在平面 ABO(它垂直于轴 l)绕点 O 作角度为 φ 的旋转和作如下两次对称变换的效果是一致的:这两个对称变换分别是关于平面 ABO 和平面 α_1 与 α_2 的交线 l_1 与 l_2 的.

因为关于平面 α_1 的对称已将点 A 变为点 B,所以对于题中所考虑的旋转(也只有对那些旋转)来说,平面 α_2 要通过点 B.因此,在所考虑的旋转下,点 C 的所有的像可以按如下方式得到:首先把点 C 作关于平面 α_1 的对称反射(得到顶点 D),然后再作关于通过点 B 并与平面 α_1 不平行的任一平面 α_2 的对称反射.因此,点 C 的像组成了以 B 为中心、半径为 BD 的球面,除了那个关于平面 BCC' 与点 D 对称因而不在立方体表面上的点之外.

由此可见,所求的集合是这个球面与立方体表面的交集,并且它由三段分别以 A,B',C 为中心、以立方体棱长为半径的圆弧 $DA',A'C',C'D$ 组成,如图 A.4.45.

18. 引进一些补充记号:Q——底面积,h——棱锥的高,x——底面与侧面

张成的二面角的余弦, a——底边的长, r——底面的内切圆半径, 则有

$$a = 2r\tan\frac{180°}{n}, Q = n \cdot \frac{1}{2}ra = nr^2\tan\frac{180°}{n},$$

$$n = r\tan(\arccos x) = r\sqrt{1-x^2} \cdot \frac{1}{x}, S = Q + \frac{Q}{x},$$

由此得

$$Q = \frac{xS}{x+1},$$

$$r = \sqrt{\frac{Q}{n\tan\frac{180°}{n}}} = \sqrt{\frac{S}{n\tan\frac{180°}{n}} \cdot \frac{x}{x+1}},$$

$$V = \frac{1}{3}hQ = \frac{1}{3}\frac{\sqrt{1-x^2}}{x} \cdot \sqrt{\frac{S}{n\tan\frac{180°}{n}} \cdot \frac{x}{x+1} \cdot \frac{xS}{x+1}}$$

$$= \frac{1}{3}\frac{S^{\frac{3}{2}}}{\sqrt{n\tan\frac{180°}{n}}} \cdot f(x),$$

其中

$$f(x) = \frac{\sqrt{x(1-x)}}{1+x}.$$

(1) 我们有

$$f'(x) = \frac{1-3x}{2^2(1+x)^2\sqrt{x(1-x)}},$$

因此当 $x < \frac{1}{3}$ 时, $f'(x) > 0$, 当 $x > \frac{1}{3}$ 时, $f'(x) < 0$, 所以函数 $f(x)$ 在 $x \in (0,1)$ 中的最大值为

$$f\left(\frac{1}{3}\right) = \frac{\sqrt{2}}{4}.$$

于是, 所求的体积最大值

$$V_{\max} = \frac{\sqrt{2}S^{\frac{3}{2}}}{12\sqrt{n\tan\frac{180°}{n}}}.$$

(2) 在上述关于 V, S, n, x 的各关系式中代入 n, S, V 的值, 得到关于 x 的方程

$$\frac{\sqrt{x(1-x)}}{1+x} = \frac{2}{9},$$

它的根为 $x_1 = \frac{1}{17}$ 与 $x_2 = \frac{4}{5}$. 因此, $Q_1 = 8, Q_2 = 64$, 从而 $r_1 = \sqrt{2}, r_2 = 4$.

于是 $a_1 = 2\sqrt{2}, h_1 = 24$ 或 $a_2 = 8, h_2 = 3$.

19. 如图 A. 4. 46, 用 h 表示棱柱的高, 则在四面体 $A_1A_3A'_{n+1}A'_{n+2}$ 中,

$A'_{n+1}A'_{n+2} /\!/ A'_1A'_2 /\!/ A_1A_2$,所以对棱 A_1A_3 与 $A'_{n+1}A'_{n+2}$ 之间所成的角为

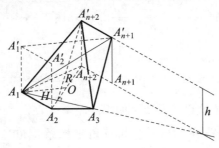

图 A.4.46

$$\angle A_3A_1A_2 = \frac{1}{2}\angle A_3OA_2 = \frac{180^\circ}{2n},$$

其中 O 是多边形 $A_1A_2\cdots A_{2n}$ 的中心.棱 A_1A_3 与 $A'_{n+1}A'_{n+2}$ 之间的距离为 h,而它们的长

$$A_1A_3 = 2R\sin\frac{180^\circ}{n},\quad A'_{n+1}A'_{n+2} = 2R\sin\frac{180^\circ}{2n},$$

因此所说的四面体体积为

$$\frac{1}{6}A_1A_3 \cdot A'_{n+1}A'_{n+2} \cdot h\sin\frac{180^\circ}{2n} = \frac{2}{3}R^2h\sin\frac{180^\circ}{n}\sin^2\frac{180^\circ}{2n}.$$

另一方面,如果 φ 是直线 $A_1A'_{n+1}$ 与平面 $A_1A_3A'_{n+2}$ 之间的夹角,则同样有体积

$$\frac{1}{3}S_{\triangle A_1A_3A'_{n+2}} \cdot A_1A'_{n+1}\sin\varphi,$$

其中

$$A_1A'_{n+1} = \sqrt{(A_1A'_1)^2 + (A'_1A'_{n+1})^2} = \sqrt{h^2 + 4R^2},$$

$$S_{\triangle A_1A_3A'_{n+2}} = \frac{1}{2}A_1A_3 \cdot A'_{n+2}H = \frac{1}{2} \cdot 2R\sin\frac{180^\circ}{n}\sqrt{h^2 + \left(2R\cos^2\frac{180^\circ}{2n}\right)^2},$$

这里 $A'_{n+2}H$ 是 $\triangle A_1A_3A'_{n+2}$ 的高.于是,得

$$\frac{2}{3}R^2h\sin\frac{180^\circ}{n}\sin^2\frac{180^\circ}{2n}$$

$$= \frac{1}{3}R\sin\frac{180^\circ}{n}\sqrt{h^2 + 4R^2\cos^4\frac{180^\circ}{2n}}\sqrt{h^2 + 4R^2}\sin\varphi,$$

因此

$$\sin\varphi = 2R\sin^2\frac{180^\circ}{2n}\left(h^2 + \frac{16R^4\cos^4\frac{180^\circ}{2n}}{h^2} + 4R^2\cos^4\frac{180^\circ}{2n} + 4R^2\right)^{-\frac{1}{2}}.$$

于是,当

$$h^2+\frac{16R^4\cos^4\dfrac{180^\circ}{2n}}{h^2}\geqslant 2\sqrt{16R^4\cos^4\dfrac{180^\circ}{2n}}$$

取等号,即

$$h^2=\frac{16R^4\cos^4\dfrac{180^\circ}{2n}}{h^2},\ h=2R\cos\frac{180^\circ}{2n}$$

时,$\sin\varphi$ 取到最大值.这正是所要证明的.

20. 如图 A.4.47,在 $Oxyz$ 空间直角坐标系中,考察以下列四点为顶点的四面体:$A(0,-d,r)$,$B(0,d,r)$,$C(d,0,-r)$,$D(-d,0,-r)$.

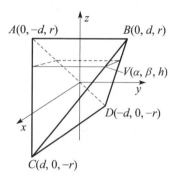

图 A.4.47

下面的讨论将说明,通过对 d 的适当选取,可保证:任何一个平行于 xOy 坐标面的平面 $z=h$ 截该四面体所得的截面的面积,等于同一平面截以原点 O 为中心、r 为半径的球所得截面的面积.

平面 $z=h$ 截所述球所得的圆以 $\sqrt{r^2-h^2}$ 为半径,该截面的面积为 $\pi(r^2-h^2)$.

另一方面,平面 $z=h$ 截所述四面体所得的截面是一个矩形,设该矩形在 BC 棱上的顶点为 $V(\alpha,\beta,h)$.约定以 $\vec{v},\vec{b},\vec{c}$ 表示向量 $\overrightarrow{OV},\overrightarrow{OB}$ 和 $\overrightarrow{OC}$,则有

$$\vec{v}=\lambda\vec{c}+(1-\lambda)\vec{b},$$

即 $(\alpha,\beta,h)=(\lambda d,(1-\lambda)d,-\lambda r+(1-\lambda)r)$.于是 $h=r-2\lambda r,\lambda=\dfrac{r-h}{2r}$,因而

$$\alpha=\left(\frac{r-h}{2r}\right)d,\beta=\left(1-\frac{r-h}{2r}\right)d=\left(\frac{r+h}{2r}\right)d,$$

由此,我们求得所截矩形的面积

$$4\alpha\beta=(r^2-h^2)\cdot\frac{d^2}{r^2}.$$

只需取 $d=\sqrt{\pi}r$,那么所截矩形的面积就与所截圆的面积 $\pi(r^2-h^2)$ 相等.

21. (1) 由例 17(2)知,构造好的平面可与一个 100 条棱的非凸多面体的 98 条棱相交.

下面设法将数目 98 减少到 96,以适应题目的要求.我们将设计从基准多面体 $ABCDB'C'$ 开始构造新多面体的另一种方法.如同前面一样,我们在三角形面 $AB'C'$ 内取点 A' 在参照平面 $z=h$ 的上方,在三角形面 $DB'C'$ 内取点 D' 也在参照平面 $z=h$ 的上方.以 $A'B'C'D'$ 作为初始四面体,类似于前面的作法构造一个

仿基准多面体 $A'B'C'D'B''C''$,并与原基准多面体 $ABCDB'C'$ 相黏合.这样得到的多面体较原基准多面体增添了 8 条棱.综合运用上面所述的两种构造方法,可以得出一个有 98 条棱的多面体,其中的 96 条棱与参照平面 $z=h$ 相交.

还需将所构作的多面体的棱数增加到 100,以符合题目的要求.为此,我们在凹四边形面 $ABDB'$ 和 $ACDC'$ 中联结 BB' 和 CC',然后将 B' 和 C' 各向所在平面外稍作移动,其余的地方保留原构造.这样构造的多面体棱数增加到 100,而与参照平面 $z=h$ 相交的棱数仍为 96.

(2) 假设有一个平面 π 与多面体的所有各棱都相交.选取空间坐标系 $Oxyz$,使得 yOz 坐标平面与 π 平行.多面体在 Ox 轴上的投影是一个区间 $[a,b]$.对于 $x\in[a,b]$,过点 $(x,0,0)$ 作平行于 π 的平面 P_x.

考察所作平面与多面体表面的交集,该交集由一些线段和若干离散点组成(对很多情形,可能没有一个离散点).约定以 $L(x)$ 表示 P_x 与多面体表面相交的那些线段长度之和.先证两个引理.

引理 1 函数 $L(x)$ 的图像由一些直线段组成.$L(x)$ 是一个连续函数,并且
$$L(a)=L(b)=0.$$

考察 P_x 与多面体表面交出的那些线段.每一线段的两端沿着多面体的棱变动.在 x 变动过程中,只要 P_x 尚未遇到多面体的顶点,那么 $L(x)$ 在那一段必然是线性的,因此 $L(x)$ 是分段线性函数.因为对任意的 $x\in[a,b]$,多面体的棱都不会整段出现于 P_x 上(否则 π 就不能与那段棱相交),所以 $L(x)$ 必定连续变化.另外,显然 P_a 和 P_b 与多面体的交集仅含一些离散的点,所以 $L(a)=L(b)=0$.

设 $c\in(a,b)$,使得相应的平面 P_c 与多面体表面的交集不含多面体的任何顶点,则在 c 附近的 $L(x)$ 是线性函数,并且取正值.因此,在 c 附近的 $L(x)$ 或者是增函数,或者是减函数,或者是常值函数.不妨设在 c 附近的 $L(x)$ 是单调减函数.在此假定下,我们来证引理 2.

引理 2 函数 $L(x)$ 在区间 $[c,b]$ 上始终是单调非减函数.

设 d 是最大一个数,使得 $L(x)$ 在区间 $[c,d]$ 上是线性的.根据假定,函数 $L(x)$ 在此区间还是单调非减的.

现在考察 P_d 与多面体表面的交集.该交集必定含有多面体的顶点.先考虑交集仅含有一个顶点 A 的情形,可以证明经过 d 时函数 $L(x)$ 仍保持单调非减性质.对于 P_d 与多面体表面的交集含多个离散点的情形,也可证明类似的结果.考察区间 $[c,b]$ 中函数 $L(x)$ 的线性段的转折点.对这些转折点逐一讨论,就

能最终完成引理 2 的证明.

现在回到原来的问题.假定有一个平面与所有各棱都相交,就能定义如上所述的函数 $L(x)$.该函数在 c 处取正值,并且在 c 附近单调非减.于是函数 $L(x)$ 保持单调非减直到 $x=b$ 处,但在该处都取 0 值: $L(b)=0$.这样的函数不可能存在.因此不存在与多面体所有棱相交的平面.

 点评

对于问题 (1),已经知道其他一些解答方法.另外,还有一个很漂亮的办法,证明可以有平面与 100 棱多面体的 98 条棱相交.那个证明(连同很漂亮的图形)刊载于俄文"量子"杂志 $Kvant$,1994,2,pp.$23-24$.

目前尚不知道能否有平面与 100 棱多面体的 99 条棱相交.问题还可进一步推广.有一类范围广阔的未解决问题存在.

22. 答案是肯定的.我们指出这种平行六面体的一个可能性,其中的每一个平行六面体的八个顶点用坐标表示:

第一个平行六面体为: $(\pm3,\pm0.9,1)$,$(\pm3,\pm0.9,2)$;

第二个平行六面体为: $(\pm3,\pm0.9,-1)$,$(\pm3,\pm0.9,-2)$;

第三个平行六面体为: $(1,\pm3,\pm0.9)$,$(2,\pm3,\pm0.9)$;

第四个平行六面体为: $(-1,\pm3,\pm0.9)$,$(-2,\pm3,\pm0.9)$;

第五个平行六面体为: $(\pm0.9,1,\pm3)$,$(\pm0.9,2,\pm3)$;

第六个平行六面体为: $(\pm0.9,-1,\pm3)$,$(\pm0.9,-2,\pm3)$.

容易知道:以上平行六面体的任何顶点都不能从原点 $(0,0,0)$ 看见.